Heidi Zengerling

Das Eichsfeld

Steinerne Zeitzeugen und Bodendenkmale

Ein kleines Lexikon mit Nachrichten, Heimatsagen, Überlieferungen und Sehenswertem

Verlag Rockstuhl

Mit freundlicher Unterstützung:
Steinmetzbetrieb Markus Spitzenberg, Silberhausen (Meisterbetrieb seit 1931)
Steinmetzbetrieb Robert Thor, Bickenriede (Steinmetztradition seit 1934)
Stephan Goldmann GmbH Garten-, Landschafts- und Pflasterbau, Diedorf

Impressum

Umschlaggestaltung: Harald Rockstuhl

Titelbilder: Aus dem Inhalt des Buches entnommen

1. Auflage 2023

ISBN 978-3-95966-707-4

Innenlayout: Harald Rockstuhl

Druck und Bindearbeiten erfolgen in Deutschland

Gedruckt auf alterungsbeständigem Papier nach ISO 9706

Die Deutsche Nationalbibliothek verzeichnet diese Publikation in der Deutschen Nationalbibliografie. Detaillierte bibliografische Daten sind im Internet über *http://dnb.d-nb.de* abrufbar.

Verlag Rockstuhl
www.verlag-rockstuhl.de

Inhaber: Harald Rockstuhl
Mitglied des Börsenvereins des Deutschen Buchhandels e.V.
Lange Brüdergasse 12 in D-99947 Bad Langensalza/Thüringen
Telefon: 03603 / 81 22 46   Telefax: 03603 / 81 22 47
www.verlag-rockstuhl.de

Inhalt

Einleitung

Die Ihnen vorliegende Publikation zu steinernen Zeitzeugen, Bodendenkmalen und Sehenswürdigkeiten in ihrer Umgebung habe ich geschrieben, weil ich der Meinung bin, dass es wichtig ist, unsere regionale Historie zu würdigen und nicht in Vergessenheit geraten zu lassen.

Steinkreuze und Grenzsteine üben auf mich einen besonderen Zauber aus. Sie haben mitunter Jahrhunderte überdauert – hätten viel zu erzählen, wenn sie könnten. Unsere Geschichte ist so faszinierend und vielfältig. Häufig werden allerdings die oftmals unscheinbaren Bodendenkmale vergessen, was ich sehr schade finde, weil sie mit unserer Geschichte verbunden sind. Sagen ranken sich um diverse Steinkreuze, und Grenzsteine waren Symbol und Eingrenzung für Herrschaftsbereiche. Auch diese Überlieferungen sind in mein Buch eingeflossen, ebenso wie einige Gedichte zum Thema. Dass die steinernen Zeitzeugen, am Wegesrand stehend oder im Unterholz, wenig Beachtung finden wird ihrer Bedeutung nicht gerecht. So war es mir ein Anliegen, sie zu würdigen und Daten und Fakten zu ihnen zwischen zwei Buchdeckeln festzuhalten.

Im Zuge meiner Recherchen vor Ort und in einschlägiger Literatur bin ich auf zahlreiches Material gestoßen, welches mich immer tiefer in die Thematik hat eindringen lassen. Die Suche nach den steinernen Zeitzeugen führte mich zu den Adelsfamilien der Region, zu Überlieferungen rund um die Geschichte der Bodendenkmale und zu historischen Persönlichkeiten, die mit diesen in Zusammenhang stehen.

Das Buch beinhaltet 350 Fotografien, Illustrationen und Karten.

Erklärt sei, dass es sich bei dieser Publikation um ein kleines Nachschlagewerk handelt. Es soll auch als ein Lesebuch zu sehen sein, welches unterhaltsam ist und Anregungen bietet, sich mit den verschiedenen regionalen steinernen Zeitzeugen zu beschäftigen. Es thematisiert überdies in der Nähe der Objekte befindliche Sehenswürdigkeiten, sodass interessante Ausflüge geplant werden können.

Der verarbeitete Stoff geht auf Vorort-Recherchen zurück. Die Informationen zu den steinernen Zeitzeugen und Sehenswürdigkeiten wurden den genutzten Quellen – im Anhang ersichtlich – entnommen und aufbereitet.

Das Buch beinhaltet bisher unveröffentlichte Fotos und Informationen.

Dieser erste Band wird in der Folge komplettiert durch die Regionen Hainich und Werratal.

„Der Kreuzstein“

von *Hermann Löns*

Es steht ein Stein am Wege,
Ein alter, grauer Stein;
Es grub in ihn der Steinmetz
Kreuz und Beil hinein.

Als Untatsangedenken
Er dort am Wege steht;
So meldet die Bauernkunde,
Die von dem Steine geht.

Keiner wurde vergessen,
Jedem ward sein Teil;
Ein Kreuz bekam der eine,
Der andere das Beil. [1]

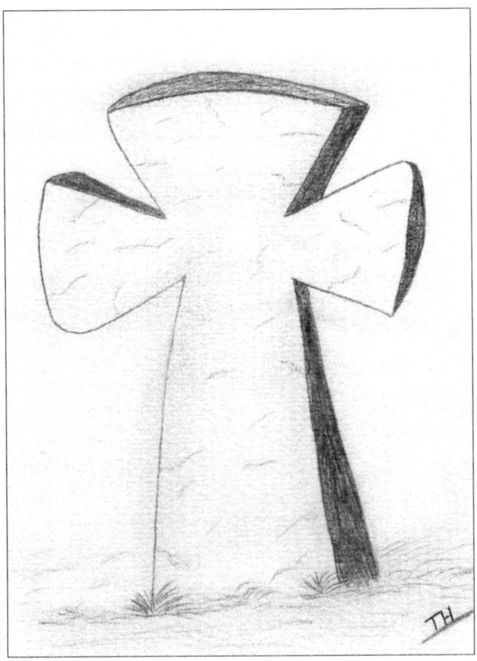

Illustration eines Steinkreuzes.
Zeichnung: Tina Heintze

Allgemeine Informationen

Bonifatiuskreuze

Mit Bonifatius, dem im Volk weit bekannten deutschen Missionar, wurden einst zahlreiche Steinkreuze in Verbindung gebracht. Auch viele Flurnamen gelten als Zeugen des einstigen Zugegenseins dieses Missionars. Es wird fabuliert, dass von diesem heiligen Glaubensboten oder dessen Gefolge überall dort Steinkreuze gesetzt wurden, wo es noch keine Kirchen gab. Die Missionare predigten an besagten Plätzen. Sie tauften die Menschen und hielten Gottesdienste ab. Aktuellen Erkenntnissen zufolge ist allerdings anzunehmen, dass Bonifatiuskreuze den Leichenweg des Missionars angeben. Im Todesjahr 754 brachte man den Leichnam des Bonifatius mit dem Schiff nach Mainz, um ihn schließlich über Land zum Kloster Fulda zu befördern. Der Heilige hatte es sich so gewünscht. Überall dort, wo der Leichenzug Rast machte oder sein Nachtlager aufschlug, errichteten die Menschen ein steinernes Kreuz. Ein solches Bonifatiuskreuz stand an der Kreuzung der mittelalterlichen „Elisabethenstraße“, einer Wallfahrtsstraße von Mainz nach Marburg. Als schließlich 1933 die Autobahn Frankfurt-Wiesbaden gebaut wurde, verbrachte man das Steinkreuz in das historische Museum der Stadt Frankfurt am Main. Nachdem es 1944 zerbrochen war, wurde es 1956 restauriert. Es handelt sich dabei um ein roh behauenes Steinkreuz aus Bockenheimer Basalt, welches mit einem hohen Schaft und kurzen Querarmen versehen ist. Auf Grund seiner merowingischen Schriftzeichen ist dieses Kreuz das bisher einzige unbestrittene Bonifatiuskreuz. Die eingeritzten Buchstaben „*H B q*“ sowie ein pfeilähnliches Zeichen, welches der altdeutschen Rune für „t“ gleichkommt, kann wie folgt übersetzt werden: *Hie Bonifatius quievit = Hier ruhte Bonifatius.*

Der Brauch, Steinkreuze an Leichenwegen bedeutender Persönlichkeiten aufzustellen, geht ins Angelsächsische zurück. Schon im Jahr 734 wurden am Totenweg des Aldhelm Kreuze errichtet, welche vom Volk hernach als Bischofssteine bezeichnet wurden.

Im Unstrut-Hainich-Kreis ist die gotische Steinkreuzform bezeichnend, wie sie am imposanten Steinkreuz in Kleinvargula in der Flur „Bei den Kreuzchen“ erkennbar ist.

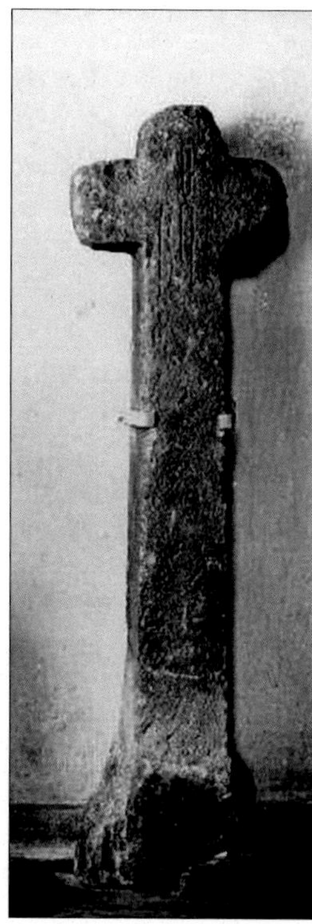

Historisches Bonifatiuskreuz: einst an der Kreuzung der mittelalterlichen „Elisabethenstraße“ befindlich.

Quelle: Bildarchiv Historisches Museum Frankfurt/Main Inv.-Nr. X29365 Dauerleihgabe Museum Eschborn

Die Steinkreuze des Eichsfeldes und der Umgegend

Von Pfarrer Osburg Bickenriede

1917

„Der Wanderer, welcher aufmerksam Berg und Tal, Flur und Hain, Feld und Wald unseres Heimatlandes und der angrenzenden Gebiete durchstreift, sieht auf seinen Gängen oft eigenartig geformte Steinkreuze aus alter Zeit. Sie stehen an Wegen, meist an Kreuzwegen, oft an und in den Dörfern und Städten und scheinen die Richtung des weiter zu verfolgenden Weges anzuzeigen. Ihre Form ist vielgestaltig. Die jüngsten unter ihnen sind gotischer Form, also aus der Zeit vor der Reformation; andere sind aus der romanischen Zeit, wieder andere aus der karolingischen Zeitperiode. Einige sind fein und zart gearbeitet, manche plump, andere sind einfach, manche sind majestätisch groß, verschiedene wieder haben die Form des eisernen Kreuzes. Die Größe wechselt ebenso von 2 Metern und darüber bis zu 40 cm Höhe über der Erde, sodaß sie teils prächtig dastehend wie ein Denkmal aus alter Zeit auch dem auffallen, der sie nicht sucht; teils sieht sie nur derjenige, der darauf ausgeht, sie zu finden. Sie stehen einzeln, manchmal sind ihrer 2 beieinander, oft und dieses namentlich in Dörfern und Flecken oder in deren nächster Nähe erblickt man deren 3 beieinander, einige Male in noch größerer Zahl. Was mögen sie zu bedeuten haben, was mögen sie uns anzeigen wollen? Sind es in der Tat Wegkreuze? Ja und nein. Nicht sind es solche Wegkreuze, die den Wanderer von heute oder früherer Zeiten führen sollen, sondern solche, die einen Weg anzeigen sollen, den ein berühmter Wanderer vor nun beinahe 1200 Jahren gegangen ist, als unser Vaterland, als das Eichsfeld, Thüringen und Hessen, fast nur mit Wald, Seen, Sümpfen und Morästen bedeckt war, und der deshalb oft ganz andere Richtungen einhalten mußte, als dieses heutzutage geschehen würde.

Man hielt sie und hält sie auch heute noch vielfach für Mordkreuze, die zur Sühne errichtet wurden und zwar an den Wegen, um der Vorübergehenden Aufmerksamkeit auf sich zu lenken. Es sind verschiedentlich schon Abhandlungen darüber geschrieben worden, in denen dargetan werden sollte, daß sie nichts weiter bedeuten könnten, als daß sie Mordkreuze seien, und man führt eine größere Anzahl solcher Steinkreuze aus verschiedenen Gegenden Deutschlands an und bringt durch Belege bei, daß sie in der Tat als Sühne für begangene Verbrechen errichtet wurden. Prof. Waldmann († in Heiligenstadt) sagt hierüber in einem Gymnas.-Programm von 1864, S. 22: „Der Sage nach stehen sie da, wo Bonifazius gepredigt hat; die Wahrheit (?) aber ist, daß sie gesetzt wurden, wo Mord und Todschlag stattgefunden hat. Dieses beweist ein solches, wenn auch kleineres Steinkreuz am Wege von Keula nach Windeberg, nicht weit vom Walde mit der Inschrift: Michl Fulmann ist hier erschossen † 61."

Gewiß es mögen manche Steinkreuze als Mordkreuze anzusprechen sein wie z. B. in der Gegend von Frankenhausen und Erfurt, aber alle diese Steinkreuze als solche hinzustellen, wäre lächerlich. Augenscheinlich bezeichnen sie einen Weg, eine fortlaufende Linie und an dieser stehen sie von Absatz zu Absatz, einzeln oder mehrere zusammen, fast alle halbe Stunde, wo dann ebensoviele Morde geschehen sein müßten. Der obengenannte W. will sie alle als solche angesehen wissen und führt insbesondere neben dem oben genannten Windeberger als solche an das Kreuz zu Worbis und das zu Zaunröden, beide gotischer Form, das letztere besonders auffallend groß. Aber im Pfarrarchive zu Worbis ist eine Urkunde, in der dargetan wird, daß es stets als Bonifazius-Kreuz galt; ähnlich verhält es sich mit dem zu Zaunröden. Es sind noch andere Vermutungen über die Bedeutung der Steinkreuze ausgesprochen worden.

Man hielt sie für Gerichtskreuze. In den Dörfern, in welchen sie ständen, so sagte man, seien die Cent- und andere Gerichte abgehalten worden. Oft ständen sie in der Nähe solcher Dörfer, wodurch angezeigt werden solle, daß man im Banne dieser Gerichtsdörfer sich befinde. Allein viele Dörfer, in welchen oder bei welchen sich solche Kreuze befinden, waren nachweislich niemals Gerichtsstätten, während wieder andere Dörfer abseits der Kreuze wirkliche Gerichtsdörfer waren.

Man sagt, die Kreuze seien Zufluchtsstätten gewesen, wohin sich die Leibeigenen geflüchtet hätten, um vor den Bestrafungen ihrer Herren sicher zu sein. Aber dann mußten sie doch vorzüglich im Bereich der mittelalterlichen Schlösser, auf den Ackern solcher Gutsbezirke vorkommen; sie stehen aber meist abseits davon an den Landstraßen, Wegen, in Dörfern und Städten, wohl selten mal auf dem Grund und Boden solcher Gutsbezirke.

Man hat behauptet, die Kreuze seien an den alten Heerstraßen aufgestellt und zwar zur Bezeichnung des Weges, wie sie sich denn auch an der alten Reichsstraße von Mühlhausen nach Nordhausen finden. Aber auch das kann nicht sein, daß sie eine bestimmte Heerstraße bezeichnen sollen; denn sie verlassen diese Straße oft, gehen von einer auf die andere über und verlassen auch diese wieder, um eine andere Richtung einzuschlagen. Das aber muß zugegeben werden: Sie stehen an den ältesten Wegen, aber doch wieder nicht an allen.

Andere meinen, die Kreuze seien errichtet worden zum Andenken and die Einführung des Christentums, wie sie sich in Norwegen und Bayern auch vorfinden sollen. Analog seien solche Kreuze in jenen Gegenden errichtet worden, die der hl. Adalbert durchzogen habe, z. B. bei Liebenwerda, in Berlin und dergl. Bei uns auf dem Eichsfelde und in Thüringen hat nun der hl. Bonifazius das Christentum teils eingeführt, teils gefestigt. Auf dem Eichsfelde werden diese Kreuze überall im Volksmunde in der Tat Bonifatiuskreuze genannt, wie auch W. anerkennen muß, (vergl. das oben genannte Programm und seine andere Schrift: Stuffo. Heilig. 1867). Sie werden auch so genannt in der Grafschaft Hohenstein, in der Gegend von Mühlhausen und Halberstadt, und nach dem Zeugnisse des Schulzen M. in K. auch im Mansfeldischen. Was so allgemein ist, kann doch nicht so mir nichts dir nichts verworfen werden, sondern muß näher untersucht und darf nur das, was augenscheinlich daran falsch ist, aufgegeben werden.

Man hält auch wohl manche Kreuze für Kultkreuze. Dr. Krone (das Markuskreuz im Leinebusch bei Göttingen) weist nach, daß dieses Kreuz in der Nähe einer alten Kultstätte, wo sich heidnische Priester aufhielten, errichtet worden ist. Auch der

Hülfensberg und die Hasenburg waren heidnische Kultstätten und hier oder in der Nähe befinden sich alte Steinkreuze. Das ist aber nicht gegen obige Ansicht; im Gegenteil bestätigt es, daß die Kreuze errichtet sind zum Zeichen, daß nun das Kreuz an diesen Stellen herrschte.

Bei Wanfried und Bleicherode auf dem Sankt Georgsberge sind 2 alte Mal- oder Gerichtsstätten, auf welchen Kreuze stehen; diese Stätten waren aber auch zugleich heidnische Kultstätten und liegen in den Linien in denen die Kreuze aufeinander folgen. Solche Kultstätten hat aber der hl. Bonifatius in den Gegenden seiner Wirksamkeit sicher zerstört. Das erste, was ein Missionar an solchen Stätten tut, ist, daß er das Zeichen des Kreuzes aufrichtet. Das wird auch der hl. Apostel Deutschlands getan haben. Diese Kreuze werden dann später erneuert und ergänzt worden sein.

Wenn man heutzutage gewöhnliche Leute fragt, was wohl die Kreuze zu bedeuten haben so findet man, daß das Verständnis dafür meist verloren gegangen ist, während vor 50 Jahren die alten Leute die richtige Deutung wußten. Oberflächlich bekommt man oft die Antwort es seien Unglückskreuze. Dort sei ein Hochzeitszug verunglückt (z. B. bei Hesserode), die Pferde seien durchgegangen, Braut und Bräutigam elend ums Leben gekommen; hier (z. B. bei dem Steinkreuze an der 12. Station des Hülfensberges) sei eine fromme Wallfahrerin umgefallen und plötzlich verschieden; bei einem andern Steinkreuze ist einer vom Blitze erschlagen worden; bei wieder einem andern (z. B. bei dem Steinkreuze bei Badersleben) ist einer gewaltsam ums Leben gekommen. Solche Unglücksfälle mögen manchmal bei solchen Kreuzen geschehen seien und sind auch in der Tat geschehen; die Kreuze aber waren längst da, sind viel älteren Datums und hinterher hat man das Unglück damit in Verbindung gebracht und sie Unglückskreuze genannt. Sie sind also als solche nicht anzusprechen. Manche, die in der Schule Heimatkunde gehabt, wo Orts- und Landeschroniken behandelt sind, wissen darüber besser Bescheid, wie ich mich vielfach überzeugen konnte.

Vor allem ist nun anzuführen, daß die Steinkreuze auch mit der Zehntfreiheit in Verbindung gebracht werden. Sowohl auf dem Ober- wie auch auf dem Untereichsfelde, und ebenso auch in der Grafschaft Hohenstein heißt es, daß jene Gegenden, in welchen sich die Kreuze vorfinden, frei vom Zehnten (an den Erzbischof von Mainz) waren. Andere Zehnte kommen wohl hier nicht in Betracht. Kommissarius Dr. Zehrt sagt in seiner Einführung des Christentums S. 62: „Die Wege, die der hl. Bonifatius gewandet, genießen noch das Vorrecht, daß die nächstliegende Länderei zins- und zehntfrei ist. Sie gehen durch das ganze Obereichsfeld in verschiedenen Richtungen und waren früher durch besondere Steine, vom Volke Bonifatius- und Zehntsteine genannt, bezeichnet.“ Die meisten sind ja wohl noch vorhanden, und die zwei Richtungen werden bei Aufführung der Kreuze kenntlich gemacht. Bekanntlich war in Thüringen über die Zehntfreiheit großer Streit mit den Erzbischöfen und man scheint sich im obigen Sinne geeinigt zu haben.

In einem Artikel „Die Steinkreuze im Hohensteinschen“ von Krönig im Heimatland, Bleicherode 1912, heißt es: „Es schreibt Oberprediger Schmaling im Hohensteinschen

Magazin: Karl der Große führte in Sachsen den Zehnten ein; dieser aber bestand im Hohensteinschen und in Thüringen nicht und da sollten die Kreuze Denkmale der Freiheit sein.“

Die Thüringer beriefen sich aber auf den hl. Bonifazius. Dieser habe sie frei gemacht von allen Abgaben; unter dieser Bedingung hätten sie das Evangelium angenommen, als ihnen Bonifazius dieses gepredigt habe. (Vgl. Waldmann, Stuffo 1854).

1069 hatte der Erzbischof den Zehnten in Thüringen schon vollkommen erlangt. Ausfeldt, Der Zehntstreit, S. 57.

Es scheint aber, daß wo nachweislich der Heilige wirklich gewesen, der Erzbischof die Zehntfreiheit zugestanden hat. Da kann man sich nicht wundern, wenn verschiedentlich Kreuze nachgesetzt wurden, besonders zuletzt zur gotischen Zeit, sodaß meist alle ½ Stunde die Kreuze stehen. Da hatten die Leute auch wirklich ein Interesse an der Erhaltung der Kreuze, während jetzt, wo das nicht mehr der Fall ist, die Kreuze mehr und mehr verschwinden. Amtsrichtern fragte ich wegen der Zehntfreiheit an, erhielt aber die Antwort: „Es ließe sich nicht mehr feststellen, welche Äcker zehntfrei waren“. Aber verschiedene uralte Leute, die ich in den achtziger Jahren in verschiedenen Gegenden darüber befragte, bestätigten die Zehntfreiheit.

Auch in Hessen sind die Gegenden, die der hl. Bonifazius durchwanderte, zehntfrei. Bei Amöneburg, wo die Anwesenheit des hl. Bonifatius gewiß ist, liegen Ländereien, welche zehntfrei waren, und es heißt von ihnen: Wo der Fuß des Heiligen gestanden hat, zahlt man keinen Zehnten. Ebenso berichtet ein Stein bei Schwebda a. Werra. Bei Lutter ist ein Graben, der der Zehntgraben heißt und die Äcker, welche nach den Kreuzen hinliegen, zahlten keinen Zehnten; auf der anderen Seite des Grabens wurde jede 10. Garbe eingesammelt und an das erzbischöfliche Schloß abgeliefert. Mit Recht werden darum auch die Kreuze im Munde des Volkes Bonifaziuskreuze genannt, weil man dem Heiligen in Wahrheit die Zehntfreiheit verdankt, da er diese Gegenden, wo sie stehen, durchwandert hat.

Näherhin kündet die Sage, wie auch Professor W. oben anführt, an jenen Orten, an denen die Kreuze stehen, habe Bonifatius gepredigt. So wurde von alten Leuten in Bickenriede und in der Grafschaft Hohenstein behauptet, sie hätten es von ihren Vorfahren so gehört. Der 95jährige G. in G. fragte seiner Zeit einen alten Mann in Mühlhausen, was denn die Steinkreuze daselbst bedeuteten, und er erhielt als Antwort: „Da hat Bonifatius eine Rede an das Volk getan.“

Ein noch bestimmterer Inhalt wurde diesen Kreuzen gegeben in einem Privat-Briefe, den Professor W. aus dem Halberstädtschen erhielt und den er mitteilt in seinem Buch Der thür. Gott Stuffo. Heilig. 1857. Er lautet: „Als der hl. Bonifatius aus dem Halberstädtschen über den Harz, Kloster Walkenried, Pustleben, Zaunröden auf den Hülfensberg zurückgereist sei, habe er überall das Zeichen des Thors, den Hammer, umgestürzt und dafür das Kreuz aufgerichtet.“

Eine verblüffende Mitteilung über den Hülfensberg aus weiter Ferne: Ob wohl wirklich die Kreuze in der angegebenen Richtung sich vorfinden? Dieser Gedanke hätte dem Professor W. auftauchen müssen, wenn er nicht obige vorgefaßte Meinung gehabt hätte.

Damals waren auch noch mehrere Kreuze vorhanden, die seitdem leider immer mehr infolge von Separationen und andern Ereignissen verschwinden.

Und wirklich finden sich die Kreuze in der angegebenen Richtung. Auf dem Harze steht ein solches bei Hohegeiß; von da ab folgen sie in einer Entfernung von meistens ½ Stunde fast ununterbrochen aufeinander bis zum Hülfensberge.

Eine ebensolche Mitteilung machte neuerdings Lehrer Krönig in Bremen aus dem Hohensteinschen: „Es geht die allgemeine Meinung dahin, die Entstehung der Steinkreuze auf den hl. Bonifatius zurückzuführen, wie man ja in unserer Gegend so manche Erinnerung von ihm herleitet. Es wird erzählt, als der Heilige über den Harz durch die Grafschaft gezogen sei, habe ihn sein Weg über die Apostelbrücke, Rehungen, Zaunröden, Eigenrieden nach Mühlhausen geführt. Die Orte, an denen er das Evangelium gepredigt, habe man mit Kreuzen bezeichnet, um seine Segensspuren künftigen Geschlechtern zu erhalten ..." Das ist freilich nur etwa Dreiviertel des Weges bis zum Hülfensberge. Dagegen hörte ich in Bickenriede, 2 Stunden von Mühlhausen, von einem 75jährigen Manne: „Von uns aus ist der hl. Bonifatius nach dem Hülfensberge gegangen, die Arme der Kreuze geben die Richtung an, die er eingeschlagen; so habe ich es von meinen Eltern gehört." Eine Nachprüfung bezüglich der Richtung der Kreuze, soweit diese noch auf ihrer ursprünglichen Stelle stehen, bestätigte die Richtung.

Außerdem steht eine Notiz in dem viel geschmähten Letzner (Der hl. Bonif.), welche besagt, daß der Heilige sich nach der Zerstörung der Götzenstätte auf dem Hülfensberge nach Norden gewandt habe und in das Land der Sachsen bei Göttingen vorgedrungen sei; von da vertrieben, sei er wieder auf das Untereichsfeld gegangen, darauf nach Lohra und Jechaburg. Da die erste Notiz sich als richtig erwiesen, so reizte diese Stelle ebenfalls zur Nachforschung, ob nicht auch nach dieser Richtung die Kreuze ständen, da Bonifatius auch vom Hülfensberge aus seine Hinreise angetreten haben muß, wohin er ja nach Angabe des erwähnten Privatbriefes „zurück" gereist sei. Dem ist nun wirklich so.

Bekanntlich hat sich der hl. Apostel, wie geschichtlich feststeht, gleich nach der Eichenfällung nach Thüringen begeben und sich dort in Ohrdruf längere Zeit aufgehalten. Nun aber gehen die Kreuze tatsächlich vom Hülfensberge bis Ohrdruf; von da gehen sie durch ganz Thüringen, durch das Mansfeldische zum Halberstädtischen und von da aus zurück zum Hülfensberge. Das ist doch merkwürdig"

Merkwürdig ist aber auch, daß neben den Kreuzen Flurnamen, Erinnerungen und Sagen vom hl. Bonifatius einhergehen, die man an andern Orten vergebens sucht. Augenscheinlich sind auch in den Gegenden, in denen die Kreuze sich vorfinden, die ältesten Ansiedelungen gewesen.

Dürfen wir also wirklich diese Kreuze Bonifatiuskreuze nennen und sind sie zum Andenken an die Missionsreise des Heiligen durch Thüringen von seinem bekehrten dankbaren Volke gesetzt worden?

Wir werden die Volksmeinung nicht so ohne weiteres bei Seite schieben, wenn wir bedenken, daß eben mit den Kreuzen auch Flurnamen und Sagen zur Erinnerung an den heiligen Bonifatius sich verbinden. Aber wir werden uns noch mehr davon

überzeugen, daß die Volksmeinung recht hat, wenn wir hören, daß man einstens zum Andenken an den Weg, den man mit der Leiche des heiligen Mannes von Mainz bis Fulda machte, Kreuze setzte, Kapellen erbaute, wo die Leiche ruhte, und Quellen und Wege mit seinem Namen benannte. Ich lasse hier folgen, was ich hierüber 1913 in der Zeitung berichtete.
Schon der Katholik, Mainz 1878, II 659, auch Stadt Gottes 1904 haben darüber geschrieben, wie an Orten, wo man mit der Leiche rastete, Kreuze errichtet seien, die später vielfach durch Kapellen ersetzt wurden.
Im zweiten Blatt der „Fuldaer Zeitung" Nr. 52 wurde in einem Artikel „St. Bonifatius' letzte Fahrt durch die Wetterau" darauf hingewiesen, daß man schon früher auf Grund der vorhandenen archivalischen und legendarischen Quellen unternommen habe, den Weg, den in den Julitagen 754 der Leichenzug des heiligen Bonifatius von Mainz durch die Wetterau nach Fulda nahm, zu bestimmen; dies sei aber nur in großen Umrissen geschehen.
Nun habe der bekannte Archäologe Professor Gg. Wolff, Frankfurt a. M., noch andere Richtlinien zur Lösung des Problems eingeschlagen und darüber in der letzten Sitzung des „Frankfurter Geschichtsvereins" eingehend berichtet. Mit Hilfe der sogenannten Bonifatiusquellen, der vorhandenen Kreuze, Kapellen und vor allem der Erforschung der alten Straßenzüge und auf Grund reichen archäologischen Fundmaterials suche er die bislang vorhandenen Lücken auszufüllen. Auf dieser Grundlage baue Wolff mit durchschlagende Überzeugungskraft seine Beweisführung auf, die übrigens von den vorhandenen archivarischen Quellen treffend unterstützt würden.
Danach habe man den Leichnam des hl. Bonifatius in Begleitung einer gewaltigen Prozession am ersten Tage bis Hofheim am Taunus gebracht. Südwestlich davon, nahe bei Kristel, habe sich bis zum 30jährigen Kriege eine Bonifatiuskapelle befunden und hier sei ohne Zweifel der Ort der ersten Rast gewesen. Auf der uralten Römerstraße sei man nun weiter gezogen nach dem Kreuzerhohl auf Kalbacher Gemarkung, wo befunden, und die zweite Raststätte zu suchen sei. Nicht umsonst führe eine hier entspringende Quelle den Namen Bonifatiusbrunnen und hier stand eine Wallfahrtskirche zum hl. Kreuz deren Ursprung, nach den gefundenen Bodenfliesen zu schließen, in die karolingische Zeit zu setzen sei. Von Mainz bis Hofheim und von da bis Kreuzerhohl seien es je 16 Kilometer, die Tagesleistung einer Prozession.
Der dritte Rasttag sei anhand archäologischer Funde in Altenstedt zu suchen. Der Weg von Altenstedt bis Fulda, den der Leichenzug in drei Tagen zurücklegte, war fast schnurgerade; er führte über Crainsfeld, wo auch noch ein Bonifatiusbrunnen an die denkwürdige Begebenheit erinnert. (Bei Niedermoos führte ein Teil des Forstes den Namen Bonifatiuskanzel; hier soll der Apostel der Sage nach gepredigt haben.)
Wenn man so anhand von Kreuzen, Kapellen und Flurnamen den Weg bestimmen kann, den die Leiche des heiligen Bonifatius machte, dann darf man wohl anhand derselben Daten den Weg festlegen, den der lebendige Bonifatius als eifriger Apostel auf seiner ersten Missionsreise durch Thüringen eingeschlagen hat. Der Ausgangspunkt ist darnach, wie wir sehen werden, der Hülfensberg und hier hin kehrte er auch zurück.

Es muß also dieser Berg wohl von großer Wichtigkeit gewesen sein und unserm Glaubensvater auch am Herzen gelegen haben. Aber ist denn der hl. Bonifatius überhaupt auf dem Hülfensberge gewesen? Ja! Daran kann kein Zweifel sein. Viele Beweise sind dafür zusammengetragen in dem Büchlein „Die Fällung der Donnareiche auf dem Hülfensberge bei Geismar" 1913, Verlag Pforte des Franziskanerklosters dortselbst. Ich habe darüber dann noch in der Zeitung 1913 einen ähnlichen Artikel wie den oben bezeichneten veröffentlicht, der von denselben Gesichtspunkten ausgeht, wie die Richtlinien, die der oben bezeichnete Archäologe Wolff eingeschlagen hat. Er möge hier folgen. Derselbe wird uns zeigen, daß der Glaubensprediger auf dem Hülfensberge gewesen sein muß und daß St. Bonifatius und der Hülfensberg unzertrennlich zusammen gehören, wie uns unsere Vorfahren überliefert haben.
Im Anschlusse an obigen Artikel brachte die „Fuld. Zeitung" im zweiten Blatt Nr. 69 einen anderen Artikel: „St. Bonifatius' Bekehrungsszug durch den fränkischen Hessengau":
Es wäre der als Herausgeber des „Urkundenbuches des Klosters Kaufungen in Hessen" (zwei Bände Kassel 1900–1902) bekannte Major a. D. Hermann von Roques, der durch seine Nachforschungen diese von Haupt-Biographen des hl. Bonifatius, Willibald, offen gelassene Lücke scharfsinnig geschlossen habe. In einem am 31. Oktober 1892 im Verein für hessische Geschichte und Landeskunde zu Kassel gehaltenen bedeutsamen Vortrag über die Bekehrung Hessens zum Christentum habe derselbe über das Ergebnis seiner diesbezüglichen Nachforschungen wie folgt berichtet:
‚Ganz zufällig erfuhr ich einmal bei einem Besuche in Nieder-Zwehren, einem Dorfe bei Kassel, daß dort bis vor kurzem ein Weg vom Dorfe nach der Südspitze der Karlsaue, wo die idyllische Insel Siebenbergen liegt, geführt habe, der Bonifatius-Pfad geheißen, weil der hl. Bonifatius einst dieses Weges gezogen sei. Die Äcker, welche derselbe berührt habe, seien zehntfrei gewesen, bis zur Ablösung des Jahres 1832. Der Weg sei zwar durch die Verkoppelung weggefallen, aber die Sache selbst stehe fest. Die Einsicht, die mir in die alten Katasterbücher und Karten von Nieder-Zwehren gütigst gestattet wurde, zeigte mir allerdings eine Anzahl zehntfreier Äcker genau in der mir bezeichneten Richtung dieses Weges. Weitere Nachforschungen führten mich auf das Dorf Balhorn im Kreise Wolfhagen, wo ebenfalls zehntfreie Äcker lagen und wo ebenso wie in Zwehren die Tradition heute noch ganz lebendig ist, daß die Äcker um deswillen zehntfrei waren, weil der Fuß des Heiligen darüber hingeschritten sei. Beiläufig bemerkt, gibt es auch bei Amöneburg, wie in Thüringen solche zehntfreien Äcker und ich nehme an, daß man bei weiteren Forschungen in alten Katastern solche auch noch an manchen anderen Orten finden würde. Kurz, es ist mir auf Grund dieser Traditionen, die ihre sehr greifbare reelle Grundlage in der Zehntfreiheit der Äcker haben, welche ja noch der ältere Teil der jetzigen Generation erlebt hat, höchst wahrscheinlich geworden, daß der heilige Bonifatius den Weg von Fritzlar nach Fällung der Donnareiche über Balhorn und auch über Altenstädt und Martinhagen und weiterhin über Nieder-Zwehren genommen hat. Ferner halte ich es gar nicht für unmöglich, daß Bonifatius in Nieder-Zwehren Halt gemacht hat, um anstelle der

heidnischen Opferstätte auf dem Opper-Rein[1]) eine christliche Kultusstätte einzurichten.

Können wir den Weg des hl. Bonifatius bis zur heutigen Aue verfolgen, so ergibt sich seine weitere Marschroute, nachdem er die Fulda am Südausgange der Aue oder, was wahrscheinlicher, am Stadthofe, unterhalb der Fuldabrücke passiert haben mag, ganz von selbst, da weit und breit keine andere Straße über den Kaufunger Wald nach Thüringen führte, als die uralte Handelsstraße durch das Tal der Losse über Kaufungen und Helsa.

Wo Bonifatius unterwegs Halt gemacht, um Götzenhaine und Opferstätten zu zerstören und christliche Bethäuser zu erbauen und wo er gepredigt hat, darüber haben wir auch nicht die mindeste Kunde; daß er aber beides getan, das unterliegt sowohl nach der allgemeinen Sachlage, als auch nach den Berichten seiner Biographen keinem Zweifel; denn diese erzählen, daß Bonifatius an vielen Orten, auch in Hessen, die heidnischen Götzen gestürzt, Kirchen und Klöster, d. h. hölzerne Bethäuser und Zellen, errichtet und denselben Geistliche aus der Zahl der ihn begleitenden Mönche – Custodes, Wächter nennt sie Willibald – vorgesetzt habe.

Auf Grund verschiedener Erwägungen vermute ich, daß Bonifatius u. a. die heidnische Opferstätte auf dem Bilstein [2]) bei Helsa zerstörte und dort eine Kapelle errichtete, die, wie Landau sagt, der hl. Jungfrau Maria geweiht gewesen sei, denn daß daselbst eine Kapelle gestanden, ist gewiß; heißt doch heute noch diese Stelle im Volksmunde und auch auf den Wegweisern: „Bilstein-Kirche" nur daß das Alter dieser Kapelle bis auf Bonifatius zurückreicht, ist allerdings lediglich meine eigene subjektive und immerhin anfechtbare Schlußfolgerung aus einer Reihe von Anzeichen.'

Nun aber führt die oben genannte Handelsstraße durch Hessen nach Thüringen von Helsa in das Tal der Werra bei Eschwege und Wanfried. Hier war auch eine uralte Zollstätte, die schon im Jahre 800 erwähnt wird, als die Königsboten auf der Reise von Aachen durch Hessen nach Thüringen an die Werra kamen und hier die Zollstädte redivierten. (Vergl. Heimatland 1909. Seite 98. Nordh.) Das Werratal ist heute noch voll von Erinnerungen an den großen Apostel, obgleich es bei der Reformation zum Calvinismus übertreten mußte.

So muß denn auch ohne Zweifel der hl. Bonifatius hierhin in das Tal der Werra gelangt sein und am Fuße des Hülfensberges gestanden haben. In Schwebda steht ein alter Stein mit Inschrift (Auf deutsch): Zum Andenken an die Zehntfreiheit durch den Wohltäter Bonifatius.

---

[1]) *Im Dorfe Nieder-Zwehren sieht die Kirche auf dem sog. Opperrain, d. h. Opferrain, einer nach allen Seiten abfallenden Stelle, die zweifellos ehedem als Opferstätte gedient hat und zugleich das hohe Alter des Dorfes Nieder-Zwehren bezeugt.*

[2]) *Eine hochragende, schroffe, von Säulenbasalt getragene, altarförmige Kuppe, dicht unter welcher noch ganz auf der Höhe eine sog. „Blutratswiese" und daneben ein Waldrevier, „An den Totengräber" genannt, eine ehemalige Gerichtsstätte; der Bilstein selbst aber dürfte vielleicht die dazu gehörige Opferstätte bezeichnen.*

Und von hieraus geht der Weg, der den Namen Bonifatiusweg führt, durch die Flur von Frieda auf den Hülfensberg. Darnach ist also ebenso gewiß der hl. Bonifatius auf dem Hülfensberge gewesen. Nun ist die Meinung ausgesprochen worden, daß der hl. Bonifatius von Franken (Südthüringen) aus die Werra hinunter an den Hülfensberg gekommen sei; von da habe er seine Missionsreise nach Thüringen angetreten, und hierher zurückgekehrt habe er nun erst auf jenen von Roques bezeichneten Wegen seinen Bekehrungszug nach Hessen unternommen. Wer mehr darüber wissen will, lasse sich an der Pforte des Hülfensbergsklosters das Heftchen geben „Die Fällung der Donnereiche auf dem Hülfensberge".

Nun wäre noch eine Frage zu erörtern, nämlich die, ob St. Bonifatius selbst wohl schon einige Kreuze gesetzt hat oder vielmehr hat setzen lassen durch sein zahlreiches Gefolge und die gewonnenen Neuchristen, wie im obigen Privatbrief behauptet wird: Er habe den Hammer des Thor umgestürzt und dafür Kreuze gesetzt. Auch diese Frage ist zu bejahen. Wieso? Krönig zählt in seinem oben erwähnten Aufsatze „Die Steindenkmale der Grafschaft Hohenstein" neben den Kreuzen auch einen Stein auf, der Pferdekopf genannt werde und der nördlich über dem Berge bei Bischofferode in der Nähe von Werningerode stehe. Die Besichtigung ergab, daß es in der Tat ein in Stein gehauener Pferdekopf ist ca. ¾ m hoch über der Erde, ein alter mächtiger Sandsteinklotz, allen Wetterstürmen Trotz bietend. Hier haben wir also ein Götterdenkmal aus der

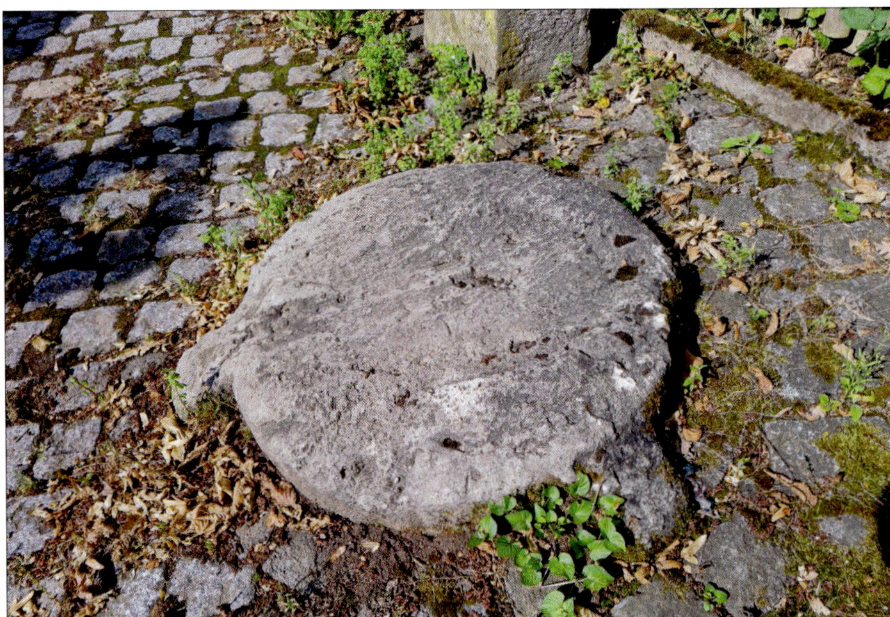

Rinnstein im Boden rechts neben dem Steinkreuz, die Pumpe wurde vor Jahren zurück gebaut.

Heidenzeit. Man kann sich auch nicht darüber wundern, daß es ein Pferdekopf ist; denn die dortige Bevölkerung ist sächsisch, die mehr den Wodan verehrten und diesem war das Pferd heilig. Wenn nun diese heidnischen Sachsen in der Nähe ihrer Wodangötzenstätte Pferdeköpfe aufgestellt haben, so schließen wir, haben auch die Thüringer (Thoringer) bei ihren Thor-(götzen)Stätten das Zeichen dieses Götzen, den Hammer, aufgestellt, wie es der Privatbrief besagt, und dann hat auch Bonifatius solche Zeichen, das Kreuz, errichtet oder wo es anging, den steinernen Hammer in ein Kreuz umgewandelt. Das Bonifatius-Kreuz bei der 12. Station des Hülfensberges ist ein uraltes wetterhartes, klobiges Kreuz; der rechte Arm ist ganz kurz, sodaß es wohl ein einstiger Thor-Hammer gewesen sein kann, dem man einigermaßen die Kreuzform gegeben hat. Dann war es natürlich auch für die Nachkommen leicht, den Weg, den St. Bonifatius genommen, zu bestimmen, es waren die alten Ansiedlungen mit ihren zerstreuten Götzenstätten.

Die Steinkreuze kommen aber nicht nur vor vom Hülfensberge bis Ohrdruf und von da durch ganz Thüringen, das Mansfeldische über den Harz zurück zum Berge, nein auch das ganze Werratal hinauf bis Franken (Ostfranken, Südthüringen). Es ist ja naturgemäß, daß St. Bonifaz hier auch zuerst gewirkt hat (vgl. meine Schrift „Die Fällung der Donnereiche") und daß er von dort die Werra hinuntergezogen ist bis zum Hülfensberge an der Grenze der Hessen. Von dort wurde er nach Rom berufen und reiste zurück hierher auf demselben Wege oder dieses Mal über Fritzlar den von Roques bezeichneten Weg. Bei ersterer Annahme wäre er dann später nach Beendigung seiner Mission in Thüringen (ca. 9 Jahre) vom Hülfensberge aus nach Fritzlar und Amöneburg gezogen, wie oben schon angegeben.

Die Bonifatiuskreuze kommen auch im alten Sachsenlande vor und zwar nicht nur bis Nörten bei Göttingen und im Untereichsfelde, sondern auch vereinzelt noch an verschiedentlichen Orten. Soll ja doch nach Letzner St. Bonifaz einige Strichreisen noch weiter in das Land gemacht haben und hie und da auch Erfolge erzielt haben. So rühmt sich unter andern die evangelische Gemeinde zu Gehrden bei Hannover, daß der große Heilige bei ihnen eine Kapelle erbaut habe. Auch sei ein Kreuzstein dort zu Ehren des Heiligen. Dieses Kreuz ist aber abweichend von denen in Thüringen: Auf einer Steinplatte ist ein Kreuz eingehauen, ähnlich wie bei Reinhausen und im Duderstädtischen. Bei uns ist ein solches nur im Heiligenstädter Walde an der Grenze von Lutter. Auf dem St. Georgenberge bei Bleicherode ist ein Kreuz, welches nach karolingischer Form auf einem über der Erde liegenden runden Teil eingehauen ist. Neben dem romanischen Kreuz in Großbodungen liegt ein ähnlicher Stein, wobei auch das Kreuz in dieser Form eingehauen ist. Leider wird dieser Kreuzstein als Rinnstein für eine Pumpe benutzt.

Die Steinkreuze des Eichsfeldes und der Umgebung

Von Pfarrer Osburg Bickenriede.

(Fortsetzung zu dem 3. und 4. Vierteljahrs-Heft 1917.)

Die einzelnen Kreuze vom Hülfensberge bis Ohrdruf und zurück.

An den Hülfensberg als Ausgangs- und Endpunkt einer Reise des hl. Bonifatius und entsprechend als Anfangs- und Endpunkt der Steinkreuze knüpfen sich viele Bonifazius-Erinnerungen. Es sind 1. der Bonifaziusweg von Schwebda durch die Flur Frieda über den Dasberg zum Hülfensberg und die damit verbundene Sage in Frieda, 2. der Bonifaziusborn mit seiner Sage, 3. die Bonifaziuskapelle aus Stein (aus dem 11. Jahrhundert, abgerissen 1888), 4. das Eichenstück in ihrem Gewölbe und die Überlieferung, daß hier eine Eiche gestanden und vom Heiligen umgehauen sei, daß aber dann eine Kapelle daraus gebaut sei, 5. das Stuffensloch und die Sage, daß der Götze hier hinein gebannt sei, 6. viele andere Bonifaziussagen des Hülfensberges.

Das 1. Kreuz steht bei der 12. Station des Kreuzweges, und hier geht der Weg nach Osten ab nach der Entenmühle hinunter. Da, wo dann der Weg abgeht nach **Effelder** *den Entenberg hinauf, stand früher das 2. Kreuz. Zeugen, die es gesehen, sind noch am Leben. Oben, fast auf der Höhe, wo der Weg vom Heyrödchen heraufkommt, steht der Stumpf des 3. Kreuzes. Es ist nicht lange her, daß es beim Holzfahren zerbrochen wurde.*

Das 4. Kreuz (gotisch) steht auf dem sogenannten Plane mitten in Effelder. Gleich am Ende des Dorfes geht man den langen Grund hinunter unter der tunnelförmigen Eisenbahnbrücke hindurch, links am Wege, nicht weit von der Stelle, von der die Effelderschen so manches Fuder Steine für ihre schöne gotische Kirche geholt haben – die einen so prächtigen Anblick gewährt, wenn man mit der Eisenbahn über die Brücke fährt – stand früher auch ein Steinkreuz; jetzt ist es verschwunden. Ferner stand eines, den ältesten Zeiten angehörig, bei der berühmten Gläsener-Quelle, welche jetzt 6 Höhendörfern Wasser liefert. Der Weg geht von da in das Tal der sogenannten Neun-Börner; dort an der sogenannten langen Wiese stand ebenfalls ein Steinkreuz der ältesten Zeit. Es sind erst wenige Jahre, daß es verschwunden ist bei der Ausbesserung und Erweiterung des Weges durch den Forstfiskus. Diese beiden Kreuze waren kleinere und einfach. Der Gläsner, eine mächtige Quelle, war sicher den Heiden heilig. Heute ist, sobald das Frühjahr kommt, diese Quelle das Ziel der Spaziergänge, welche die frohe Jugend von Effelder und von Großbartloff macht. Da, wo der Ölstieg hinauf führt nach Küllstedt, stand, gleichsam als Wegweiser, wieder ein Kreuz; auch dieses ist nicht mehr da. Vor **Küllstedt** *nun, wo der Weg von Büttstedt heraufkommt, stehen, wie wir es noch öfter finden, ihrer drei (einfach und gotisch) beisammen. Der Ort ist ja einer der ältesten Ansiedlungen. Beim westlichen Ausgang des Dorfes, in der Mauer des Stationsweges nächst der Antoniuskapelle, zeigte mir der Pfarrer Schi ein kleines Kreuz, das früher seinen Standort nicht weit davon am alten Wege nach Wachstedt hatte. Dieser führt durch Wiesen hindurch am sogenannten krummen See vorbei. Am oberen Ende desselben, kurz vor* **Wachstedt**, *stand wieder ein kleineres Kreuz der ältesten Form. Bei Gelegenheit der Separation ist es entfernt worden. Ein Einwohner von*

Wachstedt sagte mir, er habe es aus Unkenntnis an die Chaussee gefahren. Der uralte Weg führt an Wachstedt vorüber nach Kreuzeber. ***Kreuzeber*** *hat die Sage, daß der hl. Bonifazius auf dem Bocksbühl, einer heidnischen Kultusstätte, gepredigt und die erste Kirche gebaut habe. Zwischen Wachstedt und Kreuzeber soll ebenfalls ein Kreuz gestanden haben in der Nähe der sogenannten Neuen Kirche. Hier lag auch das zerstörte Dorf* ***Wertigshausen****, eine alte Ansiedlung. Auch auf dem Dün bei* ***Geisleden*** *soll der Apostel tätig gewesen sein, wie die Sage kündet. Leider ist hier nun eine größere Lücke, da sich das nächste Steinkreuz erst wieder vor* ***Lutter*** *befindet. Mutmaßlich hat sich der hl. Missionar nicht über Geisleden nach Heiligenstadt begeben, welches wohl auch erst später gegründet wurde, da viele Sümpfe sich dort befanden, auch fast alles (besonders nördlich) mit Urwald bedeckt war. Er wird sich nach Heuthen und Flinsberg gewandt haben. Manche wollen noch Kreuze an beiden Orten gesehen haben, aber es ist nicht festzustellen.* ***Flinsberg*** *am Warteberg mit seiner alten Warte ist ein uralter Ort. Der verst. A. Müller fand hier eine Steinart, die im Heiligenstädter Museum sich befindet. Der Sage nach hat hier der hl. Bonifazius den Flins, Gott des Todes, der auf der Höhe dort verehrt wurde, zerstört* [1)] *In der Nähe des Heiligenstädter* ***Forsthauses*** *soll desgleichen ein Kreuz gestanden haben, aber dieses konnte nicht einwandfrei festgestellt werden. Von hier aus geht der Weg bergab nach* ***Lutter****. Auf beiden Seiten sind Anhöhen mit Wald; ehe man aus dem Walde tritt, findet man einen Stein, auf dem ein Kreuz eingehauen ist. Es soll dort auch noch ein eigentliches Kreuz stehen; ich habe es aber nicht finden können. Links ist ein Höhenrücken, der der „Alte Kopf" heißt, und unten ist eine Gegend, welche der Opfergrund heißt, was auf eine Götzenstätte hinweist. Weiter rechts ist dann die sogenannte* ***Alte Burg*** *bei Heiligenstadt. Die Alte Burg war sicher eine der alten Schutzburgen des Eichsfeldes und deshalb wohl auch zugleich eine heidnische Kultstätte. Der Name „Alt" will nicht sagen, daß diese Schutzburg alt sei, – die anderen sind es ja auch – sondern, wie Professor Waldmann im genannten Heiligenstädter Programm nachweist, wird auch dem Gotte Thor der Name „der Alte" gegeben. Ein Altvaters Loch ist auch bei Kloster Zella, wo auch eine Diebelsnase ist, desgleichen ist ein solcher Name für einen langgestreckten Hügel am östlichen Fuße des Hülfensberges nach Lengenfeld zu. Thor ist also hier verehrt worden – auch eine Teufelskanzel ist an der Alten Burg. Die Kapelle an dieser Stelle war den hl. Peter und Paul geweiht, was ebenfalls auf eine alte Kultstätte Thors hinweist. Eine Strecke vor Lutter befindet sich auch der früher erwähnte Zehntgraben und am sogenannten Lenteröder Stiege ist ein Bonifazius-Born. Von Uder, einer alten Anssiedlung, geht ein Weg nach Schönau, der heute noch der Opferweg heißt. Über* ***Schönau*** *befindet sich der sogenannte Brink. Dort ist ein mächtiger Steinblock, der eine alte Opferstätte war. Er heißt im Munde des Volkes „Taufstein des hl. Bonifazius", weil er hier gepredigt und getauft haben soll. Der Stein ist in der Mitte etwas hohl, nach Westen hin hat er einen sogenannten Mund. Er soll selbst in den heißesten Jahreszeiten Wasser haben. Von hier aus hat man eine prächtige Aussicht. Ja, so muß man sich eine*

[1)] *Vgl. Zehrt, Einführung des Christentums.*

heidnische Opferstätte denken. Eine ähnliche Opferstätte sah ich etwa 2 Stunden nördlich von Salzschlirf. Auch hier hat man eine herrliche Aussicht. Es ist dort ebenfalls ein mächtiger Sandsteinblock; an den Ecken sind Pferdehufe angebracht, 3 recht deutlich und klar, der vierte war nicht mehr recht zu erkennen.
Bei Schönau ist ein alter Bonifazius-Stein (Bildstock) und auf der Höhe eine Kapelle zu Ehren des hl. Bonifazius neueren Datums. Das Bonifazius-Kreuz bei Schachtebich oder Burgwalde habe ich nicht entdecken können. Dagegen vor dem Gute **Lentershagen** *an der Landstraße sah ich den Fuß und Stumpf eines Kreuzes. Es geht von hier der Weg nach* **Rustenfelde**, *wo ein Steinkreuz oberhalb des Ortes am Fuße der Hennefeste war (vergl. Waldmann, Programm). Der Weg führt an Rumerode vorbei über Unter- und Oberstein nach* **Arenshausen** *und zwar südlich am Orte vorbei bis zur Landstraße, wo diese sich mit der Eisenbahn kreuzt. Hier stand ein kleineres Kreuz; man hat es aber von dort hinweg gebracht und nahe bei der Kirche in Kirchgandern aufgestellt. Vor diesem Dorfe steht ein kräftiges Kreuz romanischer Art. Unter und über den Armen sind je ein Viertel eines Kreises ausgehauen. Auf der Landstraße zwischen Reckershausen und Groß-Schneen ist weiter ein solches und in der Nähe von* **Friedland** *stieß man beim Ackern auf ein solches, wie eine Notiz der Eichsfeldia vor einigen Jahren meldete. Es folgt* **Reinhausen** *vor Göttingen, wo 2 Kreuze in den Felsen eingehauen sind. Das Kreuz des Leinebusches bei Göttingen (oben erwähnt) ist jetzt in der Stadt aufgestellt. Das Kreuz in* **Varmissen** *unterhalb Dransfeld am Wege beim Eingange des Dorfes ist ebenfalls nach Göttingen gebracht (Museum). Ein anderes stand nach Letzner zwischen den Dörfern Angerstein und Parensen, soll aber nicht mehr vorhanden sein.*
In Göttingen gibt es mehrere Sagen vom hl. Bonifazius. Hier soll er die Göttin Forseta haben vernichten wollen, sei aber von dem zum Schutze herbeigeeilten Volke vertrieben worden und habe sich bald darauf auf das Untereichsfeld begeben. Er scheint dann die Richtung auf Waake-Holzerode eingeschlagen zu haben; denn hier ist oder war vor der Separation ein Bonifazius-Steg. Ein Höllental und Hünestollen befindet sich auch daselbst. Von hier aus weist die Richtung auf **Katlenburg**. *Auf der Höhe von Katlenburg hat der Heilige der Sage nach den Götzen Biel oder Tru vernichtet. Folgen wir den Spuren der Sage, so hat er sich von hier zurück ins Rhumetal hinauf durch die Flur von Gieboldehausen begeben. In dem Teile derselben, welcher Dodenhausen heißt, befinden sich zehntfreie Bonifazius-Äcker, die so heißen sollen, „weil er sich hier die Schuhe ausgezogen und gerastet habe" D. h. mit anderen Worten, daß er hier durchgereist, sei. Auf dem Höherberge, an dessen Fuße die Äcker sich befinden, steht eine Kapelle. Eine alte Sage kündet, auch hier habe Bonifazius eine Götzeneiche umgehauen. Er wird weiter durch das Tal der Hahle gezogen sein. In der Nähe von* **Westerode** *befindet sich ein Stein mit eingehauenem Kreuz. Die Spuren führen nach Breitenberge. Oberhalb* **Duderstadts** *befindet sich eine Gegend, die genannt wird „bei den 3 Kreuzen"; in der Nähe waren alte Bonifazius-Äcker. Die Kreuze sind in Sandsteinen eingehauen. Sie sind leider umgestürzt und liegen nun etwas entfernt von ihrem früheren Standorte. Vor* **Hilkerode**, *aber noch zur Flur von Breitenberge gehörig, sind wieder solche alte Bonifazius-Äcker. Von Hilkerode weist uns die Sagenspur über Rhumspringe (sicher eine von den Heiden heilig gehaltene Quelle) und Pöhlde nach*

***Schwarzfeld** . Wer kennt nicht die alte Steinkirche auf der Anhöhe dieses Ortes, eine Kultstätte aus der Zeit der Anfänge des Christentums hierselbst? Es ist eine alte Höhle, die dann weiter ausgehauen ist, sodaß sie eine Breite von ca. 6 Meter und eine Länge von 20 Meter hat. Das Licht erhält sie durch das Eingangstor und durch einen Spalt in der Mitte von oben. Ein Altar ist in den Felsen eingehauen, desgleichen eine Kanzel rechts beim Eingange; links befindet sich im Felsen ein Weihwasserbecken. Vor dieser Steinkirche breitet sich noch eine größere Rasenfläche aus, im Norden abgegrenzt durch Felsen, in denen sich eine Nische für Heiligenfiguren befindet. Und nun die schöne Bonifazius-Sage! Sankt Bonifazius, im November 722 zum Bischof in Rom geweiht, kommt vom Hülfensberge, wo er etwa anfangs März 723 die Donnereiche gefällt, und will so zum Lande der Sachsen, seiner Stammesgenossen, das Christentum auszubreiten, findet aber überall hier sehr wenig Aufnahme. Es ist ein herrlicher Frühlingstag! Die Heiden haben sich vor und auf der Anhöhe versammelt, zur Ehre der Frühlingsgöttin Ostara ihr Osterfeuer angezündet und bringen der Göttin ihre Opfer. Da schreitet ein seltsamer Mann, in schwarze Gewänder gehüllt, den Reisestab in der Hand, gefolgt von einer Schar Schüler, auf sie zu und bittet sie, ihn anzuhören. „Ihr seid auf falschen Wegen.“ sagt er ihnen, „es gibt ja gar keine Frühlingsgöttin. Den Frühling und Sommer, die ganze Natur, Himmel und Erde hat nur ein Gott geschaffen und nur diesem darf man Opfer bringen. Er hat uns seinen Sohn Jesus Christus gesandt, und dieser hat sich ans Kreuz schlagen lassen, um unsere Sünden zu büßen. Und nur dieses Opfer bringen wir dem einen wahren Gotte dar!“ Aber die Heiden wollten nichts von ihm wissen und wiesen ihn fort. Da sagt Bonifazius: „Aber von nun an soll diese Stätte dem wahren Gotte geweiht sein,“ und er nimmt eine hölzerne Axt und haut in den Felsen. Wie Wachs tut sich der Felsen auseinander, und die Kultstätte ist vor den erstaunten Heiden bald bereitet. Und nun wollen sie Sankt Bonifazius gehorchen und lassen sich an dem vorbeifließenden Oderflüßchen taufen.*

Alle Chroniken in diesen Harz-Gegenden melden das Bonifazius und seine Schüler hier die ersten Anfänge des christlichen Glaubens gebracht haben.

*Über Osterhagen, Kreuzhof, Zwinge mag nun der hl. Apostel seinen Weg fortgesetzt haben. Bei **Zwinge** stand ein altes Bonifazius-Kreuz, erwähnt in Dr. Zehrt's „Einführung des Christentums“; es ist nicht mehr. Leute, die es noch kannten, sagten uns, daß seine Arme nach Silkerode und Brochthausen wiesen. Also über Brochthausen nach Fuhrbach müssen wir weitere Spuren suchen. Und in der Tat! In **Fuhrbach** erzählten alte Leute, daß auf der Höhe von Fuhrbach nach Jützenbach ein uraltes Steinkreuz gestanden habe: leider sei es nun auch verschwunden. So kamen wir nach **Jützenbach** und finden in der Flur einen alten sog. „Kreuzweg“ an dem also früher ein Kreuz gestanden. Der weist uns nach dem **Sonnenstein** und Holungen und hier ist ein Bonifazius-Kreuz noch erhalten. Der Sonnenstein ist wieder eine heidnische Götzenstätte. Dort wurden der aufgehenden Sonne, dem Auge des Wodan, weiße Pferde geopfert. In der Nähe war der Ort, wo diese zum Opfer bereit gehalten wurden, er hat noch heute den Namen Pferdestall. In **Holungen** steht das Bonifaziuskreuz an der Kirche und trägt eine rundliche Steinplatte und darüber ein hölzernes Kruzifix, ein Ort des Gebetes beim Umgange. Es führt uns der Weg weiter unter der Sonder hin nach*

Kirchohmfeld. *Auf diesem Wege standen auch solche Kreuze. (Siehe „Unser Eichsfeld" 1. Heft 1911) Wir gehen dann durch Kirchohmfeld den Alten Weg nach* ***Worbis***. *Hier steht das schon erwähnte Bonifazius-Kreuz in einem Garten an der Chaussee nach Kirchohmfeld und weist uns mit seinen Armen auf den alten Klosterweg nach* ***Kirchworbis***. *Und an letzterem Wege stand früher ein altes Steinkreuz in einem Acker, wie das oft der Fall ist. Der Besitzer, sagte man mir, habe es entfernt und nach Hause gefahren. Auch über Kirchworbis am alten Wege nach Kaltohmfeld stand nach dem Zeugnisse verschiedener Einwohner des Ortes ein altes Steinkreuz. In* ***Kaltohmfeld*** *aber finden wir wieder ein größeres, prächtiges, gotisches Bonifazius-Kreuz. Der Weg aber führt über den Ohmberg nach Hauröden und Bischofferode. Auch oben auf dem Berge standen Kreuze (vergl. „Unser Eichsfeld 1. Heft 1911). Am* ***Ohmberge*** *befindet sich die „Wilde Kirche", wo ebenfalls der hl. Apostel der Sage nach gepredigt hat. In einem Göttinger Sagenbuche heißt es: „Auf den Ohmberg im Eichsfelde kam auf seinen Bekehrungsgange auch der hl. Bonifazius und zerstörte dort eine heidnische Opferstätte auf einem Felsen, der noch jetzt der „große Stein" heißt. Dort pflanzte er ein Kreuz auf und predigte von einem Felsen, der vom Ohmgebirge abgerissen ganz einzeln sich erhebt, fast wie der erst spät wieder zugänglich gemachte Bonifazius-Fels beim Schloss* ***Altenstein*** *in Thüringen, und dieser Fels heißt „die wilde Kirche". Eine weitere Sage siehe in Wüstefeld „Eichsfeldische Sagen". In* ***Bischofferode*** *befinden sich 2 Kreuze, eins ist klein und fast ganz in der Erde. Daneben ist ein gegrabener Brunnen, dem man wegen der Bonifazius-Kreuze den Namen Bonifazius-Brunnen gegeben hat. Es folgt* ***Großbodungen***. *Hier ist ein ziemlich großes romanisches Kreuz bei der Schule; ein zweites liegt daneben und wird als Rinnstein für die dabeistehende Pumpe benutzt. Dieses ist um so mehr zu bedauern, da dasselbe ein Kreuz aus karolingischer Zeit und dem in Bleicherode ähnlich ist. Das nächste Kreuz steht zwischen Craja und Wallrode an dem alten Wege nach* ***Bleicherode***. *Dieses ist plump und ziemlich tief in der Erde. Nicht weit davon erhebt sich die Hasenburg (Asenburg = Götterburg), eine uralte Götzenstätte, wie durch viele Funde, die man dort gemacht hat, bewiesen ist. Wir kommen nach Bleicherode und müssen uns gleich auf den Sankt Georgenberg, einen Hügel bei der Stadt, begeben, um dort die 3 Kreuze zu sehen. Das eine ist rund und hat einen Fuß, der in der Erde steht; auf der runden Form ist ein karolinigisches Kreuz eingemeißelt. Dieses ist in dem nebenliegenden (Gelpke's) Garten, während das dritte im Stadtgarten nicht weit davon steht.*

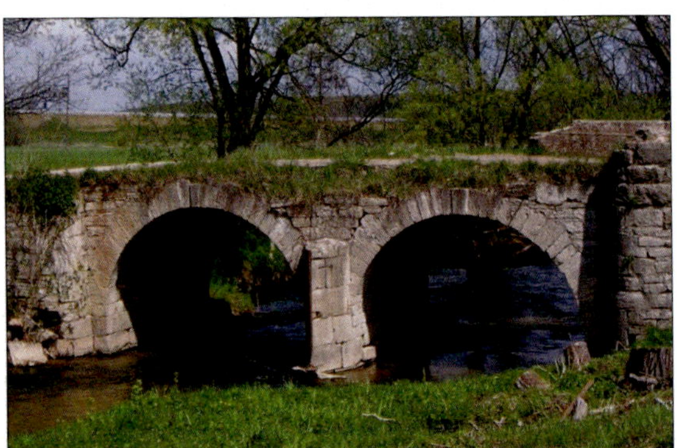

Apostelbrücke Niedergebra (Lk. Nordhausen) überquert die Wipper

Wie schon erwähnt, war der Sankt Georgenberg heidnische Kultstätte (Heimatland Nordh. 1888). Der weitere Weg führt uns über die Wipper zwischen Elende und Niedergebra; ein alter Weg. Die Brücke über das Flüßchen heißt seit Alters die Apostelbrücke und der ganze Landstrich dort südlich der Stadt längs der Wipper führt in der alten Flurkarte (noch im Jahre 1843) den Namen „Apostelfurt", zum Andenken an die Reise des Heiligen. Die frühere hölzerne Brücke ist nun schon lange durch eine steinerne ersetzt. Wir dürfen jetzt nicht die Kreuze in Elende und Niedergebra betrachten, weil sie uns den Weg zeigen, den Sankt Bonifazius auf der Rückreise zum Hülfensberge gegangen ist; es durchquert also hier die eine Linie der Kreuze die andere. Wir gehen also geradeaus weiter und kommen an **Friedrichslohra** *vorbei auf die Burg* **Lohra**. *Westlich vom Dorfe, an der Straße (etwas abseits) nach der Burg, stehen 3 Kreuze; von zweien ist nur noch der Stumpf vorhanden. Im Hain unter der Burg wurde die Lohra, Göttin der Ehe und Liebe und Rächerin von Verfehlungen hiergegen, verehrt. Ihr Heiligtum, sagt man, sei unter einer Buche gewesen* [2)] *Noch jetzt heißt es im Volksmund, wenn z. B. Kinder unartig sind: „Still, Lohrlieschen krit (kriegt) dich." Der heidnischen Anschauung wurde immer ein christlicher Gedanke entgegengesetzt. So soll der hl. Bonifazius in* **Elende** *ein Muttergottesheiligtum gegründet haben, die Rosenkirche, sogenannt, weil sie rundum im Gesimse mit Rosen umkränzt ist. Aufgestellt wurde auch das Bild der schmerzhaften Muttergottes, Bild der Schmerzen und Ergebung in Gottes Willen – Maria im Elende –. Im* **Helbetale** *steht dann ein großes gotisches Steinkreuz, welches in der Form dem Zaunröder, auch dem Walkenröder und anderer gotischen Kreuzen bei Körner ähnlich ist. Es ist aber der Gekreuzigte eingemeißelt; im breiten Fuße kniet ein Ritter mit dem Spruche: „Domine miserere mei!, während im Fuße des Volkenröder ein Mönch mit weitem Gewande kniet. Das Volk nennt dieses Kreuz die steinerne Jungfrau, weil es von weiten wirklich so aussieht. Man meint auch, daß dieses Kreuz für einen gefallenen Ritter Lohra's gesetzt sei. Es folgt nun* **Klein-Berndten** *, wo ein kleines gotisches Kreuz steht; ein eben solches ist in* **Groß-Berndten**. *Bei* **Dietenborn** *vor Groß-Berndten ist ein Bonifazius-Born, so genannt, weil hieraus die bekehrten Heiden getauft worden seien. Von Groß-Berndten wird sich der Heilige über Immenrode nach Großfurra begeben haben, wo sich auch ein Bonifazius-Born befindet. Nun kam der Heilige nach Jechaburg, wo er wieder ein berühmtes heidnisches Heiligtum zerstört haben soll – geweiht der Göttin Jecha. Von hier reiste er über* **Oberspier**, *wo ein Steinkreuz und eine Bonifaziuskapelle (protestantisch) ist.*

Östlich von Ober-Spier sind in Feldengel und Trebon Kreuze; westlich ist **Thalebra**, *welches dem hl. Bonifazius die Gründung seiner Kirche zuschreibt. Es folgt* **Marksußra** *bei Ebeleben, wo eine Bonifazius-Kirche und eine Bonifazius-Wiese ist. Darauf kommt* **Schlotheim**; *daselbst befinden sich 2 gotische Steinkreuze, jetzt im Hofe des dortigen Spitals. ¾ westlich von Körner steht an der Straße ein größeres Steinkreuz. ½ Stunde*

[2)] Volkssage in Friedrichslohra, vgl. auch Letzner.

nördlich davon ist das berühmte Kloster **Volkenroda** *und das oben erwähnte schöne Steinkreuz. Nordöstlich von* **Großgrabe**, *nicht weit vom Dorfe, heißt die Gegend „bei den 3 Kreuzen"; ein gotisches Kreuz aus Kalkstein lag noch im Graben; ein uralter Weg führt dort nach Volkenroda. In Großgrabe steht ein uraltes starkes Sandsteinkreuz. Gleich daneben führt ein alter Weg, an dem ein vor kurzem erst entferntes Kreuz noch stand, nach Görmar, wo ein schönes großes gotisches Kreuz nördlich vom Orte steht. Das folgende Kreuz in dieser Richtung steht östlich von* **Bollstedt** *an der alten Heeresstraße nach Bothenheilingen. Im Osten von* **Neunheilingen** *stand das nächste Kreuz und wieder vor Blankenburg: sie sind jetzt aus der Flur auf die Kirchhöfe gebracht. Kirchheilingen hat 2 Kreuze und eine Bonifazius-Kirche. Es folgt* **Sundhausen** *mit seiner Bonifazius-Kirche und auch Urleben schreibt die Gründung seiner Kirche dem hl. Bonifazius zu; ebenso* **Herbsleben**. *In* **Großvargula** *lebt die Sage vom Stabe des hl. Bonifazius, den er zum Beweise seiner Sendung in die Erde gesteckt und der darauf sofort Blätter und Blüten getrieben habe. Bei* **Nägelstedt** *ist ein Bonifazius-Brunnen, desgleichen bei* **Thamsbrück** *ein Kreuz, jetzt entfernt. Dann kommt* **Altengottern** *, wo das Kreuz westlich steht. In* **Großengottern** *steht eins nördlich und eins ist im Orte. Es folgt die Wüstung* **Heroldishausen** *mit 3 Kreuzen,* **Schönstedt** *mit einem Kreuze. In* **Langensalza** *steht es am Südtor. Bei* **Henningsleben** *sind 3 Kreuze, bei* **Aschara** *2. Vor* **Illeben** *ist im Felde eines, bei Gräfentonna (auch Bonifazius-Brunnen) ein Kreuz, das jetzt entfernt ist. In* **Großfahner** *und* **Kleinfahner** *sind Bonifaziuskreuze, ferner in* **Bienstedt, Alach, Marbach, Ilversgehofen, Bindersleben, Wandersleben-Mühlberg, Ohrdruf**. *So führen also die Kreuze nach Ohrdruf, wo der hl. Apostel ein Kloster gründete, das die Pflanzschule neuer Arbeiter im Weinberge des Herrn für Thüringen werden sollte. Hier hat er sich verschiedene Jahre aufgehalten. In* **Erfurt**, *das ich nicht genannt, hat ja auch der Heilige die Marienkirche gegründet.*

Auch im **Thüringer** *Land läßt sich eine Aufeinanderfolge der Kreuze nachweisen. Hier ein Versuch. Von Ohrdruf ab: Krawinkel, Gossel, Espenfeld, Stadt-Ilm, Singen, Hengelbach-Solsdorf, Subdremda, Großgotitz, Eichfeld, Schaale, Fischersdorf, Pflanzwirbach, Kirchhasel, Friedebach, Motzelbach, Heilingen, Schmieden, Drößnitz, Keßlar, Zimmritz, Seitenroda, Seitenbrück, Obergnaus, Tannroda, Schoppendorf, Dennstedt bei Weimar, Sulzbach, Cospeda bei Jena, Teutenburg, Utenbach, Rohrbach, Seehausen bei Frankenhausen. Bei Harras (Heldrungen) an der Schmücke ist ein Bonifaziusberg. Auf diesem befand sich ein länglicher, viereckiger Stein, an dessen Ecken vier Pferdehufe eingegraben waren. Der Sage nach hat hier Boinfazius eine Schlacht geschlagen; es bezieht sich dieses aber nur auf seinen Kampf gegen das Heidentum und bezog sich ursprünglich auf den Kampf der heidnischen Götter. Nebenan ist auch eine Bonifazius-Wiese, wo er eine Götzeneiche umgehauen haben soll. Wodan (Pferdehufe) und Thor (Eiche) befanden sich gewöhnlich beieinander. (Dr. Ziesche, Heimatl., N.)*

Die Kreuze finden sich dann auch im ***Mansfeldischen*** *und* ***Halberstädtischen****, z. B. bei Alsleben, Strenz-Nauendorf bis Gerbstädt, bei Badersleben und Hadmersleben. Es müßte die Reihenfolge bis Hohegeiß festgestellt werden.*
Es genügt das aber, um zu beweisen, daß obige Notizen wahr sind und der Hülfensberg Ausgangspunkt der Missionsreisen des hl. Bonifazius nach Thüringen ist.
Beginnen wir nun mit der Aufzählung der Kreuze vom Hohegeiß an. „Als der gottbegeisterte Mann seinen Apostelweg von Halberstadt her über Walkenried an Pustleben vorbei über die Pustelbrücke daselbst, dann weiter über den Dün bei Zaunröden vorüber auf den Hülfensberg zurücklegte, ersetzte er überall den Hammer des Thor durch jene Kreuze" heißt es bei Waldmann, Stuffo 1857, S. 102. Das Kreuz auf dem ***Hohegeiß*** *trägt die Jahreszahl 1350; daneben stand eine Marien-Kapelle, deren schon 1257 gedacht wird, und die 1404 wieder neu aufgebaut wurde. Sie gehört dem Kloster* ***Walkenried*** *bei Ellrich. Dort liegen auch Mackenrode und Tettenborn (Teutborn), die dem Heiligen die Gründung ihrer Kirchen und eines Klosters zuschreiben. Auf den Hohegeiß folgt Sulzhayn; an dem Hohlwege nach Ellrich steht ein 1,25 Meter hohes, 15 Zentimeter starkes einfaches Kreuz; die Arme sind 80 Zentimeter breit.*
In ***Ellrich*** *stehen 2 gotische Kreuze; es schreibt dem Apostel auch die Gründung seiner Kirche zu. Darauf kommt* ***Niedersachswerfen*** *mit seinem Kreuze am Kolkberge, ferner das Kreuz zu Salza bei Nordhausen. Bei Hesserode am Hohenspiegel stehen 6 beieinander, eines ist wie auf einem größeren Malstein eingemeißelt, eins ist uralt. 2 sind beschädigt, von 2 sind nur die Stümpfe noch da. Das Kreuz in Pustleben ist uralt, niedrig und plump; die 2 in Elende sind einfach und dem Sülzheyner ähnlich. Vor Niedergebra stehen 3 in allen Formen; im Orte selbst ist noch ein ganz altes, plumpes. In Obergebra sind 2 einfache in die Kirchhofmauer eingefügt; das in Rehungen ist ein ziemlich starkes. Ein anderes, das am Ende des Dorfes nach Deuna stand, ist nicht mehr vorhanden.* ***Niederorschel*** *(Asla) schreibt dem Heiligen die Gründung seiner Kirche zu. Im Mittelalter kamen am Bonifaziustage viele Prozessionen hierher. Der hl. Apostel hat sich nun entweder bei Deuna oder bei Rüdigershagen den Dün hinauf nach Zaunröden begeben. Das gotische Kreuz hier ist ein weithin leuchtendes Wahrzeichen des christlichen Glaubens, vor dem man freudig bewundernd stehen bleibt. Wie konnte Professor Waldmann nur darauf kommen, es als Denkmal eines im 30jährigen Kriege gefallenen Ritters oder eines gar im 7-jährigen Kriege gefallenen Offiziers anzusprechen? Da hat man keine solche Kreuze mehr gesetzt. Die meisten im Eichsfelde und Mühlhausischen und angrenzenden Gebiete haben alle dieselbe gotische Form, nur manchmal etwas feiner, größer oder kleiner, alle sind aber doch vor der Reformation gesetzt. Es folgt die alte Flur von Mehlis bei Holzthalleben, in der 2 Kreuze sich befinden; nicht weit davon das Kreuz von Klein-Brüchter. Über* ***Mentherode*** *wird sich der Heilige nach Windeberg begeben haben; im Walde vor dem Orte stand ein Steinkreuz, das nach Mitteilung jetzt nicht mehr da ist aber wohl bekannt sei. Von Windeberg führt der Weg durch die Kaisershagener Flur, wo ein Flurteil „beim Kreuze"*

heißt. Das Kreuz sei von Mühlhäusern im 14. Jahrhundert zerstört worden. Vor Reiser steht wieder ein gotisches Kreuz ebenso im Osten des Dorfes, dann wieder nicht weit vom Gute Schröterode; hier hat man neuerdings Linden daneben gepflanzt. Nun folgt ***Mühlhausen*** *mit seinen 4 Kreuzen. Eins davon ist dem eisernen Kreuze ähnlich und steht an der Pfortenstraße. Es kommt die Breitsülze; aber dieses Kreuz ist nicht mehr da. Nicht weit davon geht der alte Weg nach Lengefeld ab. In der Mitte des Weges (Hollenbacher Flur) am H. Ried findet der Wanderer das dortstehende Kreuz nunmehr von wüsten Händen zerschlagen vor. Beim Eingang des Dorfes Lengefeld stehen 2 gotische Kreuze; ein drittes, das nicht weit davon stand, ist jetzt nicht mehr vorhanden. Von hier führt der alte Weg am Dorfe vorbei nach* ***Bickenriede****. In der Mitte dieses Weges sieht man noch den Stumpf eines früheren Kreuzes, nur ein geringer Teil des einen Armes ist noch daran. Auch in Bickenriede stehen nur noch die 2 Stümpfe von früheren Kreuzen in der Nähe des sogenannten Zie; sie standen früher am Hohlwege nach* ***Struth****. Ein Fuhrmann hatte die Kreuze umgefahren und dadurch zerbrochen, hat aber die Reste wieder aufgestellt. Das gotische Kreuz in Struth am Wege nach Lengenfeld u. St. stand früher am Landgraben; ein zweites, auch gotisch, steht noch dort, nicht weit von der Eigenrieder Warte, ein drittes steht an der Chaussee nach Mühlhausen, ein viertes stand früher noch am sogenannten toten Mann bei Eigenrieden, wo der alte Weg nach Mühlhausen führte. Es folgt* ***Peterhof****, das Kreuz steht etwas unterhalb dieses Forsthauses mitten in den Tannen, die dort gepflanzt sind und es nun bedecken. Es folgt* ***Felchta****; am Eingange und Ausgange des Dorfes nach Oberdorla zu standen vor der Separation Kreuze. Das Kreuz an der Jacobi-Kirche zu* ***Mühlhausen*** *stand früher weiter oben an der Wanfriederstraße und gehört damit wohl in diese Linie. Vor* ***Oberdorla*** *hieß eine Quelle früher Bonifazius-Quelle; sie ist jetzt meist versiecht. Im Orte sind die Kreuze in der Kirchhofsmauer angebracht. Eine alte Opferstätte in der Nähe des Ortes heißt noch heute der heiße Stein. Niederdorla hat ebenfalls seine Steinkreuze, in Langula ist ein solches gleichfalls in der Kirchhofsmauer angebracht. Im* ***Langulaer Tale*** *(gleich bei Beginn des Waldes) steht ein romanisches Kreuz, das im Munde des Volkes das Taterkreuz genannt wird, (hat aber mit den Tatern nichts zu tun, höchstens, daß diese ihr Lager oft dort aufgeschlagen haben) ist aber auch wohl nur als Bonifazius-Kreuz anzusprechen; denn von da führt der Weg weiter in den Mühlhäuser Wald bis zum sogenannten Senkig (nicht allzuweit von Heyerode), wo wir wieder ein Steinkreuz finden. Dort, wo der Wald aufhört, in der Mitte des Weges von Heyerode nach Diedorf, sah man früher auch mal ein Steinkreuz stehen. In* ***Diedorf*** *stehen die sogenannten Bonifazius-Kreuze, als welche sie jeder Mann kennt, am sogenannten Anger in der Mauerumfriedigung eingefügt. Von Diedorf geht ein sehr alter Weg nach* ***Wanfried*** *etwa einige 100 Meter nördlich an Katharinenberg vorbei. Dort, wo an diesem Wege die Straße nach Faulungen nördlich abbiegt, steht der Stumpf eines sogenannten Bonifazius-Kreuzes. Bei Anlegung der Chaussee fiel dieses Kreuz um und zerbrach. Die Gegend nach* ***Faulungen*** *hinunter hat hier den Flurnamen (Boni=) Faz-Grund, Beweis genug, daß diese Kreuze mit dem heiligen Manne in Verbindung stehen. Nicht weit mehr*

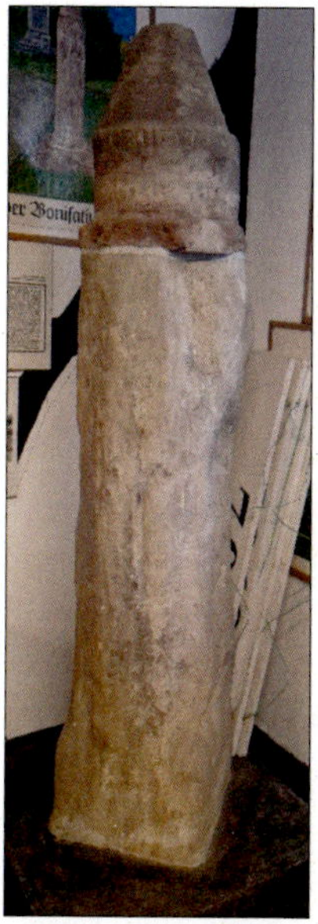

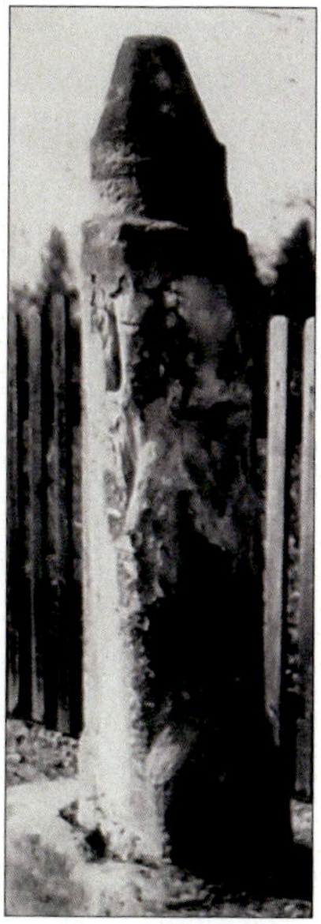

Links: Originalbonifatiusstein im Heimatmuseum Meinhardt in Schwebda;

Rechts: Der Bonifatius- oder Zehntstein an seinem ursprünglichen Standort vor dem Garten Pfister an der ehemaligen Landstraße, Aufnahme: 1961.

(Quelle: Mit freundlicher Genehmigung: Aufnahme aus dem Heimatmuseum Schwebda)

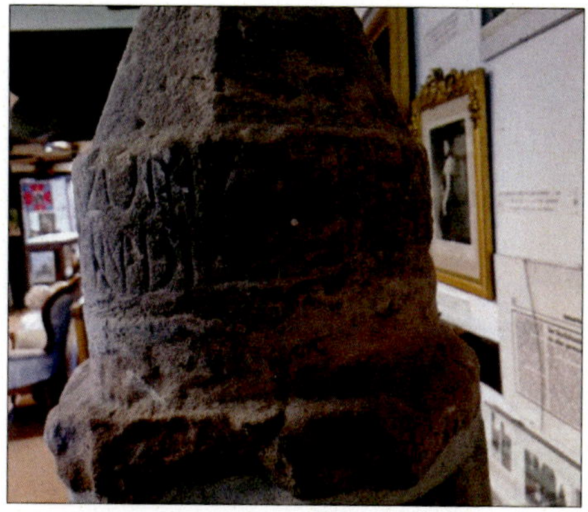

Rückseitige Detailaufnahme vom Schriftband des Original-Bonifatiussteins.

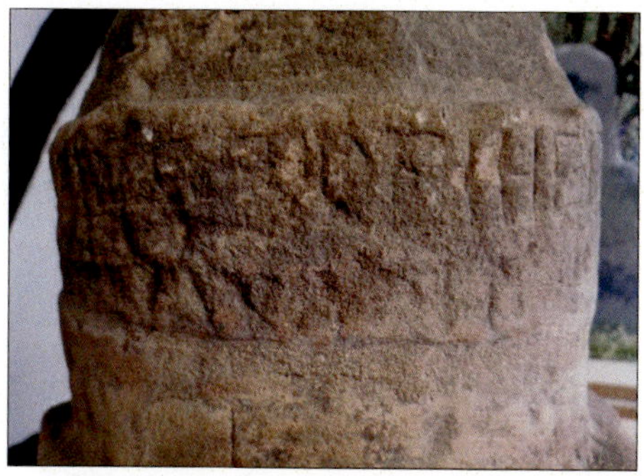

Vorderseite Detailaufnahme vom Schriftband des Original-Bonifatiussteins.

geht dieser Weg; die Separation hat ihn eingehen lassen. Vor Wanfried soll dann noch ein Kreuz dieser Art gestanden haben (nach den Wanfrieder Flurakten). In ***Wanfried*** *selbst stand bei der (früheren) Kirche ein uraltes Steinkreuz. Kommissarius Dr. Zehrt erwähnt es in seiner Einführung des Christentums und sagt von ihm, daß es vom hl. Bonifazius selbst gesetzt, nun aber seit einigen Jahren vom Zahne der Zeit zerstört worden sei. Ein Kreuz mit Buchstaben, aus der Flur herbeigeholt, steht nicht weit vom Friedhofe am Wege zum Hülfensberge. Von diesem Wege führen verschiedene Pfade zum* ***Hülfensberge****.*
Am Hülferichspfade zwischen Bebendorf und Döringsdorf stand früher das letzte Kreuz dieser Art (1568 erwähnt in den Wanfrieder Akten laut Mitteilung des Herrn Stadtsekretärs). So sind wir denn im Süden des Berges wieder angekommen, von dem die Kreuze östlich ihren Anfang nahmen.“ [2]

Zu dieser Thematik kann in der Abhandlung „Eintausendzweihundert Jahre Schwebda – Daten und Ereignisse von 786 bis 1986“ nachgeschlagen werden. Zum Bonifatiusstein hat Erwin Heuckeroth folgendes zusammengetragen:

„Der Bonifatiusstein von Schwebda ist das älteste noch sichtbare, von Menschenhand errichtete Baudenkmal von Schwebda überhaupt. Kein Haus, nicht einmal der Kirchturm dürften älter sein als er. Unter diesem Gesichtspunkt sollten sich die Betrachter dieses ehrwürdige Denkmal anschauen, das bei der Verlegung der B 249 im Jahre 1968 von seinem ursprünglichen Platz, ca. 30 m südwestlich von seinem heutigen Standort, an der Landstraße dicht vor dem alten Milchbock vor dem Grundstück Pfister stand, zum neu gestalteten Friedhofseingang kam.
Nun zu der greifbaren Geschichte dieses Bonifatius- oder Zehntsteines. Dem „Apostel der Deutschen“ Bonifatius (672–754) schreibt die Sage die Namensgebung von Schwebda zu. Er soll vom nahen Hülfensberg (heute DDR) nach dem Fällen einer dem Götzen Donar geweihten Eiche über das Tal geblickt haben und den Ausspruch „Wann wird Friede (Frieda) schweben (Schwebda) über dieser schönen Au (Aue) getan haben. Historiker sind sich nicht endgültig darüber einig, ob es sich bei dem Geismar, wo Bonifatius die Eiche fällte, um das Geismar am Hülfensberg, dem Geismar bei Fritzlar oder um Hofgeismar bei Kassel handelt. Nirgends aber ist die Überlieferung der Anwesenheit von Bonifatius so tief verwurzelt wie hier bei uns.
Daß sich Bonifatius um 740 im Werratal aufgehalten hat, wird nicht bestritten. In der näheren Umgebung, hauptsächlich im Eichsfeld, gibt es noch eine Reihe von Boinfatiussteinen. Ein Pfarrer Osburg, ehemals Geistlicher in Bickenriede (heute DDR), hat festgestellt, daß vom Hülfensberg ausgehend durch das Eichsfeld hindurch bis nach Ohrdruf und wieder zurück sich Bonifatiussteine nachweisen lassen. Nach der Lebensbeschreibung des Bonifatius durch den Priester Willibald (verfaßt 760) heißt es: ‚Bonifatius brachte das Volk der Thüringer (Schwebda gehörte damals zu Thüringen) wieder zur lebendigen Religion des Christentums, das sie schon vor langer Zeit empfangen hatten.‘
Eine wichtige Aussage. Neben dem geschichtlichen Nachweis, daß Bonifatius in Thüringen war, hören wir auch, daß bereits vor Bonifatius Glaubensboten in der näheren Gegend gearbeitet haben. Diese Bonifatiussteine, teils auch in Kreuzform, können durchaus die Stätten und Wege bezeichnen, auf oder an die Bonifatius seinen Fuß gesetzt hat. Im Volksmund wird der Schwebdaer Bonifatiusstein auch der „Zehntstein“ genannt. Die Inschrift lautet:

„Zum Andenken der Zehntfreiheit in dieser Flur
durch den Wohltäter Bonifatius“

(Schmincke). Zur Zeit von Bonifatius gab es in Thüringen die Zehntfreiheit, und Schwebda gehörte u. a. zusammen mit Eschwege bis zum Jahre 1264 zu Thüringen. Der ‚Zehnte‘ waren die ersten Einkünfte der Erzbischöfe und ihrer Geistlichkeit. Nach Karl des Großen Willen mußte jeder neue Besitz den ‚Zehnten Anteil‘ auf die Tafel des Erzbischofs legen. Die Thüringer ließen sich den ‚Zehnten‘ aber nicht aufzwingen, und die Bischöfe sind nie in den Genuß desselben gekommen. Im Jahre 754 starb Bonifatius, und erst 779 wurde das Zehntgesetz von Karl dem Großen eingeführt. Im Jahre 780

schenkte er den ‚Thüringischen Zehnten' an die Abtei Hersfeld. Wie hätte auch Bonifatius seiner Geistlichkeit diese Quelle des Einkommens verstopfen sollen, die seine Nachfolger auf dem Mainzer Stuhle noch lange beanspruchten? Zehntfreiheit durch Bonifatius? Der Volksmund sagt, er habe sie auch vom nahen Hülfensberg ausgesprochen. Diese These ist geschichtlich nicht haltbar.
Heimatforscher Pippard aus Wanfried schrieb in seinem Aufsatz ‚Steine die reden", daß die sogenannten Zehnt- oder Bonifatiussteine nichts mit Bonifatius zu tun haben. Sie seien alte germanische Kultsteine in Rund- oder Kreuzesform (in Hessen allein 70), auf denen noch häufig germanische Zeichen (Sonnenrad, Beil, Hammer und Runen) zu sehen seien. Diese Steine seien nachträglich durch christliche Steinmetze umgearbeitet worden. In einem kleinen Büchlein „Urkundliches zur Christianisierung des Eichsfeldes" steht, daß Bonifatius nach verreformatorischer Nachricht am Zehntstein in Schwebda gepredigt habe. Stimmt die These von Pippard, daß alte germanische Kultsteine zu kirchlichen Zwecken umfunktioniert wurden, dann ist die Siedlung Schwebda entschieden älter als das Jahr 786 der Ersterwähnung.
Über das ursprüngliche Aussehen des Bonifatiussteines in Schwebda können wir in der ‚Special-Vorbeschreibung zum Original-Steuer-Kataster der Gemeinde Schwebda, Amt Eschwege-II' aus dem Jahre 1840 nachlesen:
‚Vor dem Dorfe, unterm Totenhofe, an der Leipziger Straße, steht ein etwa 4 Fuß hoher, sechseckiger Stein, mit einem Knopfe versehen, welcher dem Bonifatius aus Dankbarkeit zum Denkmal gesetzt worden sein soll. Früher soll der Kopf mit einem Hut darauf

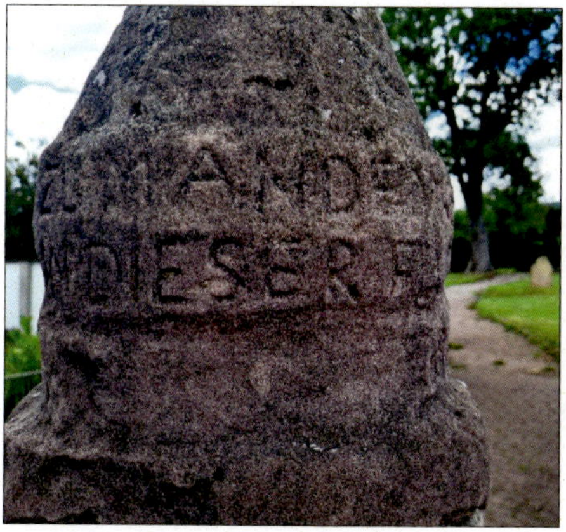

Detailaufnahme des Schriftbandes am Kopf: Abguss des Bonifatiussteins am ursprünglichen Standort des Originals beim alten Friedhofseingang.

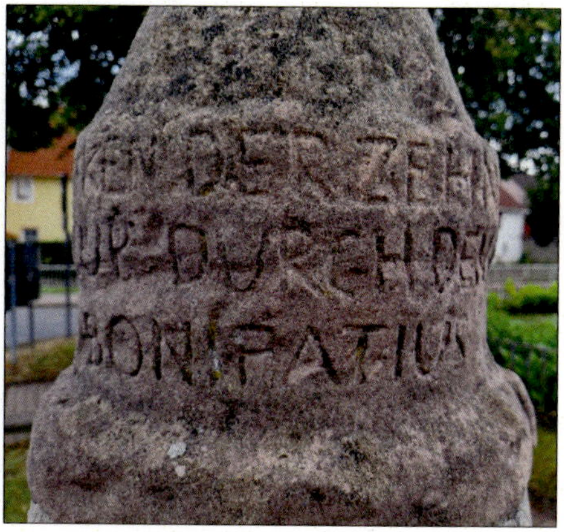

Gegenseitige Detailaufnahme des Schriftbandes am Kopf.

gestanden haben, welcher aber im Dreißigjährigen Krieg von den schwedischen Soldaten abgeschlagen worden sein soll. Um die Rundung jenes im Jahr 1818 aufgesetzten Knopfes, welcher einen Kopf vorstellen soll, findet sich folgende Inschrift:

„Zum Andenken der Zehntfreiheit in dieser Flur
durch den Wohltäter Bonifatius"

(renov. 1818)

Am 10. 2. 1982 fand eine öffentliche Sitzung des Ortsbeirates von Schwebda statt. Hier wurde entschieden, daß der Bonifatiusstein renoviert werden sollte.

Am 16. 8. 1984 kam ein gut gelungener Abguß auf den alten Platz, und das Original wurde im noch einzurichtenden Heimatmuseum auf dem Rittergut untergebracht. [3]

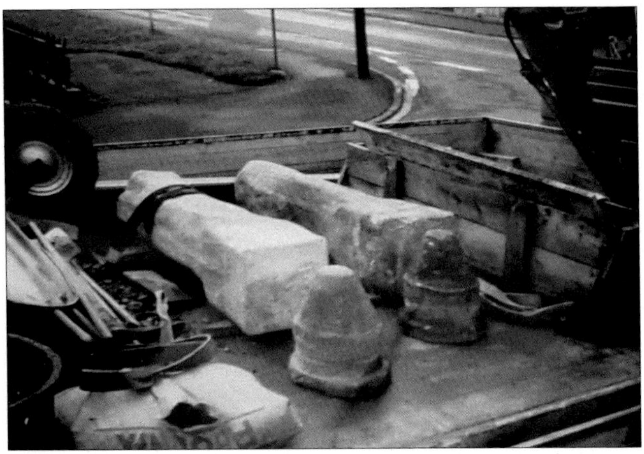

1984 wurde ein Abguss des originalen Bonifatiussteins gefertigt und am 16. August des Jahres am alten Friedhofseingang errichtet. (Quelle: Mit freundlicher Genehmigung: Aufnahme aus dem Heimatmuseum Schwebda)

Grenzsteine

Befasst man sich mit der Historie der Grenzsteine, so lässt sich feststellen, dass die ersten Exemplare unbearbeitete und derbe Blöcke waren. Markierungen oder andere Zeichen suchte man vergeblich.

In einer Grenzbeschreibung des Fraulauterischen-Schwarzenholzer Bannes von 1777 – das Original befindet sich im Landesarchiv von Saarbrücken (Nr. 22/4060) – ist zu lesen:

„Nicht der mindeste Mißel oder Streit vorhanden, sondern die Grenze nur mit gar zu kleinen und allzuweit voneinander stehenden Steinen versehen war, zu Vorbeugung künftigen Streit." [4]

Anfangs waren sie wesentlich niedriger, was sich bald als unbrauchbar herausstellte, da des Sommers der hoch gewachsene Pflanzenbestand diese Steine verdeckte. Betrachtet man diesbezüglich den Verlauf der Geschichte, so ist erkennbar, dass nächste Generationen wahre Kunstwerke erschufen. Mitunter sieht man zwei Grenzsteine nah beieinander, den einen historischen und den kunstvollen mit eingearbeiteten Zeichen, die Rückschlüsse auf den Besitzer zuließen. Je reicher die Herrschaft war, umso schmucker der Stein.
Grenzsteine wurden meist aus dem Material gefertigt, welches in dieser Region heimisch war. So konnten aufwändige und kostenintensive Transporte der zu verarbeitenden Steine vermieden werden. Die Markierungen wurden vorwiegend eingehauen. Man sieht noch heute vielfach die Vertiefungen, wenn sie auch oft nicht mehr komplett zu entziffern bzw. zu erkennen sind. Einige treten auch erhaben hervor. Handelt es sich um Grenzzüge - wie im Falle des Mühlhäuser Landgrabens – so war es mitunter der Fall, dass der Steinmetz eine Schablone nutzte, um sich die Arbeit zu erleichtern.
Bezüglich des Querschnitts eines Grenzsteines (quadratisch, dreieckig, rund oder rechteckig) oder der Kopfform (rund, kugelförmig, flach, pyramidenförmig, giebelartig oder segmentbogig) ist kein bestimmtes System erkennbar. Es mögen diese Unterschiede auf die Ansicht des Steinmetzes oder den Wunsch des Auftraggebers zurückzuführen sein. In jedem Fall wurden Grenzsteine entlang einer Grenze gesetzt. Knickt diese ein, so wurde ein Eckstein als „Brechpunkt" errichtet. Die Steine dazwischen sind die „Läufer". Im Fall des Zusammentreffens dreier Grenzen spricht man von einem „Dreibänner" oder „Dreiherrenstein". Werden die Grenzsteinarten erwähnt, so sind vor allem drei bekannt: Hoheits- oder Landessteine, Gemarkungssteine und Gütersteine.
Grenzsteine finden sich auch in Sagen wieder. In ihnen ist u. a. von rechtswidrig versetzten Grenzsteinen die Rede. So weiß die Volkskunde von Grenzfrevlern zu erzählen, die noch nach ihrem Tode Grenzsteine herumtrugen. Es wird berichtet, dass ein Übeltäter, der gerichtlich nicht überführt wurde, im Grab keine Ruhe finden sollte – also nachts umging.
Vom Aufrechterhalten einer Grenze ist schon im Alten Testament zu lesen:

„Verflucht sei, wer seines Nächsten Grenze verrückt"
(Bibel, 5. Mose 27:17)

Schon seit jeher umrankte die Unverwundbarkeit von Grenzen, Grenzzeichen und -steinen etwas Mystisches, gar Göttliches. Widerrechtliches Entfernen bzw. Verrücken von Grenzsteinen wurde als Verbrechen geahndet. Den Tätern drohten grausame Strafen, sie kamen – so sagte man: „in Teufels Küche". Göttliche Strafen wurden ihnen auferlegt, was auch schon bei den Römern und Germanen der Fall war. Hierzu ist in der peinlichen Halsgerichtsordnung Kaiser Karls V. (1532) zu lesen:
„... dass derjenige, welcher in gefährlicher Weise einen Marckstein verrückt, abhauet oder verändert mit einer Leibesstrafung zu belegen sei...". [5]

„Der Grenzsteinverrücker“

„Die Willinger und Rabenscheider hatten ihre Mark neu ausgesteint und gegenseitig geschworen, dass die Grenzen nun richtig festgesetzt seien. Alle Bauern waren froh, dass die Streitigkeiten aufhören sollten und achteten darauf, dass die Steine an ihrem Platz stehen blieben.

In Willingen aber lebte ein reicher Bauer, der konnte es auch jetzt noch nicht lassen, von dem Acker des Nachbarn immer ein kleines Stückchen mit anzureißen. Da ihn aber die neuen Steine arg hinderten, so machte er sich bei Nacht und Nebel daran, grub die Steine aus und verrückte so die Grenze. Am anderen Morgen war er beizeiten draußen und ackerte das gestohlene Stück Land flink herum, damit es ja kein Mensch merke. Eben zog der die letzte Furche, da flog ein Rabe dicht vor dem Pferd her, daß es scheute und durchging. Der Bauer hielt sich noch einen Augenblick am Pflug fest, wurde aber dann umgeworfen und fiel mit dem Kopf auf den von ihm selbst verrückten Grenzstein. Als endlich Leute herbeikamen, hatte der Verletzte gerade noch Zeit, ihnen seine Untat zu erzählen.

Erschrocken brachten die Bauern den Toten ins Dorf und wagten nicht, die Steine herauszunehmen, weil sie einem sichtlichen Gottesurteil gedient hatten. Sie wagten es aber auch nicht, bei nächtlicher Zeit über das Huckerland, wo der Acker lag, zu gehen, denn da hatte man eine Gestalt gesehen, die mit großer Mühe einen Grenzstein schleppte und immerfort rief: „Wo soll ich ihn hintun, wo soll ich ihn hintun?“

Sie würden heute noch das Huckerland meiden, wenn ihnen nicht ein Betrunkener von dem Gespenst des Grenzsteinverrückers geholfen hätte. Der kam, voll wie ein Kroppen, über das Huckerland getorkelt und hörte auch den angstvollen Ruf: „Wo soll ich ihn hintun, wo soll ich ihn hintun?“ Er stand still, überlegte und rief dann: „Ei, zum Teufel, tu ihn hin, wo du ihn geholt hast!“ Da tat das Gespenst einen lauten Schrei und war und blieb verschwunden. Am anderen Morgen aber saßen die verrückten Grenzsteine wieder am richtigen Fleck und wurden nie wieder rechtswidrig versetzt.“ [6]

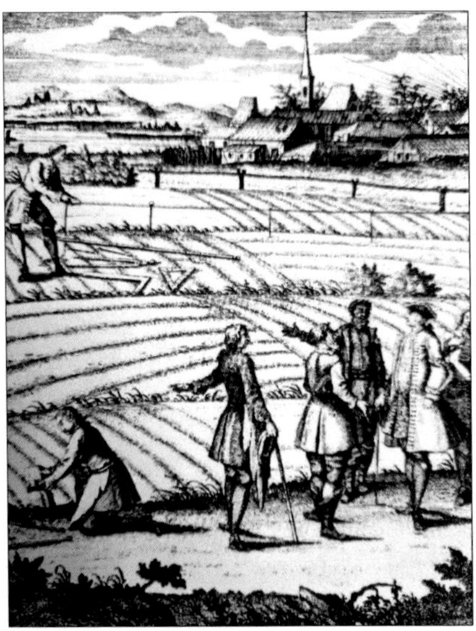

Feldmessung und Setzen von Grenzsteinen.
(Titelbild zu Johann Jodocus Becks vollständigem Recht der Gränzen und Marksteine 4. Aufl., Nürnberg 1754)

In fern zurückliegender Zeit waren genaue Vermessungen zur Bestimmung der Lage von Grenzpunkten nicht möglich. Ging ein solcher Grenzstein verloren kennzeichnete ein sogenannter „Marksteinzeuge“ unter dem Grenzstein die ursprüngliche Lage, um die entsprechenden Besitzverhältnisse nachweisen zu können. Bevor das metrische System 1872 in Deutschland eingeführt wurde, gebrauchten die Vermesser verschiedene Längenmaße, wie die preußische oder weimarische Rute. Der Staat hatte die Aufgabe, um Steuern und Abgaben korrekt berechnen zu können, Grenzen zu vermessen und festzulegen. Daraufhin erfolgte mit Hilfe der Katastervermessung die Definition von Grundstücksgrenzen sowie Fluren und Flurstücken. Je nach Aufmaß besagter Grenzsteine und der Festlegung der Flurstücke wurden maßstäbliche Karten erarbeitet.

Steinkreuze

Als Steinkreuze bezeichnet werden gehauene Steine, die eine Kreuzform aufweisen. Ihr Ursprung geht nicht auf die mittelalterlichen Sühnevergleiche zurück. Vielmehr sind diese Kreuze im 16. Jahrhundert bzw. danach entstanden. Man kennt Wetter-, Pest- und Stationskreuze von Pilgern, aber auch solche, die als Grenzmarkierungen von Kirchenparochien *(organisatorisch/rechtlich abgegrenzte Gemeinschaft von Gläubigen in der Kirche. Ihr steht ein Pfarrer vor.)* errichtet wurden. Es gibt allerdings Steinkreuze, die auch als Sühnekreuze bezeichnet werden könnten. Sie sind nicht eindeutig definierbar. Dies ist mitunter auf die Verwitterungen der Steine zurückzuführen, die es erschweren, das ursprüngliche Bildrelief zu erkennen. Außerdem wurden Steinkreuze in der Historie hin und wieder als Grenzsteine genutzt.

Steinkreuze am Wegesrand, man findet sie im Eichsfeld, Hainich und Werratal zuhauf. Sie sind weniger auffällig, wie andere Denkmale, dennoch besonders wichtige Geschichtsquellen und Wahrzeichen, die an schicksalhafte historische Ereignisse erinnern.

In der nachfolgenden Publikation ist oftmals von seitlicher Nasenbesetzung die Rede. Sie wurde häufig als Schmuckelement genutzt und ist charakteristisch für die gotische Form eines Steinkreuzes.

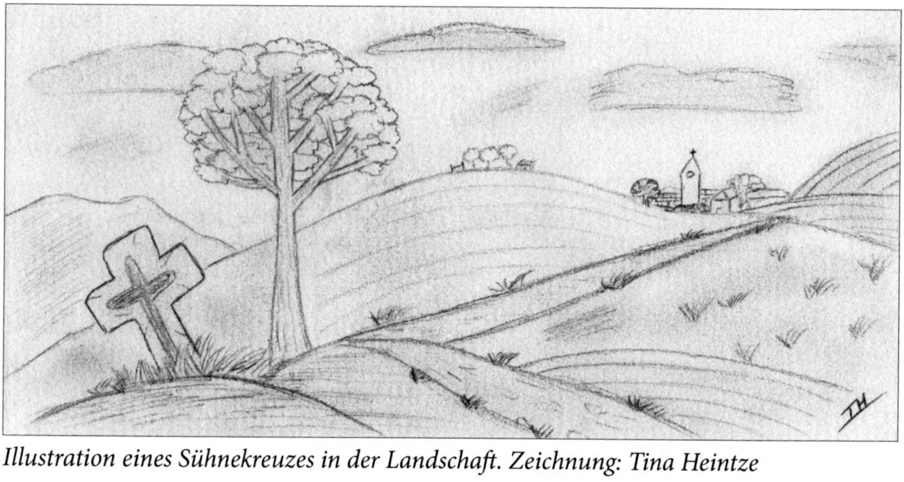

Illustration eines Sühnekreuzes in der Landschaft. Zeichnung: Tina Heintze

Sühnekreuze

Flursteinkreuze, Sühnekreuze genannt, die noch bis heute vor allem in Thüringen in großer Zahl zu finden sind, sind meist als mittelalterliche Rechtsmale zu sehen und gehen auf die Zeit des ausgehenden 13. Jahrhunderts bis zum Ende des 16. Jahrhunderts zurück. Viele davon sind urkundlich belegt. Sie waren im religiösen Glauben der Menschen fest verwurzelt und schufen häufig die kennzeichnenden Merkmale von Regionen. Es wurde innerhalb dieses Zeitraums so gehalten, dass einem Menschen, der zwar eines gewaltsamen, aber nicht beabsichtigten Todes durch einen Dritten verstarb, ein steinernes Kreuz errichtet wurde. Ein sogenannter Totschlag im Affekt, der aus einer augenblicklichen Emotion passierte, galt im Mittelalter und davor als private Obliegenheit. Gerichte befassten sich nur selten damit. Die Übeltäter einigten sich bisweilen mit den Hinterbliebenen des Erschlagenen auf gütlichem Weg. In diesem Fall war derjenige von weltlicher Strafe befreit. Diese Einigung der Parteien wurde durch Verträge – als „Sühneverträge“ bezeichnet– festgehalten, in denen bestimmt wurde, was der Täter zur Vergeltung zu erfüllen hatte. 22 solcher Verträge aus den Jahren zwischen 1361 und 1543 sind noch erhalten, 19 davon sogar mit ausdrücklicher Forderung der Setzung eines Kreuzes. Aus der Region Eisenach ist ein solches Übereinkommen aus dem Jahr 1472 erhalten, aus der Region Mühlhausen aus den Jahren 1471, 1481, 1493 und 1534. Dennoch waren und sind Steinkreuze nicht nur einer sogenannten rechtlichen Volkskunde zuzuordnen.

War es dem Verbrecher möglich, alle auferlegten Bußen zu erfüllen, galt dessen Blutschuld als getilgt oder gesühnt. Besagte steinerne Erinnerungsmale kennt man als „Sühnekreuze“, die im Volk oft auch als Schweden- oder Mordkreuze bezeichnet werden.

Die Kirche, die bezüglich des religiösen Engagements der Menschen im Mittelalter bezeichnend war, verlangte Sühne für begangene Tötungsdelikte, weil die Toten ohne Vorbereitung in die Seligkeit übergingen. Den Bösewicht verpflichtete man, eine Wallfahrt zu unternehmen, Messen lesen zu lassen oder Kerzen zu stiften. Besonders üblich war allerdings das besagte Setzen eines steinernen Kreuzes.

Auch dieser Forderung verdanken wir die heute noch erhaltenen Sühnekreuze. Zu lesen ist hierzu im Mühlhäuser Notulbuch von 1450 bis 1500. Mühlhäuser Archiv, X. Fach 1., Nr. 7, bei Blatt 199 a, Sühnevertrag curd rost – curd Peltzer (1471)
„item soll, wan er dy buse tud … der lichte czwey tragen lassen und setzen eyn steynem crutze.“ Zwei weitere Blätter geben ebenfalls zur Thematik Auskunft: Blatt 241 a, Sühnevertrag Jorge segilbach – wemher langin (1481) = „Item er sal auch setzen eyn steyner crutze an dlie stete da die missetat geschehen ist, pobin der erden sobin fusse hoch.“. Blatt 315 a, Sühnevertrag von 1493, tile Rodemann – Claus blankinburg – hausen bechman von eychilbom = „Item eyn steyn crutze sobin fusse pobin erden vor das usser Germar thor kegin dye wolffsgmben zu setzen“.[8]

Die Halsgerichtsordnung Kaiser Karls V. (1533) duldete diese privaten Vereinbarungen nicht mehr. Stattdessen wurde der Täter durch das ordentliche Gericht nach neuem Recht verurteilt. Mit dessen Einführung waren Sühneverträge offiziell abgeschafft. Dennoch wurden sie mitunter – oft in katholischen Gegenden – noch innerhalb des 16. Jahrhunderts in einigen Landstrichen praktiziert. Ab dem 17. Jahrhundert verschwanden sie völlig.
Steinerne Kreuze wurden aber auch aus anderen Beweggründen errichtet. Sie sollten bisweilen Menschen ihren Seelenfrieden bringen, die plötzlich und unerwartet durch ein Unglück ums Leben kamen, beispielsweise Blitzschlag oder Ertrinken. Sie wurden aus dem Leben gerissen, hatten keine Möglichkeit, sich darauf vorzubereiten, die Sterbesakramente zu empfangen, die Beichte abzulegen – also, nicht im Fegefeuer zu enden. Diese Kreuze am Wegesrand, meist an exponierter Stelle errichtet, luden die Vorüberziehenden zum Gebet für den Toten ein.
Auch Selbstmördern sowie Gehängten wurden Steinkreuze errichtet. Dieser Volksbrauch ist aus den germanischen Ländern bekannt und wurde bei unnatürlichen und plötzlichen Todesfällen praktiziert. Der Steinkult allgemein spielt hier eine Rolle und der Volksglaube sowie Überlieferungen, die von der Furcht vor dem Mysterium der Auferstehung eines Menschen erzählen, der eines unnatürlichen Todes verstarb. Oftmals wurden solche Kreuze gesetzt, sobald die Menschen der Meinung waren, es würde spuken, nämlich, um diese Spukerscheinungen mit Hilfe eines Kreuzes zu vertreiben.
Im Verlauf der Geschichte gab es immer weniger Anlässe, solche Kreuze zu setzen. Im Gedächtnis der Menschen waren sie indes allgegenwärtig – und so entstanden aus der Fantasie unserer Vorfahren heraus Überlieferungen und Sagen, die nichts mit dem historisch-wissenschaftlichen Aspekt gemein haben. Noch heute sorgen Kreuze bei den Menschen für gemischte Gefühle. Des Nachts auf einem Friedhof, im Nebel am Wegesrand – da überkommt einen schon eine Gänsehaut – da schaudert es einen – da werden Sagen und Legenden lebendig ...
Im Thüringer Tageblatt des Jahres 1988 (genaues Erscheinungsdatum ist nicht mehr bekannt) war seinerzeit ein Artikel von Ernst Beck zu lesen, der sich mit Sühnekreuzen im Eichsfeld beschäftigte:
„Urteile beleuchten Strafmaß – auch im Eichsfeld findet man Sühnekreuze – Mancherorts trifft man im Eichsfeld auf verwitterte, oft jahrhundertealte Steinkreuze. Am bekanntesten dürfte dabei jene Kreuzgruppe in der Gemeinde Küllstedt sein. Im Eichsfeld werden diese Steinkreuze vielfach als ‚Bonifatiuskreuze' bezeichnet, sollen sie doch der Legende nach an jenen Straßen und Wegen stehen, auf denen der hl. Bonifatius bei seiner missionarischen Arbeit wanderte. Neue Forschungen haben freilich ergeben, daß es sich vielmehr um Sühnekreuze handelt. Wie es zur Errichtung solcher Sühnekreuze kam, geht beispielsweise aus einem Gerichtsurteil aus dem Jahre 1463 hervor. Auf dem Weg von Heiligenstadt war der Bürgermeister Helwig Brotmann erschossen worden. Die beiden Täter wurden verpflichtet, ‚innerhalb des nächsten

Vierteljahres ein steinernes Kreuz errichten zu lassen, sieben Schuh hoch über der Erde' und zwar an jener Stelle, ‚wo der Getötete gefallen ist'. Die weiteren Urteilspunkte in diesem Falle werfen ein Licht auf das Strafmaß jener Zeit. So wurden die zwei Täter weiter dazu verurteilt, der Witwe und den Kindern des Ermordeten innerhalb eines Jahres 100 alte Schock als Entschädigung zu zahlen, ‚binnen Jahresfrist dem Rate zu Heiligenstadt 40 alte Schock Groschen zu zahlen zur Stiftung einer Seelenmesse in der Kirche, bei welcher der Tote begraben liegt', ferner ‚eine Wallfahrt machen oder durch fromme Leute machen zu lassen nach Rom, Aachen, Einsiedeln und zum Hl. Blute in Wilsnack' und der Pfarrkirche, wo der Tote seine letzte Ruhestätte fand, in den nächsten zwei Monaten 20 Pfund Wachs zu liefern." [9]

Das Sühnekreuz

Max Hellmich (1923)

Wo der Mordstahl jäh und ruchlos
Frisches Leben macht' erbleichen,
Stellt' der Täter einst als Sühne
Reuig auf des Kreuzes Zeichen.

Dunkel geht im Volk die Sage
Von dem Toten, längst verschollen,
Dessen Seele fromme Bitten
Ew'ge Ruhe schaffen sollen.

Und wo damals trank die Erde
Blut, durch frev'le Tat vergossen,
Um das Kreuz, das altersgraue,
Heute üpp'ge Blumen sprossen.[7]

Flurdenkmale in der Kunst

Das Gemälde „Käuzchen auf einem Feldkreuz am Wiesenrain" des berühmten Malers der deutschen Frühromantik Caspar David Friedrich wird von Christina „Grummt auf „um 1806" datiert, wohingegen Börsch-Supan es in die Jahre um 1839/40 einordnen würde. Es ist in seiner Art identisch mit der Sepia „Eule am Grab". Dies ist nur ein Beispiel von vielen steinernen Zeitzeugen, die in der Kunst Einzug hielten. [10]

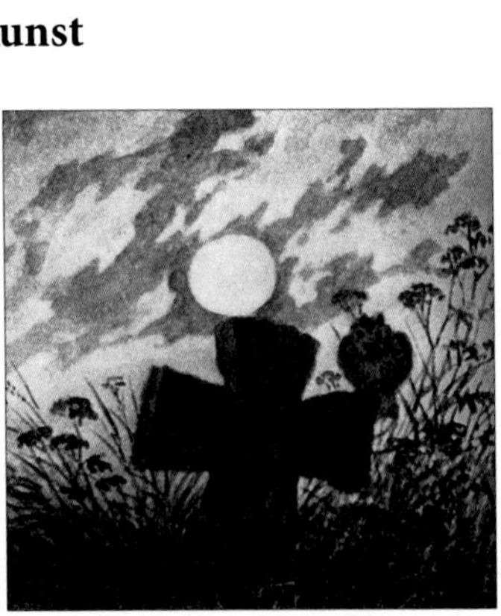

„Käuzchen auf einem Feldkreuz am Wiesenrain" von Caspar David Friedrich (1774–1840).[9a]

Bedeutung und Herkunft von Steinkreuzsagen

Während der Zeit der Sühnekreuze und der Entstehung der dazugehörigen Sagen war das Thüringer Land – und so auch unsere Region – mit dichten Waldbeständen überzogen, in deren undurchdringlicher Wildnis sich Räuber und Übeltäter verstecken konnten.

Volkstümliche Überlieferungen zur Steinkreuzthematik berichten vielfach vom gewaltsamen Tod eines oder mehrerer Menschen. Vordringlich erzählen diese lebendigen Geschichten vom Akt der Tötung. An besagtem Ort haben sich jeweils zwei Streithähne gegenseitig umgebracht. Mitunter wird erzählt, dass die Toten genau an dieser Stelle begraben wurden.
Dabei wird die Tat an sich vorwiegend verallgemeinert mit „erschlagen" und „umgebracht" angegeben, selten wird speziell von „erstochen", oder „mit dem Beil erschlagen" geschrieben.

Gewöhnlich beinhalteten diese Geschichten den Zeitzusatz: „früher", der Hinweis auf die ferne Vergangenheit ist. „Das haben schon die Alten erzählt" ist eine Bemerkung, die oftmals verwendet wurde. Die Erzähler berufen sich meist auf die Ahnenreihe, vom Großvater, dessen Großvater usw.
Eine genaue Hergangsschilderung ist selten zu finden. Die jeweilige Tat wird nicht näher formuliert, sondern beinhaltet lediglich den Vorgang als solchen. „Da haben sich zwei umgebracht" und ähnliche Äußerungen sind zu lesen. Warum eine blutige Begebenheit überliefert wurde, ist nicht bekannt. Begründungen werden allgemein gehalten. Ausgangspunkt und Gründe werden nur angerissen. (Streitigkeiten um die Ackergrenze, Raubüberfall oder Eifersucht)
Steinkreuzsagen stellen mitunter den blutigen Streit vor einen historischen Hintergrund, wie z. B. ein tödlicher Zweikampf von Offizieren oder Soldaten während des 30-jährigen Krieges. Auch Not- und Hungerszeiten sowie der Zeitraum großer Krankheiten, wie der Pest, sind Gegenstand von Steinkreuzsagen. Hier sei an die Schwedensagen erinnert, die für die Betitelung „Schwedenkreuz" zuständig sind. Sie sollen auf den Ort des Begräbnisses schwedischer Soldaten, Reiter oder Offiziere aufmerksam machen. Steinkreuzsagen berichten fast ausschließlich von Gewalttaten, bei denen Menschen ihr Leben ließen. „Franzosenkreuze" erinnern ebenfalls an Grabesstellen – oftmals Massengräber gefallener und begrabener Franzosen.

Sagen erzählen aber auch von Soldaten allgemein. Zeitlich und historisch betrachtet ist meist der 30-jährige Krieg Hintergrund solcher Steinkreuzsagen. Vom Thema Krieg abgesehen, beinhalten diese Sagen Zeiten von Bedrängnis und Not, ohne sich speziell geschichtlich festzulegen.

Selten gelten Steinkreuze in der Sage als Asylsteine oder Gerichtskreuze. Gegenstand von Steinkreuzsagen sind auch oft Geister oder mysteriöse Lichter. Dieser Ort, an

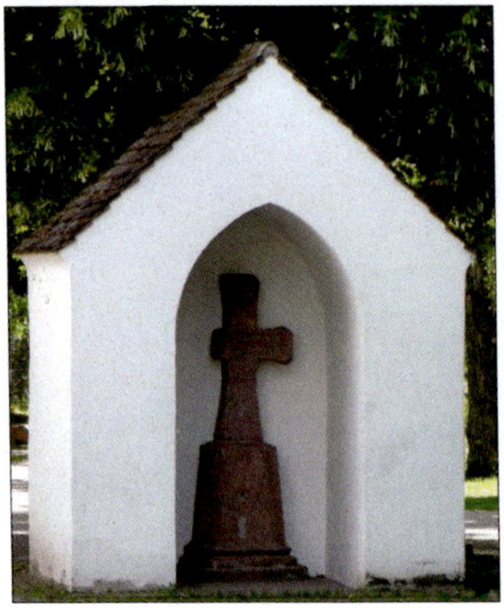

Bischofskreuz Freiburg. Fotograf: Marcus Hafner

dem einer bösen Tat gedacht wird, wird bei Nacht gemieden. Es ist von bizarren Erscheinungen die Rede. Den Steinkreuzen werden übernatürliche Kräfte zugesprochen. Abgekratztes Steinmehl fand sogar als Heilmittel Anwendung. Noch heute sind mitunter Aushöhlungen und Schabstellen in den Kreuzen zu sehen. Der Aberglaube ist in Bezug auf Steinkreuzsagen nicht zu vergessen, wenn an etwaige Wallfahrten gedacht wird, während der Steinkreuze aufgesucht wurden. Das Bischofskreuz von Freiburg-Betzenhausen ist ein Beispiel dafür. Dessen Bedeutung geht auf den Straßburger Bischof Konrad von Lichtenberg zurück, zu dessen Gedenken das Kreuz aufgerichtet sein soll. Die Sage vom „Bischofskreuz bei Lehen" berichtet davon. Metzger Hauri soll 1299 den Bischof von Straßburg erschlagen haben. In der Geschichte der Stadt vom 1. August 1299, Thl. II S. 89 ff. ist verzeichnet, dass besagter Bischof mit den Grafen von Freiburg verwandtschaftlich verbandelt gewesen soll. Die Einmischung des Bischofs in die städtischen Streitigkeiten sorgte dafür, dass Ersterer in offener Feldschlacht den Tod fand.

Die Sage

Ludwig Bechstein

Die Sage wandelt sinnend durch's Land von Ort zu Ort
Und pflanzt in ihrem Garten der Dichtung Blumen fort.
Sie weilet in Ruinen, sie lauscht am Felsenhang,
in Hainen rauscht ihr Flüstern wie ferner Harfenklang.

Sie schwebt um stolze Burgen, sie weilt beim Halmendach,
sie thront aus Felsenstirnen, sie spielt am Waldesbach.
Sie hat sich mit dem Lande so liebend treu vermählt,
daß sie fast allerorten von alter Zeit erzählt.

Wie duften kühl im Schatten die Waldeskräuter frisch,
wie blühn die grünen Matten so bunt und zauberfrisch!
Melodisch klingt im Walde das läutende Getön,
wenn auf der Bergeshalde die Herden weiden gehen.

Waldeinsamkeit! Wie grüßt mich die heil'ge, grüne Nacht!
Von weitem sah ich prangen der Wunderlampe Pracht.
Die Zauberglocken klingen. Zum Berg hinan! Hinan!
Bald sind dem sel'gen Finder die Pforten aufgetan. [11]

Dorfanger mit Steinkreuzen und -tischen

Fährt man durch unsere Region, so fällt auf, dass zahlreiche der Dörfer über einen Anger verfügen, der vor Zeiten jeweils im Zentrum einer Siedlung seinen Platz fand. Die Kirche, Höfe, Schule oder die Schenke, wo man sich traf, gruppierten sich um diesen zentralen Platz. Zum einstigen Brauchtum gehörte ein Anger dazu. Oftmals wurde dort Gericht gehalten oder gespielt und getanzt. Noch heute wird traditionell in den Orten der Kirmestanz auf dem Anger praktiziert.
Der Begriff „Anger" kommt aus dem Alt- und Mittelhochdeutschen und steht für „grasbewachsenes Land" oder „blumige Wiese". Meist findet man einen Schatten spendenden Baum auf dem Dorfanger. Vorherrschend ist es die Linde, weil die Germanen sich ihr verbunden fühlten.
Vielfach befindet sich auf besagten Plätzen ein sogenannter Angertisch, dessen Platte aus Sandstein oder Muschelkalk besteht.
Der bekannte Lyriker und Dichter politischer Sprüche Walther von der Vogelweide verfasste folgende Verse, die mit dem Begriff und der Thematik „ANGER" in Zusammenhang stehen:

„du bist kurzer, ich bin langer,
also stritens uf dem anger,
blumen unde klee." [12]

Anger Diedorf mit zwei Steinkreuzen

Der Diedorfer Anger wurde erhöht angelegt und thront mit seiner massiven Mauer über der Straße. Rechts und links des Treppenaufgangs im Abstand von fünf Metern – in den westlichen Teil der Mauer integriert – erstrahlen zwei Steinkreuze, die dem Anger, neben dem Schatten spendenden Lindenensemble einen würdevollen Charakter verleihen.
Die beiden Mord- oder Sühnekreuze standen wohl einst in der Diedorfer Flur. In der Angermauer haben sie einen würdigen Platz gefunden. Sie können keinesfalls als fränkische Hoheitszeichen oder Wahrzeichen verliehener Gerichtsbarkeit bzw. Marktfreiheit angesehen werden. So nämlich wurden sie noch in der Diedorfer Chronik von Ernst Mehler charakterisiert. Es handelt sich um gotische Kalksteinkreuze – im Eichsfeld vielfach als Bonifatiuskreuze bezeichnet. Sie weisen auf die Missionszeit hin.
Auch der Heimatmaler Otto Thomasczek beschäftigte sich mit den beiden Steinkreuzen des Diedorfer Angers. Im Jahr 1916 entstand die detailreiche Illustration.

Auf Seite 347 der Mehler-Chronik von 1925 ist in der angehangenen Motz-Chronik zu lesen:
„Mitten im Dorfe gegen Westen und Süden stehen 2 große steinerne Kreuze 6 Fuß hoch über der Erde, nach Figur der Klee-Kreuze. Nach den mehrseitigen und glaubwürdigen alten politischen Beschreibungen, daß der heilige Bonifacius im Jahre nach Christi Geburt 724 in Thüringen anwesend gewesen, von Altenstein zwischen Eisenach und Salzungen belegen, wahrscheinlich von daher, und hierdurch und durch den sogenannten Faulunger Bonifacius-Grund hin, nach Geismar und Hülfensberg das Eichsfeld bereist habe, und von da ins Hessenland gereist, daß dieselben, nach der alten glaubhaften Sage, zu einem merkwürdigen Denkzeichen errichtet worden sein sollen." [13]
In der Mehler-Chronik auf den Seiten 310/11 ist zu lesen, dass die Angerkreuze 1,57 Meter hoch und 0,72 Meter breit sind.
Es kann davon ausgegangen werden, dass der Anger der Südeichsfeldgemeinde Diedorf einst als Gerichtsstätte fungierte, da Diedorf schon im 9. Jahrhundert als „Ditdorf" oder „Tiodorf" urkundlich im Kloster Fulda belegt ist.
In der Mehler-Chronik von Diedorf aus dem Jahr 1925 ist dazu folgendes zu lesen:
„Ob sich in fränkischer Zeit in Diedorf eine Gerichtsstätte befand, ist nirgends beurkundet. V. Wintzingeroda-Knorr hält es nicht für unmöglich, obgleich irgendeine Nachricht darüber nicht vorliegt. Diese Gerichtsstätte wäre dann – ebenso wie es in Oberdorla der Fall ist – auf dem Anger zu suchen. Die 2 Steinkreuze daselbst sprechen sehr dafür." [14]
In etwa ab dem Jahr 1600 bis zum Anfang des 19. Jahrhunderts hatten die von Harstall und der Mainzer Kurfürst hier ein gemeinsames Untergericht. Dazu gehörten ein Gerichtshaus sowie ein Gefängnis. Viermal jährlich wurde Untergericht

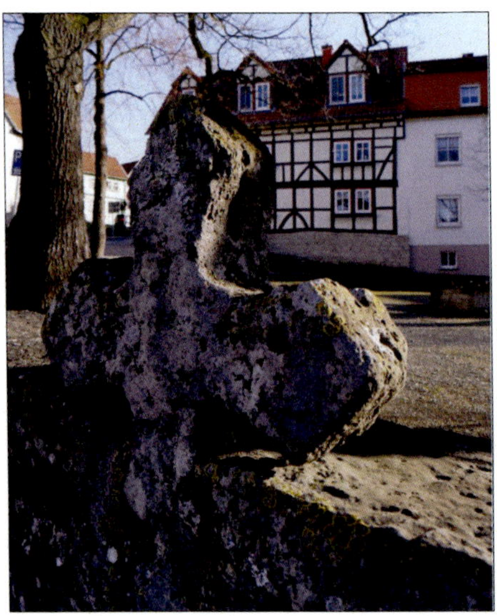

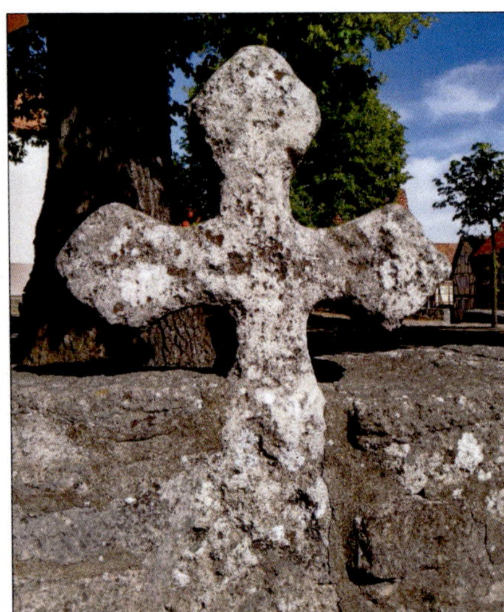

Anger Diedorf, linkes und rechtes Steinkreuz.

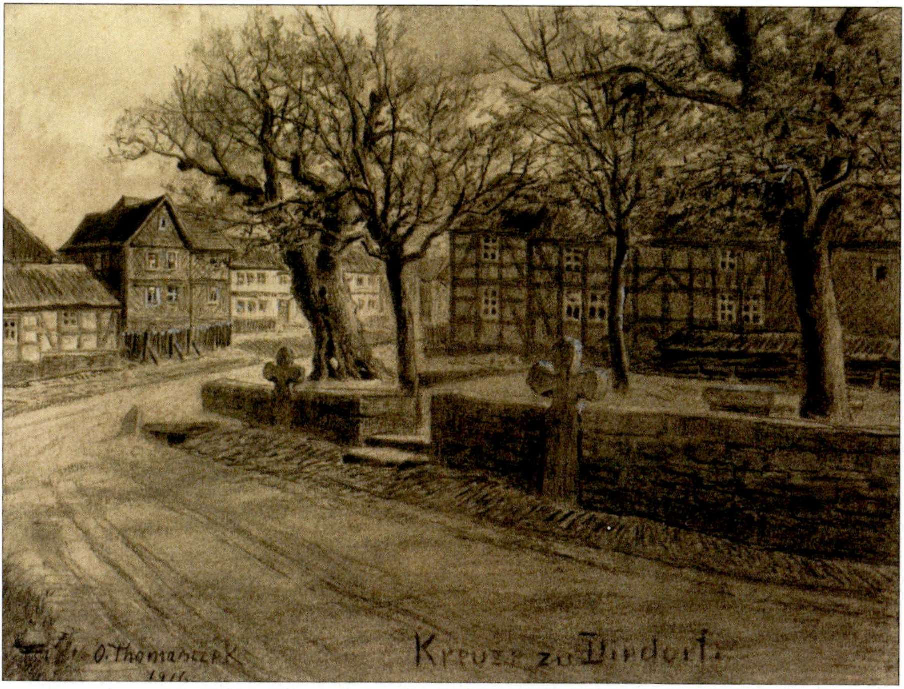

„Kreuze zu Diedorf". Bleistiftzeichnung weiß gehöht von Otto Thomasczek, 1916, Inventarnummer Vlb 1090, Mühlhauser Museen

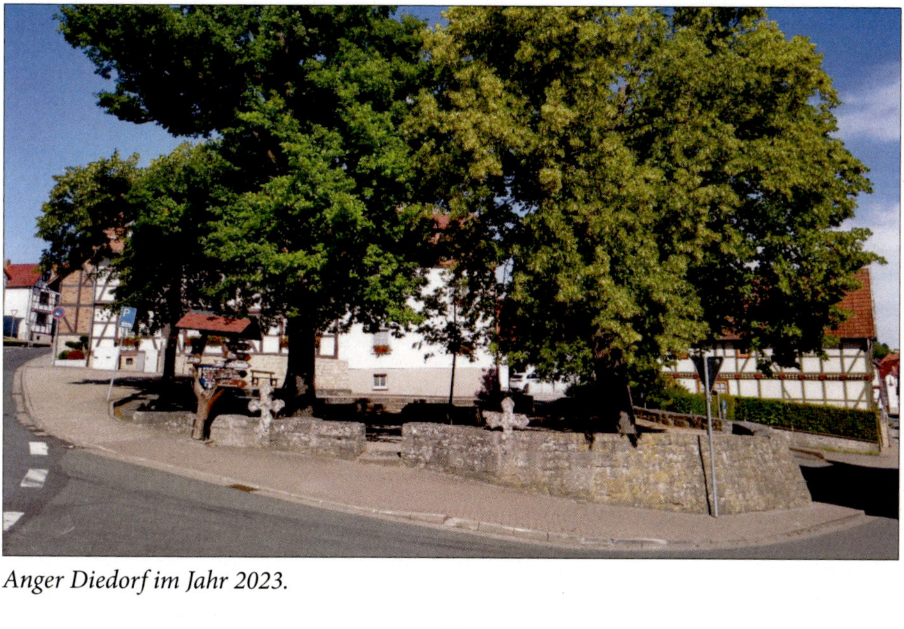

Anger Diedorf im Jahr 2023.

abgehalten. Für die Rechtsprechung waren der Vogt des Amtes Bischofstein als Vertreter des Kurfürsten, acht Schöffen und die von Harstall zuständig. Als es das Gerichtshaus noch nicht gab, wurde wohl das Untergericht auf dem Anger abgehalten. Um das Jahr 1850 standen vier Pappeln an der Nordseite des Angers. An einer von ihnen befand sich ein Halseisen*. (*Ein Halseisen ist eine bogenförmige Fessel, die man in früheren Zeiten Gefangenen anlegte. Zwei halbkreisförmige Eisenteile sind einseitig mit einem Scharnier verbunden. Die andere Seite zeigt den Schließmechanismus.)* Im Jurisdiktionalbuch des Amtes Bischofstein vom Jahr 1609 wird von einem jährlichen Hochgericht geschrieben, welches in Diedorf abgehalten wurde.

In der Broschüre „Die Geschichte der Familie Harstall" von Rainer Lämmerhirt ist zum Thema im Zusammenhang mit dem Adelsgeschlecht der Harstalls zu lesen:

„Fährt man heute durch Diedorf im Eichsfeld, so sind dort nur wenige Spuren zu finden, die an die Herrschaft der Familie von Harstall als Lehns-, Gerichts- und Kirchenherren erinnern. Durch den Kirchenneubau im vorigen Jahrhundert sind viele Grabplatten und Inschriften zerstört worden. Am Ortsrand erhebt sich, von Wirtschaftsgebäuden umgeben, der alte Schloßbau des Geschlechts. Bei zweifelhafter Nutzung seit vielen Jahren ist nur wenig von der alten, schlichten Schönheit des letztmalig 1810 erneuerten Baus erhalten geblieben. In der steinernen Umfassungsmauer erkennt der aufmerksame Beobachter noch ein stark verwittertes Wappen und über der Eingangstür kündet der Schriftzug „VH" (von Harstall) von den alten Zeiten. Der Blick schweift vorbei an der Kirche und dem Anger, der Gerichtsstätte der Diedorfer Harstalls, der Straße entlang bis zum nahen Katharinenberg." [15]

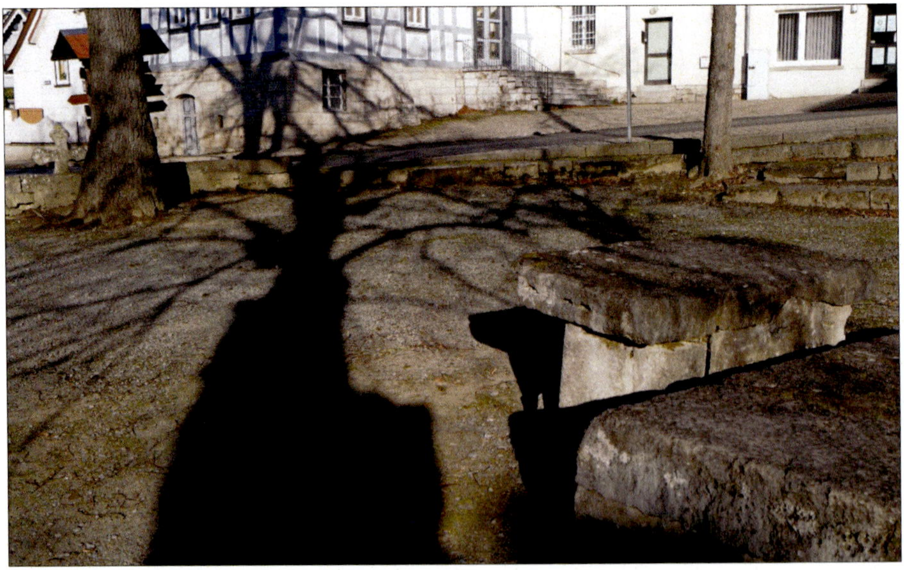

Steintisch auf dem Diedorfer Anger.

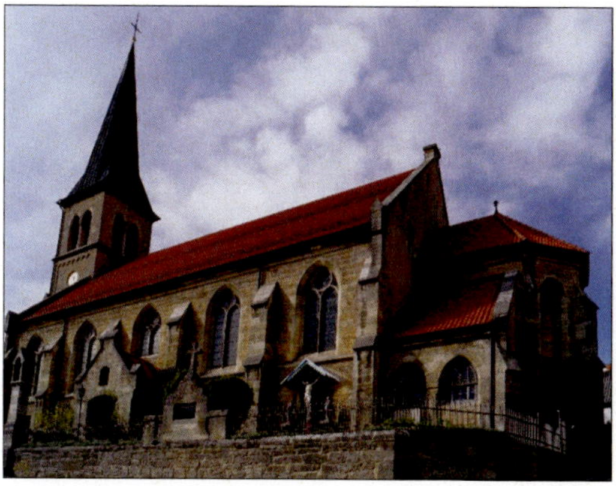

Kirche St. Alban Diedorf.

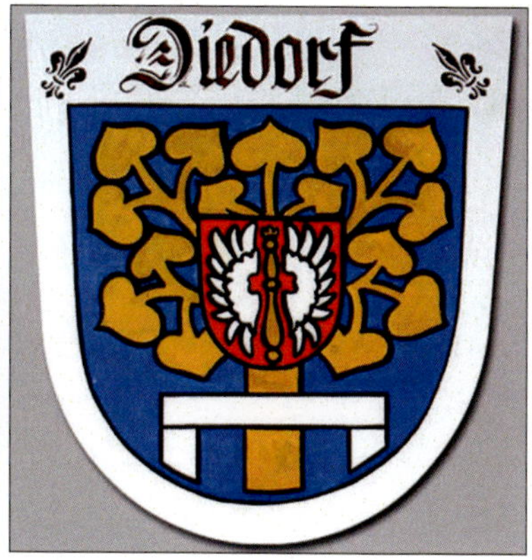

Diedorfer Wappen. [15a]

Sowohl das Diedorfer als auch das Mihlaer Wappen nehmen Bezug auf die Herren von Harstall.
Im Exposé zum Gemeindewappen von Diedorf aus dem Jahr 1993 ist zu lesen:
„Das Wappen der Gemeinde Diedorf (Landkreis Mühlhausen) zeigt in Blau eine goldene aus dem Schildfuß wachsende Linde hinter einem stilisierten silbernen Steintisch; im Herzschild in Rot zwei silberne Flüge, dazwischen ein goldenes Zepter.
Die Linde mit dem Steintisch steht symbolisch für die Gerichtslinde und den Richtertisch auf dem Anger und zeugen von dem schon frühzeitig belegbaren Thingplatz in Diedorf. In übertragenem Sinne soll das Symbol der Linde zudem als Zeichen für Natur und Schöpfung über allen Geschehnissen und Abläufen in der menschlichen Entwicklung stehen, während der Angertisch auf die Fehlbarkeit der Menschen weist und zu Aussöhnung und Einigkeit mahnt.
Das Herzschild erinnert an das Familienwappen derer von Harstall, die jahrhundertelang im Territorium begütert waren und einen Stammsitz in Diedorf hatten.
Die Gemeindefahne ist weiß mit blauen Flanken und trägt das Ortswappen." [16]
Unweit des Diedorfer Angers befindet sich die Kirche St. Alban, die mit ihrem weit über die Region bekannten Heiligen Grab einen Besuch wert ist. Das Kunstwerk erinnert als lebensgroße figürliche Nachbildung an die Szene in der Grabhöhle von Jerusalem. Das sarkophagähnliche Grabmal von 1501 wurde für Hans Tasch und dessen Gemahlin errichtet. Die acht Figuren aus Sandstein ähneln den Werken Albrecht Dürers. 1728 wurde eigens für die Skulptur eine Kapelle errichtet.
Die in der Region und darüber hinaus bekannte Sage zum Heiligen Grab in Diedorf thematisiert die Harstallsche Familie.
Ursprünglich, so berichtet eine Überlieferung, soll das Heilige Grab für eine Wallfahrtskirche nahe Eisenach bestimmt gewesen sein. Das war zu Zeiten der Reformation. Das Steingrab kam nie dort an. Die Harstalls waren schon damals begütert, hatten das Kunstwerk in ihren Besitz gebracht und im Hainichwald

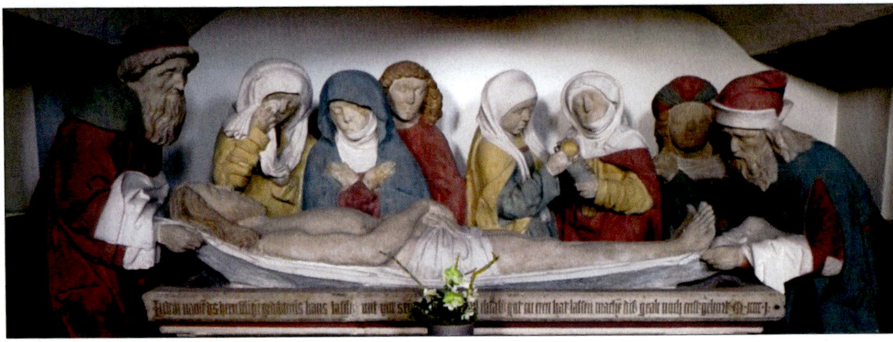

Heiliges Grab.

versteckt. Es geriet schließlich im Lauf der Jahre in Vergessenheit. Nun wütete der Bauernkrieg und die Katharinenberger Kirche, die mit Mitteln der Harstalls erbaut wurde, konnte nicht fertig gestellt werden. Schließlich präsentierte die Diedorf-Linie der Harstalls das steinerne Kunstwerk ab dem 16. Jahrhundert in ihrer Dorfkirche. Etwas anders wird berichtet, dass das Heilige Grab innerhalb der Wirren des Bauernkrieges um 1525 nahe Eisenach oder Mihla vergraben worden sein soll, da man Angst hatte vor Bilderstürmern, die in der Region ihr Unwesen trieben.
Eine weitere Überlieferung berichtet, dass ein Jäger das Kunstwerk im Hainich ausgraben ließ, nachdem er es dort durch Zufall entdeckt hatte. Es wurde auf einen Ochsenkarren verladen und sollte nach Katharinenberg transportiert werden. Auf der Hälfte des beschwerlichen Weges wurden die Ochsen müde. Am kommenden Morgen, als der Transport wieder weiter gehen sollte, stand zwar der Karren noch dort, aber in Richtung Diedorf. Wie konnte das geschehen? Die Wendung des Ochsenkarrens wurde von den Menschen als himmlisches Zeichen gesehen. Man schaffte also das Steingrab nach Diedorf, wo es noch heute zu bewundern ist.

Heyerode

Unter der imposanten Linde, die den Anger in Heyerode schmückt, steht ein Steintisch, der, wenn er dies könnte, viel zu erzählen hätte. Seine Deckplatte stellte einst die oberste Stufe der Eingangstreppe zur Gemeindeschenke dar. Das Haus wurde 1843 abgerissen.
Bis ins Jahr 1890 stand auf dem Anger ein drei Meter hohes

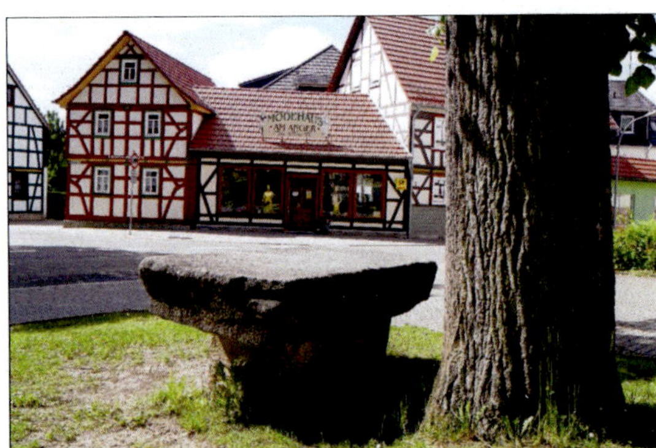

Anger Heyerode mit Steintisch und Heimatmuseum im Hintergrund.

hölzernes überdachtes Kreuz. Über die Jahre zeigte es sich recht verwittert und wurde daher am 8. August 1890 durch ein aus rotem Sandstein bestehendes ersetzt. Adam Oberthür aus Hildebrandshausen – seines Zeichens Bildhauer – fertigte es für 250 Mark im Auftrag des Schulzen Wilhelm Henning sowie der damaligen Gemeindevertretung des Ortes an. Am Tag der Errichtung wütete im Ort ein heftiges Gewitter, welches große Teile der Flur und das Unterdorf unter Wasser setzte.

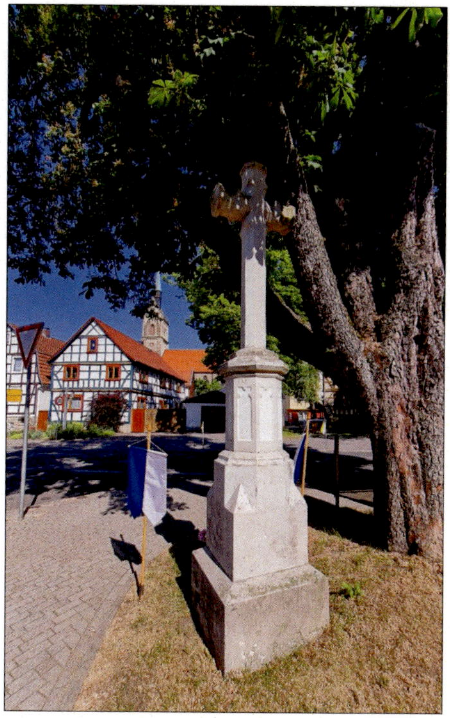

Sandsteinkreuz aus dem Jahr 1890 mit Fahnenschmuck an Fronleichnam.

Touristen, welche von Mühlhausen über die Vogtei kommend über den Kuhkopf auf die Höhe des Hainichs kommen, erreichen erst einmal den Landgasthof „Alter Bahnhof", der zur Welterberegion Wartburg Hainich gehört. Von 1911 bis 1968 war die Bahnstrecke Mühlhausen-Treffurt in Betrieb. Als „Vogteier Bimmel" bekannt. Mit seiner Höhe von 427 Meter bildete einst der Heyeröder Bahnhof den höchsten Punkt der gesamten Strecke. Heute ist dort der Landgasthof „Alter Bahnhof" mit Gästehaus, Restaurant und Kinderbauernhof beheimatet, der Teil der Diakonie Doppelpunkt e. V., eines gemeinnützigen Vereins in der Behindertenhilfe ist. Auch das markante Viadukt, über welches 1968 der letzte Zug fuhr, ist einen Besuch wert. Heute führt darüber der Radweg der Unstrut-Werra-Route. Fährt man weiter in Richtung der Gemeinde Heyerode, die 1356 erstmals urkundlich erwähnt wurde, so erreicht man bald das durch die freie und kaiserliche Stadt Mühlhausen als Warte zum Schutz gegen den Adel des Eichsfeldes 1650 erbaute Grenztor. Bis zum Jahr 1911 rumpelten die Postkutschen zwischen Mühlhausen und dem Südeichsfeld durch dieses Tor, in dessen Mauern sich das Atelier des Kunstmalers Karl-Heinz Vogeley befindet.

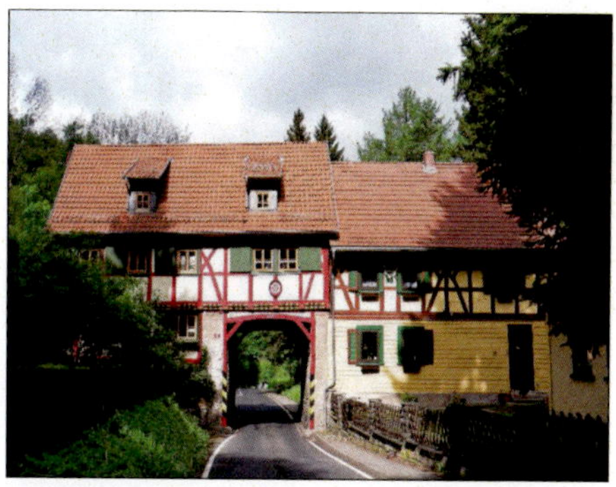

Grenzhaus. Foto Harald Rockstuhl

In Heyerode angekommen passiert man die Gemeindeverwaltung mit dem 1922 eingeweihten Kriegerdenkmal und kommt schließlich am Anger an. Im dort befindlichen Schulzenhaus, welches 1837 erbaut wurde, ist seit 1995 die Heimatstube untergebracht. Interessierte können hier Raritäten, wie eine Zigarrenpresse, Trachtenkleidung oder einen rekonstruierten Handwebstuhl aus der Zeit um 1895 bestaunen.
In der Obergasse befindet sich der älteste Brunnen des Ortes – der Hachelborn. Er lag laut Überlieferung im Schatten von drei urwüchsigen Linden. Hier siedelten sich einst die ersten Einwohner im Bereich Zittel- und Strauchstraße sowie Obergasse an. Der Hachelborn kann somit als einst historisch wichtige Lebensgrundlage für die Menschen gesehen werden.
Weiter in Richtung Eisenach fahrend sieht man links den Friedhof mit der 1950 errichteten Kapelle und kommt schließlich zur Obermühle mit historischem Mühlrad, einem wahren Kleinod. Das Areal ist idyllisch im Hallunger Tal am Lämpertsbach gelegen. Die beiden Linden neben dem Dreiseitenhof als markante Naturdenkmale und die Mühle selbst stehen unter Naturschutz.

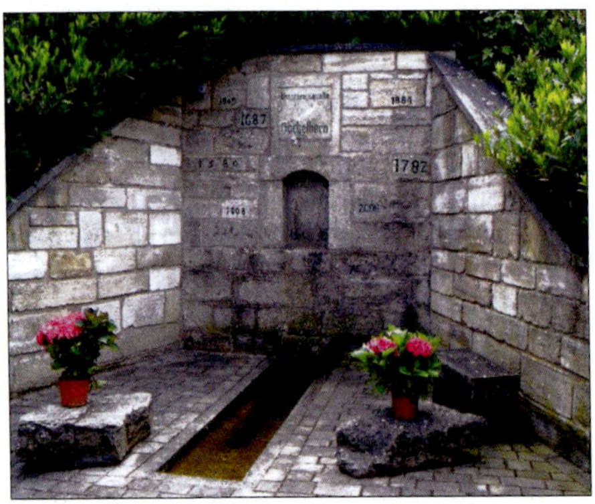

Hachelborn.

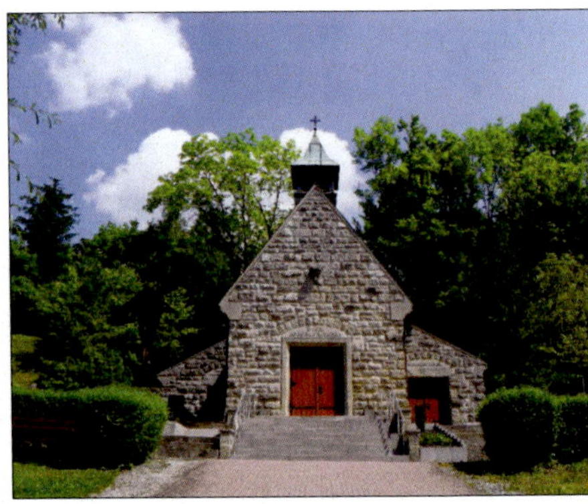

Friedhofskapelle Heyerode.

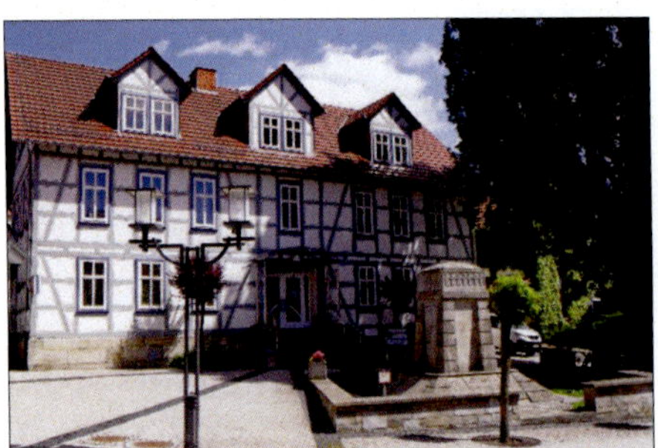

Gemeindeverwaltung Heyerode.

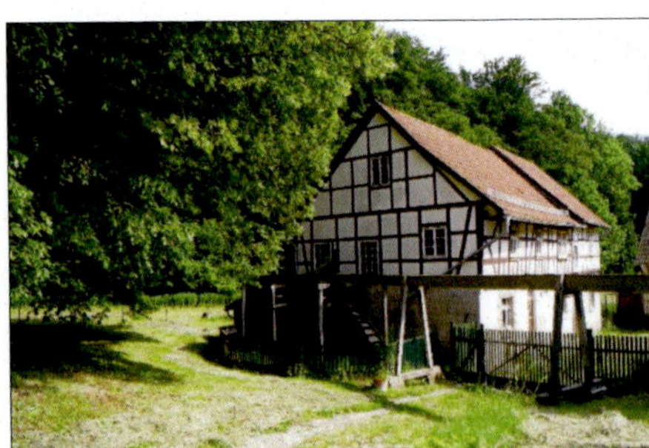

Obermühle.

Katharinenberg

Im Amtsblatt der Gemeinde Südeichsfeld vom 27. November 2021 war von der Neugestaltung und Sanierung der Katharinenberger Angermauer im Rahmen des Dorferneuerungsprojekts zu lesen.
Steinmetze der Firma Stephan Goldmann haben in die Natursteinmauer zwei Wappensteine integriert, die das sechsspeichige Mainzer Rad in floraler Ausführung und das Harstallsche Wappen zeigen, welches im Kapitel zum Schanzenbaum noch einmal näher erläutert ist.

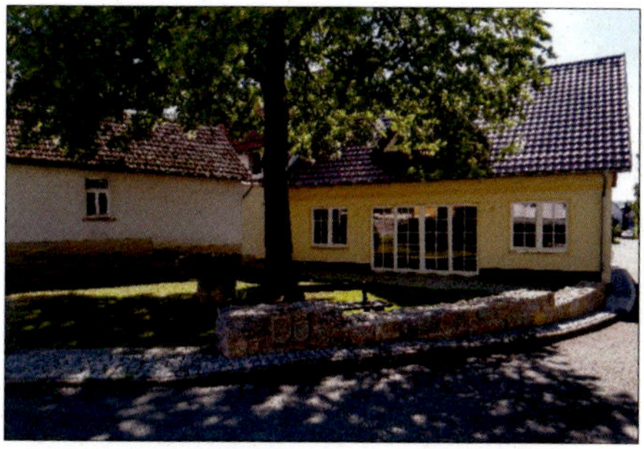

Anger Katharinenberg.

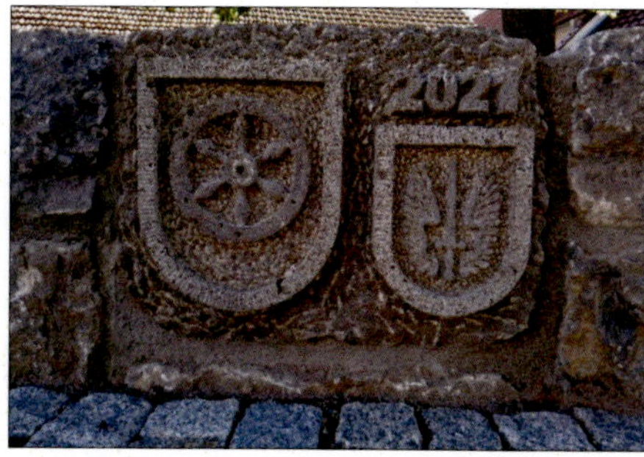

Wappensteine in der Angermauer.

Die Gemeinde war einst im Besitz der Familie Harstall, die hier ein Rittergut ihr Eigen nannte. Im Beitrag ist zu lesen, dass der Firmenchef und begeisterte Heimatforscher Stephan Goldmann mit dem Stein an diese historischen Beziehungen erinnern möchte. Außerdem befand sich der Katharinenberger Anger einst an einer bedeutsamen mittelalterlichen Landstraße, welche von überregionaler Bedeutung war. Besagte historische Heerstraße zwischen Mühlhausen und dem Werratal kam in etwa der heutigen Bundesstraße 249 gleich. Wenn die Mauern des einstigen kurmainzischen Zollhauses erzählen könnten, so hätten sie viel zu berichten. Es befindet sich an der Dorfstraße/Ecke Zollgasse.
Die Harstalls waren ein thüringisches Adelsgeschlecht, welches zwischen Eisenach und Mühlhausen ansässig war.
Mit Gangloff von Harstall fand im 14. Jahrhundert die Familiengeschichte ihren Anfang. Die Wasserburg Mihla wurde 1436 von der Familie in Besitz genommen. Sie kauften Mihla von der aus dem Hainich stammenden Familie Wangenheim. Die Harstalls dehnten ihre Besitzungen im Lauf der Historie immer weiter aus. Nebenlinien zog es von Mihla nach Diedorf und Creuzburg sowie ins Hessische und sogar ins Rheingau.
Zur Familiengeschichte gibt es relativ wenig dokumentarische Belege. Die Familie soll laut Forschung von Annemarie Große-Brauckmann mit Karl dem Großen von Franken eingewandert sein. Der Name Harstall kommt wohl von Heeresstall, einer

im Alten Feld befindlichen Heeresstätte. In diesem namentlichen Zusammenhang ist auch der Harsberg bei Mihla sowie der im Volksmund bezeichnete Horschelbrunnen zu nennen.[17]

Auch in Wernershausen, Katharinenberg, Berteroda und Treffurt hatten sich die Harstalls niedergelassen und waren zeitweise Burgherren auf Burg Creuzburg und Burg Normannstein. Seit 1581 galt das Rote Schloss als Stammsitz eines Familienzweiges der Harstalls in Mihla. Rainer Lämmerhirt schreibt in seiner Publikation „Die Geschichte der Familie von Harstall" bezüglich Katharinenberg: *„Das dortige Gutshaus war ebenfalls im Besitz der Familie. Nebenan sind die grauen Reste der alten Kirche zu sehen. Nach der Überlieferung planten die Harstalls, als das Geschlecht im 16. Jahrhundert den Höhepunkt seiner Macht erreicht hatte, dort ein eigenes Kloster zu errichten. Doch die Reformation verhinderte dies. Wie oft mögen Angehörige der Familie den steilen Anstieg nach Katharinenberg in der Kutsche, im Sattel oder im Schlitten bewältigt haben! Aber ebenso oft führten die Wege der Familie in die entgegengesetzte Richtung."* [18]

Der Katharinenberger Herrenhof der Harstalls wurde um 1580 errichtet. Die Nachfahren des einstigen Bauherrn siedelten 1610 in das Mihlaer Rote Schloss. Der 30-jährige Krieg suchte schließlich Katharinenberg heim. So wurden Kirche und Harstallscher Herrensitz niedergebrannt. Die Kirche ist noch heute Ruine – das Gebäude wurde wieder errichtet.

Ein weiteres Zeugnis des Harstallschen Geschlechts in Katharinenberg ist die innerhalb der Kirchenruine befindliche Grabplatte des Mainzer Generals Georg Melchior von Harstall. Sie lässt vermuten, dass dieser 1739 im Kirchhof begraben wurde. Mit dem Tod Franz von Harstalls endete 1865 die Familiengeschichte dieses Adelsgeschlechts der heutigen Südeichsfeldgemeinde.

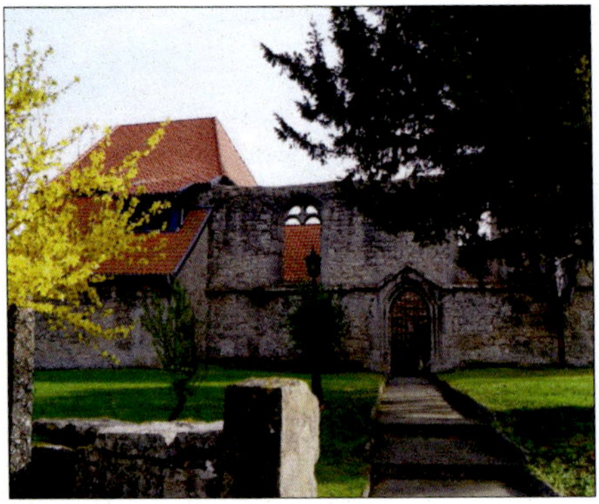

Kirchenruine Katharinenberg.

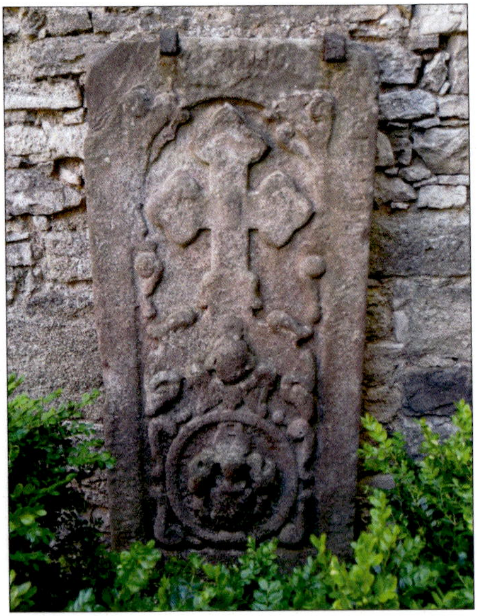

Grabplatte.

Dreiherrensteine

Dreiherrensteine stehen für die topografische Bezeichnung von Orten und Plätzen an der Schnittstelle dreier Herrschaften und ihrer Umfriedungen sowie Grenzbefestigungen.

Mitunter stießen die Grenzen ehemaliger Kleinstaaten, Forstreviere, Ortsgemarkungen sowie kommunaler und privater Bewaldungen aneinander. Dieses Durcheinander überschaubar zu machen, war nur möglich, indem die historischen Grenzverläufe zeitaufwändig erforscht und dokumentiert wurden. Sie bestehen gelegentlich sogar noch bis heute und haben ihre Gültigkeit nicht verloren.

Hohengandern Dreiländerstein

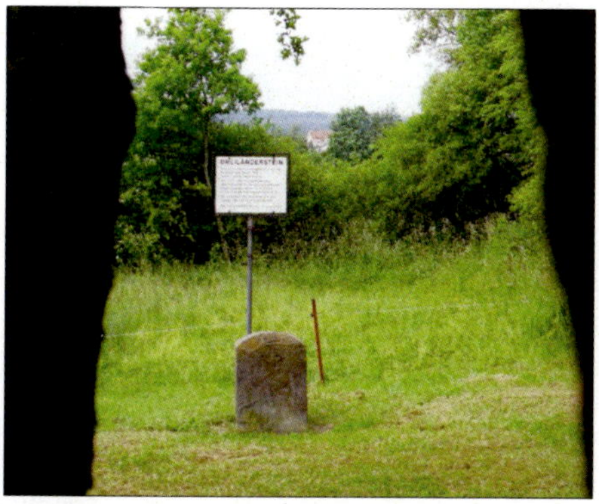

Dreiländerstein Hohengandern.

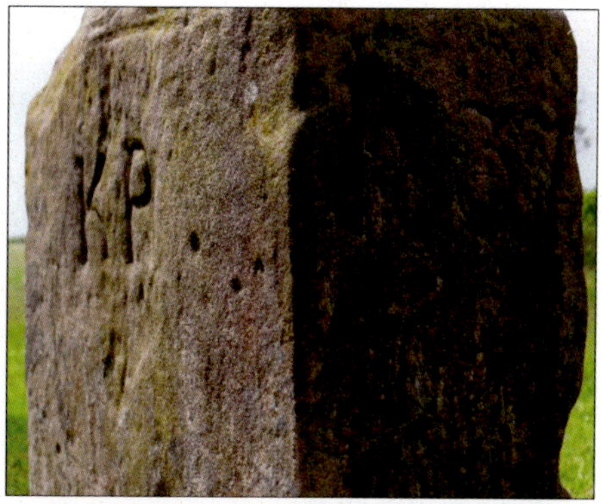

Detailansicht mit Jahreszahl und KP für Königreich Reußen.

Einst Grenz- und Besatzungsregion, seit der deutschen Einheit geschichtsträchtiger Ort im Dreiländereck zwischen Thüringen, Niedersachsen und Hessen, wo vor Zeiten die Königreiche Hannover/Preußen und das Kurfürstentum Hessen aufeinander stießen – das ist Hohengandern mit seinem Dreiländerstein am ehemaligen Todesstreifen und dem heutigen Grünen Band als interessantes Wandereldorado. Seit 1995 erklärt eine Tafel des Werratalvereins Witzenhausen die Geschichte des Dreiländersteins.

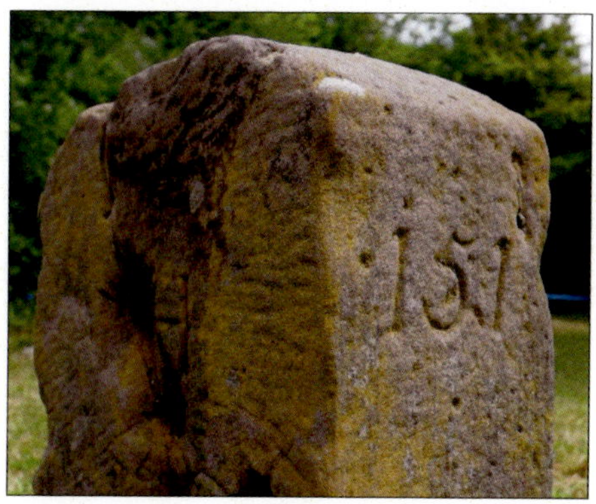

Detailansicht mit Einritzungen und Ziffer für Nummer des Grenzsteins.

In der Thüringer Allgemeinen vom 24. April 2015 ist von Jürgen Backhaus folgender Beitrag zu lesen:

Eine oft gestellte Frage: „Wo ist das Dreiländer-Eck?“
Der Grenzpunkt zwischen drei Königreichen, drei Besatzungszonen und drei Bundesländern rückt mehr in den Blickpunkt
(Jürgen Backhaus)

Hohengandern

„Entlang der Landesgrenze zu Niedersachsen bis zum Dreiländereck hat die Gemeinde Hohengandern auf Thüringer Seite im vorigen Jahr einen 450 Meter langen alten Gemeindeweg reaktiviert, indem sie eine Schneise in eine Weißdornhecke schlug. Diese Hecke wirkt aus der Luft wie eine Landwehr, die sich zwischen Hessen und Niedersachsen in einem scharfen Rechtsknick fortsetzt – zwischen dem Bahnhof Eichenberg im hessischen Werra-Meißner-Kreis und den Gleisanlagen einer Kleinbahn (60 cm Spurweite) im Landkreis Göttingen in Niedersachsen. Die Eichenberger Interessengemeinschaft Feldbahn spiele mit dem Gedanken, weiß Hohenganderns Ortschronist Karl Eberhardt, ein Stück Gleis um rund 100 Meter zu verlängern bis zum Dreiländerstein.

Der Grenzstein mit der Nummer 151 war 1837 im Zuge der Vermessung des Königreichs Hannover unter der Leitung des berühmten Göttinger Mathematikers Carl Friedrich Gauß aufgestellt worden. Daneben steht (in Hessen) eine Informationstafel vom Werratalverein Witzenhausen, aufgestellt 1995, als hier der 5. Jahrestag der Deutschen Einheit gefeiert wurde.

Der Stein trägt auf der thüringischen Seite die Buchstaben „KP“ für Königreich Preußen. Auf der nach Hessen zeigenden Querseite stand mal „KFH“ für Kurfürstentum Hessen. Die ersten beiden Buchstaben sind aber vor langer Zeit von drei Gewehrkugeln weggeschossen worden. „Ich kenne den Stein nicht anders“, sagt der 77-jährige Ortschronist. Vermutlich diente der Stein am Ende des Zweiten Weltkrieges als Zielscheibe.

Von 1945 bis 1949 war diese Stelle das Eck zwischen der amerikanischen (Hessen), britischen (Niedersachsen) und sowjetischen (Thüringen) Besatzungszone, dann bis 1990 einbezogen in die innerdeutsche Grenze. Den Verlauf der Ost-West-Zonengrenze hatten die Alliierten bereits 1944 in London festgesetzt auf die Linie Lübecker Bucht - Dreiländereck am Südhang der Schmiedeköpfe beim Bahnhof Eichenberg und weiter nach Süden in Richtung Rhön/Coburg. Im Abkommen von Potsdam am 26. Juli 1945 wurde die Stelle dann bezeichnet als „Treffpunkt der Grenzen zwischen den Preußischen Provinzen Hannover und Hessen-Nassau mit der Westgrenze der preußischen Provinz Sachsen“. Hannover und Kurhessen waren drei Jahrzehnte nach der Grenzsteinsetzung auch preußisch geworden.

Zur Verlängerung der Wald- bzw. Feldbahn müsste man von dort her die Hecke beseitigen und ein Stück Böschung abgraben. „Wenn das zustande käme, könnten wir zusammen mit unserem neuen Rasenweg und den anderen Wegen einen Rundweg anlegen", sagt Karl Eberhardt, „und wenn die Waldbahn zum Dreiländerstein fahren würde, wäre das auch eine Attraktion." Ob es aber dazu kommen werde, sei noch unklar. Bis zum 25. Jahrestag der Deutschen Einheit am 3. Oktober dieses Jahres soll jedenfalls das Dreiländereck wieder attraktiv gestaltet sein als eine Stätte der Begegnung. Drei einfache Bänke, eine in jedem Bundesland, standen hier eine Zeit lang. Aber sie existieren nicht mehr. Auf Vorschlag von Karl Eberhardt führt Bürgermeister Bernt Ziegenbein, wie er sagt, Gespräche mit seinen Amtskollegen der Nachbargemeinden Neu-Eichenberg und Friedland beziehungsweise den Ortsbürgermeistern. Angestrebt sei, dass jede Gemeinde auf ihrem Gebiet eine aus Tisch und Bank bestehende Sitzgruppe aufstellt. In Arbeit sind bereits, wie der Bürgermeister sagt, einige Schilder, die an der Bundesstraße oberhalb von Hohengandern und an einer Feldweg-Abzweigung ab Anfang Mai auf das Dreiländereck hinweisen sollen.
Als Auskunftsgeber für zahlreiche Wanderer und Touristen, nicht nur aus Deutschland, sondern zum Beispiel auch aus der Schweiz oder Japan weiß Ortschronist Eberhardt, dass sich viele Menschen für den Verlauf der einstigen deutsch-deutschen Grenze oder des heutigen Grünen Bandes interessieren. Und oft werde er gefragt: ‚Wo ist das Dreiländereck?'
Diese geografisch und geschichtlich besondere Stelle könne auch in Verbindung gebracht werden mit Flinsberg als dem geografischen Mittelpunkt Deutschlands, sagt Eberhardt. Zumal ja nun der Mittelpunkt auf dem Warteberg eine außergewöhnliche Präsentation erfahren soll. Zudem gehöre Hohengandern zu einer mit Hanstein und Teufelskanzel bei Touristen und Besuchern sehr beliebten Region im Eichsfeld.
Dass viele interessierte Gäste in Hohengandern sich zuerst bei Karl Eberhardt erkundigen, ist völlig klar. Denn in seinem Vorgarten befinden sich eine originale DDR-Grenzsäule und weitere deutsch-deutsche Grenzutensilien. Und ein großes Eichsfeldwappen prangt an seinem Haus an der Halle-Kasseler Straße. Es ist übrigens das einstige Zollhaus von Hohengandern, erbaut 1697 vom Deutschen Zollverein, 1865 an den preußischen ‚Steuerfiskus' übergeben und seit 1884 in Privatbesitz." [19]

Im Zuge eines Ausflugs nach Hohengandern empfiehlt sich auch der Besuch der Burguine Hanstein, die als eine der schönsten Mitteldeutschlands bezeichnet wird. Im 1070er Jahrbuch des Mönchs Lambert von Hersfeld ist zugleich vom Vorhandensein und der Zerstörung der Burg Hanstein zu lesen. Im Dreiländereck Thüringen-Sachsen-Hessen errichtet war sie stets Grenzfeste und erlebte eine wechselvolle Geschichte. Die malerische Lage der Burganlage zieht heute immer wieder zahlreiche Besucher nach Bornhagen.

Als interessantes steinernes Detail sei an dieser Stelle der als Neidkopf am Hanstein bekannte Stein erwähnt. Die Hansteiner, als starkes Rittergeschlecht, duldeten nicht gern jemanden über oder neben sich. Respekt war ihnen fremd. Der Hochmut der Hansteiner ist noch heute in Form des in Stein gehauenen „Neidkopfes" – einem fratzenartigen Gesicht – belegt, welches in Richtung Ludwigstein schaut.

Überlieferungen berichten hierzu folgendes:
Einst begann am Fuß der Burg im Werratale der landgräflich Thüringische Besitz. Auch hier zeigten die Hansteiner keine Ehrerbietung. Ihr Hochmut war immer wieder spürbar. Die Wartburg in großer Entfernung führten die Raubzüge der Hansteiner also in diese wenig gesicherte Region. 1415 allerdings ließ Ludwig II. die Burg Ludwigstein bauen – genau gegenüber der Hansteinschen Burg. Deren Herren allerdings machten sich wieder lustig und zeigten ihre Verachtung, indem sie einen hässlichen Steinkopf mit herausgestreckter Zunge in der Mauer des Burgtores einbauten, der zum Ludwigstein hinüberschaute. [20]

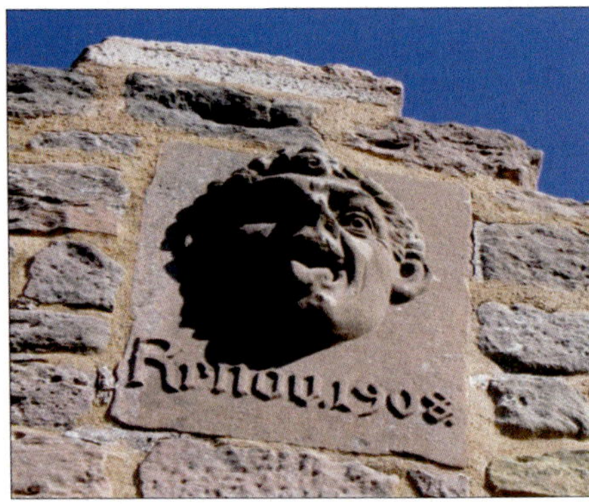

Neidkopf im Burgtor.

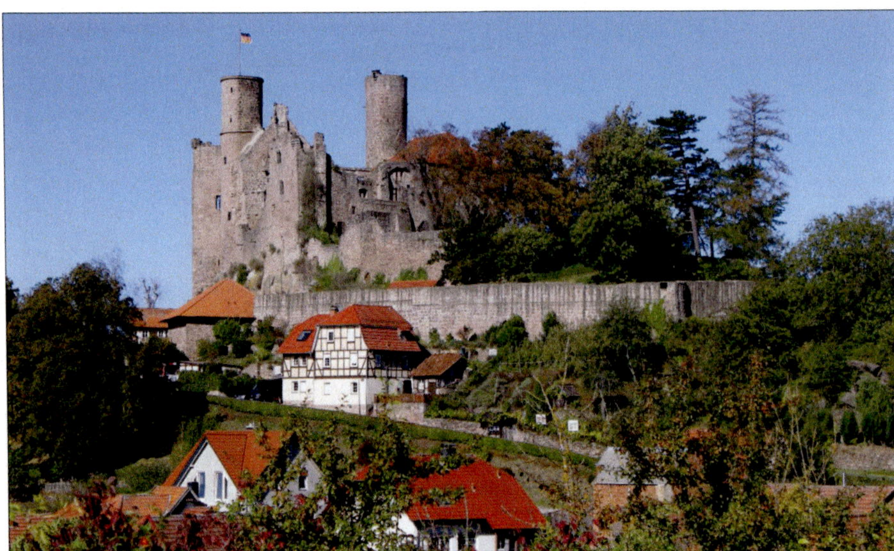

Burgruine Hanstein.

Besondere steinerne Zeitzeugen

Auf der Suche nach steinernen Zeitzeugen der Region in Form von Steinkreuzen oder Grenzsteinen kommt man unweigerlich auch in Kontakt mit Steindenkmalen und steinernen Objekten unterschiedlicher Art, die keiner speziellen Kategorie zuzuordnen sind. Diese sollen hier außer der Reihe Erwähnung finden, weil sie nicht minder interessant und sehenswert sind.

Bernterode Kreuzstein

An der Ortsverbindungsstraße Bernterode-Heiligenstadt, steht auf dem Stück der Kurven linksseitig ein Buntsandsteinquader am Straßenrand, zu dem es sehr wenige Unterlagen und Überlieferungen gibt. Lediglich einige Erzählungen aus den anfänglichen 1950er Jahren berichten über dessen Historie. Demnach soll es ein Wegeunfall gewesen sein in einer Zeit mit wenig Autoverkehr, der das Setzen besagten Steins nach sich zog. Eine Kutsche mit Fahrgästen war wohl im Dunklen unterwegs nach Bernterode, als die Pferde im Gewitter durchgingen. Der Kutscher verlor die Kontrolle über das Gefährt, sodass die Kutsche schließlich umstürzte. Der Fuhrmann, der außen saß, stürzte auf die Petroleumlampe. Deren Verzierung, die einer Lanzenspitze ähnlich gefertigt war, drang in seinen Kopf. Hilfe kam zu spät. Der Kutscher verstarb noch an der Unfallstelle. [21]

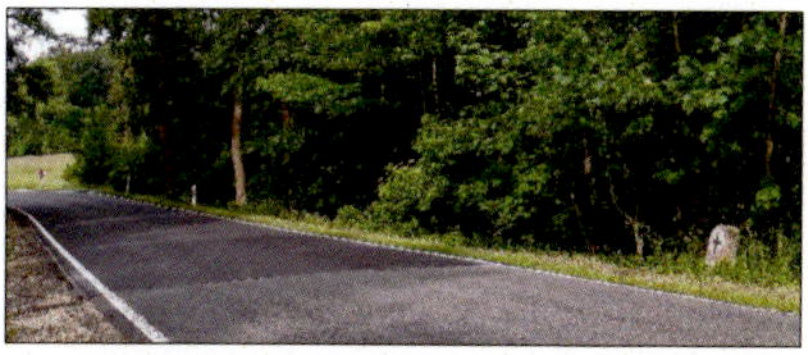

Kreuzstein am Straßenrand.

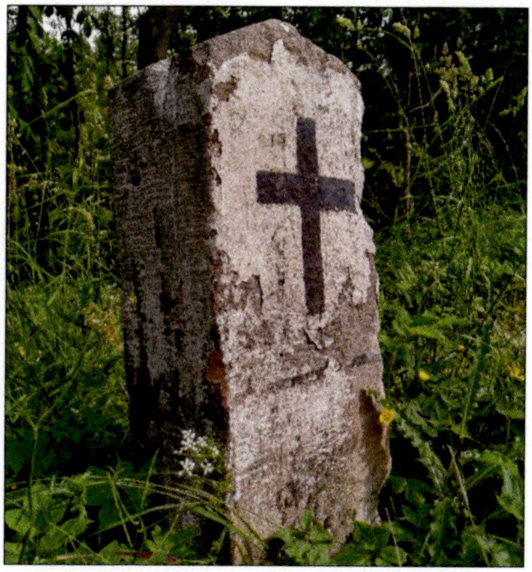

Bernteroder Kreuzstein.

Bickenriede Bärenführerstein

Den historischen Dorfmittelpunkt unterhalb des Bickenrieder Gotteshauses ziert ein großer Steintisch. Um 1815 wurde auf dem Areal eine Linde gepflanzt, die allerdings nicht mehr existiert. Südseitig der Angermauer ist in einem Steinquader die Jahreszahl 1696 eingemeißelt. Die Mauer muss schlussfolgernd in diesem Jahr errichtet oder erneuert worden sein. Auf der gleichen Seite sind ein Menschenkopf mit einem Teil des Oberkörpers sowie ein Tierkopf (mittig zerstört) zu erkennen.

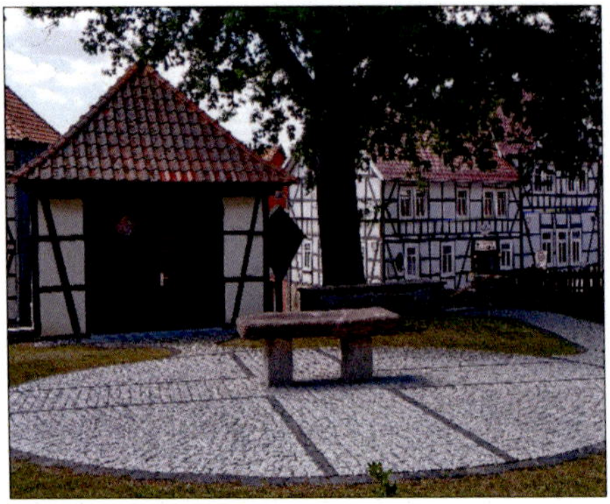

Angertisch Bickenriede

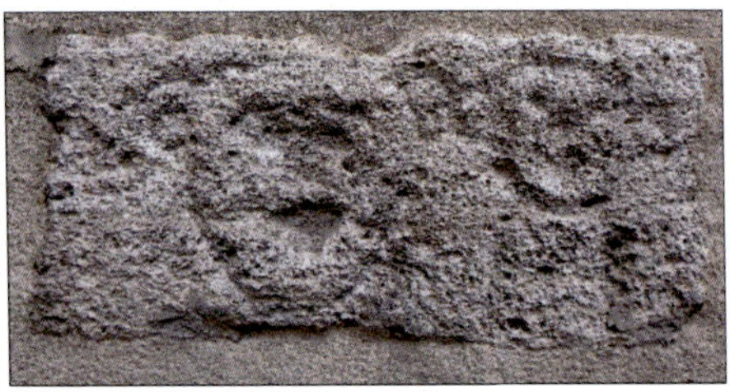

Detail des Steinreliefs.

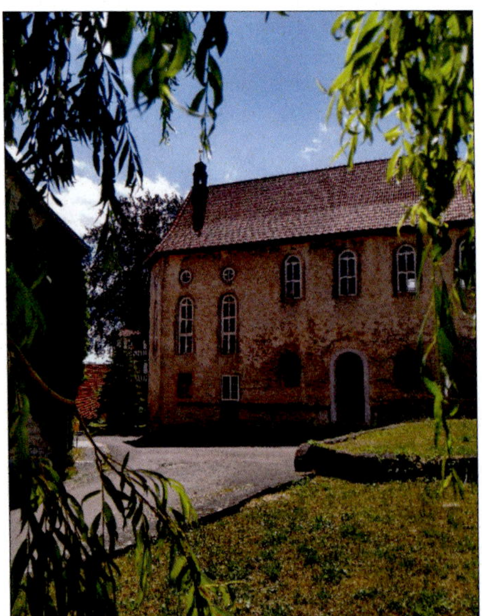

Klosterkirche Anrode.

Überlieferungen zufolge soll die Tötung eines Bärenführers durch seinen Bären Anlaß zu dieser Einritzung gewesen sein. Rolf Aulepp ging 1976 davon aus. Pfarrer Nikolaus Görich hatte vorher noch einen sogenannten „Neidkopf“ ins Gespräch gebracht, einen Götterstein aus der Heidenzeit. Heute ist diese These widerlegt.

Bickenriede wird vielfach im gleichen Atemzug mit dem Kloster Anrode genannt, einem historisch interessanten Gebäudekomplex aus dem 13. Jahrhundert, dessen Besuch sich nicht nur zum traditionellen Tier- und Bauernmarkt lohnt, der jeden zweiten Samstag im Monat von April bis Oktober abgehalten wird.

Das einstige Nonnenkloster nahm seinen Betrieb 1268 auf und war als solches bis 1810 in Betrieb. Anschließend wurde der Gebäudekomplex vorwiegend landwirtschaftlich und seit 1950 zudem industriell genutzt. Die Gemeinde Bickenriede kaufte das Areal 1994 und restauriert schrittweise, um die historische Bausubstanz zu erhalten und die Gebäude nach und nach wieder nutzbar zu machen. Ein Förderkreis wurde gegründet, der es sich zur Aufgabe gemacht hat, das Gemäuer zu restaurieren und mit neuem Leben zu erfüllen.

Dem erstmals 1146 urkundlich erwähnten Dorf war bis zum Jahr 1293 der Graf von Gleichenstein als Gerichtsherr überstellt. Er verkaufte Bickenriede in diesem Jahr an Hugo Lapide, von dem berichtet wird, dass er sich hier eine besondere Gerichtsstätte eingerichtet haben soll.

Im 14. Jahrhundert oblag das Halsgericht schließlich dem Mainzer Erzbischof. Anhand von Dokumenten kann davon ausgegangen werden, dass das niedere Gericht auf dem Anger abgehalten wurde, wohingegen das hohe Gericht (Halsgericht) auf dem Zieplatz stattgefunden haben muss, der mit einem Tie- oder Dinchplatz verglichen werden kann. Seit dem 16. Jahrhundert ist es das Kloster Anrode, welches die Untergerichtsbarkeit über Bickenriede ausübte. Schultheißen, Vormünder und Schöffen wurden folglich vom Kloster bestimmt. Gleichenstein hingegen war für Kriminalbelange zuständig. Bekannt ist noch ein Rügegericht, welches im Oktober 1645 von den Klöstern Zella und Anrode auf dem Anger abgehalten worden sein soll.

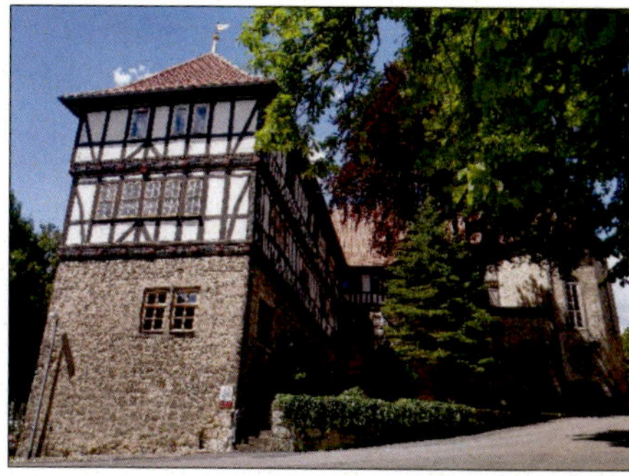

Kloster Anrode Gast- und Gerichtshaus.

Dingelstädt Andachtsmal

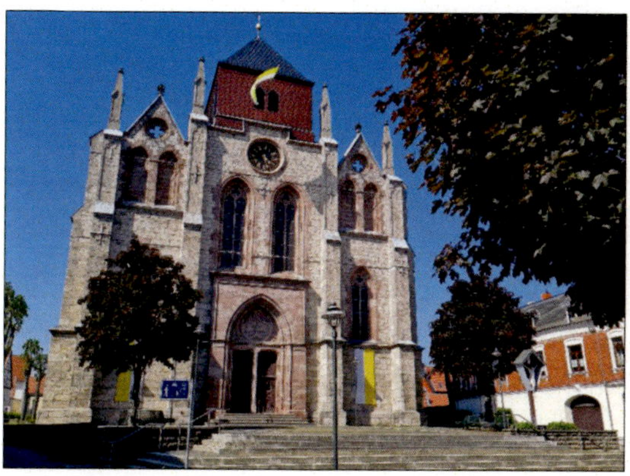

Katholische Kirche St. Gertrudis Dingelstädt.

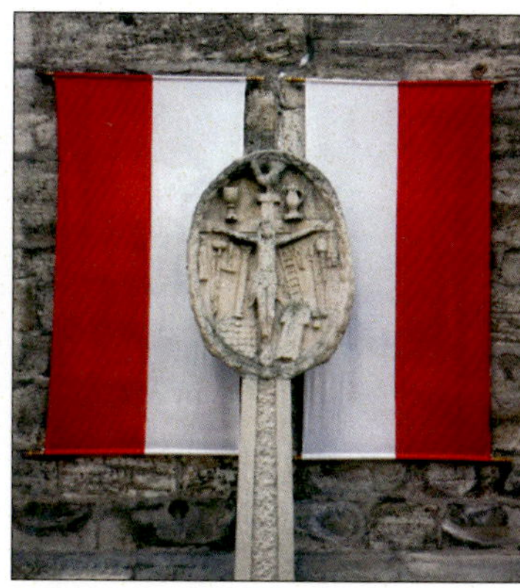

Andachtsmal an der rückwertigen Außenmauer der Kirche.

Das 2,63 Meter hohe Andachtsmal an der hinteren Außenmauer hinter dem Chor der katholischen Pfarrkirche St. Gertrudis zu Dingelstädt stand früher in Höhe des Krankenhauses, ehe es im Jahr 1870 an die heutige Stelle versetzt wurde. Das einem Bildstock ähnelnde Steinkreuz zeigt die Leidensutensilien Christi. Es besteht aus einem Sockel mit zwei übereinander befindlichen Fußplatten, ist aus Kalkstein gefertigt und an den Ecken geschliffen. Das eigentliche Bild ist etwa einen Meter hoch.

Im Zentrum der eichsfeldischen Kleinstadt befindlich ragt die gotische Pfarrkirche gen Himmel, die der heiligen Gertrud von Nivelles geweiht ist, der Tochter Pippins des Älteren. Sie ist insofern interessant, weil in ihr eine der größten Orgeln des Eichsfeldes erklingt, die 2009 nach vierjähriger Restaurierung und vollständiger Rekonstruktion durch den damaligen Weihbischof Dr. Reinhard Hauke geweiht wurde. Die 1932/33 erstmals erbaute Feith-Orgel verfügt über 44 Register.

In der Osterzeit kann man in ihr seitlich des Altarraumes eine seltene Passionskrippe, den sogenannten Ostergarten bewundern, der den Leidensweg Jesu Christi mit etwa vierzig Zentimeter großen Figuren darstellt.

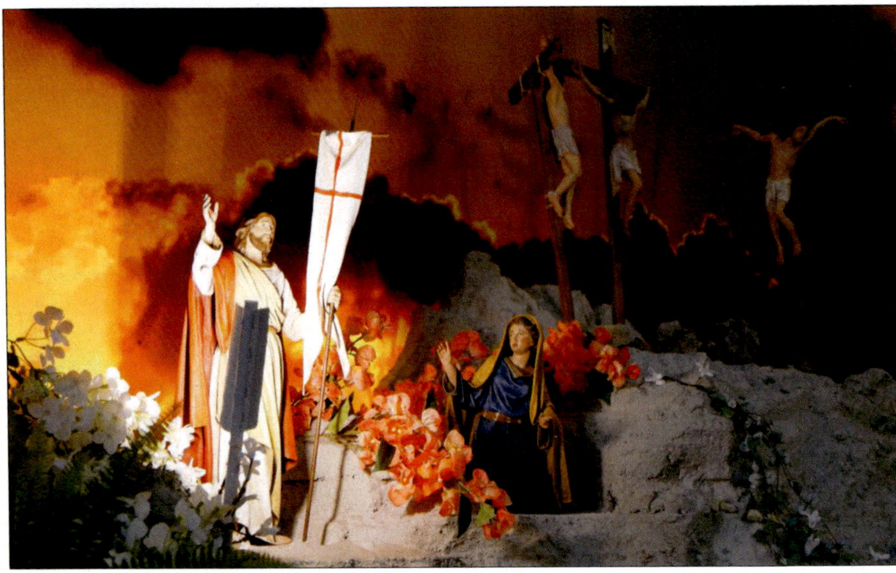

Ostergarten Dingelstädt St. Gertrudis.

Dingelstädt Stele

An einer der ältesten Kirchen Dingelstädts, der Wallfahrtskirche St. Maria im Busch, die allseits als Marienkirche bekannt ist, befindet sich eine interessante Stele. Die Kirche wurde schon im Mai 1424 erstmals urkundlich erwähnt.

Chronist Ewald Holbein beschäftigte sich mit dem steinernen Objekt und konnte aus einschlägiger Literatur folgende Informationen zusammentragen:

„In der heutigen Flur von Dingelstädt gab es mehrere Orte oder Siedlungsplätze, die im Laufe der Jahrhunderte von ihren Bewohnern aufgegeben wurden. Die Gründe dafür waren vielfältig. Kriegerische Auseinandersetzungen, sogenannte Fehden, gab es im Mittelalter reichlich. Die eroberten Dörfer wurden gebrandschatzt und oft dem Erdboden gleich gemacht. Aber auch Naturkatastrophen, Seuchen, Wassermangel oder andere Gründe waren Anlass für die Aufgabe von Siedlungen. Urkundliche Belege gibt

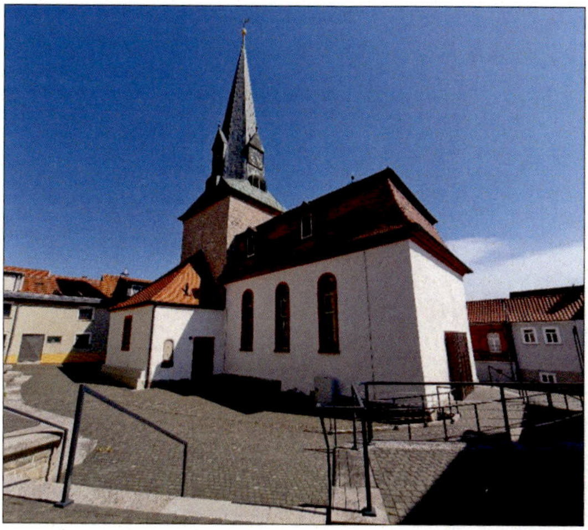

Kirche St. Maria im Busch.

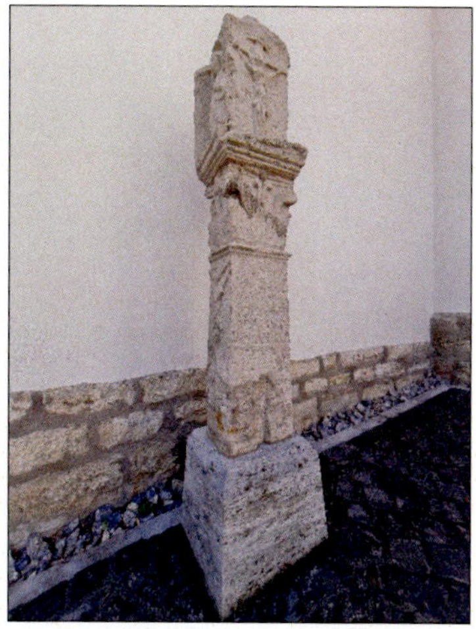

Stele an der Kirche St. Maria im Busch.

es darüber kaum noch. Die Lage dieser Orte hat sich aber z. T. in Flurbezeichnungen erhalten.

Von einem kann man aber ausgehen, die Marienkirche mit dem Gnadenbild der Muttergottes war für die Bewohner dieser Orte ihr Marienheiligtum.

Die Stele stand auf dem „Wilden Kirchhof", dem Standort der Kirche des einstigen Dorfes Wolkramshausen. Adam Johannes Waldhelm, ein Bauer aus Dingelstädt, ließ die Stele im Jahre 1724 zur Erinnerung an diese Kirche und das einstige Dorf errichten. Er war ein Neffe des bekannten Dingelstädter Baumeisters Christoph Heinemann (1695 –1772), so dass sie sehr wahrscheinlich in seiner Werkstatt entstand. Als man ab 1866 mit der Separation der Dingelstädter Feldflur begann, wurde die Stele versetzt, da sie mitten in einem Feld stand. Der neue Eigentümer errichtete sie neu an einem Feldrain, pflanzte eine Linde, legte ein kleines Gärtchen an und zimmerte eine Bank. 1903 wurde die Bildsäule abermals versetzt und wieder eine Linde gepflanzt. Nach der LPG-Gründung im Jahre 1960 wurden die vielen kleinen Felder zu großen Schlägen zusammengelegt. Die Stele stand nun einsam und verlassen in der Feldflur, kein Weg führte mehr an ihr vorbei. Sie verfiel immer mehr, wurde 2005 geborgen und erst einmal verwahrt. Mit der Neugestaltung des Marienplatzes in Dingelstädt im Jahr 2017 hat sie nun einen Platz an der Kirche „Maria im Busch" gefunden und erinnert an die Wüstungen der Umgebung und ihre Bewohner, die einst bei der „Mutter vom guten Rat" Trost und Hilfe suchten." [22]

Ewald Holbein nutzte für seine Recherchen die Publikation „Die Wüstungen des Eichsfeldes", zwei Aufsätze von Franz Huhnstock, die im Buch „Ein Päckchen Humor" veröffentlicht sind, sowie „Das einstige Dorf Wolkramshausen" und „Vergessene Bildstöcke".

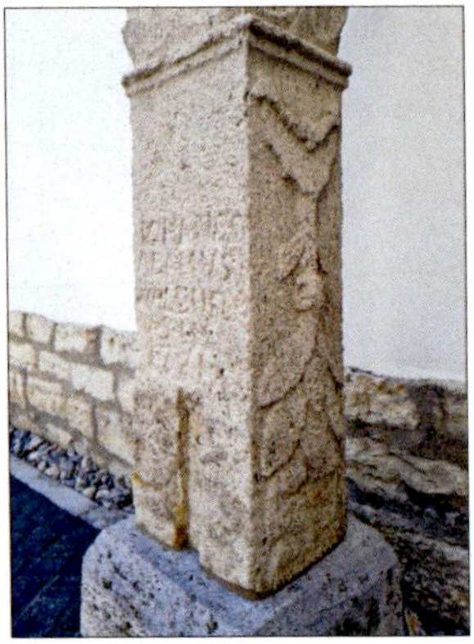

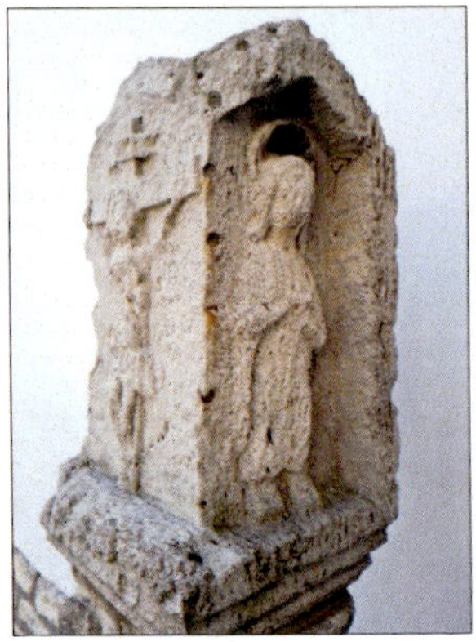

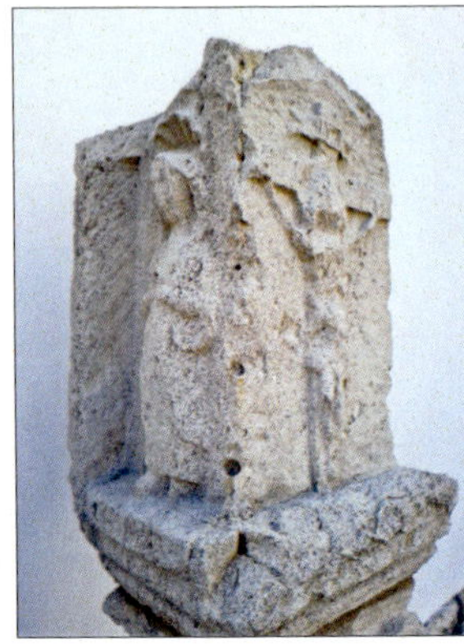

Details der Stele.

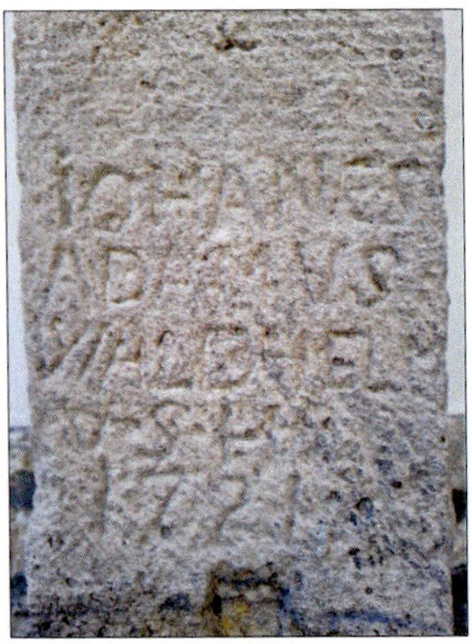

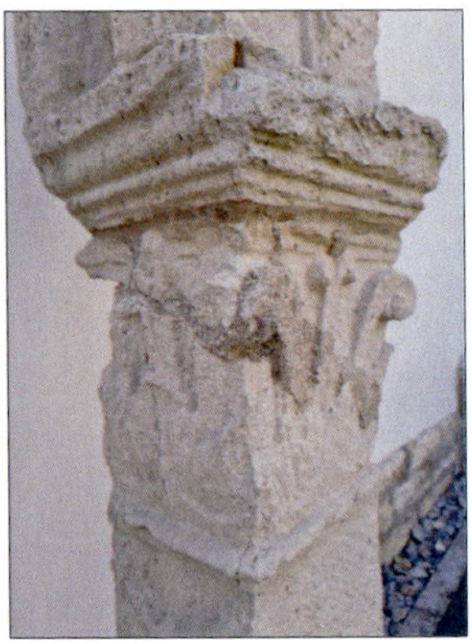

Details der Stele.

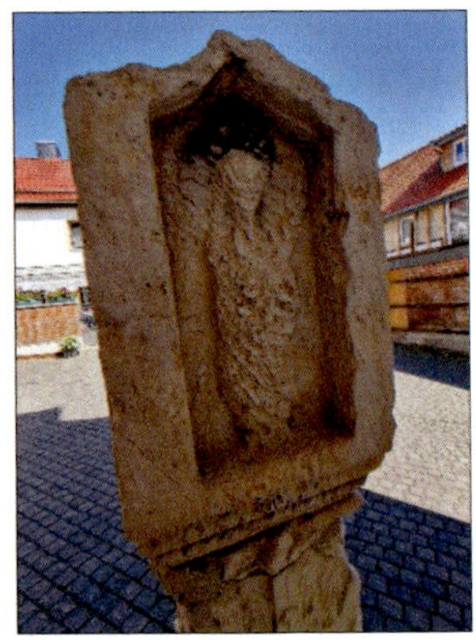

Rückseite der Stele.

Sehr interessant ist in Dingelstädt der Besuch des Klosters Kerbscher Berg.

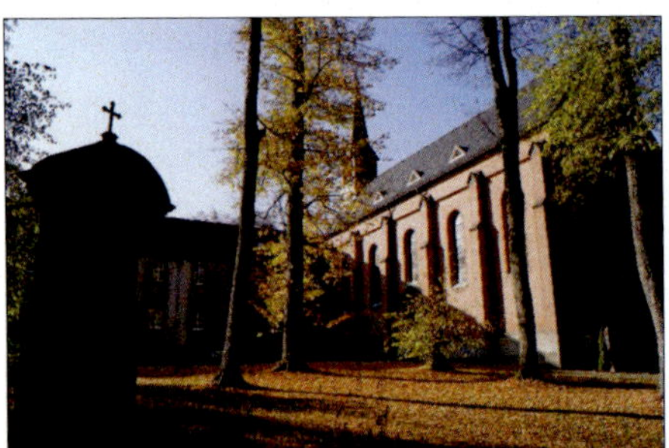

Kloster Kerbscher Berg.

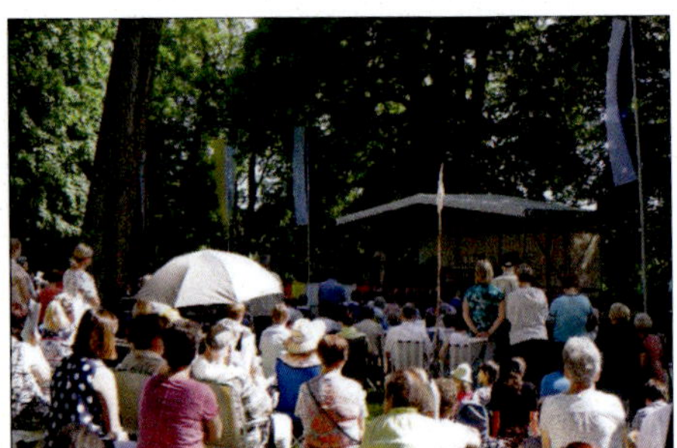

Frauenwallfahrt auf dem Kerbschen Berg.

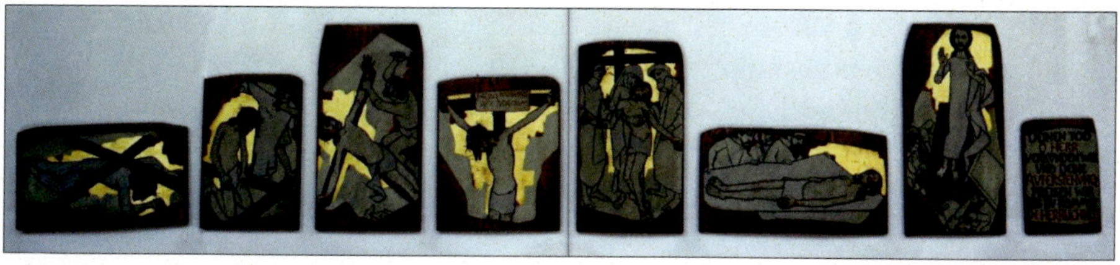

Kreuzweg aus dem Jahr 1973.[22a]

Der Kerbsche Berg am Rande von Dingelstädt ist allseits bekannt. Besonders beliebt ist die alljährliche traditionelle Frauenwallfahrt, die seit 1997 immer am Sonntag nach Christi Himmelfahrt stattfindet. Das Franziskanerkloster mit seiner altehrwürdigen Anlage und der wechselvollen Geschichte besitzt eine faszinierende Anziehungskraft.

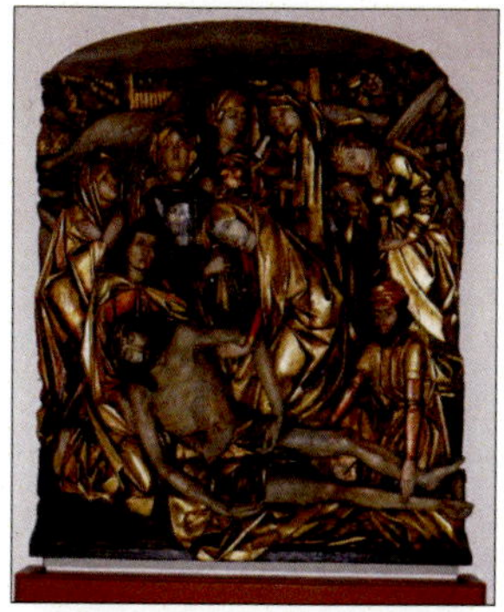

Relief „Die Beweinung Christi".

Eine der Besonderheiten der Klosterkirche ist das Relief „Die Beweinung Christi", ein Werk der Spätgotik, welches um 1500 entstand.

Der Kreuzweg des Gotteshauses kann als eine regionale Besonderheit betrachtet werden. Der Kirchenmaler Joseph Richwien, 1912 in Lengenfeld/Stein geboren, hat diesen Kreuzweg als Unikat im Jahr 1973 auf Fichtenholztafeln gemalt. Er hat eine 15. Station hinzugefügt, die für die Auferstehung steht. Seine Tochter Anneliese Blacha sieht in der Auferstehung den Mut, den Jesus den Menschen gibt und seine Göttlichkeit.

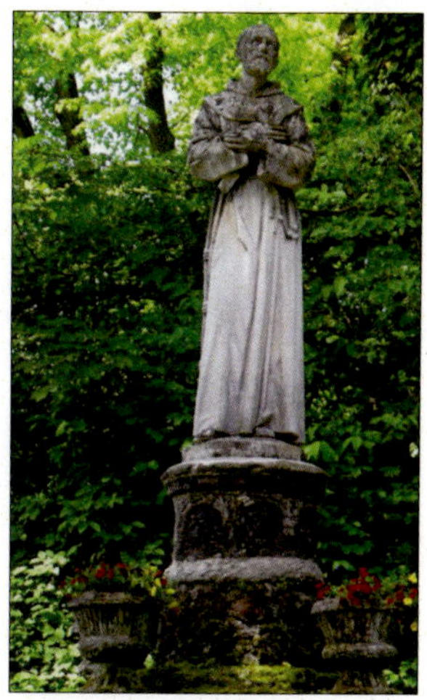

Heiliger Franziskus.

Links des Weges hinauf zum Plateau mit der Klosterkirche befindet sich die auf einem Sockel stehende Figur des heiligen Franziskus. Dieses imposante Werk sakraler Gartenkunst zeigt einen der höchsten Heiligen der katholischen Kirche. Er ist der Gründer des Ordens, aus dem die heutigen Gemeinschaften hervorgingen, die seinen Namen tragen. Franz von Assisi wurde schon 1228 heilig gesprochen. Jährlich am 4. Oktober wird sein Gedenktag gefeiert. Geschaffen wurde diese Skulptur 1911 von Josef Neyer aus Düsseldorf. Franz von Assisi drückt ein Kreuz fest an seine Brust. Sein Blick ist gen Himmel gerichtet. Der Sockel war einst Einfassung des Springbrunnens, welcher sich an dieser Stelle befand.

Auch der von uralten Linden beschattete Kreuzweg mit den aus Sandstein gefertigten Stationen hat seinen besonderen Reiz. An der Außenwand des links neben dem Kirchengebäude befindlichen Anbaus fällt ein interessantes Terrakottarelief auf, welches um 1500 entstanden sein soll.

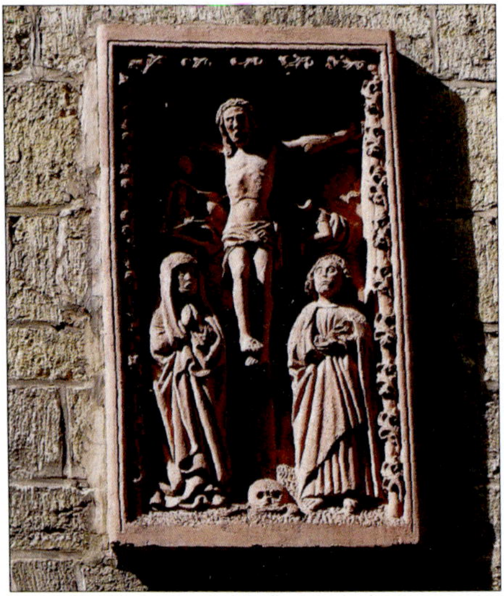

Relief.

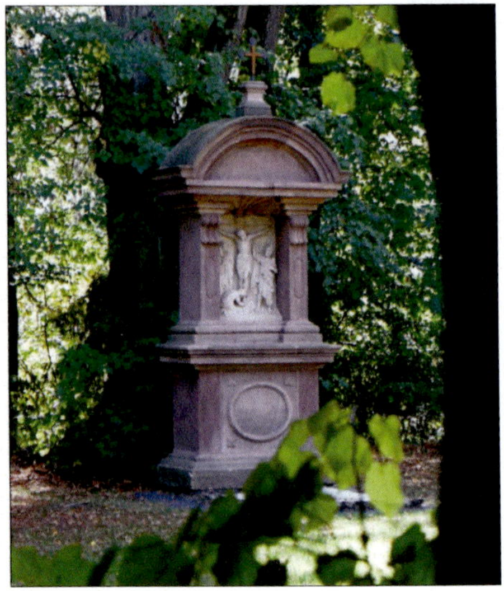

Kreuzwegstation.

Döringsdorf (ehem. Rittergut Keudelstein)

Eine Wüstung im Landkreis Eichsfeld – etwa zwei Kilometer ostsüdöstlich der Gemeinde Döringsdorf soll in diesem Kapitel Erwähnung finden. Einst erhoben sich unterhalb der Keudelskuppe die Mauern des Rittergutes Keudelstein.

Dicht an der hessischen Grenze befindlich lag das Rittergut Keudelstein – ein wahres Kleinod, idyllisch gelegen und umrahmt nach Hessen hin im Halbkreis von

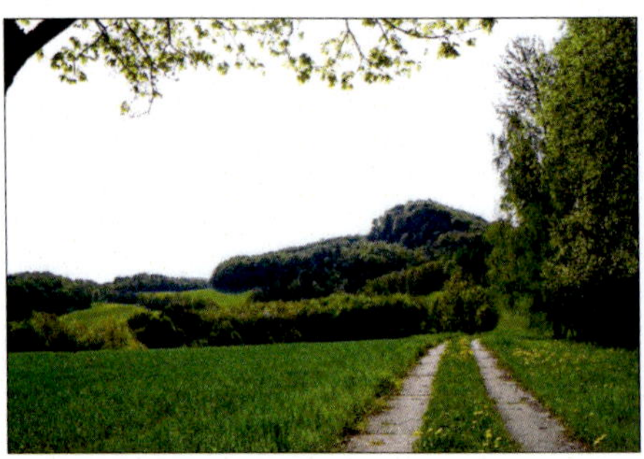

Weg zur Keudelskuppe und Wüstung – im Hintergrund die bewaldete Keudelskuppe.

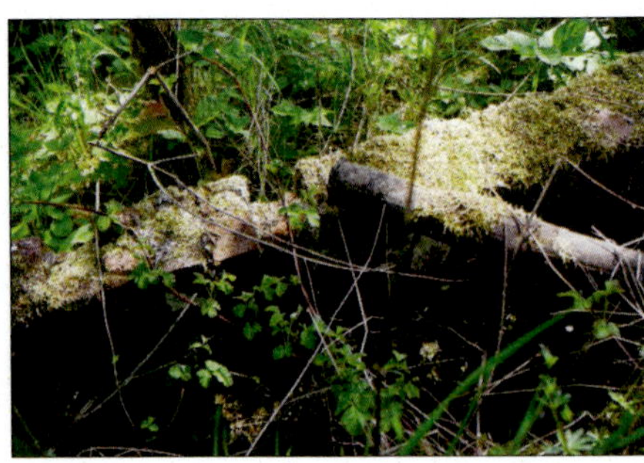

Reste der Grundmauern des Rittergutes.

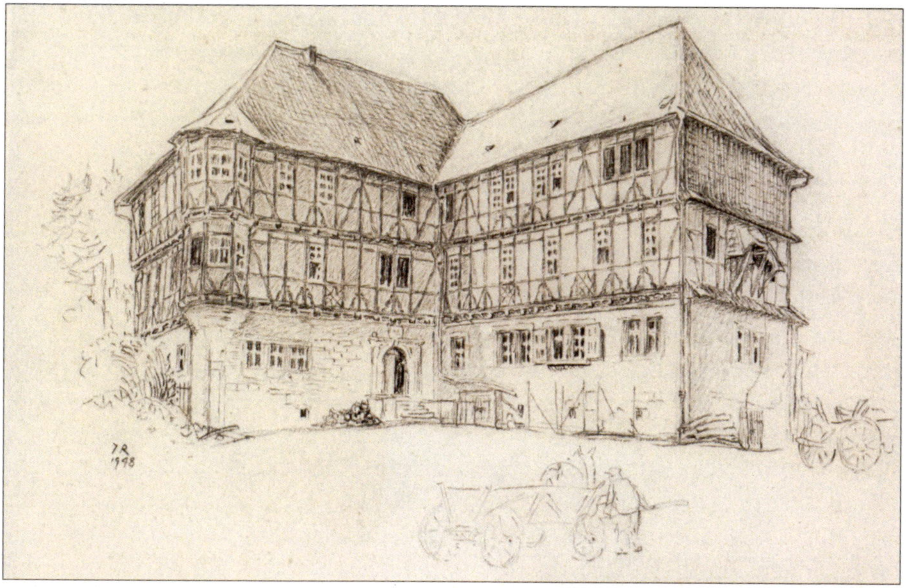

Zeichnungen des Hauptgebäudes von Joseph Richwien.

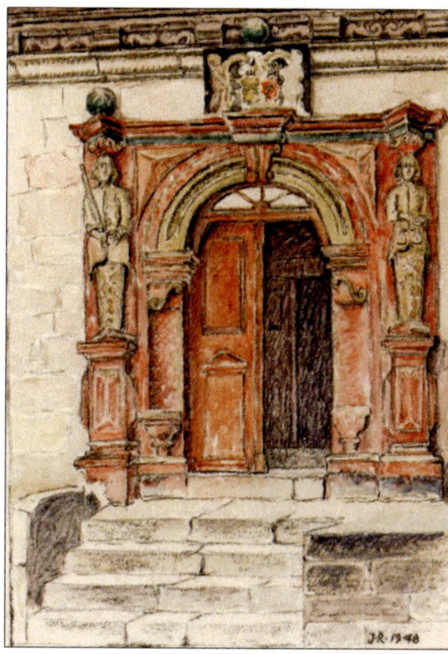

Zeichnung des Portals.

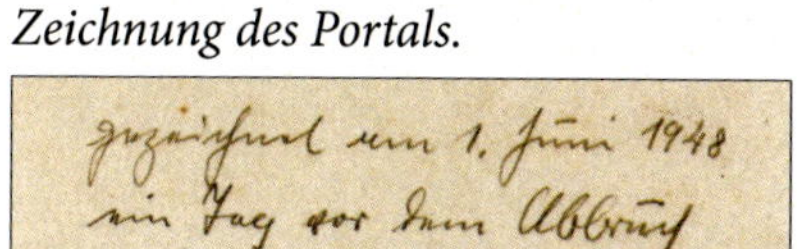

Rückseitige Notiz Richwiens.[80]

Döringsdorf, Lengenfeld/Stein und Hildebrandshausen. Die Landadelsfamilie Keudell wurde erstmals 1271 erwähnt und wird von Anbeginn bis 1792 in Zusammenhang gebracht mit dem Eichsfelder Keudelstein. Sie übten ihre strenge Feudalherrschaft vor allem im hessischen Schwebda und auch im einstigen Gutsdorf Hildebrandshausen aus, die ökonomisch von den Keudells abhängig waren. Erwähnung findet die Familie außerdem von 1901, als die von Keudell den Keudelstein zurückkauften, bis 1945. Sie besaßen das Gut als Lehen der Erzbischöfe von Mainz, welche die Herren des Eichsfeldes waren. Juristisch gehörten sie zum kurmainzischen Amtssitz Bischofstein in Lengenfeld/Stein. 1945 wurde der letzte Besitzer Walrab von Keudell enteignet.

Anfang Juni 1948 wurde das Herrenhaus bis zum Erdgeschoss abgebrochen. Die übriggebliebenen Gebäude nutzte die LPG. Sie lagen direkt an der innerdeutschen Grenze, sodass schließlich 1978 der Befehl erging, das Anwesen wegen Grenzsicherungsmaßnahmen der DDR endgültig dem Erdboden gleichzumachen.

Einen Tag vor dem Abriss begab sich der Lengenfelder Kirchenmaler Joseph Richwien noch einmal zum Gut und zeichnete das Gebäude sowie die beiden Portalfiguren. Die handschriftliche Notiz auf der Rückseite der Zeichnung des Herrenhausgebäudes gibt Aufschluss über den Zeitpunkt des Abrisses. Zu lesen ist: *„Gezeichnet am 1. Juni 1948 / ein Tag vor dem Abbruch"*.

Gerhard Jünemann und Hermann-Josef Kaufhold aus Heiligenstadt konnten 1978 zwei steinerne Zeitzeugen des Keudelsteins retten. Die beiden Wächterfiguren vom einstigen Rennaissanceportal des Hauptgebäudes aus dem Jahr 1669 befinden sich heute am oberen Eingang zum ehemaligen Jesuitenkolleg unweit des Südportals von St. Marien in Heiligenstadt. Hier befand sich urspünglich die Sakristei, bevor sie abgerissen und in der an der Nordseite befindlichen Kapelle eingerichtet wurde.
Die Pforte zum Kirchhof gehört zum Jesuitenkolleg. Sie wurde angelegt, um Prozessionen um die Kirche durchführen zu können. Vor Jahren standen die historischen Portalfiguren auf der Grünfläche gegenüber der Annenkapelle.
Sie werden als „Sinnbilder der Gerechtigkeit" bezeichnet, sind mit Schwert und Waage ausgestattet und weisen daher mutmaßlich auf die richterliche Aufgabe der Keudells hin.

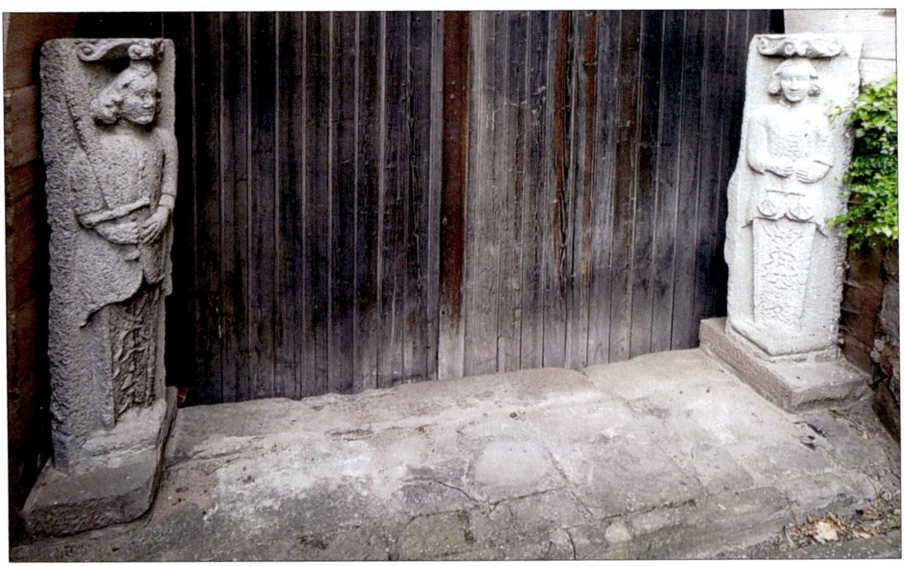

Portalfiguren am heutigen Standort.
Quelle: Alexander Wanja Berberich, Eichsfeldmuseum Heiligenstadt

Ecklingerode

Neben einem steinernen Bildstock aus dem anfänglichen 18. Jahrhundert, der an der Straße nach Duderstadt im Unterdorf Ecklingerode (zur Verwaltungsgemeinschaft Lindenberg gehörig) steht, befindet sich rechterhand ein interessanter Sandstein mit dem herausgearbeiteten kreuztragenden Christus auf der einen und einem Kreuz mit einer davor knieenden Figur auf der anderen Seite. Überlieferungen wissen zu berichten, dass dieser Stein vom Friedhof der Wüstung Eidingerode stammt. Vermutet wird, dass er während der Umsetzung des Bildstocks neben diesen gestellt wurde, um ihn zu erhalten. Oft knüpft sich an einen Stein mit einem solchen Kreuz eine Sage, die zum Gedächtnis an einen Verunglückten erzählt und überliefert wurde.

Die wüste Mark des sehr früh eingegangenen Dorfes Eidingerode spielt eine Rolle, wenn man versucht, der Geschichte des Steins auf den Grund zu gehen. Sie zog sich von der Straße zwischen Duderstadt und Fuhrbach im Norden über den Brehmebach hinüber bis zum „Lindenbek". Die Markgenossen bildeten als „Eid ingerode Erben" bist in dieses Jahrhundert eine Realgemeinde. Der Heerweg „Poststraße" – er führte von Duderstadt bis vor Ecklingerode über den Sonnenstein nach Nordhausen und verlief auf der Grenze der Gemeindebezirke Duderstadt und Ecklingerode auf der „Eid ingeroder Trift". Als schließlich das Eichsfeld zwischen Hannover und Preußen im Zuge des Pariser Friedens Anfang des 19. Jahrhunderts geteilt wurde, setzte man die Grenzsteine mittig in dieser Trift und später südseitig, da sie am ursprünglichen Ort störten. Die Frage, welcher von den beiden Staaten bzw. Gemeinden die Chaussee zu unterhalten hat, wurden außen vor gelassen. Es ist dieser bis ins Heute nicht völlig ausgeräumte Streit, der noch immer an den eingegangenen Ort erinnert. Allerdings ist es eher abwegig, dass der Stein neben dem Bildstock einer dieser Grenzsteine ist.

Interessant ist auch der Säulenbildstock, der aus Vierkantpfeiler und Laterne besteht, die mit einem überstehenden Kreuzdach versehen ist. Der Schaft ragt ohne Sockel aus der Erde. Die auf der Vorderseite des Pfeilers befindlichen Blattranken werden am Schaftende von einem Ring gehalten. Eine Inschrift ist nicht erkennbar. In der Laterne sind verschiedene Reliefs erkennbar. Straßenseitig eine Kreuzigungsszene. Solche und ähnliche Bildstöcke sind im Eichsfeld zuhauf vorzufinden. Zumeist wurden sie an Ortsausgängen errichtet, wo Hirten mit ihren Herden vorbeizogen oder die Menschen vom Feld nachhause gingen. Auch an früheren Prozessions- und Wallfahrts- sowie Triftwegen sind besagte Bildstöcke anzutreffen.

Norbert Redemann aus Ecklingerode weiß zu berichten, dass es in früheren Zeiten in der Wüstung Eidingerode ein Kloster gab. Er geht davon aus, dass der Stein im Zusammenhang mit dem Kloster zu sehen ist.

In der Chronik der Gemeinde ist dazu folgendes zu lesen: „*... Der deutsche Kaiser Heinrich I. war als Herzog von Sachsen in Besitz der Mark Duderstadt gekommen, als Erbe von seinen Vorfahren. Die Geschichte der Dörfer ist nach der damals üblichen Gauteilung mit der Mark Duderstadt aufs engste verknüpft. Heinrich I. schenkte im Jahr 927 seine Erbgüter zu Quedlinburg, Pöhlde, Nordhausen und Duderstadt nebst Zins seiner*

Gemahlin Mathilde als Witwengut. Nach ihrem Ableben fiel die Mark Duderstadt an den Sohn Mathildes, Kaiser Otto den Großen und nach dessn Tode 973 an seinen Sohn Kaiser Otto den II. Kaiser Otto II. schenkte die Mark Duderstadt 974 dem Frauenstift Quedlinburg, wo seine Schwester Mathilde Äbtissin war; wie er urkundlich sagt, zur Ehre Gottes, für das Seelenheil seiner Vorfahren und aus Liebe zu seiner Schwester. In den Jahren 974–1236 war die Mark Duderstadt im Besitz des Stiftes Quedlinburg. Die Äbtissinnen von Quedlinburg gaben nach dem Geiste jener Zeit so viele Güter zu Lehen, daß fast kein Dorf in der Mark war, worin nicht jemand Quedlinburger Lehen hatte. Die Regierung der Äbtissinnen war sehr milde. Die Verwaltung der Mark geschah durch Schirmvögte, die im Namen der Äbtissinnen die gesamte öffentliche Gewalt ausübten. Die Vögte hatten aber mehr ihre eigenen Interessen, als die des Stiftes im Sinn. Sie gaben die Güter ihren Verwandten und Freunden für unbedeutende Summen zu Lehen. Unter den Schirmvögten war namentlich der Graf von Reinstein (Regenstein) genannt. Der Adel der Quedlinburger Lehen war wohl nicht sehr reich, er gehörte vielleicht zu den Ärmsten und verlegte sich teilweise aufs Wegelagern. Von all den begünstigen blühten nur noch die reich begüterten von Minningerode, von Winzingerode und die Familie von Westernhagen. Als Quedlinburg von der Mark nicht mehr viel einzukommen hatte, verkaufte die Äbtissin Gertrud im Jahr 1236 die Mark Duderstadt für 1120 Mark feines Silber an den Landgrafen von Thüringen. Nach 11 Jahren starb Heinrich von Thüringen ohne Erben und die Mark fiel im Jahre 1247 an das Stift Quedlinburg zurück. Das Stift Quedlinburg verkaufte im Jahre 1247 die Mark an den Herzog Otto I. von Braunschweig für 500 Mark. Von ihm rühren ein Teil der alten Warten und die damit in Verbindung stehenden Knicke. Diese Belehnung war für Quedlinburg sehr günstig, da die Stiftgüter von braunschweigischem umgeben waren. Otto starb im Jahr 1252. Seine Söhne Albrecht und Johann teilten sich die Länder. Albrecht bekam die goldene Mark. Dieser soll auch Seeburg und Wildungen zerstört haben, weil die Ritter wegelagerten. In diese Zeit fällt die erste urkundliche Erwähnung von Ecklingerode und noch einige spätere Urkunden. Die Urkundentexte sind auf den ersten Seiten aufgeschrieben. Als Albrecht gegen die Meißner zog und bei Bösenstett an der Elster verwundet wurde, ging das Katharinenkloster zu Ecklingerode in Flammen auf. ...“ [78,79]

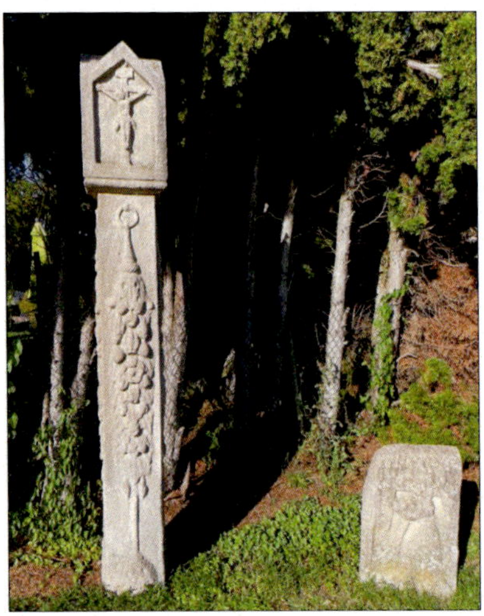

Ensemble Bildstock mit Stein

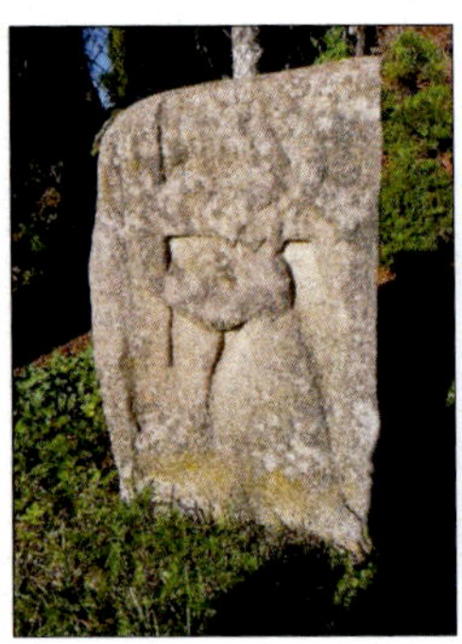

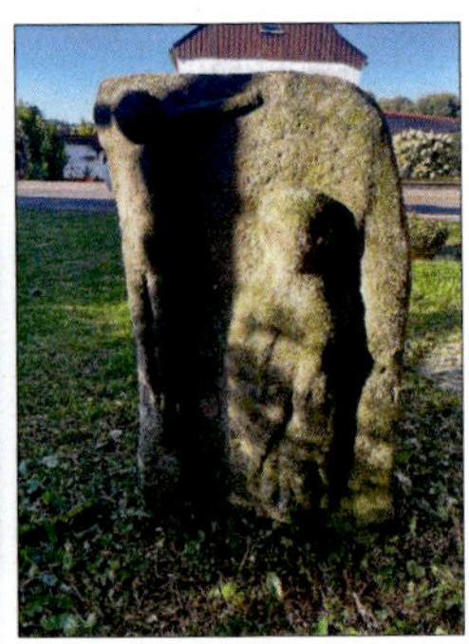

Flinsberg Grabgedenkstein

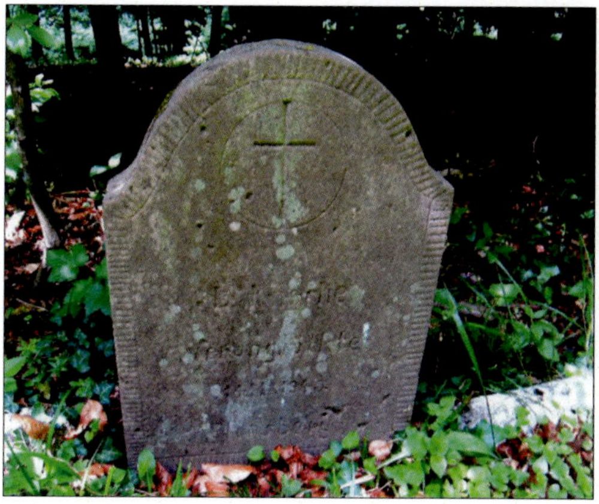

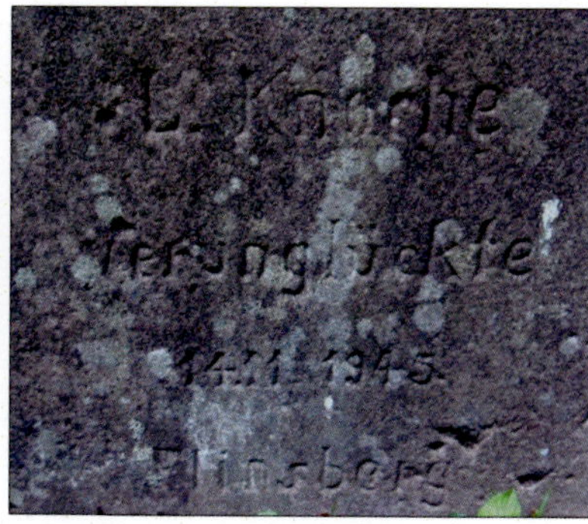

Gedenkstein mit Inschrift.
Quelle: Bernhard Lange

Im sogenannten Pferdebachtal, oberhalb des ehemaligen Verwaltungsgebäudes der Wirtschaftlichen Forschungsgesellschaft (*Die Reichsregierung gründete am 24. August 1934 unter dem Deckmantel einer angeblichen Privatgesellschaft ein staatliches Unternehmen zum Erwerb und zur Bevorratung von Mineralöl: die Wirtschaftliche Forschungsgesellschaft mbH - bekannt als Wifo - die ihren Sitz in Berlin hatte. Gesellschafter waren die Deutsche Gesellschaft für öffentliche Arbeiten AG (Öffa) sowie die Interessengemeinschaft Farben (IG Farben)*) auf der rechten Seite am Straßengraben steht von Heiligenstadt in Richtung Flinsberg ein eher unauffälliger Gedenkstein. Er ist aus Sandstein gefertigt. Die Einritzung ist trotz der Verwitterung im Lauf der Jahre noch recht gut lesbar. Eine Geschichte dazu ist nur vage aus mündlichen Überlieferungen bekannt.
Der Verunglückte L. Knoche soll mit dem Fahrrad unterwegs gewesen sein. Er hing sich wohl an die Bordseite eines langsam fahrenden Fahrzeuges. Dieses scherte in Richtung des Verkehrs auf die Straße aus. Dabei kam der Radfahrer unter die Räder. Es wird berichtet, dass er an der Unfallstelle verstarb. Das Unglück passierte am 14. November 1945.[23]

Geisleden Steindenkmal

Östlich der Landstraße (1005) Geisleden/Kreuzebra befindet sich im südlichen Straßengraben hinter der Leitplanke innerhalb einer Baumgruppe ein etwa 1,30 Meter hoher Stein auf einem Sockel. Die Inschrift „Toter Mann“ sowie die Jahreszahl 1613 sind straßenseitig eingeritzt und sehr gut erkennbar.
Dieses steinerne Denkmal gehört zu den Verwandten der Flurkreuze, besitzt allerdings keinen Querbalken. „Tote Männer“ begegnen uns auch oftmals als Flur- oder Wegbenennungen. Es handelt sich bei dieser Tradition um eine heidnisch vorchristliche Sitte, die auf die Tatsache zurück geht, dass der Mensch vor Zeiten

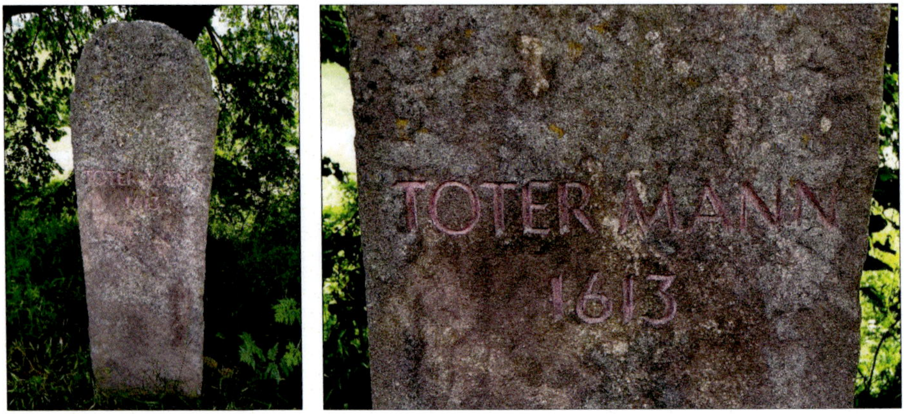

Denkmal an der L1005 Geisleden-Kreuzeber mit Inschrift.

einen gerichtlichen Wert hatte und als toter Körper verbrannt wurde. Sobald jemand ermordet wurde, erwiesen seine Familie und/oder Freunde ihm die letzte Ehre und forderten das sogenannte Wergeld (das Sühnen der Tat), sofern er Einheimischer war. Kannte man einen Toten nicht, blieb er unbestattet, da die Staatsgewalt hier nicht ausreichte, um gerichtliche Untersuchungen anzustellen. Die Menschen allerdings erwiesen ihm dennoch ihre letzte Ehre, indem sie im Vorbeigehen Sträucher auf ihn warfen, die schließlich angezündet wurden, sobald es genügend waren.

Jede Region hat steinerne Kreuze oder Denkmale an den Wegesrändern zu verzeichnen, zu denen es Geschichten und Überlieferungen gibt. Ein Mensch wurde ermordet. In einigen Fällen sind genauere Informationen überliefert, oftmals aber nicht.

Ein Steinkreuz oder Gedenkstein wurde errichtet, dort, wo der Tote unter dem Reisighaufen verbrannt oder wo ein Mord passiert war. Die Vorüberziehenden sollten dazu animiert werden, ein „Vaterunser“ für den Verstorbenen zu beten.

Im Falle des genannten Steins vor Geisleden kann man in der Ortschronik von Hauptlehrer Wilhelm Diete folgende Überlieferung und Hinweise nachlesen:

Auf Seite 25 im Kapitel „Was uns die Flurnamen erzählen“ steht geschrieben:

„... vor dem toten Mann (dort steht heute noch hart an der Provinzialstraße ein Stein mit eingehauenem Kreuz bei 6,4 Kilometer, der an einen schauerlichen Mord erinnert, welcher im Jahre 1613 dort beim Stralendorfsfleck an des Jocksmüllers Hey Sohne verübt wurde. Der Täter wurde gerädert und liegt dort begraben. Darin hat jedenfalls obige Bezeichnung ihren Ursprung. – Dorfakten Seite 108. – ... Das Wappen ist das Hoheitszeichen der freien Reichsstadt Mühlhausen i. Th.“

Seite 310 präsentiert uns die Überlieferung zu besagtem Stein.

„... Die Kriminalität umfaßt im Laufe der Jahrhunderte verhältnismäßig wenige schwere Gewalttaten und Verbrechen.
1613
Die erste diesbezügliche Nachricht berichtet einen schaurigen Mord aus dem Jahre 1613. Georg Hey, Sohn vom Jocksmüller Adam Hey, wurde, als er nachts nach Ebra reiten wollte, an der Hardt beim Stralendorfsfleck von einem Unbekannten umgebracht. Am Abend Philippi und Jakobi (1. Mai) ist der Täter in der Person eines reisenden Handelsmannes aus Friedland in Silberhausen, wo er gewöhnlich einkehrte und vorübergehend wohnte, verhaftet und auf Haus Gleichenstein eingekerkert worden. Das Gericht Gleichenstein verurteilte ihn zum Tode durch das Rad, und zwar sollte er „von oben nieder geradebrecht" werden. Der Meister (Henker!) hat ihn hierauf auf einen Karren gelegt und in die hiesige Flur, an den Ort der bösen Tat, gebracht. Hier, wo er gesündigt, mußte der Mörder seine verruchte Tat sühnen. Der Gnadenstoß aufs Herz trennte die schwarze Seele vom Leibe. Letzterer wurde an Ort und Stelle beigescharrt und auf dem Grabe ein großer Stein errichtet mit einem Kreuz und dem Mühlhäuser Wappen auf Vorder- und Rückseite. Der Stein steht heute noch an der Stelle, rechts der Provinzialchaussee zwischen Kilometerstein 6,4 und 6,5. Bezeichnenderweise wird heute noch jener Flurteil „vorm toten Mann" geheißen. Ueberhaupt soll's dort nicht ganz geheuer sein.
Unweit des historischen Steines stand bis vor wenigen Jahren der „Wanderbirnbaum". Man erzählt sich davon seltsame, wunderliche Dinge, z. B. wie bei Nacht und Nebel eine düstere Gestalt die Straße überschreitet, vor der die Pferde scheu ihre Nüstern blähen und die Mähne sträuben, der Fuhrmann aber bangen Herzens ein Stoßgebet murmelt und möglichst eilends die unheimliche Stelle zu passieren trachtet. Gruseliger noch wird es dem Wanderer, der nachts zwischen 12 und 1 Uhr, in der Geisterstunde, von Kreuzeber kommend, allein durch den verschwiegenen Hardtgrund schreitet. Dort wandelt unruhevoll „der tote Mann" ohne Kopf umher und streckt die glühende Zunge aus dem Halse, wie der Höllengrund. Irrlichter huschen in der Wiese auf und ab, unheimliche Schemen gaukeln durch die Dunkelheit, ja, sogar klagende Stimmen werden gehört. Am gruseligsten ist die Stelle am Kreuzweg von Steinhagen nach Heuthen. Tritt dir dort das Gespenst entgegen, so bist du ihm unrettbar verfallen. Alle Hilferufe und Entsetzensschreie verhallen ungehört. Keine Menschenseele weit und breit! Selbst auf der Höhe des Hardtgrundes angekommen, verläßt dich die Angst nicht. Du mußt noch am Mordstein und Wanderbirnbaum vorüber. Erst wenn du um die „Schmandecke" biegst und die Lichter von Geisleden schimmern siehst oder die Hunde bellen hörst, verlassen dich die Spukgeister, und deine Seele wird freier.
Doch diese Erlebnisse haben nur furchtsame Gemüter und ängstliche, schwache Frauen. Einem frisch-fröhlichen Wanderburschen und starken tapferen Mädchen ist noch nichts begegnet.[24]
Hierzu muss darauf verwiesen werden, dass besagtes Steinkreuz aus dem Jahr 1668 im Zuge von Straßenbaumaßnahmen zu DDR-Zeiten nach Dingelstädt in den

westlichen Stadtteil auf das Grundstück Riethstieg 38 (Riethmühle) verbracht wurde, wo es allerdings nicht mehr befindlich ist. Die heutigen Eigentümer wissen es nur als verschwunden. Über den Verbleib ist nichts bekannt. Das Kreuz kann nicht weiterführend dokumentiert werden. Anhand von Informationen des Dingelstädter Stadthistorikers Ewald Holbein kann lediglich nachvollzogen werden, dass der einstige Müller der Riethmühle, Karl Strozynski aus Gernrode, der das Gebäude 1908 erwarb, Kunstliebhaber war und steinerne Denkmale sammelte, die er in seinem Garten verwahrte, worunter sich auch besagtes Geisledener Steinkreuz befand, welches anhand einer Aufnahme Holbeins als grob behauen charakterisiert werden kann.

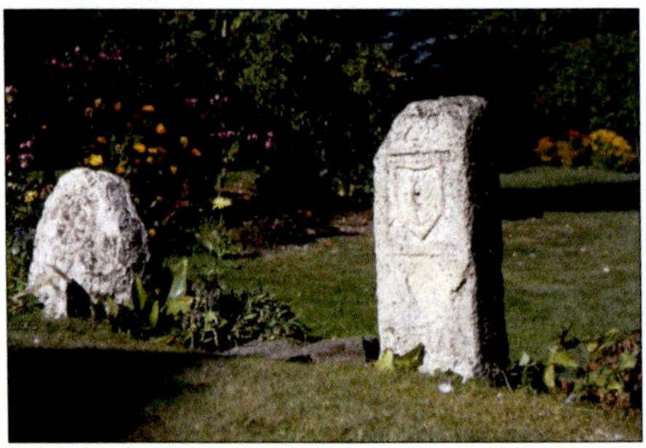

Steine im Innenhof, linker Stein ist der Steinkreuzrest besagten Geisledener Steinkreuzes. Aufnahme von 1992.

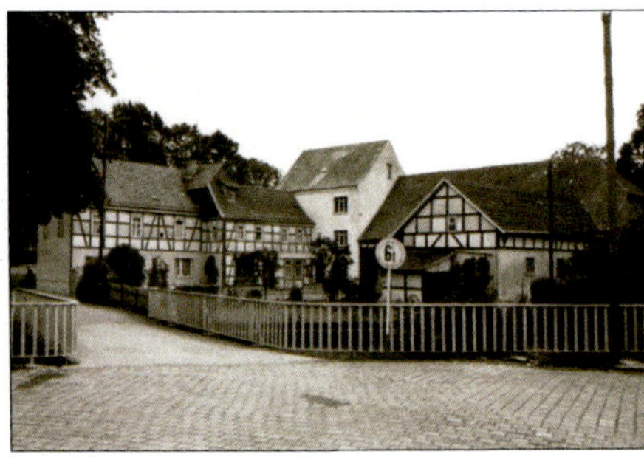

Historisches Mühlensemble. (Privatbesitz: Ewald Holbein)

Großbartloff: Pudenzstein

Von Wachstedt aus Richtung Großbartloff fahrend gelangt man etwa einen Kilometer nach Eintritt der Straße in den Wald innerhalb einer Kehre die Straße gerade verlassend auf einen befestigten Waldweg.

Den aus Sandstein gefertigten Gedenkstein erreicht der Wanderer diesen Weg Richtung Ershausen nehmend. Nach vier Kilometern biegt man in den Wald ein, erreicht schließlich eine Spitzkehre und nach weiteren etwa 200 Metern auf der westlichen Seite des Schotterweges unterhalb der Wegkante das Denkmal.

An der Gedenkstelle kann noch heute der historische Verlauf des Weges nachvollzogen werden. Steil und gefährlich gestaltete sich hier die Arbeit im Wald vor allem zur Winterszeit. Besagte Wegführung wurde Christopf Pudenz am 17. Februar 1862 zum Verhängnis. Der 39-jährige Junggeselle verunglückte um 15.00 Uhr beim Holzfahren und verstarb noch am Unglücksort. Zum Gedenken an dieses schreckliche Geschehen wurde das säulenförmige Denkmal aus Sandstein gesetzt.

Die Inschrift zeigt sich stark verwittert:

Denkmal
von
Christopf
Pudenz in
Ershausen
der durch das
Fahren hat
am 17. Februar
1862 den
Marter Tod
Erlitten
hier nach
einer Stunde.

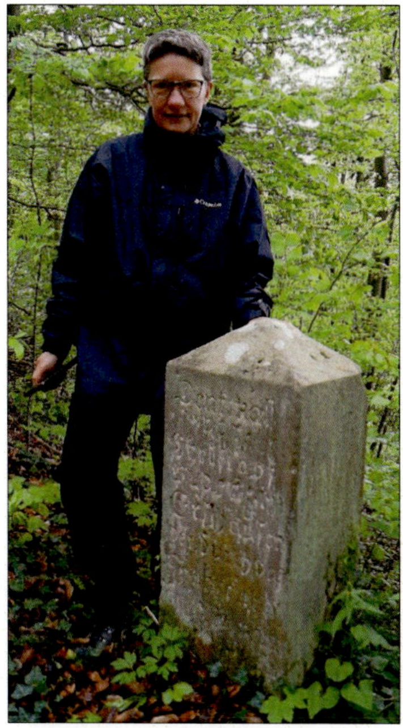

Autorin beim Pudenzstein.

Heiligenstadt (Iberg-Haus)

Am südlichen Stadtrand, nordseitig des Fahrweges hinauf zum Iberg-Haus befindet sich etwa 30 Meter vor dem Gasthaus der „Johannes-Weinrich-Gedenkstein". Das über zwei Meter hohe barocke Denkmal wurde in Erinnerung an den tragischen Todesfall des deutschen Volkskünstlers und Erfinders Johannes Weinrich errichtet, der am 15. Oktober 1855 verstarb. Der 1793 in Uder Geborene musste sein Leben lassen, als er am 15. März anlässlich des Geburtstages Friedrich Wilhelm IV. von Preußen einen Mörser auf seinem Grundstück am Iberg anzündete, um mit einem Böllerschuss die Gäste zu erfreuen. Das Geschütz zersprang, und ein Teil davon traf ihn tödlich am Kopf.

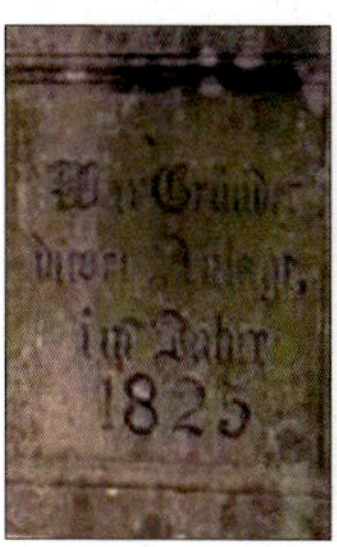

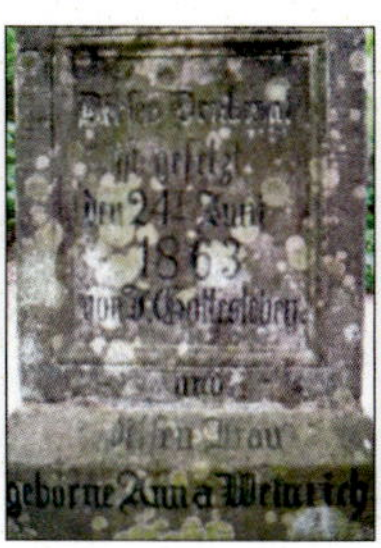

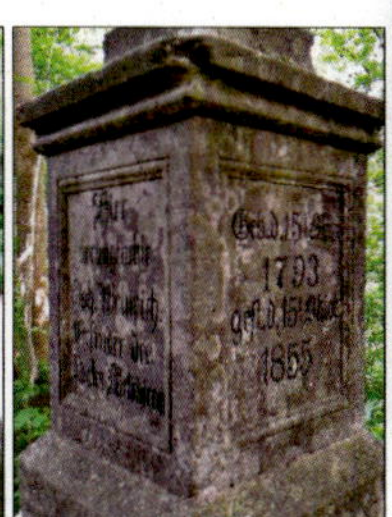

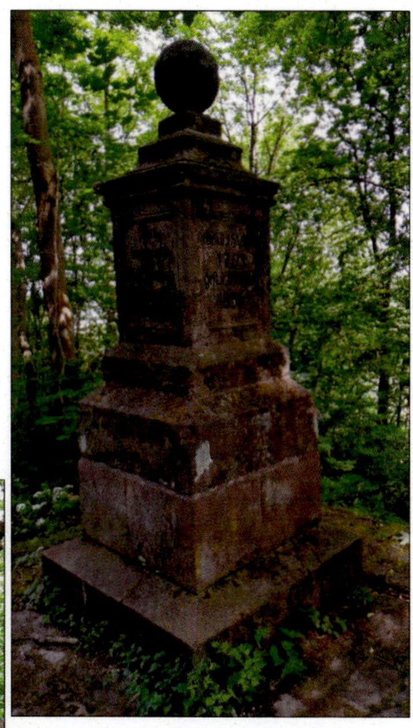

Johannes-Weinrich-Gedenkstein.

Auf dem Denkmal ist folgende Inschrift zu lesen:

War Gründer dieser Anlage Im Jahre 1825	Hier verunglückte Joh. Weinrich Erfinder des Psalm Melodicon	Geb.d.15.März 1793 gest.d.15.Oktob. 1855

Auf der von der Straße abgewandten Seite ist folgende Inschrift lesbar:

„Dieses Denkmal ist gesetzt den 24. Juni 1863 von J. Gottesleben und dessen Frau geborne Anna Weinrich.“

Julius Gottesleben war der Schwiegersohn des Johannes Weinrich, der nicht nur ein regional bekannter Volkskünstler, sondern auch – und dafür wurde er bekannt – ein Erfinder war.
Schon in jungen Jahren interessierte er sich für Musik und brachte sich autodidaktisch das Flötenspiel bei. Inspiriert von der Maultrommel fertigte Johann Weinrich Messingzungen an, die er auf einem Holzkloben anbrachte. Die Mundharmonika war geboren. Anschließend erfand er ein Instrument ähnlich der Klappentrompete sowie eine Weiterbildung der Klarinette, die er Psalm-Melodicon nannte. Damit war es ihm möglich, Psalter und Choräle zu spielen und gleichzeitig zu singen. Mit diesem besonderen Instrument ging er auf Reisen und war gern gehört. Seinem Bekanntheitsgrad ist es zuzuschreiben, dass König Friedrich Wilhelm III. Weinrichs Melodicon kostenfrei patentieren ließ. Er war nun finanziell in der Lage, den nahe Heiligenstadt gelegenen Iberg zu erwerben. Darauf ließ er einen Aussichtsturm sowie eine Gaststätte errichten und einen Park anlegen.

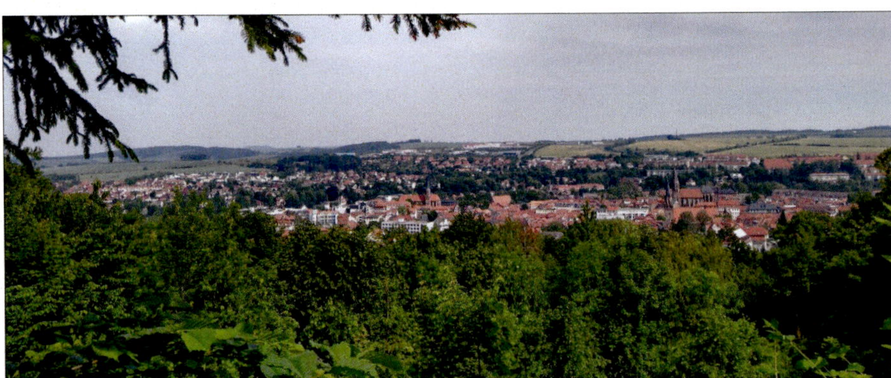

Blick auf Heiligenstadt.

Einen Besuch wert ist auch die legendenumwobene Zwergenhöhle an der Deutschen Märchenstraße, die eng mit der Historie Heiligenstadts und der südwestlich der Stadt befindlichen „Alten Burg“ verbunden ist. Startpunkt ist der Parkplatz „Alte Burg“ zwischen Heiligenstadt und Uder. Von dort aus müssen lediglich einige Treppen hinauf in den Wald erklommen werden, und schon fühlt sich der Wanderer ins Elbsandsteingebirge versetzt. Der bedeutungsvolle und sagenumwobene Ort der Zwergenhöhle und die Sandstein-Felsformationen lässt Heilige lebendig werden.

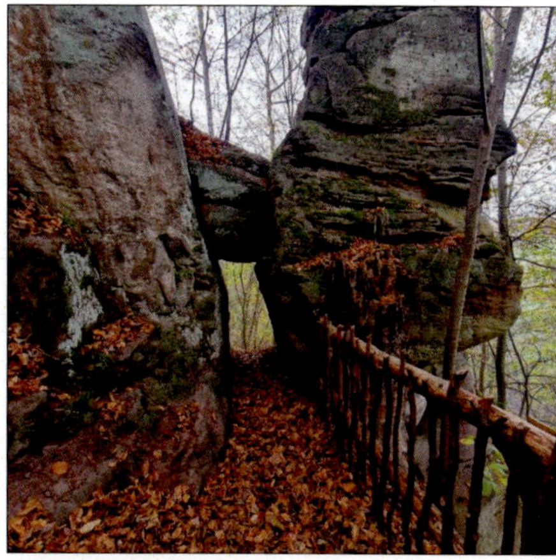

Steinerner Torbogen.

Ein ganzer Sagenzyklus rankt sich um die flüchtigen Justinus und Aureus. Sie sollen vom Hunnenkönig Attila und dessen Schergen verfolgt worden sein. Die Soldaten konnten sie allerdings fangen und töteten sie. Ein Bauer aus Uder fand die Leichen der Toten und brachte sie nahe der Alten Burg und Zwergenhöhle unter die Erde. Jahrhunderte später zog Dagobert, der Frankenkönig, durchs Eichsfeld. An Aussatz leidend legte er sich ins Gras bei der Alten Burg, dort wo seinerzeit die Heiligen bestattet worden waren. Am nächsten Morgen waren die Hautpartien geheilt, welche mit dem Tau des Grases in Berührung gekommen waren. Er soll ausgerufen haben: „Das ist wahrlich eine Heilige Statt“. Die „Alteburg-Kapelle“, welche nach dem Zweiten Weltkrieg, während dem sie als Geräteschuppen diente, in „Friedenskapelle“ umbenannt wurde, soll auf die Dankbarkeit Dagoberts zurückgehen, der dieses Bethäuschen errichten ließ.

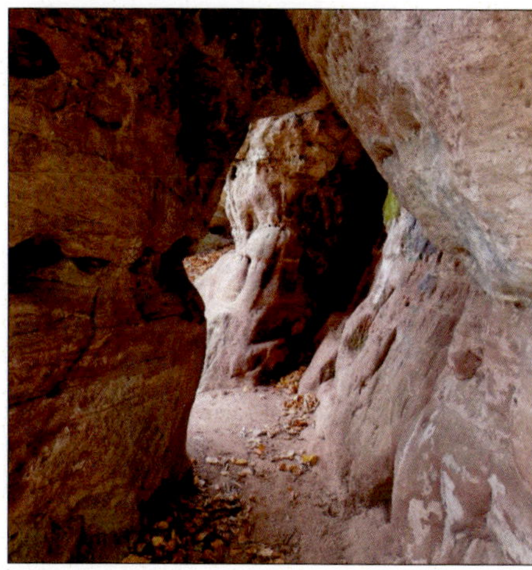

Felsformation der Zwergenhöhle.

Eine weitere Legende berichtet davon, dass besagter Dagobert eine Burg errichten wollte und den Zwergenkönig traf, der ihm zusicherte, die Burg zu bauen. Der König bat lediglich darum, dass seine Zwerge unbeobachtet in der Burg würden arbeiten dürfen. Der Bau der Burg schritt schnell voran. Allerdings konnte eine junge Magd sich nicht im Zaum halten und beobachtete die arbeitenden Zwerge, die schließlich die Magd verwünschten und sich von der Burg zurückzogen.

Als ein Junge aus Uder vom Markt in Heiligenstadt zurück in Richtung seines Heimatdorfes ging wurde es dunkel. Er sah aus der Zwergenhöhle ein Licht scheinen, kroch durch den schmalen Spalt und beobachtete die Hochzeit der Tochter des Zwergenkönigs. Die Gesellschaft bemerkte den Jungen und lud ihn ein, mit ihnen zu feiern. Zum Abschied schenken sie ihm einen goldenen Ring. Zurück in seinem Heimatort erkannte er Uder nicht mehr und stellte schließlich fest, dass 100 Jahre vergangen waren.

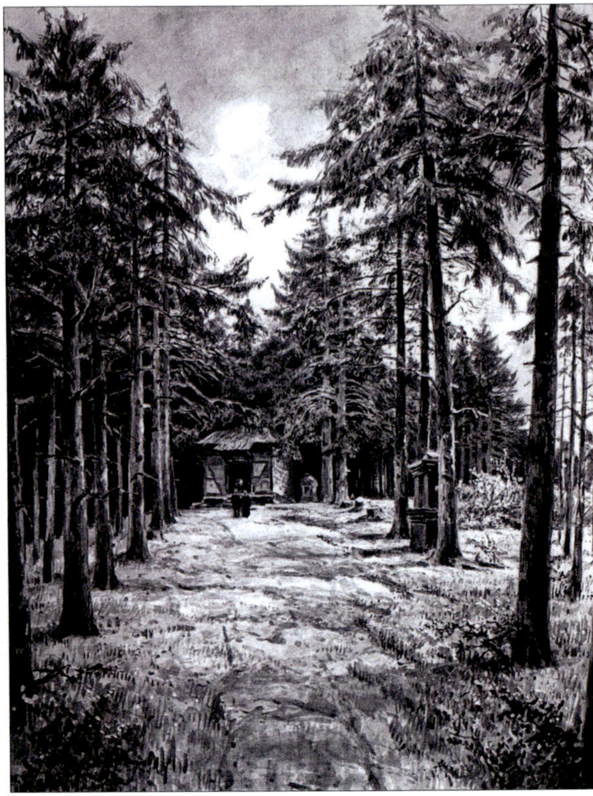

Der Stationsweg kurz vor der Kapelle auf der Elisabethhöhe. Zeichnung Otto Thomasczek

Aus der Natur heraus vor etwa 245 Millionen Jahren – entstanden durch Buntsandsteinablagerungen – gehört die Höhle zur Sollingfolge des Mittleren Buntsandsteins, welche im Grenzgebiet Niedersachsen/ Thüringen anzutreffen ist. Der Spalt entstand durch den Abbruch eines Überhanges, was die Folge von Erosion ist und gegen Ende der Eiszeit aufgrund der Erderwärmung stattfand.

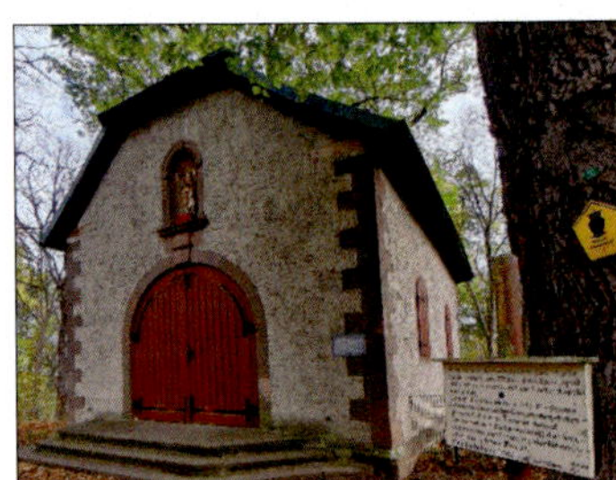

Friedenskapelle auf der Elisabethhöhe heute.

Weiterführend kann im Zuge dieser Wanderung die Elisabethhöhe mit Kapelle erklommen werden. Der Rückweg führt über den Kreuzweg, den schon Otto Thomasczek auf einem seiner Werke festhielt. Zu sehen ist darauf der Stationsweg kurz vor der Elisabethkapelle. Auf dem Plateau oberhalb der Alten Burg wird der Wanderer mit einem eindrucksvollen Blick ins Leinetal bei Uder für den Aufstieg belohnt.

Heyerode Bildstock am Aschberg

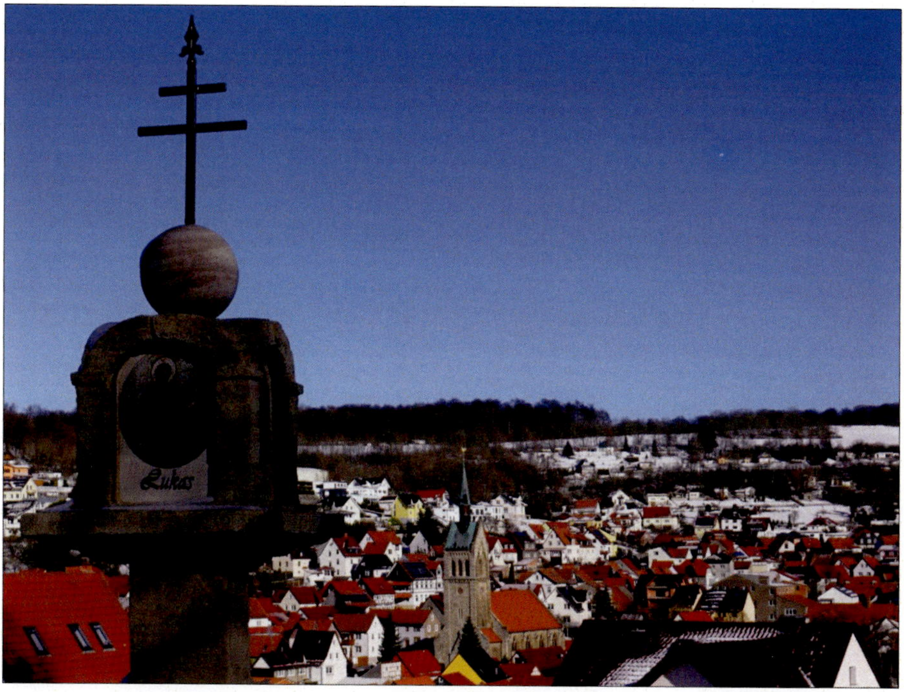

Bildstock mit Blick auf die Südeichsfeldgemeinde Heyerode.

Auf Johannes Fick – den letzten kurmainzischen Förster aus dem Grenzhaus – geht der Bildstock am Aschberg zurück, der von Maurermeister Andreas Zengerling im Jahr 1790 aus Stein gehauen wurde. Die drei Meter hohe Steinsäule ist somit der wohl älteste Bildstock Heyerodes.

Die Historie weiß zu berichten, dass Johannes Fick für seinen Ruhestand Ende des 18. Jahrhunderts einen Bauernhof in Heyerode erwarb. Das soll dort gewesen sein, wo von der Hauptstraße kommend der Weg nach Hallungen abzweigt. Das Stück Land ging hinauf bis zum Aschberg und zur Trift hin. Seinem Sohn Franz wollte er Haus und Land vererben. Gleichzeitig sollte es ihm und seiner Frau als Alterssitz dienen. Diesen Traum erfüllt er sich und ließ zum Dank 1790 auf genanntem Grundstück einen Bildstock setzen. In Österreich waren ihm Bildstöcke dieser Form aufgefallen und hatten ihm zugesagt. Andreas Zengerling – seines Zeichens Maurermeister – wurde beauftragt, den Bildstock aus hochwertigem hartem Stein zu hauen. Hinter dem Grenzhaus, tief aus dem Wald, holte Fick gemeinsam mit dem Sohn den Fels. Der Maurermeister verstarb zwei Jahre nachdem er die Arbeit zum Gefallen des Weidmanns fertig gestellt hatte.

Bis zum Jahr 1904 stand der Bildstock also in der Ortslage Heyerode, Flur 18, Flurstück 41 (Ecke Karlstraße/Eisenacher Straße), bis er schließlich an die Aschbergecke: Flur 23, Flurstück 41) versetzt wurde. 1957 wurde um den Bildstock herum ein Hochbeet angelegt, welches die Anlage verschönerte. Am 25. April 2019 wurde der Bildstock nach grundhafter Sanierung und Neugestaltung des direkten Umfeldes durch Pfarrer Dr. Frank Hundeshagen im Zuge der Markusprozession mit dem sakralen Segen versehen.

Die Kalksteinsäule wird durch den Aufbau in Form eines Tabernakels mit den Farbabbildungen der vier Evangelisten Matthäus, Markus, Lukas und Johannes überkrönt. Den Abschluss bilden eine Steinkugel und ein kleineres eisernes Kreuz mit zwei Querbalken. Auf dem Sockel der schmalen Säule sind verschiedene Schriftzeichen eingemeißelt, die als Inschrift bedeuten:

Johannes Fick, Churmainzischer Förster
Anna Maria Fick, geb. Kapp
Andreas Zengerling, Maurermeister
Anno 1790

Das originale Doppelkreuz mit der Steinkugel befindet sich im Besitz des Diedorfer Heimatkundlers Stephan Goldmann.

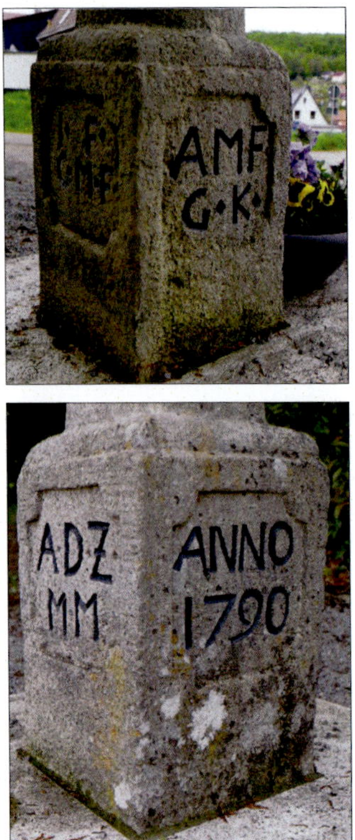

Details des Bildstocks.

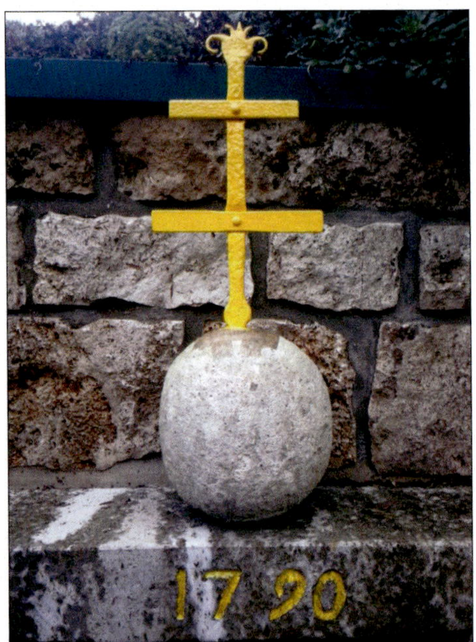

Originaldoppelkreuz mit Steinkugel.

Heyerode Skulpturengruppe an Schule

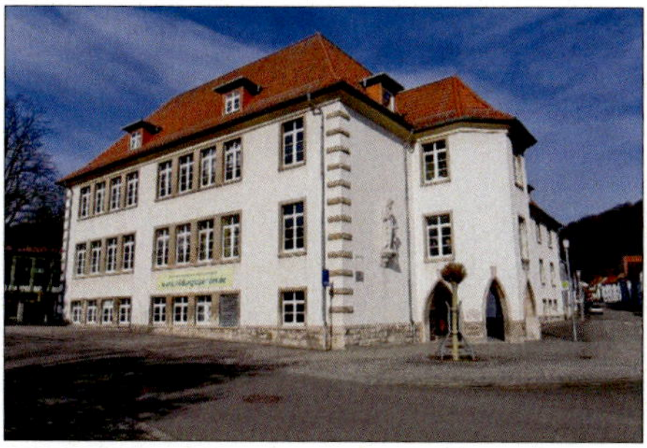

Gemeinschaftsschule Heyerode Ecke Karlstraße/Treffurter Straße.

Unter der Überschrift „Magdalenas Gesicht strahlt wieder“ erschien am 18. August 2018 in der Thüringer Allgemeinen ein interessanter Artikel zu einer besonderen steinernen Figurengruppe.
Robert Thor sanierte die von seinem Urgroßvater geschaffene sinnende Skulptur an der Heyeröder Schule auf eigene Kosten. Sie stellt eine Besonderheit dar, weil eine christliche Skulptur an einer staatlichen Schule von Seltenheit war.
Dass der steinerne Zeitzeuge an der Heyeröder Schule wieder in ursprünglicher Schönheit erstrahlt, ist auch Reiner Schmalzl zu verdanken. Er hatte den Urenkel des Schöpfers der Skulptur ausfindig machen und ihn für die Sanierung begeistern können.

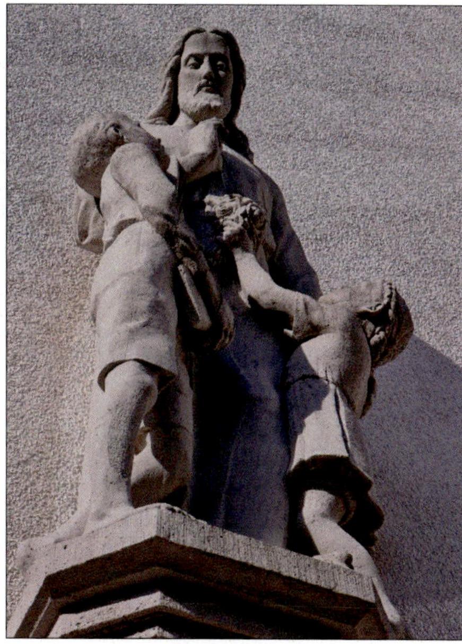

Skulpturengruppe.

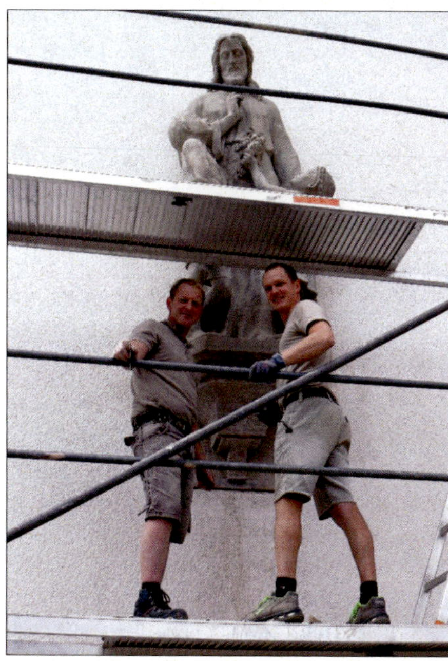

Robert Thor und Andreas Jönsson während der Restaurierungsarbeiten.
Sammlung: Reiner Schmalzl

Zu lesen war seinerzeit folgender Text:
„Behutsam, ja fast zärtlich, geht Robert Thor mit den beiden Kindern der Skulpturengruppe an der Fassade neben dem Hauptportal der Heyeröder Schule um, als wären es zwei seiner eigenen drei kleinen Lieblinge. Denn noch nie war der 37-jährige Kunsthandwerker aus Bickenriede den dort dargestellten Vorfahren seiner Familie und deren Schicksal so greibar nahe.
Immerhin ist seit gut 85 Jahren ein bewegendes Kapitel aus der Geschichte der Steinmetzfamilie Thor mit der Schule in Heyerode verbunden. Die überlebensgroße Plastik „Christus, der Kinderfreund" zeigt nämlich zwei der drei Kinder des Schöpfers Josef Thor (1887 bis 1972). In dem Mädchen mit dem geflochtenen Zopfkranz, das Christus einen Rosenstrauß reicht, hat der Bickenrieder Künstler seine mit sechs Jahren verstorbene Tochter Magdalena verewigt. Als die Kleine 1927 an Diphtherie starb, brach es der Familie das Herz. Wenig später setzte der Steinmetzmeister seiner Leni ein besonderes Denkmal. Und in dem nachempfundenen Gesicht innerhalb der Figurengruppe aus Kunststein lebt sie bis in die heutige Tage fort. Bei dem Jungen mit einem Schulbuch in der rechten Hand handelt es sich um einen Sohn des Meisters. Hierfür standen abwechselnd die Brüder Aloys und Heini Modell.
Als Robert Thor von der in die Jahrzehnte gekommenen und sanierungsbedürftigen Skulptur erfahren hatte, war für ihn sofort klar, das Werk seines Urgroßvaters jetzt auf eigene Kosten in einstigem Glanz erstrahlen zu lassen: ‚Das muss eine seiner ersten Arbeiten gewesen sein, die ich unbedingt sichern will.'
Zunächst wurde die mit schwarzer Patina, Moos und Verkrustungen besetzte Oberfläche abgestrahlt. Schlimm gelitten hatte das rechte Bein des Jungen, an dem der rostende Bewehrungsstab offen lag. Fast sah es so aus, als würde es bluten. Bei der ‚Notoperation' konnte sich der Steinmetzmeister in vierter Generation auf seinen Mitarbeiter, den Steinmetz Andreas Jönsson aus Kirchheilingen, verlassen. Zudem sind verschiedene Risse an der Oberfläche geschlossen worden. Jetzt fehlt nur noch die schützende Lasur für die das Malergeschäft Helbing aus Struth sorgen will. Auch dies erfolgt laut Robert Thor unentgeltlich für den Landkreis als Eigentümer der Schule.
Das einzigartige christliche Motiv ist sehr selten an einer staatlichen Schule überhaupt. Doch nicht immer stand die etwa 30 Zentner schwere Statue fest auf ihrem Muschelkalk-Sockel. Denn besonders vor der Verleihung des Namens „Goethe-Schule" am 29. Oktober 1949 war ernsthaft erwogen worden, die Skulpturengruppe abzunehmen. Dies scheiterte jedoch am Widerstand der Bevölkerung. Unklar ist auch, wer die Figur an der Heyeröder Schule gestiftet hatte. Es soll die Unternehmerfamilie Krumbein gewesen sein, die damals den Schulneubau unterstützte. So erstrahlt das Gesicht der kleinen Magdalena wieder wie vor über 90 Jahren und damit pünktlich zum Beginn des neuen Schuljahres in der Heyeröder Bildungseinrichtung." [25]

Kalteneber Grabstein

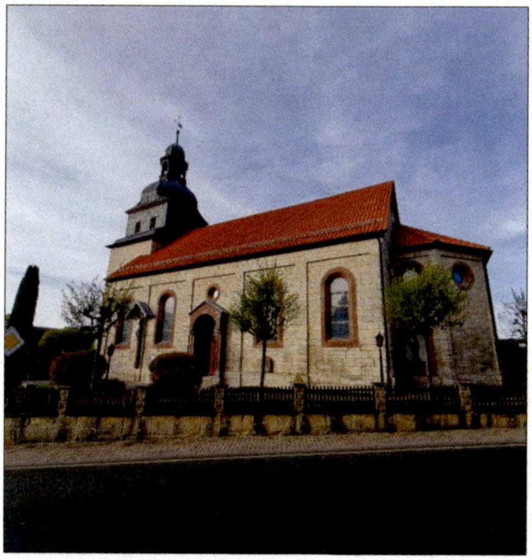

Katholische Pfarrkirche St. Nikolaus Kalteneber.

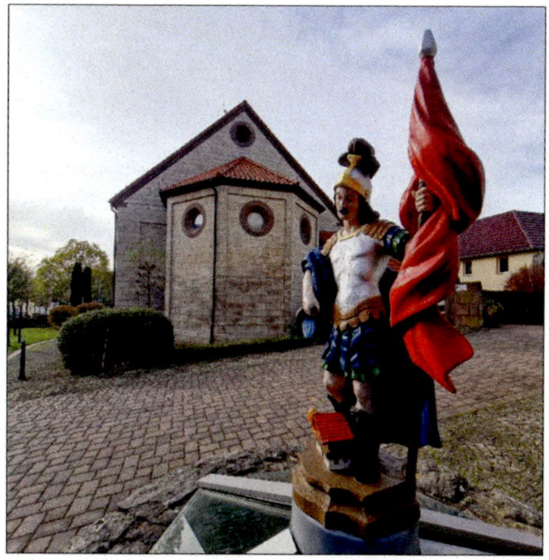

Seitenansicht der Kirche, im Vordergrund der Floriansbrunnen mit der gleichnamigen Figur.

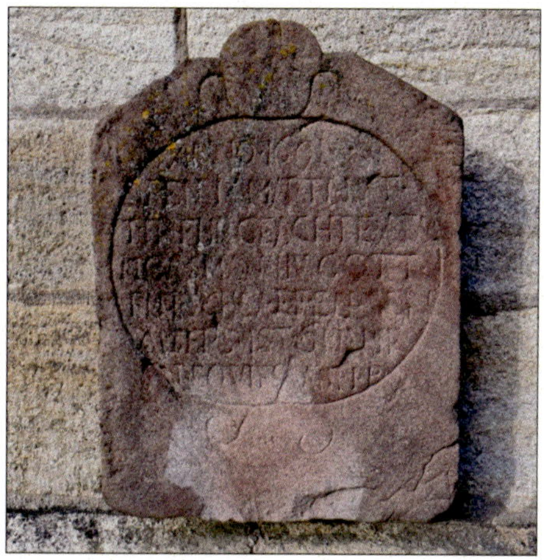

Stein an Kirchenwand.

Im Zuge der 2005 stattgefundenen umfangreichen Sanierung wurde die Eingangstür im Turm der Pfarrkirche zu Kalteneber verlegt. In der Kirchenchronik ist dazu folgendes zu lesen:

„Während der Abrissarbeiten kam immer wieder der Gedanke auf, die Eingangstür im Turm von der Westseite auf die Südseite zu verlegen. Dies hätte viele Vorteile. Man könnte ebenerdig die Kirche im Turm betreten, die lästigen Stufen im dunklen Eingangsbereich würden verschwinden, eine neue Treppe zur Empore könnte großzügiger angelegt werden, ein rollstuhlgerechter Zugang für Behinderte und Kinderwagen wäre möglich und auch dringend notwendig und das Wetter würde von der Südseite her nicht so heftig gegen die Tür schlagen. Alle aus unserer Gemeinde, die sich mit dieser Problematik befasst haben, waren dafür, den Eingang zu verlegen. Besonders die Brüder Bernd und Ralf Schneemann, ihr Vater Karl und der Ortsbürgermeister Karlheinz Staufenbiel hatten sich mit exakten Vorstellungen und Skizzen in die Veränderung hineingedacht und gingen sehr gut vorbereitet in die Diskussion. Herr Josef Klinge vom Bischöflichen Bauamt räumte ein, dass eine Verlegung der Tür aus rein funktionaler

Sicht die beste Lösung wäre. Blieb die Frage, was das Denkmalamt dazu sagt. Am 3. März waren Herr Heinrich Schleif vom Denkmalamt Erfurt und Herr Eckehard Büttner von der Unteren Denkmalbehörde in Heiligenstadt vor Ort und stimmten einer Verlegung der Tür und dem Bau eines behindertengerechten Aufganges zu mit der Auflage, dass das Ganze von einem Architekten fachgerecht entworfen würde und die alte Tür als „blinde" Tür erhalten werden sollte. Eine Zeichnung fertigte die Architektin Frau Karla Senft aus Heiligenstadt.
Im April wurde das Fenster im Turm an der Südseite herausgenommen und die Wand durchbrochen. Die alte Tür an der Westseite des Turmes wurde zugemauert und die Fußbodenhöhe dem des Mittelganges angeglichen. Bei diesen Arbeiten fand Eduard Engelhardt einen Grabstein (Sandstein) von 1691 unter der alten Treppe zur Empore. Offensichtlich war dieser Stein in den ursprünglichen Fußboden mit eingearbeitet oder als Packlage verwendet worden. Der Grabstein trägt die Aufschrift:

ANNO 1691
TEN 14 MARTI. IST
TER EHRGEACHTE. ATA
M GASMAN IN GOTT
ENTSCHLAFEN. SEIN
ALTERS IST 61 JARR
REQUIESCANT I P

Bei dem genannten Adam Gaßmann handelt es sich um den Bürgermeister von Kalteneber, der 1630 geboren wurde und 1684 als erster bei der großen Firmung dieses Sakrament empfing." [26]

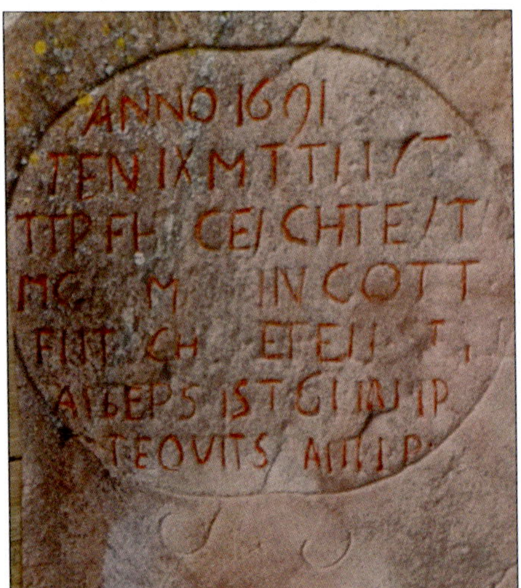

Stein mit hervorgehobener Schrift.

Neben der Pfarrkirche befindet sich der Floriansbrunnen, der auf die Initiative des Pfarrers Gerhard Seeland zurückgeht. Er wählte die Figur des Heiligen Florian als Schmuck für den Brunnen aus, weil er der Beschützer der Feuerwehrleute ist und einst Brunnen im Fall eines Brandes zur Entnahme von Löschwasser dienten.
In der Chronik ist zu lesen:
„Juli 1999 – Umgestaltung des Eingangsbereiches zum Pfarrhaus. Die alte Treppe mit Vorbau und die Betonmauer um den Vorgarten des Pfarrhauses waren baufällig geworden. Zudem entsprach die Treppe nicht mehr den gültigen Sicherheitsvorschriften. Eine

neue Treppe aus Kalkstein wurde errichtet und der Brunnen von der Erde hochgemauert und somit sichtbar gemacht. Eine neue Stützmauer aus Kalkstein wurde gebaut und der Eingang gepflastert. ...“
Seit wann gibt es den Brunnen? 1784 schrieb Pfarrer Conradi an das Kommissariat in Heiligenstadt, dass das Pfarrhaus hier in einem schlechten baufälligen Zustand sei. Für den geplanten Neubau kann das Geld nicht aufgebracht werden und der vorgesehene Bauplatz sei ungeeignet. „So habe man schließlich einen anderen Gedanken entwickelt: ein Grundstückstausch wäre die beste Lösung. Es biete sich an, das Wohngrundstück von Joh. Michael Gaßmann: Es liegt am Kirchhofe, ermöglicht so den besten Kirchgang für den Pfarrer, hat einen schönen Garten mit Obstbäumen angepflanzt, einen großen Gemüsegarten und einen Brunnen vor der Tür – das es die Einkünfte der Pfarrey Kalteneber nicht ertragen, allzeit Bier anzuzapfen, so hätte doch wenigstens ein zeitlicher Pfarrer, ohne die große Mühe (zum Holen brauchte es eine Halbeviertel Stunde) das Wasser.“ [27]

Kalteneber Stein

Dieses Kapitel widmet sich der Frage, was es mit dem Stein auf dem privaten Grundstück Bäckergasse 2 in Kalteneber auf sich hat.
Bernhard Lange, Ortschronist der Gemeinde, beschäftigte sich mit seiner Geschichte und weiß zu berichten:
„In den Jahren um 1980 tauchte bei Abrissarbeiten des Wohnhauses Bäckergasse 3, erbaut nach alter Inschrift 1928 unter dem Bauherren Diegmann, ein behauener und beschrifteter Stein auf. Er befand sich in den oberen Schichten des gemauerten Fundaments eines kleinen Hauses. Das Kleindenkmal ist aus hellem Sandstein gefertigt und trägt beidseitig eingemeißelte Initialen. Die Oberseite enthält eine Vertiefung, in der vermutlich ein Holzkreuz oder Bildstock eingelassen war.

Der Eigentümer gab mir die Erlaubnis, den Stein zu retten, sodass ich ihn auf mein Grundstück, Bäckergasse 2, brachte. Dort steht er seither im Garten.

Mit seinen Maßen 40/15/50 cm ist er recht klein und war den Spuren nach einst flach in der Erde eingesetzt. Über den Standort lassen sich nur Vermutungen anstellen. Quellen und Überlieferungen fehlen. Allerdings trägt ein Flurstück an der Landstraße nach Dieterode, in westlicher Richtung, die Bezeichnung „Am Wetterkreuz“. Dieser Name ist in den Flurkarten von 1950 noch nachweisbar, heute jedoch nicht mehr geläufig.

Die Straße nach Dieterode folgt in Teilen immer noch dem alten „Rüstunger Weg“, und war eine Art Abkürzung von der alten Grenzstelle Großtöpfer über die Höhe nach Heiligenstadt. Es schien ein gut befahrener Weg gewesen zu sein.

Unwetter und Wetterphänomene aus dem Jahre 1863 sind nicht nachweisbar. Die Chronik berichtet an anderer Stelle: „Am 5. 7. 1866 geht ein Wolkenbruch im Ort und in der Feldflur mit verheerenden Folgen nieder". Eine Verbindung zu dem „neuen" Wetterkreuz (1899) scheint es nicht zu geben.

Es liegt die Vermutung nahe, dass der Stein als Folge der Separation aus der Feldflur ausgeräumt wurde. Wie auch der alte Stationsweg am „Wurstweg" weichen musste und erst 1947 neu angelegt wurde, ist es möglich, dass er dem neuen Wegverlauf Platz machen musste. Er wurde unbrauchbar und daraufhin verbaut."[28]

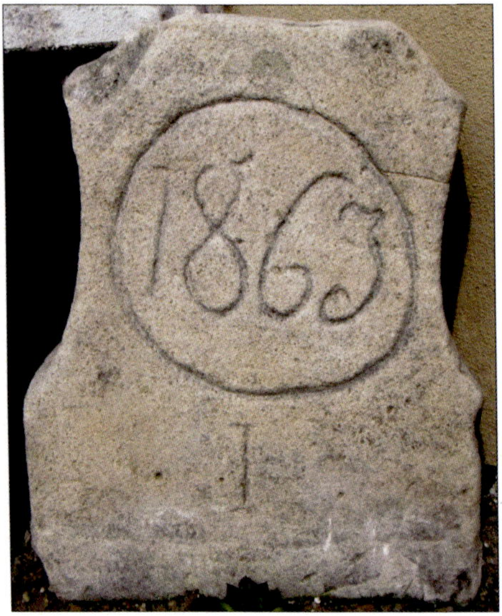

Stein.

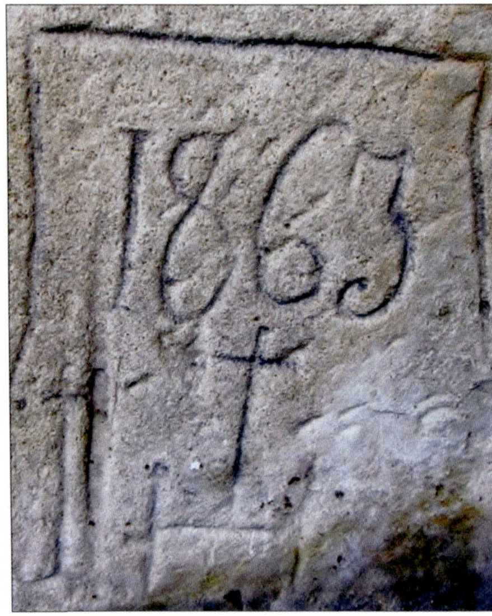

Rückseite des Steins.

Kalteneber steinerner Heiligenstock

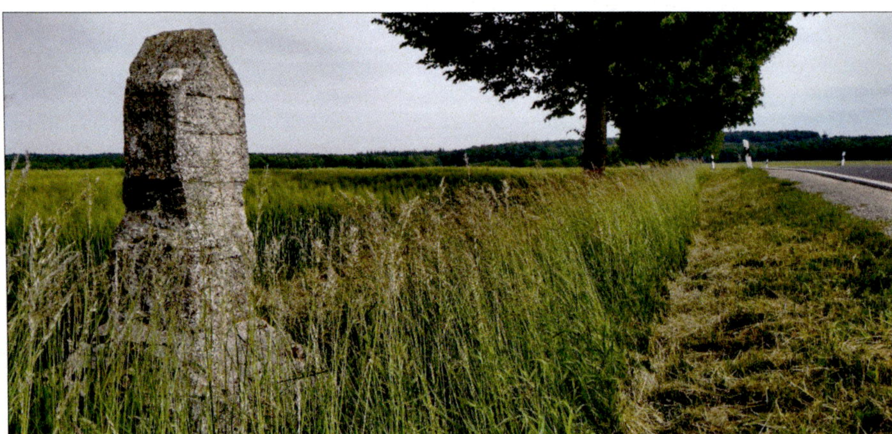

Heiligenstock Kalteneber parallel der Landstraße.

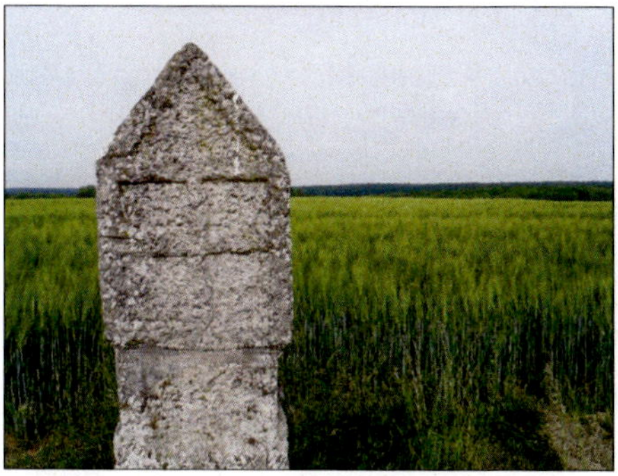

Obere Vorderseite im Detail mit eingemeißeltem Kreuz.

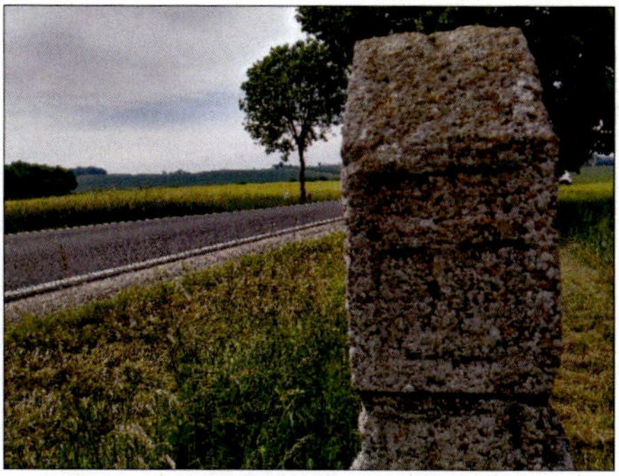

Seitliche Ansicht mit eingemeißeltem Kreuz.

An der Landstraße 2022 zwischen Kalteneber und Heilbad Heiligenstadt, etwa 800 Meter nach der Kreuzung Flinsberg-Kalteneber befindet sich ein eindrucksvolles Kleindenkmal von 147 cm Höhe. Überlieferungen erzählen vom steinernen Heiligenstock.

Viele Jahre lag der verzierte Aufbau vom Sockel getrennt im Straßengraben. Das Oberteil galt lange Zeit als verschwunden. Beim Grabenaushub durch die damalige Straßenverwaltung wurde der Rest des Steins weggeräumt und auf Halde verbracht. Pfarrer Richard beauftragte daraufhin den selbstständigen Maurermeister Berthold Dölle Ende der 1980er Jahre mit der Schaffung eines passenden Ersatzstückes. Aus seiner Erinnerung heraus gestaltete er das jetzige Oberstück und fügte alle Teile wieder zusammen.

Das bildstockartige Kalksteindenkmal an der seinerzeit gut frequentierten historischen Geleitstraße von Heiligenstadt nach Mainz ist ein Gedenkstein und aus einem Stück gefertigt. Er besteht aus drei Etagen. Bei diesem steinernen Relikt soll es sich möglicherweise um eine Betsäule aus dem 16. Jahrhundert handeln. Betsäulen prägten das Bild der spätmittelalterlichen Landschaft. Sie stehen für Volksfrömmigkeit und wurden aus unterschiedlichsten Motiven errichtet. Über Feldprozessionen oder andere religiöse Riten ist nichts überliefert. Allerdings wäre es denkbar, da sich in etwa 200 Meter Entfernung vom Denkmal auf gleicher Straßenseite die siebte und seinerzeit letzte Station des alten Kreuzweges am so genannten „Wurstweg“ befindet. Heute steht dort noch eine alte Linde. Der Kreuzweg allerdings wurde 1947 als Folge des Bahnbaus zur Klus hin verlegt. Besagte Linde wird umgangssprachlich „Rahmbeerbaum“ genannt, von Rabenbeeren abgeleitet, was Vogelbeeren bedeuten könnte und darauf schließen lässt, dass zu Zeiten des steinernen Heiligenstocks und darüber hinaus ein älterer Wegebaum dort gestanden haben muss, der wohl die Wegegabelung nach Bernterode bzw. Rüstungen anzeigte. Möglicherweise diente der Gedenkstein auch der Wegeerkennung, da er auf der kleinen „Stadtüber“ genannten Anhöhe befindlich und im Winter auch bei Schneeverwehungen sichtbar ist.

Beschäftigt man sich mit der Thüringer Flurnamenforschung, so wird dieser Ort seit dem 19. Jahrhundert auch „Beim Steinernen Heiligenstock“ genannt. Überlieferungen zufolge soll hier einst ein Bildstock mit dem Bild eines Heiligen gestanden haben.
Das Oberteil zeigt vierseitig eingemeißelte Kreuze. Seitlich unten sind weitere Symbole erkennbar. Es sind dies ein Scheibenkreuz, welches einst als Symbol der heidnischen Sonnenverehrung diente und sich unter dem Einfluss der christlichen Kirche als Scheibenkreuz entwickelte. Aufgrund der Übereinstimmung in der Darstellung zwischen dem heidnischen Sonnenrad bzw. Radkreuz und dem christlichen Scheibenkreuz wurden Steinkreuze mit diesen Einritzungen in der Vergangenheit zeitlich mitunter in die germanische Frühzeit datiert. Im Mittelstück waren an den aufstrebenden Ecken Verzierungen erkennbar, die Efeu ähneln.
Außerdem ist ein Mainzer Rad dargestellt, weil das Gebiet bereits seit dem 8. Jahrhundert dem Bistum Erfurt und somit der Kirchenprovinz (bzw. Erzbistum) Mainz unterstand.
Die genannten Einmeißelungen sind jedoch recht stark verwittert und daher kaum noch zu erkennen. Vollkommen verwittert sind die Einmeißelungen, die sich vorn und hinten im unteren Bereich befunden haben müssen. Von der Straßenseite zu erkennen ist die Einritzung 'ANNO' sowie die Jahreszahl 1686.

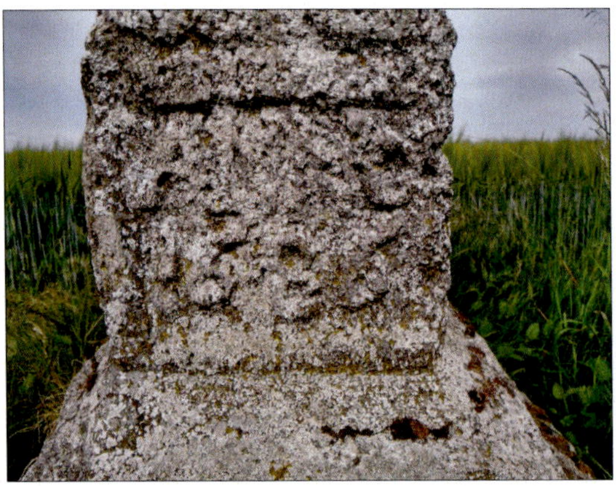

Detailansicht schwach erkennbar: ANNO 1686.

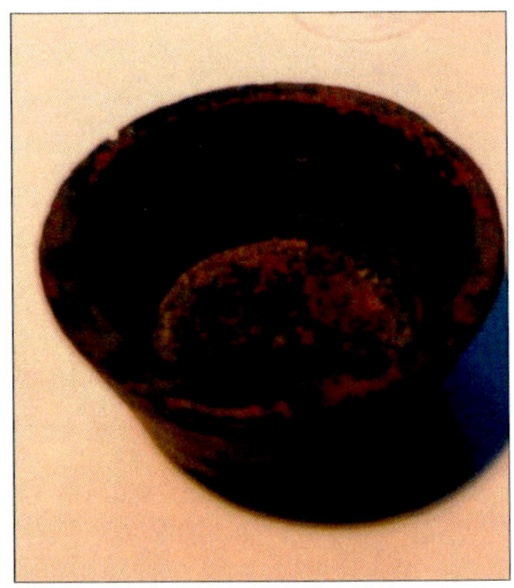

Apothekermaß.
Sammlung Bernhard Lange

In unmittelbarer Nähe des Steindenkmals wurden 2010 im Zuge von Bodenbearbeitungen ein historisches Apothekerhohlmaß, Schnallen, Münzen und Tonscherben gefunden, die in der Ackerschicht verteilt waren. [23]
Historisch interessant ist nahe Kalteneber die „Klus“ *(Klause/Mönchsklause)* mit dem Kreuzweg und der Kapelle. Das Anlegen des Kreuzweges und der Bau des Klusvorgängers lassen sich in die Zeit um 1680 datieren. Um 1768 wurde die Kapelle

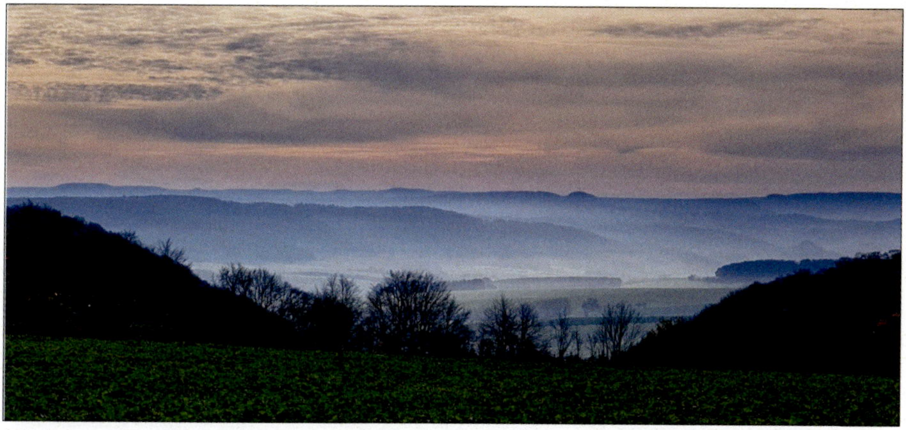

Blick von der Klus Richtung Eichsfelder Westerwald und Hülfensberg mit gigantischem Morgenhimmel.

errichtet, wie wir sie noch heute erleben. Sie zeigt sich recht schmucklos – ohne Fenster – und mit einem Pyramidendach. Über einen Turm verfügt sie nicht, lediglich eine Glocke befindet sich im Gebälk. Diese wurde in der Wendezeit nachträglich eingebracht und geht auf eine Spende der Gemeinde Neustadt (Eichsfeld) zurück. Aus Überlieferungen ist belegt, dass die Klus ausschließlich liturgisch genutzt wurde. Der Außenbereich um das Wahrzeichen der Eichsfeldgemeinde wurde 2018 neu gestaltet.

Linkerhand der Kapelle kann eine vor etwa 300 Jahren gepflanzte Sommerlinde bewundert werden, die an den Struther Maurermeister Dufter erinnern soll, den Erbauer der Klus. Ein Schild an besagter Linde mahnt, die Baumveteranen zu schützen und zu bewahren.

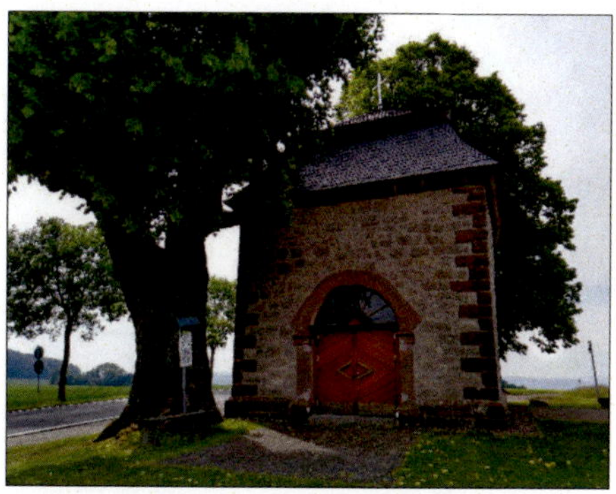

Kapelle Klus mit Sommerlinde.

In Verbindung mit der Klus ist eine alte Sage weithin bekannt, die in Verbindung mit ihrer Errichtung steht:

Es ist die Geschichte eines blinden Bauern, der mit einer Prozession aus dem Untereichsfeld zur Höhe hinaufkam und hier wieder sehend wurde. Aus Dankbarkeit ließ der Pilger daraufhin eine Kapelle bauen, die noch vor dem Siebenjährigen Krieg errichtet wurde. Der spätere Zerfall brachte einen Nachbau in robuster Bauweise an gleicher Stelle mit sich, der in seiner Form noch heute zu bewundern ist. Die Erzählung ist Bestandteil des regionalen Sagenschatzes und wird immer wieder erwähnt. Prozessionen werden aus diesem Anlass bis in die Neuzeit hinein weitergeführt. [29]

Kalteneber Wetterkreuz

Am Stadtweg, einer alten Verbindung von Kalteneber nach Heiligenstadt, ca. 200 Meter vom Ort entfernt, steht auf der linken Seite ein schlanker Obelisk von ca. 4 Meter Höhe, auf dem ein Metallkreuz mit Korpus aufgesetzt ist. Der Obelisk ist aus Kalkstein gefertigt und auf der Hochebene weithin zu sehen. Auf einem eingemeißelten Schmuckband ist die Jahreszahl 1899 in römischen Zeichen zu erkennen. Obwohl Einträge über Unwetter für besagtes Jahr fehlen berichten Überlieferungen von Wetterunregelmäßigkeiten mit großer Trockenheit.

Schriftliche Nachweise fehlen. Der Stein hat seinen historisch angestammten Platz nicht verlassen und steht seither dort. Vor der Flächenzusammenlegung, die in den 1960er Jahren begann, war hier vorübergehend eine Station der Markusprozession angesiedelt. Gegenüber befand sich der alte Sportplatz, jetzt eine Öko-Pflanzanlage mit seltenen Obstbäumen.

Der Obelisk wurde nach der Wendezeit saniert und von Flechten und Verunreinigungen befreit.

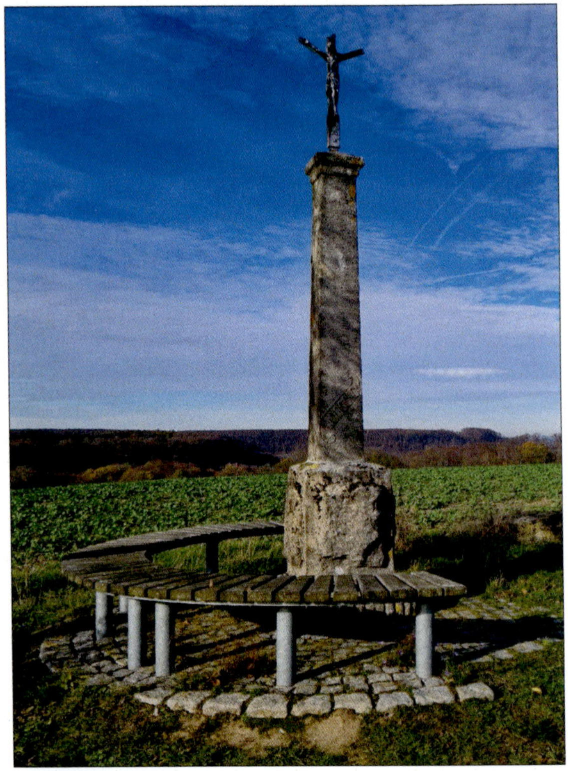

Wetterkreuz.

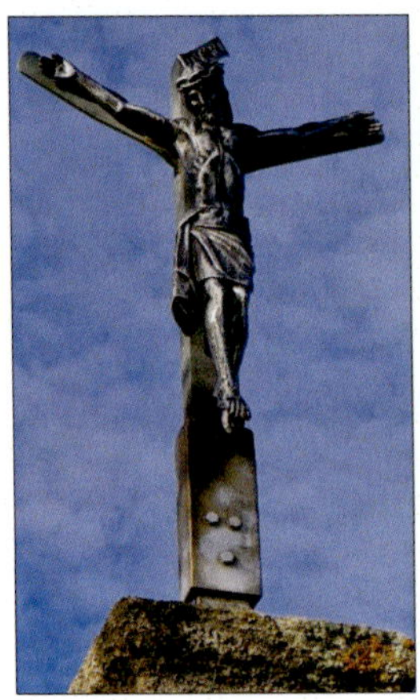

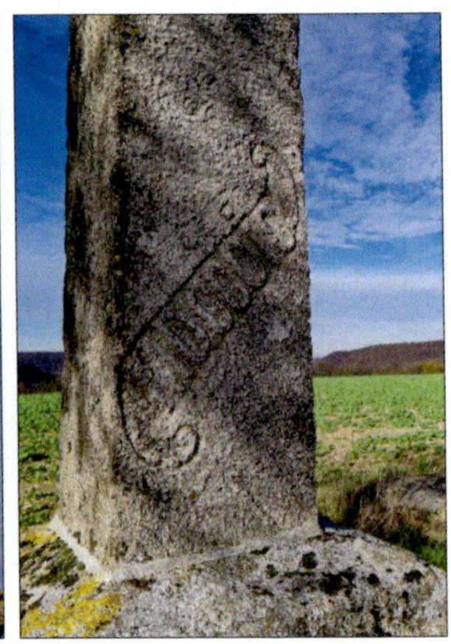

Aufgesetztes Metallkreuz mit Korpus und Jahreszahl 1899 in römischen Zeichen.

Lengenfeld/Stein Frauenstein und Steinkugel

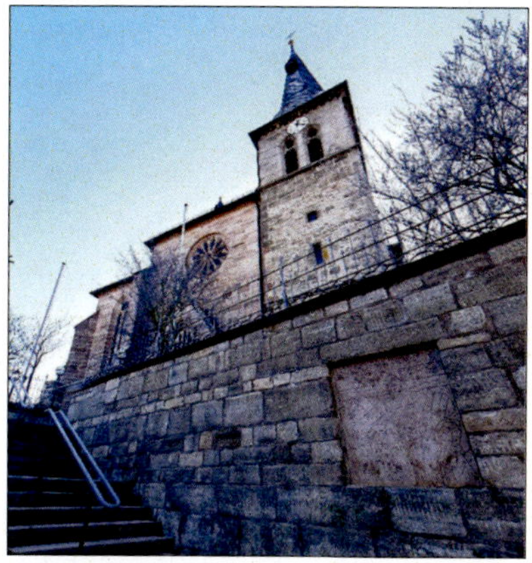

Pfarrkirche Lengenfeld/Stein mit Platte in der Mauer.

Rechts des Treppenaufgangs zur Pfarrkirche „Mariä Geburt" in der Südeichsfeldgemeinde Lengenfeld/Stein befindet sich in der Stützmauer eine interessante Grabplatte: genannt „Frauenstein". Überlieferungen zufolge soll der Grabstein noch im Jahr 1850 ein Frauengrab gekrönt haben, welches sich etwa 100 Meter von der Hagemühle an der Straße nach Geismar befunden haben soll. Eine Sage berichtet davon, dass während Wegverbreiterungsarbeiten im Zuge der Wegnahme des Grabes ein menschliches Skelett gefunden wurde. Die Pferde scheuten und beruhigten sich erst, als die Gebeine wieder vergraben worden waren.[30] Dieser historische Standort des Grabes am Eingang zum Bilztal ist noch heute als „Beim Frauenstein" bekannt. Eine Hecke, die noch bis 1946 linkerhand der Landstraße wuchs, nannte man im Volksmund „Frauenhecke". [31]

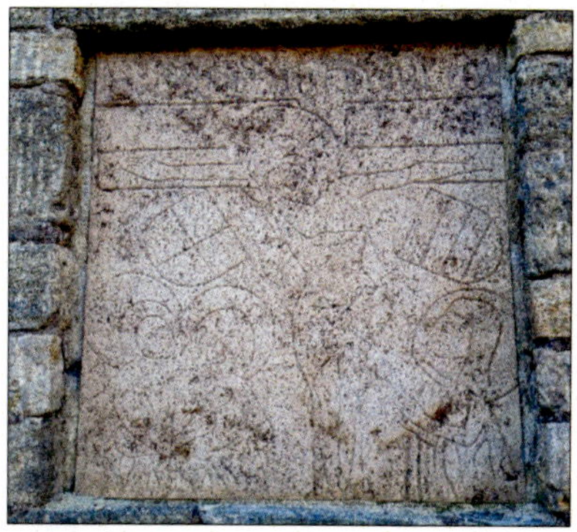

Replik des Frauensteins in der Kirchenmauer.

Im Lauf der Jahre diente die Grabplatte als Tritt im Haus der Familie Höppner in der Keudelsgasse/Herrengasse. Pfarrer Großheim veranlasste schließlich im Jahr 1882 das Einsetzen der Platte in der neu errichteten Kirchhofmauer. Rechts unten fehlt ein Stück der Platte. Es soll sich im Fundament des Hauses der Hauptstraße 63 befinden.

2006 brachte man die historische Grabplatte ins Innere des Gotteshauses, um sie vor weiterer Verwitterung zu schützen. Im Februar des darauf folgenden Jahres wurde auf Engagement der örtlichen Jagdgenossenschaft eine Nachbildung am vorherigen Standort eingesetzt.

In der Schulchronik der Gemeinde ist von der Verbindung der Burg Stein mit dem Fräuwechen von England zu lesen. Der König von England soll von einem bösen Bischofsteiner bei Ascherode überfallen und erschlagen worden sein. Dessen Gattin forderte Blutrache – die Burg wurde erstürmt und das Fräuwechen von England schließlich oberhalb des Bischofsteins getötet. Noch heute heißt die Stelle, wo ihre Getreuen sie bestatteten „Frauenruhe". 1882, so wird weiter erzählt, soll Landwirt

Peter Höppner einen Grabstein ausgegraben haben. Pfarrer Großheim ließ ihn in die Kirchenmauer einsetzen. Seither hält man ihn für den Grabstein des Fräuwechens von England.

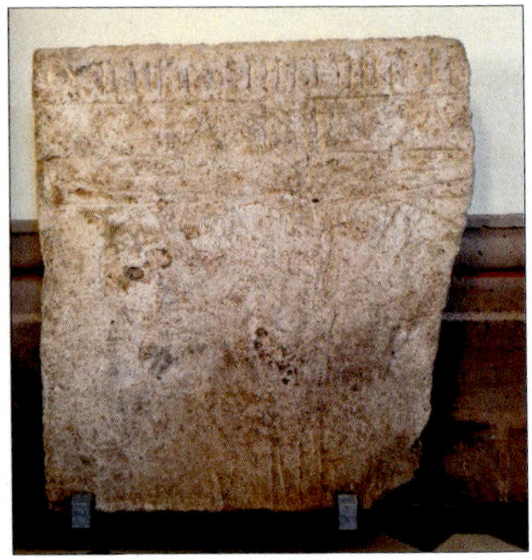

Original Frauenstein in der Pfarrkirche Lengenfeld/Stein.

Der Grabstein gibt bis heute Rätsel auf. Er zeigt im oberen Bereich eine gotische Inschrift, die kaum noch entziffert werden kann.

Lediglich die Anfangsbuchstaben sind noch zu deuten. Erkennbar ist: O. B. I. T. Übersetzt steht diese Buchstabenkombination für „Ist gestorben" und belegt die Platte als Grabstein. Darunter ist Christus am Kreuz dargestellt. Links und rechts des Korpus ist ein schräg gestelltes Wappenschild zu erkennen und darunter beidseitig kniende Beterfiguren, sogenannte Adoranten, die mit erhobenen Händen Gott lobpreisen.

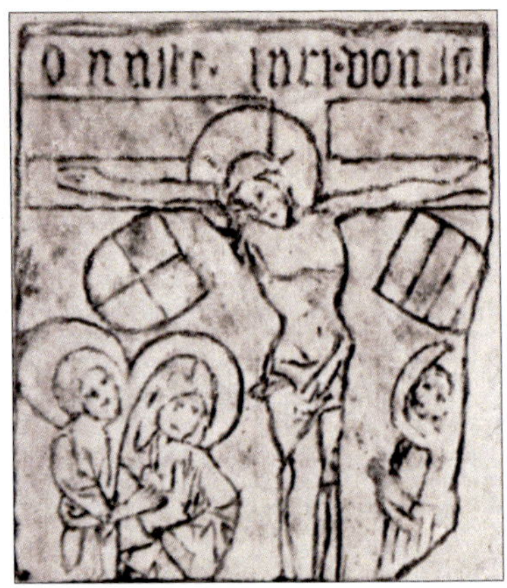

Frauenstein. Zeichnung von Joseph Richwien

Betrachtet man die beiden recht gut erhaltenen Wappendarstellungen unter den Kreuzbalken, muss es sich um zwei sehr alte Wappen handeln. In der Heraldik stehen bezüglich ihrer Form einfach dargestellte schildförmige Wappen für Personen, Sippen oder Vereine. Das linksseitig dargestellte Wappen zeigt ein einfaches Kreuz, dessen vier Enden bis zum Wappenrand reichen. Es handelt sich also um das Wappen eines Kreuzritters. Das gegenüber liegende Wappen ist mit zwei Mittelbalken versehen, die es in fünf Felder teilt. Es muss sich um das Wappen eines österreichischen Kreuzritters handeln. Warum sollte den „Frauenstein" ein solches Wappen zieren?

Der Text der vierten Ausgabe des Lengenfelder Echos aus dem Jahr 1957 von Lambert Rummel bringt dahingehend Licht ins Dunkel.

Seinerzeit waren die Thüringer Landgrafen Eigentümer der Burg Stein. Wer die Burg erbauen ließ ist nicht überliefert. Hier wird vermutet, dass es Graf Giso von Gudensberg gewesen sein könnte. Als dieses Grafengeschlecht schließlich ausgestorben war könnte Graf Ludwig III. von Thüringen – ein Verwandter der Gisonen – die Burg geerbt haben. Er war der erste aus dieser Linie, dem Landgrafenwürde innewohnte. Seine Nachkommen übernahmen die Burg bis zum Tod des kinderlosen Heinrich Raspe IV. Das war im Jahr 1247. In der Folge kaufte Erzbischof Matthias von Mainz die beiden Burgteile. Die komplizierten

verwandtschaftlichen Beziehungen der Thüringer Landgrafen zu den Regierenden Österreich-Ungarns machen es nicht einfach, österreichische Kreuzritter mit der Burg Stein in Verbindung zu bringen. Der Thüringer Erbfolgekrieg resultiert aus diesen Verwicklungen.
Die Gemahlin Ludwig IV. – besser bekannt als heilige Elisabeth – Tochter König Andreas II. von Ungarn - soll 1221 die Burg Stein von ihrem Ludwig als Morgengabe zu ihrem Hochzeitstage geschenkt bekommen haben. Geschichtsforscher waren sich dahingehend lange nicht einig. Allerdings kann davon ausgegangen werden, dass genau diese Burg gemeint ist, weil sie in Reichweite der Wartburg – ja sogar in Sichtweite vom Lengenfelder Burgberg - befindlich ist.
Schon der Eichsfelddichter Hermann Iseke schreibt folgende Zeilen:

„War ja das Schloss zum Stein,
das Eigen jener Frau,
die Thüringen gewandelt,
in eine Segensau.
„Vielleicht", daß hier vor Zeiten,
Elisabeth gestanden
und betend ausgebreitet
die Hände ob den Landen."

und unterstreicht damit die Richtigkeit dieser These.
Besagte verwandtschaftliche Beziehungen deuten darauf hin, dass nur ein Angehöriger eines Kreuzritters aus Österreich-Ungarn in den Jahren um 1200 bis 1250 am Ort begraben sein konnte. Der oder die Tote muss von hohem gräflichen Stande gewesen sein. Darauf verweisen die Blyden- bzw. Wurfkugeln, die das Grabmal einst geschmückt haben sollen. In diesen Steinkugeln - wie auch im Nagelstein von Schnellmannshausen – sind Nageleinschlüsse zu erkennen. Sie gehören, wie der „Frauenstein" zur dörflichen Denkmalliste und stehen in enger Verbindung zur Sage um das Fräubchen von England.
Einst war vom Fräubchen-Grab vom „Ingarland" (gemeint war das Ungarland) die Rede. Der regionale Dialekt ließ im Lauf der vielen hundert Jahre „Engeland" daraus werden. In jedem Fall wurde es mit der Fräubchensage vermischt, deren Wahrheitsgehalt umstritten ist bzw. angezweifelt werden muss. [32]
Der Lengenfelder Heimatforscher und Künstler Joseph Richwien überarbeitete die Sage 1984 und illustrierte sie.

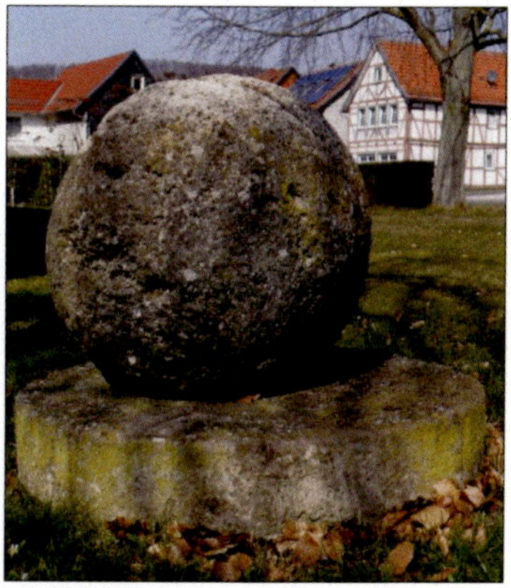

Steinkugel.

Das Fräubchen von England

Joseph Richwien

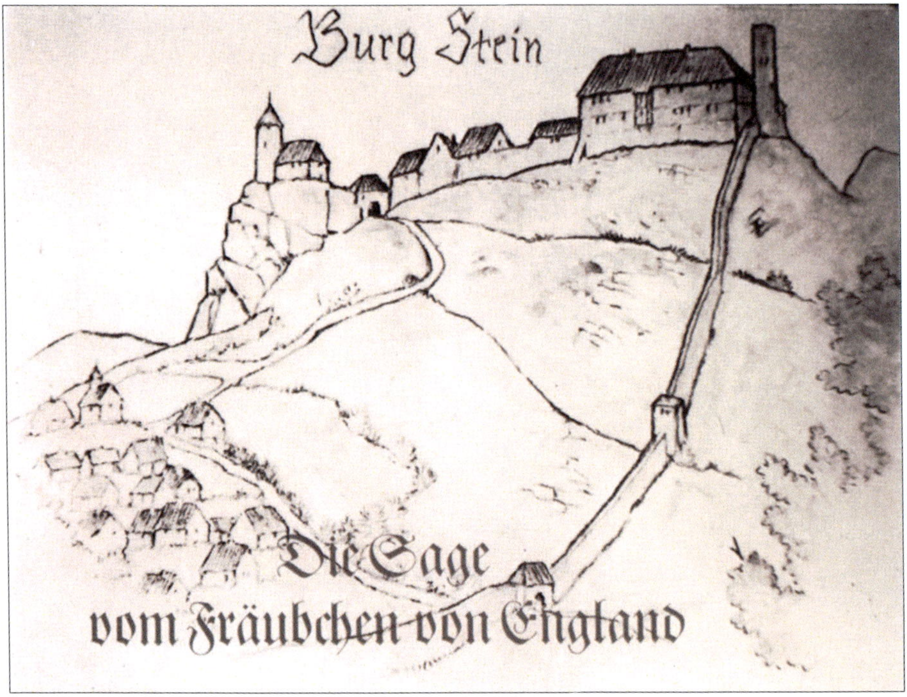

Burg Stein Illustration zum Fräubchen von England von Joseph Richwien.

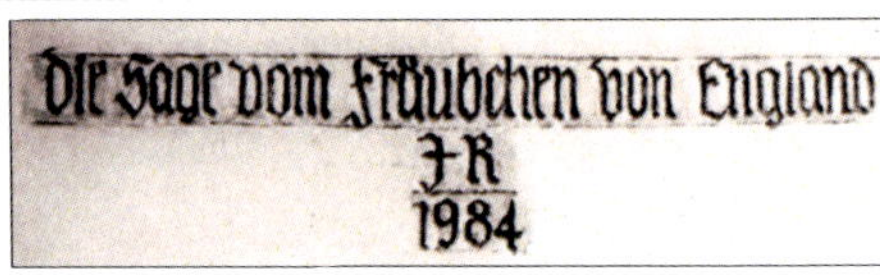

Illustration von J. Richwien, Schriftzug

(mit freundlicher Genehmigung der Tochter Richwiens: Anneliese Blacha)

Eine Königin von England
ist als „Fräubchen“ uns bekannt.
Auch ihr Grabmal wir kennen,
„Frauenstein“ wir es nennen.
Es sagt, was in alten Tagen
sich hier hat zugetragen.

Von England kam einst übers Meer
ein König hierher.
Auf dem Hülfensberge droben
wollt’ Gott er preisen und loben.
Bei ihm als Begleiter war ein junger Reiter.

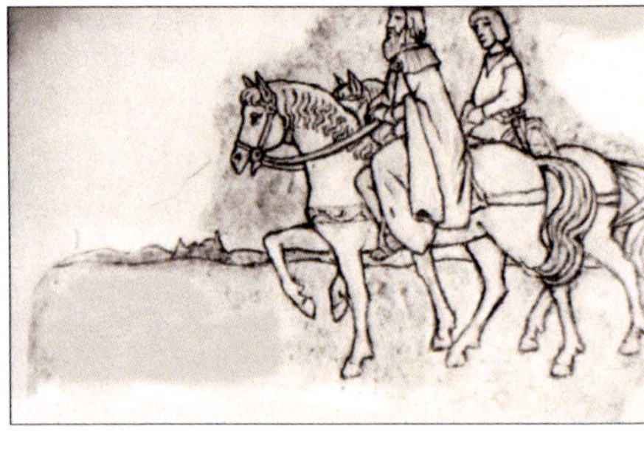

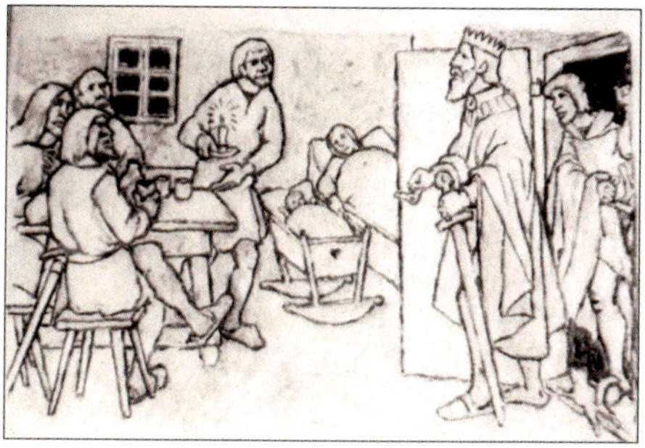

In Döringsdorf am Ziele fast
macht er am später Abend Rast.
Jedoch im Wirtshaus hier
fand er kein Quartier,
die Tür war zu,
der Wirt war zur Ruh'.

Da leuchtete aus dem letzten Haus
ein Licht heraus.
Es war beim Küster, und die Leute
feierten Kindtauf gerade heute.
Dort nahm man den hohen Herrn
ins Haus recht gern.

Der Steiner Ritter, sehr verwegen,
war bei der Feier auch zugegen.
Als er sah, dass jener reich,
erwacht bei im sogleich
in seiner Räuberbrust
die Habgierlust.

Nachdem er dann vernommen,
warum der König hergekommen,
dass er morgenfrüh beizeiten
auf den Berg will reiten,
hat er in jener Nacht
Böses sich erdacht.

Fort ging drauf dieser Schlechte.
Er führte seine Knechte
an den Weg, den der Fromme
in der Frühe komme,
an den Waldessaum
unter einen Eichenbaum.

Hier musste es gelingen,
den Fremden umzubringen,
weil er das blanke Gold
für sich gern haben wollt',
um seinen Drang zu stillen,
um seine Kammern zu füllen.

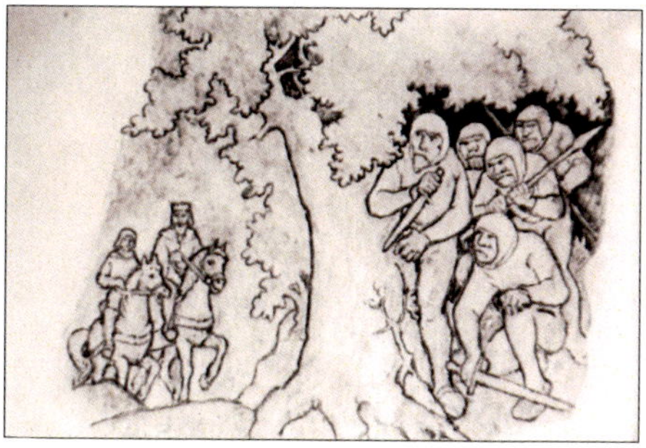

Als dann durch den Wald
vom Berg die Glocke schallt
nach dunkler Nacht
war die Tat vollbracht.
Den Diener fassten nicht die Rohen,
er ist entflohen.

Die Beute an dem Tag war Gut.
Drum kühlten sie ihr Sünderblut
mit manchem Becher rotem Wein
auf der Burg zum Stein.
Durch die Gemächer drang
der Zecher Sang.

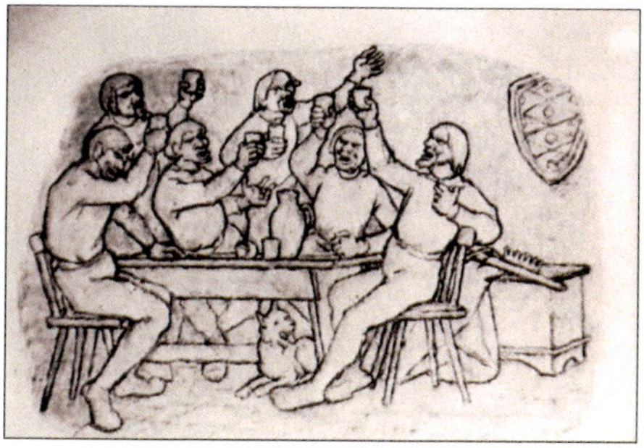

Des Königs Diener war geeilt
und hat der Königin mitgeteilt
das grausame Verbrechen.
Um sich dafür zu rächen,
kam sie von dannen
mit ihren Mannen.

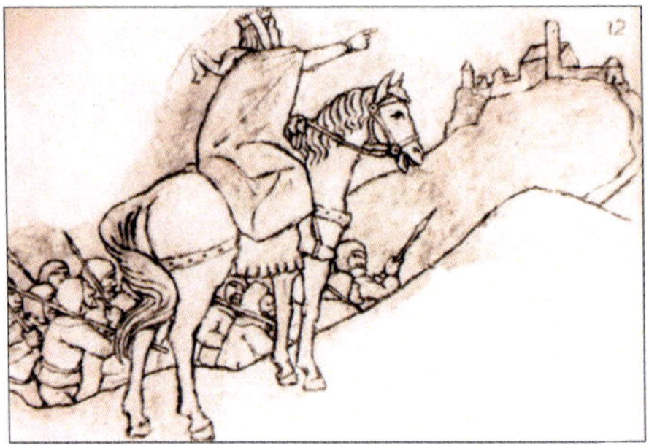

Vom Uhlenstein,
als er erreicht,
auf Burg Stein sie zeigt.
„Rache diesem Haus,
Schutt und Asche werde draus,
das sei die Sühne!“
So sprach die Kühne.

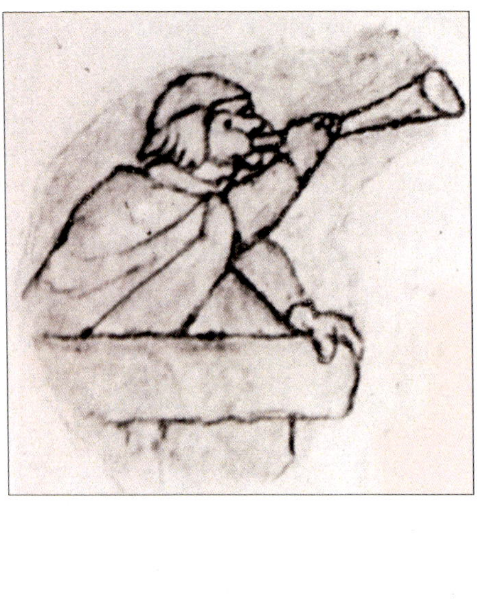

Der Steiner Wächter, der wachsam war,
erkannte sogleich die Gefahr.
Vom hohen Turm
blies er Sturm,
und in Eile
mit Bogen und Pfeile
die Steiner durchs Burgtor jagen,
der Feind flieht, geschlagen.

Die Königin jagt der Steiner Mann
bis hin zur Klosterschrann.
Hier in ihrer Not
auf Leben und Tod
stürzt sie hinab in den Grund.
Sie blieb heil, das Pferd ward wund.
Auf drei Beinen trug nun weiter,
das Ross den Reiter.

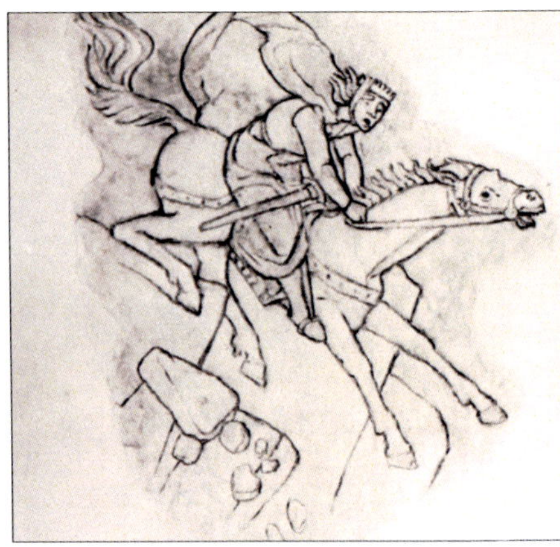

In der nächsten Morgenröte
erscholl wieder die Alarmtrompete,
Engländer standen vor
Wall und Tor.
Und unten im Friedatale
beim ersten Sonnenstrahle
die Königin sie sahen
der Burg sich nahen.

Die Steiner in bedrohter Lage
wussten zuvor vom Kampfestage,
dass der Königin Panzerkleid
ist gefeit.

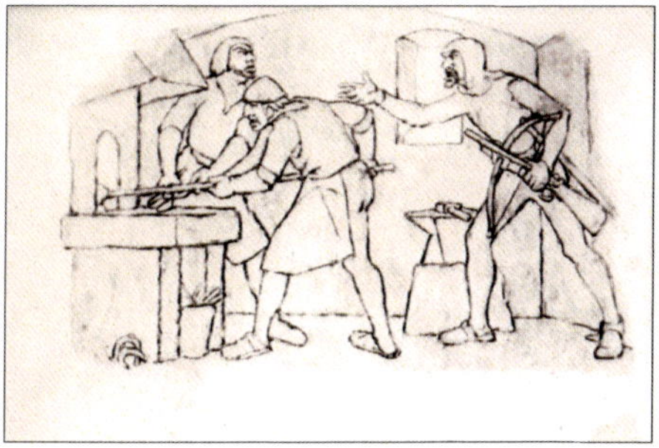

Sollte nun ihr Herzblut fließen,
mussten sie eine Kugel gießen.
Drum sogleich aus Silber hart
eine Kugel gegossen ward.

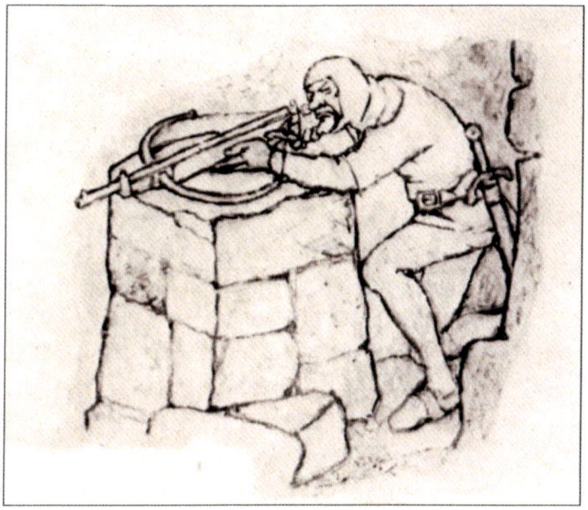

Als sie dann drunten
im Bilstal
den Angriff befahl,
schoss ihr der Steiner mit Mordeslust
die Kugel in die Brust.

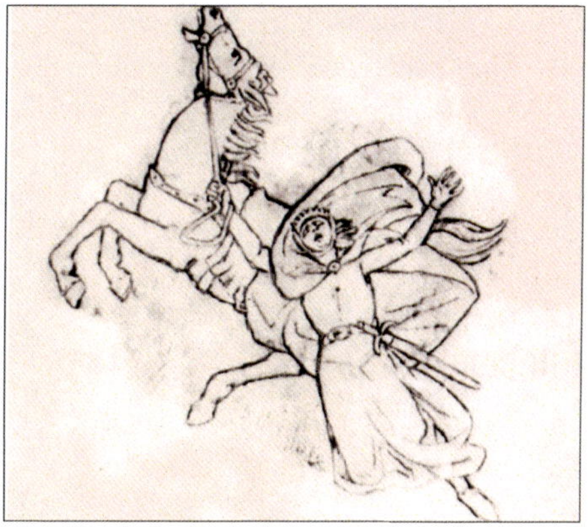

Vom Pferd sank
die Heldenfrau
in den kühlen
Morgentau,
und der
Schimmel
bäumte sich
zum Himmel.

Die Königin ist in den Tod geschickt.
Zweimal Rache, dem das geglückt!
Ihn wollen sie haben,
eh' sie wird begraben.
Die letzte Kraft
ward aufgerafft,
um in die Burg zu dringen.
Es sollte auch gelingen.

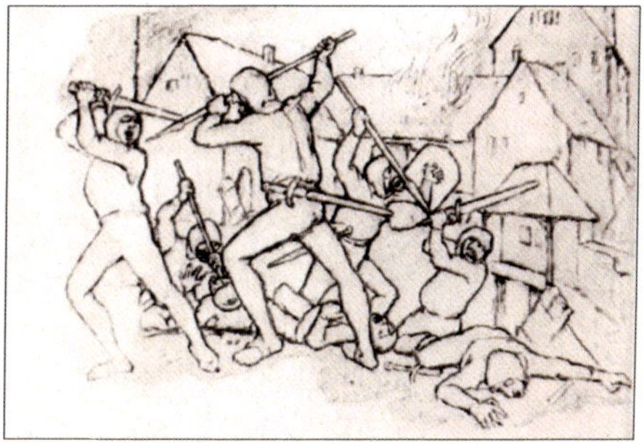

Tor und Mauern brachen.
Sie schlugen und stachen
nieder die Steiner
leben blieb keiner.

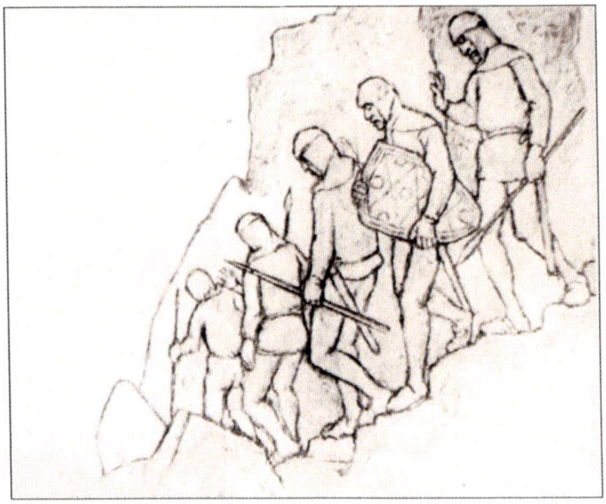

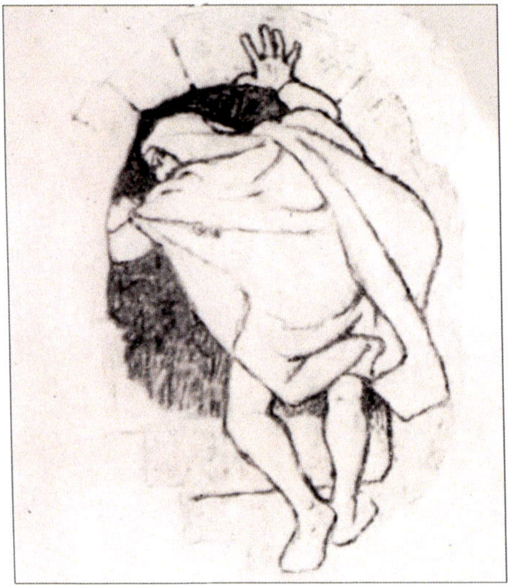

Unten legten sie ins Grab
die Königin hinab
zum ewigen Schlaf,
dort, wo er sie traf.
Als Denkmal an die Königin
stellten sie einen Stein dahin.
Eine Steinkugel legten sie davor,
da durch 'ne Kugel sie's Leben verlor.

Vom Burgvogt jedoch fehlt jede Spur.
Sie sahen den Geheimgang nur,
darin ist er entschwunden,
er ward nicht gefunden.

Wer nichts fragt
nach Menschenleben,
dem kann's hier
keinen Richter geben.
Ein anderer
das Urteil spricht,
die Engländer nicht.

Ob gut oder schlecht,
gefallen ist
mancher Knecht.
Ein Häufchen
recht klein
stieg herab
vom Stein.

Vorbei waren Kampf und Qual,
grau zogen Wolken übers Tal,
rot leuchtete im Feuerschein
die Burg zum Stein.
Sie, die einst in starker Wehr,
ward wüst und leer.
Von der stolzen Feste
sind nur noch Reste.[33]

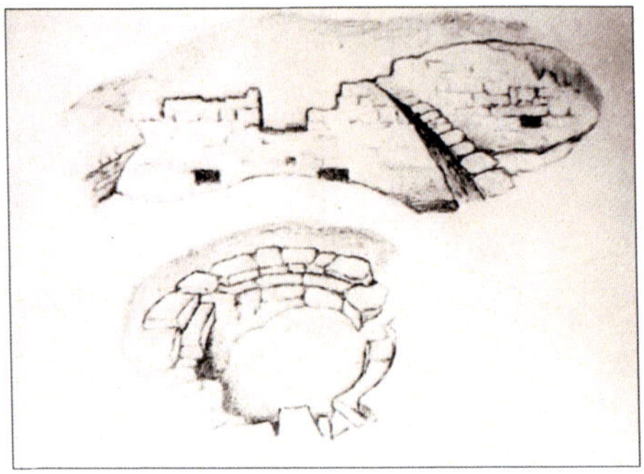

Lengenfeld/Stein Grabsteine in Kirchhofmauer

Die Kirchhofmauer zieren neben dem vorher genannten „Frauenstein" weitere historische Grabsteine von Priestergräbern, die sich bis 1882 auf dem alten Friedhof bei der Kirche befanden und 1884 in der Kirchhofsmauer eingebaut wurden.

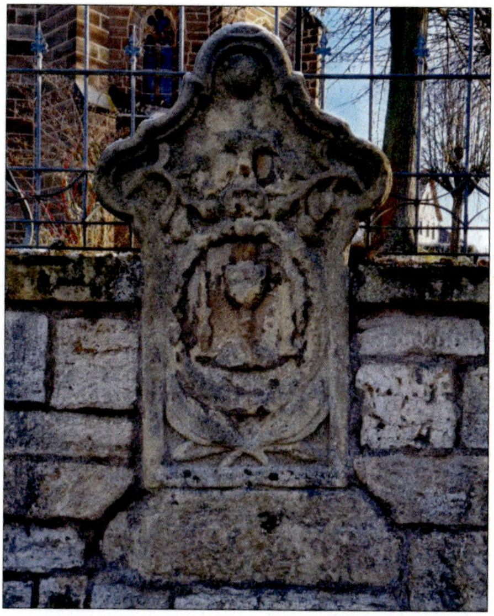

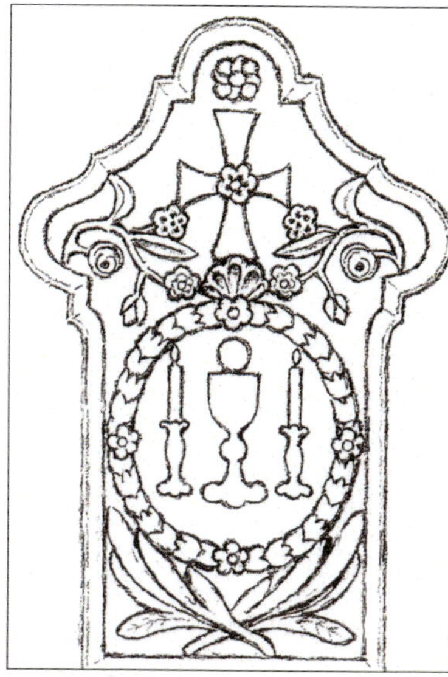

Historischer Stein in der Kirchhofmauer. Zeichnung von Joseph Richwien

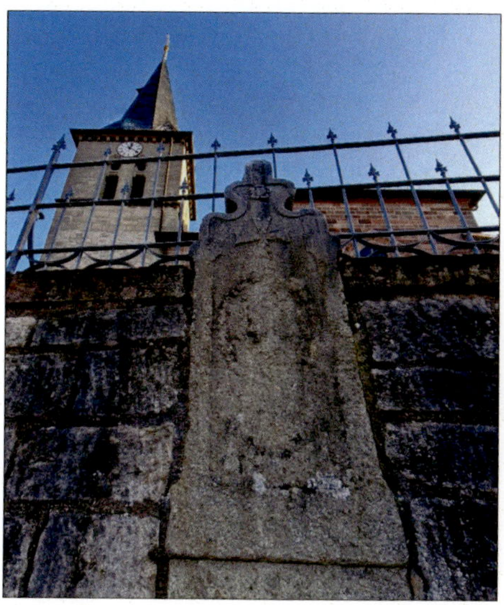

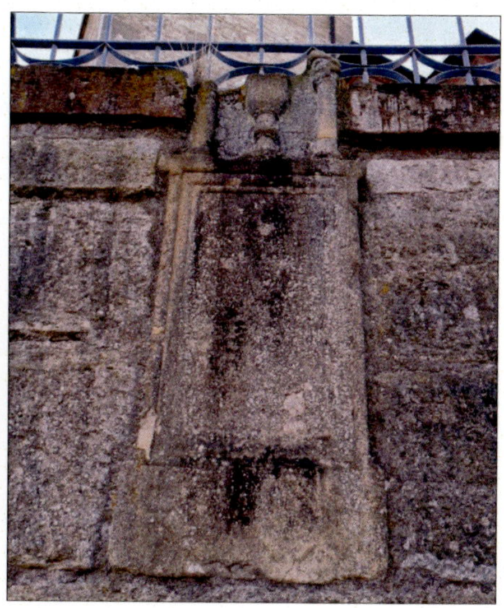

Grabsteine ohne erkennbare Inschrift.

In einem der Grabsteine war bis 1958 folgende Inschrift zu lesen:

„Vita Quid Est? Ventus. Quid Ventus? Labilis Umbra. Umbra Quid Est? Nihil. Est Vita Quid Ergo? Nihil."

(Was ist Leben? Der Wind Was ist der Wind? Ein wackeliger Schatten. Was ist Schatten? Gar nichts. Was ist denn das Leben? Gar nichts.)

auf einem weiteren waren vor Zeiten folgende Worte erkennbar:

„Sed vita vapor est. Is est, qui paulum temporis evanescet. AP. JACOP IV. OH QUID [...] POPULA SUNT OMNES POPULUS"

„Es ist aber Leben ein Dampf. Ist es, der eine kleine Zeit wahret danach verschwind. AP. JACOP IV. ACH WIE [...] CHST SEIN ALLE MENSCHEN"

Der Kunst- und Kirchenmaler Joseph Richwien (†) hatte einen dieser Grabsteine in seinen Bildmappen erfasst. Es soll laut Anmerkung Richwiens der Grabstein eines Geistlichen gewesen sein, der in die Epoche des Barock einzuordnen sei.

Lengenfeld/Stein ist in der Region und darüber hinaus für eine besondere Attraktion bekannt. Das imposanten Brückenbauwerk mit seinen sechs Fischbauchträgern wurde als Technisches Denkmal unter Denkmalschutz gestellt und gilt als Wahrzeichen der Südeichsfeldgemeinde Lengenfeld/Stein. Die ehemalige etwa um 1877 erbaute Eisenbahnbrücke sowie die zahlreichen Tunnel entlang einer der schönsten historischen Eisenbahnstrecken Deutschlands – der „Kanonenbahn" – lädt dazu ein, sich eine Fahrraddraisine zu mieten und mit ihr die herrliche Landschaft zu erleben. Die Fahrt führt über das 244 Meter lange und 23 Meter hohe Viadukt aus dem Ende des 19. Jahrhunderts. Weiter schlängelt sich die Trasse durch die romantischen Täler der Frieda und Lutter. Sechs Tunnel werden durchfahren und vier Viadukte überquert.

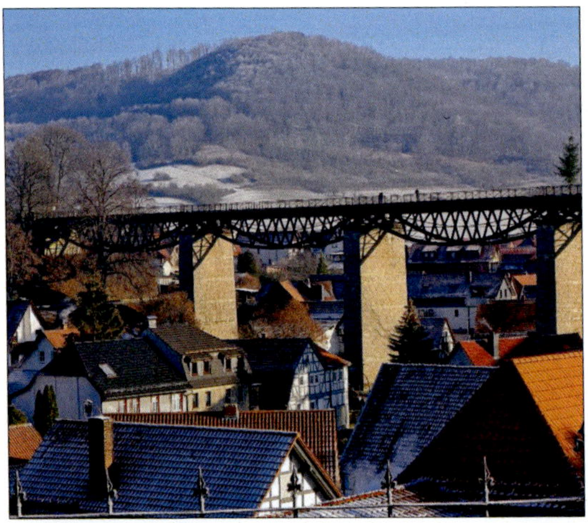

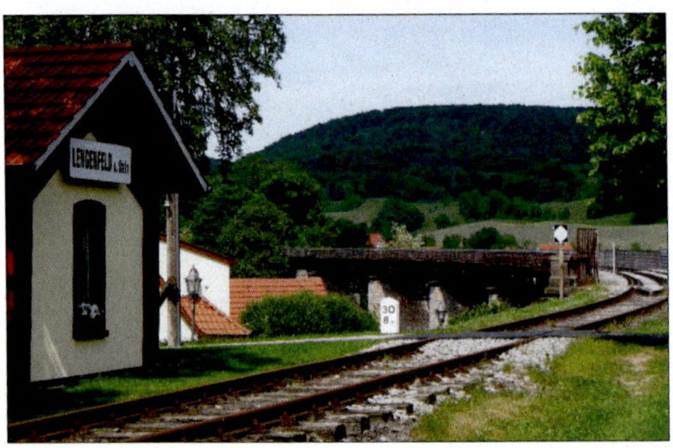

Eisenbahnviadukt von Lengenfeld/Stein mit Bahnwärterhäuschen.

Marth (Försterstein)

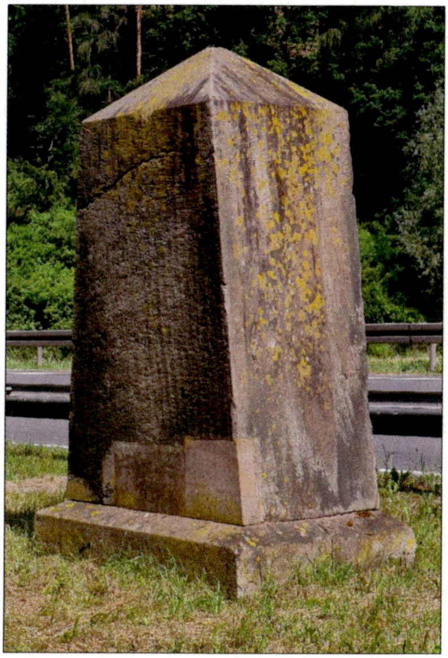

Försterstein.

Ein Meilenstein ist es nicht - dennoch ein überaus mächtiger Stein, der seine Blicke auf sich zieht. Nur wenige Menschen kennen allerdings den Hintergrund dieses sagenumwobenen steinernen Kolosses, der an der B 80 zwischen Uder und Arenshausen in der Gemarkung der Gemeinde Marth befindlich ist.

Es ist nicht nur seine imposante Größe, es ist auch die Geschichte, die sich um diesen Monolithen rankt, die fasziniert. Zwischen Wiesenmühle und der Brücke, die in den anfänglichen 2000er Jahren im Zuge von Straßen- und Brückenbaumaßnahmen erneuert wurde, thront dieser Steinriese mit seinen beachtlichen Ausmaßen. Damals erhielt er eine Einschalung und wurde einige Meter Richtung Leine gerückt, um die Baumaßnahmen unbeschadet zu überstehen. Vor Zeiten wurde der Koloss als „Meilenstein" betitelt, was sachlich nicht korrekt ist. Geschichten ranken sich allemal um ihn herum. Sie erzählen von der Liebe eines treuen Tieres. Der damalige Bürgermeister der Gemeinde Marth, Albert Höppner, wusste während der Baumaßnahmen zu berichten, dass dieser Stein als Denkmal für einen mutigen Hund errichtet wurde. Hier spielt die Familie von Alvensleben aus Rusteberg eine Rolle. Das gleichnamige Gut befand sich15 Kilometer südlich von Göttingen im Kreis Heiligenstadt. Es wurde 1879 von Georg von Alvensleben erworben. Bis 1945 - zur Bodenreform - war es im Besitz der Familie.

Die Alvenslebens nannten wohl einst einen Hund ihr Eigen. Dieser soll um 1900 am heutigen Standort des Monolithen ein Kind vor dem Ertrinken gerettet haben, als es ein schreckliches Hochwasser gab. Genau an dieser Stelle soll der Hund - laut Überlieferungen - später ums Leben gekommen sein. Warum und wie er starb ist nicht überliefert, es gibt auch zur Geschichte keine schriftlichen Belege, alles ist lediglich durch mündliche Überlieferung erhalten. Der imposante Stein könnte also ein „Hundegrab" sein. Arno Waldmann aus Kirchgandern wusste zu berichten, dass der Monolith kein Grabstein, sondern vielmehr Ausdruck schlechten Gewissens sein soll. Der Tierarzt kann sich an eine andere Schilderung erinnern, in der davon berichtet wird, dass vor über 100 Jahren ein Bewohner des Rusteberges mit seinem Hund auf der Jagd gewesen sein soll, als plötzlich das Tier begann, anhaltend zu bellen. Dies ärgerte ihn wohl so sehr, dass er seinen Hund erschoss. Zuhause angekommen begriff er, warum sein Hund nicht aufgehörte hatte zu bellen. Der Rusteberger hatte seine Jagdtasche zuhause vergessen, darauf wollte ihn sein Hund aufmerksam machen. Weil der Mann untröstlich war, das Tier sinnlos erschossen zu haben, setzte er ihm ein Denkmal. Waldmann plädiert dafür, dass dieser Stein und seine Geschichte darauf aufmerksam machen kann und sollte, sich mehr für treue Haustiere einzusetzen. [35]

Marth (Rusteberg)

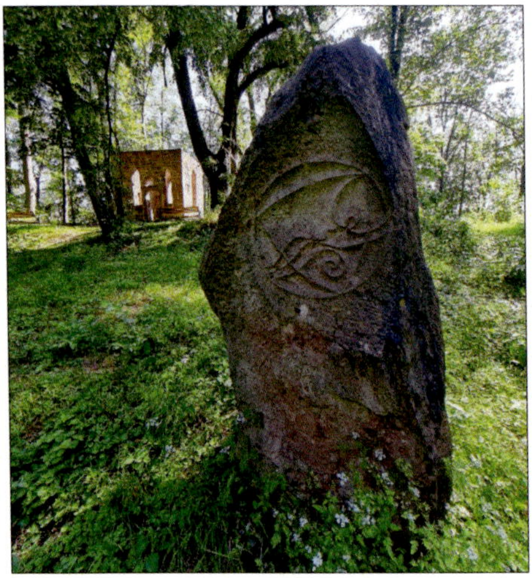

Monolit im Hintergrund die Ruine der St. Michaels Kapelle.

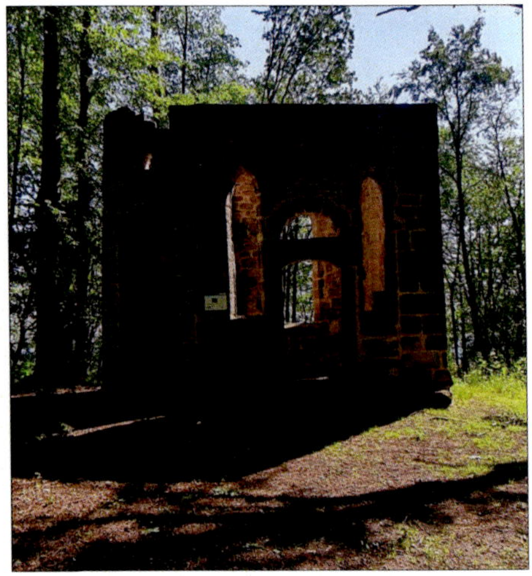

Burgkapellenruine St. Michaelis auf dem Rusteberg, Rundturm und Eingangsfront.

Unweit der Pfarrkirche St. Ägidien führt ein gut begehbarer Weg hinauf zum Rusteberg. Hier verlief im Mittelalter eine bedeutende Heer- und Handelsstraße über Uder und Arenshausen in das Eichsfeld. Der Rusteberg ist ein Einzelberg, dem nachgesagt wird, in früheren Zeiten eine altsächsische Kultstätte gewesen zu sein. Ein steinerner Zeitzeuge neueren Datums, der auf einen Workshop des Marther Kastanienhofes (Lebens- und Agrarkulturelle Initiative e.V.) im Jahr 2005 zurückgeht, kann auf dem Rusteberg bewundert werden. Zwei weitere befinden sich im Areal des Kastanienhofes in Marth und bei der Hauborn-Quelle am Fuße des Rusteberges Richtung Rustenfelde. Sie wurden in der Tradition des slowenischen Bildhauers und Land-Art-Künstlers Marco Pogačnik aufgestellt. Seit Mitte der 1980er Jahre beschäftigt er sich mit der „Lithopunktur", eines der Akupunktur angelehnten Vorgehens zur Heilung und Ausbalancierung von Landschaften und Örtlichkeiten. 1991 wurde er mit der Gestaltung des slowenischen Staatswappens betraut. Überall auf der Welt führt der Künstler seine Projekte zur Heilung der Natur- und Stadtlandschaft durch Steinsetzungen aus.

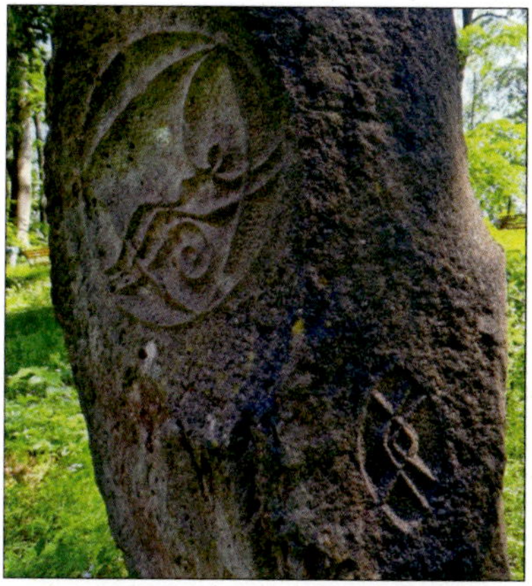

Monolith mit den Einmeißelungen.

Im September 2005 fand sich eine Gruppe Interessierter zusammen, um gemeinsam mit dem Geomanten Wolfgang Schneider aus Quedlinburg die drei Kosmogramme zu den genannten Orten zu entwerfen. Geomantie ist die Weisheit und Wissenschaft von der Erde. Ein Geomant beschäftigt sich mit den Erdchakras, also mit besonderen Energieausstrahlungen der Erde.

Die Seminarteilnehmer erlebten gemeinsam diese Orte, erspürten die Kraftlinien, fühlten sich in diese besonderen Orte ein und entwickelten aus dem Erleben ein Bild als Abbild der lebendigen Struktur des Ortes, welches sie nach dem Visualisieren probeweise durch den Ort schickten, zu sehen, wie es wirkt und schließlich in den Sandstein meißelten und dem Ort schenkten.

In der unmittelbaren Nähe dieses Bodendenkmals ragen die Reste einer spätmittelalterlichen Festungsanlage in den Himmel, die im Mittelalter die bedeutendste der mainzischen Burgen des Eichsfeldes war, da hier die Mainzer Erzbischöfe residierten, wenn sie für die Ausübung von Staatsgeschäften ins Eichsfeld kamen, aber auch, weil die ältesten Burggrafen, Landvögte und Viztume hier ihren Sitz hatten. Dieses bedeutende Kulturdenkmal ist weithin bekannt als Burgkapellenruine St. Michaelis auf dem Rusteberg – zugehörig zur Gemeinde Marth der Verwaltungsgemeinschaft Hanstein-Rusteberg.

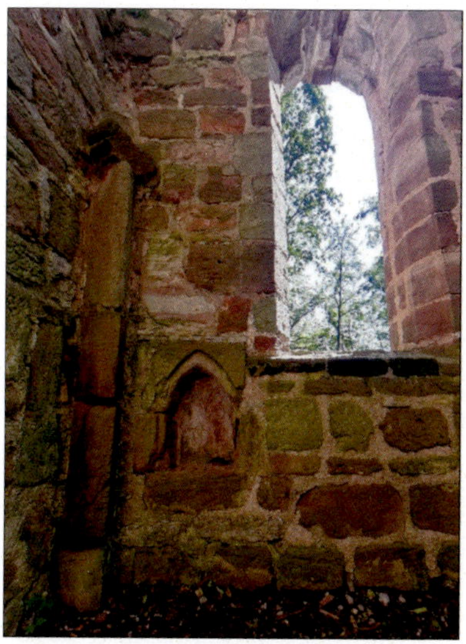

Nische zur Aufbewahrung der Sakramente mit Viertelsäule.

Reste der äußeren Anlage, das teilweise verschüttete Kellergewölbe und die Ruine der Burgkapelle sind noch erhalten. Letztgenannte wurde in den 1840er Jahren mittels Trümmerresten um Rundturm und Eingangsfassade ergänzt. In den Jahren 2017 bis 2019 wurde das gotische Kleinod grundlegend restauriert. Die Ortschaft Marth erhielt 2018 für die denkmalgerechte Instandsetzung und Nutzung der Kapelle den Thüringer Denkmalschutzpreis. In ihrem Inneren können Viertelsäulen, die als Eckdienste genutzt wurden, und eine Nische zur einstigen Aufbewahrung der Sakramente bewundert werden.

Einst bestand die Burganlage aus der Kernburg mit halbmondförmiger befestigter Vorburg. Im Süden war der Hauptzugang gelegen, der – einer Bastion ähnlich – durch ein Vortor verstärkt wurde. Die Burganlage war mittels eines ringförmigen Burgwallgrabens bestens gegen Angreifer geschützt.
Die Anlage gelangte vermutlich schon im 9. Jahrhundert in den Besitz der Mainzer Erzbischöfe. Um 1123 unterzeichnete Erzbischof Adalbert I. von Mainz hier erstmals ein Dokument. Um diese Zeit soll sie als Sitz des mainzischen Oberamtmannes – also des weltlichen Vertreters des Erzbischofs – genutzt worden sein. Von 1150 bis 1327 waren die Herren von Hanstein als Vizedome - damals auch bekannt als Herren von Rusteberg – eingesetzt. In der Folgezeit erweiterte sich die Anlage zu einer bedeutenden Vasallenburg.
Der Bauernkrieg konnte der Burganlage nichts anhaben, allerdings löste sich das Anwesen im Zuge der örtlichen Veränderung des Oberamtes nach Heiligenstadt hin um 1540 auf. Auf dem Rusteberg residierten nur noch die Amtsvögte. Die Wallfahrten zur Sankt Michaelskapelle fanden noch statt, konnten aber den Verfall nicht aufhalten. Die Steine der Ruine wurden 1749/50 für den Bau des Mainzer Amtshaus am Fuß des Berges verwendet.
Einige bedeutende Namen des Eichsfeldischen Adels seien an dieser Stelle genannt, die im Lauf der Zeit auf dem Rusteberg ihr Amt ausübten: Graf Siegfried von Wittgenstein, Johann von Wintzingerode, Rudolf und Conrad von Biltzingsleben, Otto von Rusteberg, Hugo von Geisleden oder Friedrich von Linsingen.

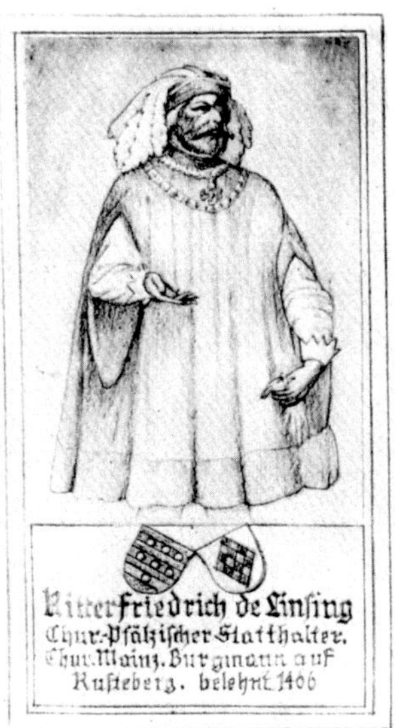

Friedrich von Linsingen als Burgherr auf dem Rusteberg. (Quelle: Freiherrlich v. Linsingensches Hausarchiv)

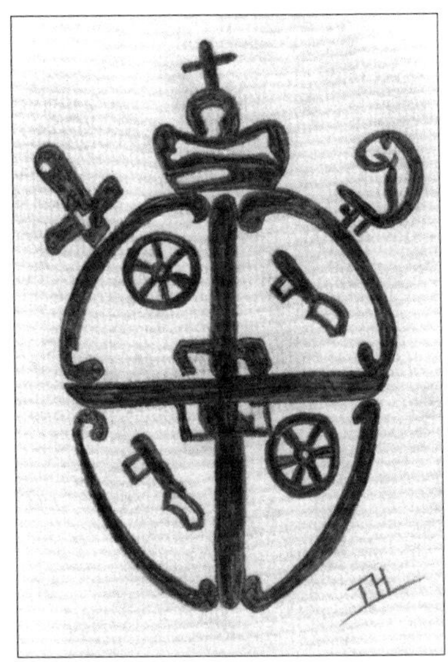

Rusteberg, ältestes Wappen der Burg (Illustration: Tina Heintze)

Carl Duval schreibt in seinem Standardwerk ‚Das Eichsfeld': „*Noch in weiter Entfernung vom Gipfel erblicken wir hier und da in Gebüsch versteckte und von Grün überwucherte Mauerfragmente, weiter aufwärts Eingänge zu Gewölben und dergleichen mehr; es ist aber schwer zu unterscheiden, was davon aus alter Zeit stammt oder aus jüngster Zeit herrührt, da die neueren Besitzer des Rusteberges viele Mauerstücke haben errichten oder wenigstens die beim Aufräumen der Burgstätte gefundenen Steine haben aneinandersetzen und zusammenmauern lassen, durch welche künstlichen Ruinen der Alterthumsfund jedoch wenig befriedigt wird. Die zweckmäßigste Arbeit dieser Art auf dem Rusteberge ist die Wiederbebauung der schon zu Wolf's Zeiten verfallenen St. Michaelscapelle. Dieselbe liegt ganz oben auf der Höhe des Berges und besteht aus drei Seitenwänden, an denen man mehrere mit Figuren gezierte Steine gewahrt, und aus einem daran stoßenden Thurme, der weder großen Umfang noch bedeutende Höhe hat.*“ [34]

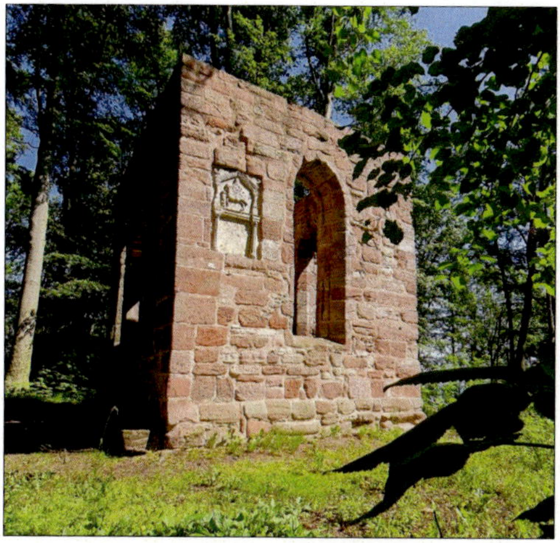

Seitenansicht der Ruine mit Relief.

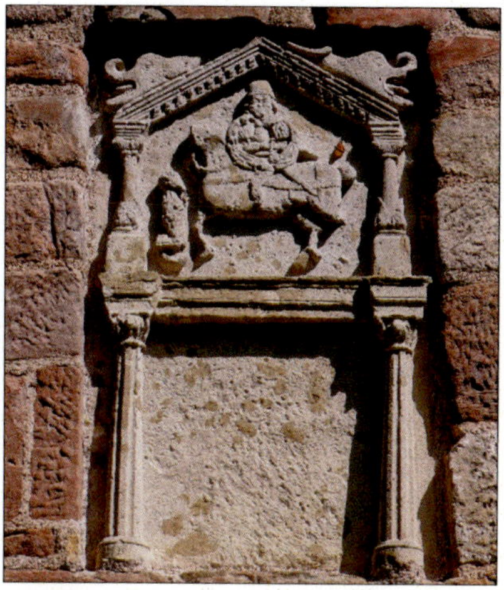

Relief des Heiligen Martin.

Betrachtet man die Südseite der Kapellenruine, so fällt linksseitig des Fensters ein gut erhaltenes Martinsrelief auf, wohl ein letzter noch erhaltener der laut Duval einst mehreren gezierten Steine. Ein ähnliches Relief ist im Inneren der Burg Gleichenstein befindlich und wird im Buch im Kapitel „Wachstedt: Steinbildnis innerhalb Burg Gleichenstein“ thematisiert.
Das Rusteberger Relief zeigt den Heiligen Martin auf einem Pferd sitzend in einem auf Säulen stehenden Haus mit Säbel. Davor ist ein Bettler zu erkennen. Auf dem Dach links und rechts ist jeweils ein Tierkopf mit aufgerissenem Maul und Zunge zu sehen. Deutlich sind die Zähne zu erkennen. Wappentiere zeigen meist ihre Zunge. Diese Sitte geht darauf zurück, dass sie Kraft, Schnelligkeit und Mut symbolisieren sollten. Um diese Eigenschaften zu verstärken und sie dämonischer wirken zu lassen, wurden sie mit offenem Maul und gebleckter Zunge dargestellt.

In der Gemeinde Marth fällt bei der Kirche ein interessantes Steinkreuz auf.
Ab 1914 wurde der alte Friedhof der Gemeinde Marth bei der Kirche nicht mehr genutzt, lediglich die Flächen wurden noch leidlich gepflegt. Er war schlichtweg zu klein geworden. Ortschronistin Anni Taubel weiß zu berichten, dass sich selbst unter der Sakristei Gräber befanden.
Zwischen 1950 und 1954 wurde er schließlich abgeräumt. Gemeinde- und Kirchenvertreter errichteten auf dem Gelände hinter dem Gotteshaus die Mariengrotte, auf der ein Steinkreuz thront, welches vom einstigen Friedhof stammt. Am 8. Mai 1954 wurde sie geweiht. Junge Männer der Feuerwehr hatten während des Zweiten Weltkrieges versprochen, der Mutter Gottes eine Andachtsstätte zu errichten, sollten sie gesund heimkehren.

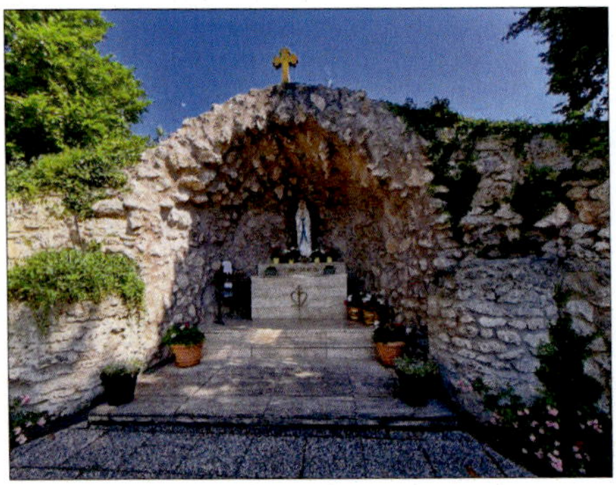

Mariengrotte mit Steinkreuz.

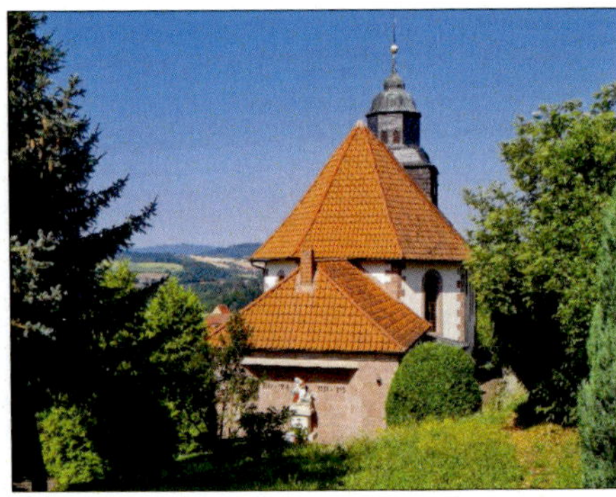

Blick zur römisch-katholischen Kirche St. Ägidius (errichtet: 1732).

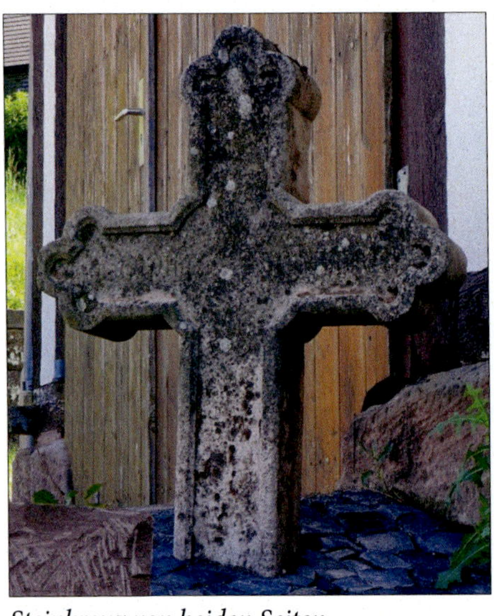

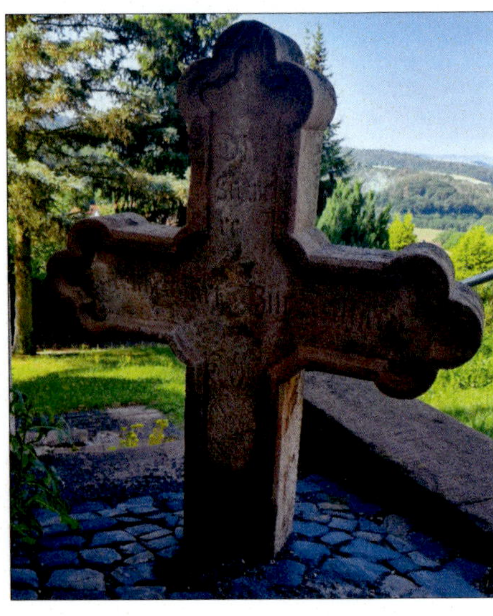

Steinkreuz von beiden Seiten.

Auf diese Jahre geht wohl auch das Steinkreuz zurück, welches oberhalb der Stufen, die hinunter zur Grotte führen, an der Scheune befindlich ist. Es muss der Rest eines Grabmales vom einstigen Friedhof sein. Am Kreuzstumpf ist eine Blumenranke in einem Topf zu erkennen, und am Querbalken kann vage „zur Seligkeit" entziffert werden. Der Rest der Inschrift ist leider derart verwittert, dass nur Vermutungen angestellt werden können.

Schönau (Uder)

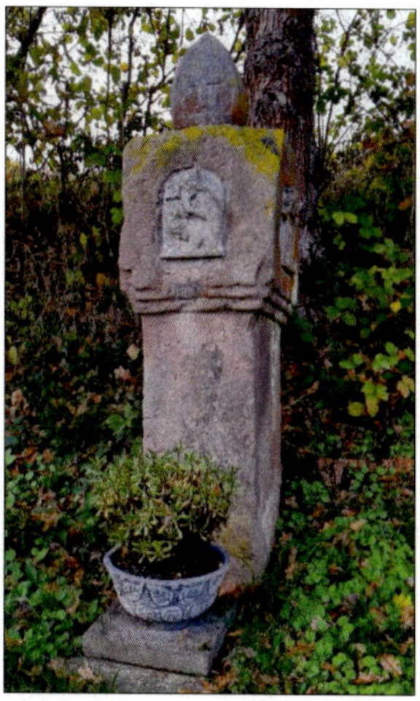

Bildstock mit Bischofsmütze.

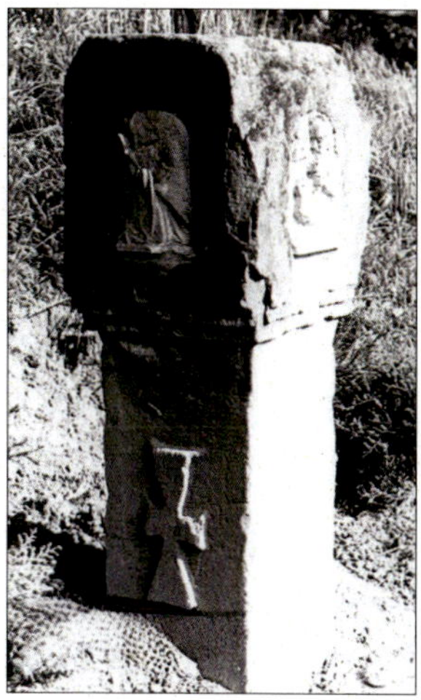

Historische Aufnahme des Steins ohne Mitra. Sammlung: Guido Osburg Burgwalde

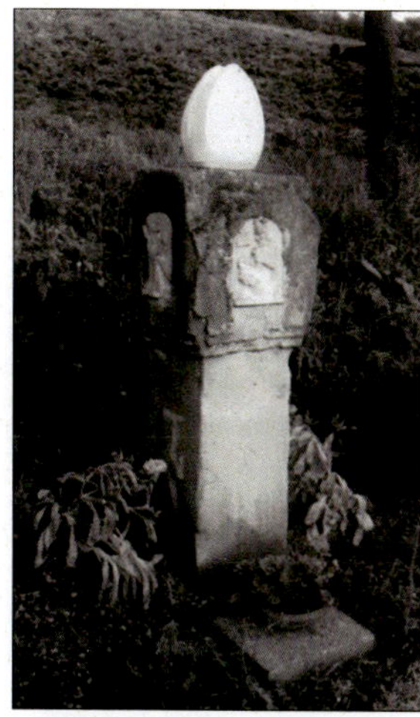

Stein mit neu aufgesetzter Mitra aus dem Jahr 1980. Sammlung: Guido Osburg Burgwalde

Etwa 120 Meter auf der Straße Schönau – Richtung Burgwalde (westliche Richtung) befindet sich drei Meter hinter dem Straßengraben, etwa 50 Meter von der Gemarkungsgrenze Burgwalde entfernt, ein aus Sandstein gefertigter Bildstock, der mit einer Bischofsmütze bekrönt ist. Der 33 cm hohe Stein weist flache Nischen auf, die mit Reliefbildern versehen sind. Im Bayerischen wird ein solcher Bildstock auch als Marter bezeichnet. Auch ist der Ausdruck Betsäule geläufig, da ein solches Bodendenkmal errichtet wurde, um die Menschen zu animieren, innezuhalten und im Gebet zu verharren. Das Eichsfeld ist reich an solchen und ähnlichen christlichen Steinrelikten. Bildstöcke befinden sich außerdem in Arenshausen, Mackenrode, Uder, Wüstheuterode oder Lenterode, um nur einige zu nennen.
Das benannte Bodendenkmal wird in der Region „Kleiner Bonifatiusstein" genannt, da er sozusagen als Ergänzung zu seinem großen Bruder errichtet wurde. Das war

im Jahr 1746, in einer Zeit, als der barocke Kirchenbau vorherrschte und Baumeister Christoph Heinemann aus Dingelstädt im Eichsfeld tätig war. Das Heiligenstädter Schloss ist eines der bekannten Bauten des Architekten. Die Jahreszahl ist seitlich am Steinsockel eingemeißelt. Erstmals berichtet der Heimatforscher und Rektor Karl Wüstefeld in seinem Sagenschatz vom kleinen Bonifatiusstein. Schon damals trug er die Bischofsmütze, die bis gegen Ende des vorigen Jahrhunderts den Stein zierte. Eines Tages lag die Mitra auf der Erde. Möglicherweise hatte ein vorüber fahrender Wagen den Stein gerammt und dabei die Mitra abgeschlagen. Einige Zeit lag sie neben dem Stein, bis sie plötzlich verschwunden war. Es könnte sein, dass ein Liebhaber sie entwendet hatte. Lange Zeit war auf dem Stein nur noch das Kapitell zu sehen, welches einmal die Bischofsmütze trug. Der Geisledener Pfarrer Karl Palitza, dem „goldene Hände“ [36] nachgesagt wurden – er war Hobbysteinmetz – konnte diesen Zustand nicht mehr mit ansehen und erschuf eine Nachbildung des Originals, die seit Juli 1980 auf dem Kapitell thront.
1964/65 fertigte Josef Thor aus Bickenriede drei Muschelkalkreliefs für die drei leeren Vertiefungen an, welche noch heute in den Nischen zu sehen sind. Sie entstanden nach den Originalzeichnungen des Lengenfelder Kunst- und Kirchenmalers Joseph Richwien.
Der gelernte Maler war als Bildschnitzer und Kirchenmaler tätig. Zur Erweiterung seiner künstlerischen Fähigkeiten und Erfahrungen arbeitete er zeitweise bei der Kunstmalerei Willi Jakob in Würzburg und besuchte von 1937 bis 38 die Malerschule

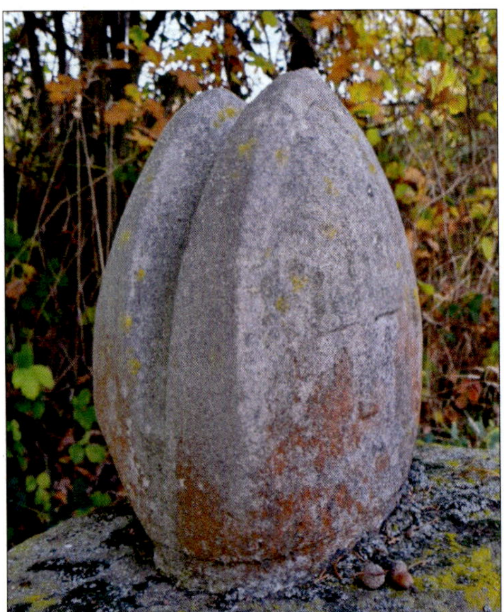

Mitra.

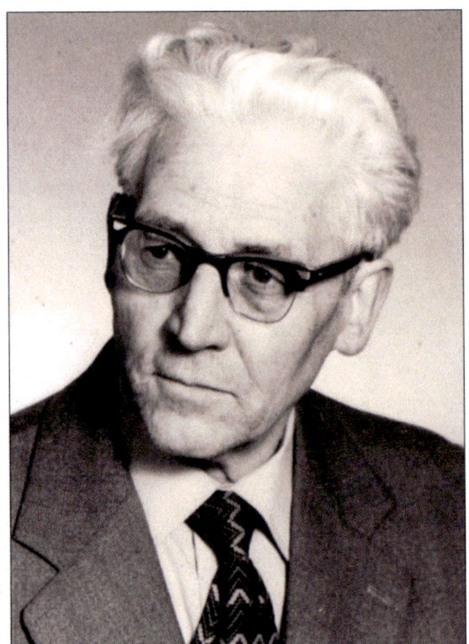

Joseph Richwien (1912–1992).[81]

Karl Sonner in Olching bei München. Nach dem Zweiten Weltkrieg nahm er seine Arbeit als Kirchenmaler und Restaurator im Eichsfeld auf.
Ab 1956 arbeitete er als freischaffender selbstständiger Maler und Restaurator in vielen Kirchen und Museen der Region und darüber hinaus und machte sich einen Namen. Viele der Kirchen und fast alle Altäre, die Joseph Richwien restaurierte, stehen heute unter Denkmalschutz.
Der Gemeinderat der Gemeinde Lengenfeld unterm Stein beschloss in seiner Sitzung am 31. Januar 1992, Herrn Joseph Richwien die Ehrenbürgerrechte postum zu verleihen.

Die Reliefs zeigen Bonifatius im Gebet, bei der Predigt und Taufe. 1980 wurde der Stein gehoben und in ein neues Fundament gesetzt. Ebenfalls in diesem Jahr wird die Kapelle zu Ehren des Heiligen erbaut. Christina Meierreinke aus Burgwalde stiftete sie. Im Jahr darauf wurde sie von Dr. Konrad Zehrt eingeweiht.
Eine Sage berichtet, dass der heilige Bonifatius an der Stelle, wo noch heute der Stein aus der Erde ragt, täglich mit seinen Gefährten eine Andacht gehalten haben soll, um Gottes Hilfe für das begonnene Bekehrungswerk zu erbitten. Von diesem Punkt

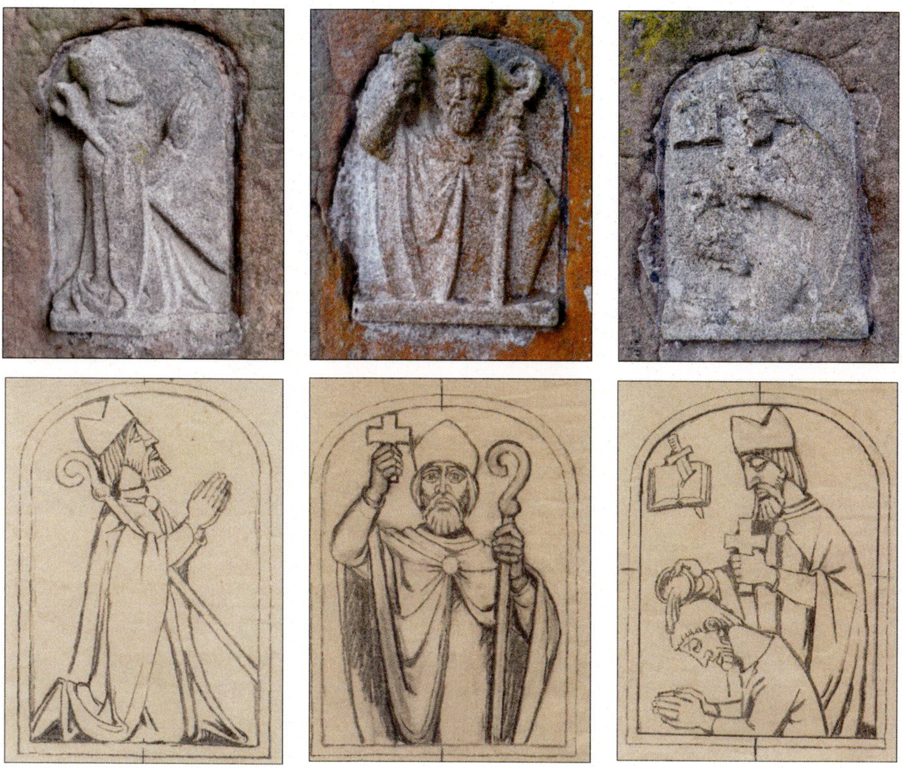

Bonifatius im Gebet, Bonifatius bei der Predigt, Bonifatius bei der Taufe dazu jeweils die Zeichnung von Joseph Richwien.

– so wird berichtet – soll der Heilige den „Schleifweg" nach dem Brink hinaufgestiegen sein, wo er täglich predigte. Besagten Weg gibt es heute nicht mehr. Nur noch wenige wissen, wo er einst verlaufen war. Erstmals erwähnt wird der Brink in Dr. Konrad Zehrts Publikation „Einführung des Christentums auf dem Eichsfeld" im Jahr 1847.

Der Bonifatiusstein auf dem Brink bei Burgwalde sollte keinesfalls vergessen werden, wenn an die Verehrung des Heiligen im Eichsfeld gedacht wird.

Nahe des Rusteberges liegt die Gemeinde Burgwalde. Ein Kreuzweg führt hier zu einer kleinen Anhöhe hinauf, welche von einer Fichtengruppe bestanden ist. Inmitten dieser Bäume wurde eine kleine Sandsteinkapelle erbaut, die dem heiligen Bonifatius geweiht ist. 1980 wurde das Innere der Kapelle mit vier Wandgemälden des Heiligenstädter Künstlers Heinz Heinlein ausgestattet, die vom Leben und Wirken des heiligen Bonifatius berichten. Die kleine Kapelle liegt heute am Pilgerweg Loccum-Volkenroda.

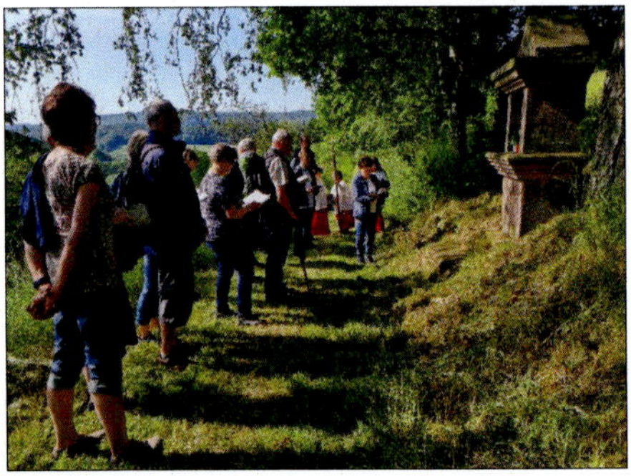

Kreuzwegstation mit betenden Christen am Pfingstmontag zur traditionellen Wallfahrt.

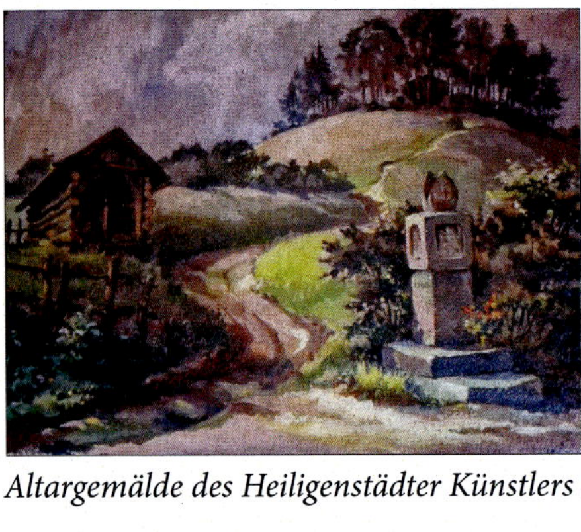

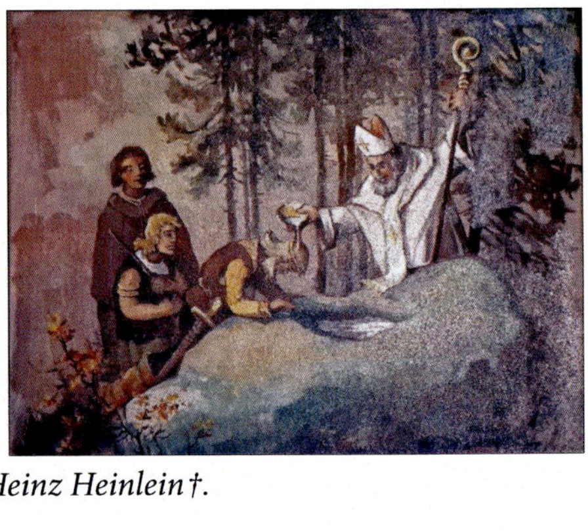

Altargemälde des Heiligenstädter Künstlers Heinz Heinlein†.

Hinter der Kapelle befindet sich der „Bonifatiusstein", der auch als „Taufstein des heiligen Bonifatius" bezeichnet wird. Dieser altersgraue, gewaltige Sandsteinfelsblock ist mittig mit einer beckenartigen Vertiefung versehen. Die Dorfbewohner wissen zu berichten, dass sich darin das ganze Jahr bräunlich gefärbtes Wasser befindet. Einst könnte sich eine heidnische Opferstätte mit dem Felsblock als Opferstein hier befunden haben. Eine Sage berichtet, dass Bonifatius an dieser Stelle gepredigt haben soll und damit dem altgermanischen Götterkult ein Ende bereitet hatte.

Überlieferungen zufolge soll Bonifatius mit seinen Gefährten in der Region um die heutigen Dörfer Schönau und Burgwalde eine bescheidene Behausung errichtet haben. Jeden Abend soll der Heilige zum Verkünden des Gotteswortes auf die Anhöhe gestiegen sein, wo er vor den versammelten Menschen die Lehre des Gekreuzigten verkündete. Seine Worte waren nicht leicht zu verdauen - und es wird berichtet, dass die Menschen ihm immer weniger zuhörten. Es verging einige Zeit, bis Bonifatius am Vorabend der Sommersonnenwende wieder auf den Hügel stieg. Es war niemand dort oben. Bonifatius wusste um die germanische Tradition und, dass das Fest mit Sonnenaufgang beginnen würde. Die Menschen opferten dem Gott Wotan ein schneeweißes Pferd und veranstalteten anschließend ein großes Gelage. So trat Bonifatius traurig den Rückweg an. Er und seine Gefährten beteten und baten Gott, den Sinn der Menschen zu ändern. Nach Mitternacht kamen die Germanen mit ihren Familien aus den Tälern der Region zum Brink, um besagtes Fest zu feiern. Beim ersten Morgenrot teilte sich die Menge und das Opferross wurde dargebracht - geschmückt mit heiligen Mistelzweigen. Die Menschen führten es zum Opferstein und ein alter, ehrenwürdiger Opferpriester, dessen Stirn mit einem Eichenkranz umwunden war, trat zum Pferd. Er hielt in seiner Rechten ein langes Opfermesser. Seine Augen sahen gen Osten, dahin, wo in Kürze die Sonne aufgehen würde. Es herrschte absolute Stille. Die Morgenröte wurde heller, bis sich schließlich die Sonne über sie ergoss. Dieses Schauspiel wurde „Das Auge Wotans“ genannt. Die allerersten Sonnenstrahlen schienen über die bewaldeten Hügel und tauchten die Landschaft in ein goldenes Licht. Die Menschen jubelten und riefen:
„Heil Wotan, Heil dem Großen!“
In dieser Sekunde wurde es still. Der Priester stieß nun die Klinge seines Messers in die Brust des Pferdes. Als das Tier getroffen war, sprang es zur Seite und sank neben dem Opferstein nieder. Das Blut ergoss sich nicht, wie erwartet in die beckenförmige Vertiefung des Opfersteins, sondern auf die Erde und versickerte im Gras. Allseits war Bestürzung zu spüren ob dieses üblen Omen. Der Opferpriester konnte nicht an sich halten und ließ eine Verwünschung hören, waltete aber dann wie gewohnt seines Amtes und zerlegte das Opfertier. Der riesige Holzstapel wurde angezündet. Das Fleisch wurde in einen Kessel gelegt und mit Lauch und Mistel gekocht.
Währenddessen hatte Bonifatius weiterhin gebetet, das heiliger Opfer gefeiert und nahm schließlich das Kruzifix, um sich zur Opferstätte auf dem Berg zu begeben. Die Menschen empfingen ihn murrend. Bonifatius allerdings bedeutet ihnen, dass er zu ihnen sprechen möchte. Die Männer drohten ihm, nur einer hob seine Stimme an und sagte:
„Tag für Tag hast du uns die Macht deines Gottes gerühmt, und wir haben dir stillschweigend zugehört. Darüber ist unser Gott Wotan erzürnt, denn schon zwei Monde lang sind wir ohne Regen, und ringsumher vertrocknet alles. Unsere Felder sind gelb, und die Leine, die sonst reichliches Wasser bringt, ist ein schmaler Bach geworden. Wenn dein Gott wirklich so große Macht hat, wie du uns erzählst, so möge er jetzt das

Becken des Opfersteins mit Wasser füllen. Wenn er es kann, wollen wir gern an ihn glauben. Kann er es nicht, bist du ein Lügner und wirst deine Strafe empfangen.“ [37]
Die anderen Versammelten stimmten dem Sprecher zu. Bonifatius breitete daraufhin seine Arme aus, betete erneut zum Herrn, damit er diesen Menschen die Augen öffnen solle. Er segnete mit einem Kreuzzeichen den Stein, und, siehe da: zu aller Verwunderung war ein leises Rieseln zu hören, als würde eine Quelle der Erde entsprungen sein. Die Menschen erblickten das steinerne Becken, welches sich in diesem Moment mit klarem Wasser füllte. Bonifatius sprach:
„Nun geht nach Hause; doch bevor die Sonne im Mittag steht, wird reichlicher Regen euch und auch eure Felder erquicken.“ [38]
Langsam verließ Bonifatius die Opferstätte. Die Menschen blieben erregt zurück. Die Meinungen gingen auseinander, wobei es sich nicht leugnen ließ, was geschehen war. Noch immer war die Höhlung im Stein mit Wasser gefüllt. Dunkle Wolken zogen heran. Heftiger Regen prasselte hernieder. Auch an den darauf folgenden Tagen bestieg Bonifatius den Hügel und predigte zu den Menschen – unterrichtete sie in der christlichen Lehre, taufte sie mit dem Wasser, welches er aus dem steinernen Becken schöpfte.
Der vorchristliche Opferstein wurde so zum christlichen Taufstein. Noch heute wird dieser Stein „Taufstein des heiligen Bonifatius“ genannt. Die Anhöhe ist weithin auch als Bonifatiusberg bekannt. Alljährlich am Pfingstmontag pilgern die Christen über den Kreuzweg hinauf zur Kapelle, um dort das Festhochamt zu feiern.
Die Sage ist in groben Zügen vergleichbar mit der um den Bonifatiusbrunnen in der Südeichsfeldgemeinde Wendehausen.

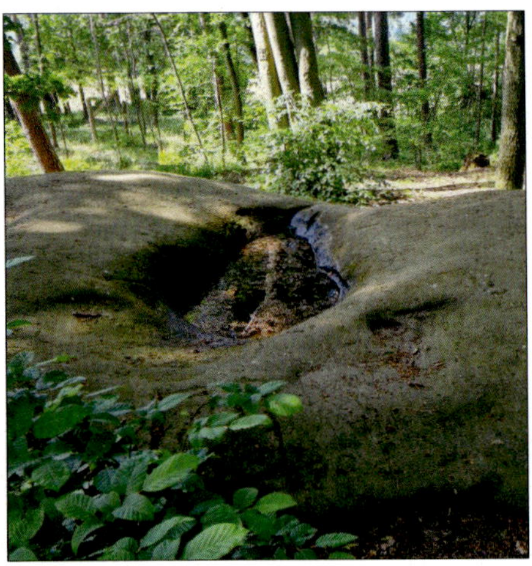

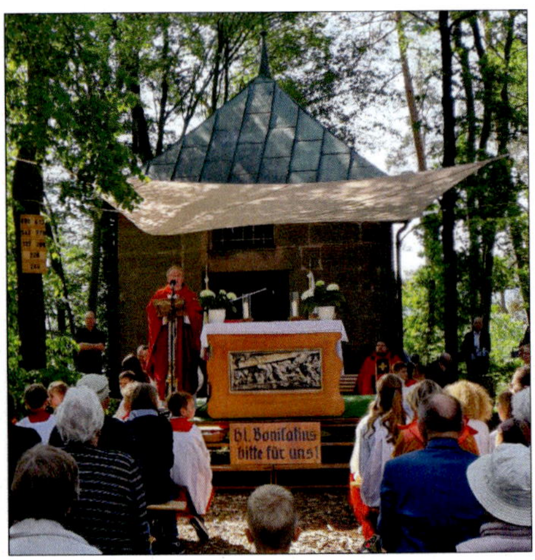

Bonifatiusstein und Umgebung mit Kapelle während des Gottesdienstes Pfingstmontag 2023.

Silkerode: Ruine Kirchdorf

Sehenswert in Silkerode sind die beiden sogenannten Goetheeichen – zwei Stieleichen, die mehr als ein halbes Jahrtausend alt sind. Sie erhielten ihren Namen aufgrund der Tatsache, dass Johann Wolfgang von Goethe während seiner ersten Harzreise am 13. Dezember 1777 durch Silkerode kam.
Die beiden Baumriesen gehören mit ihren ca. 550 Jahren zu den vier Eichen im Landkreis Eichsfeld, die fünf Jahrhunderte alt sind. Sie zählen gleichzeitig zu den ältesten Bäumen Thüringens.

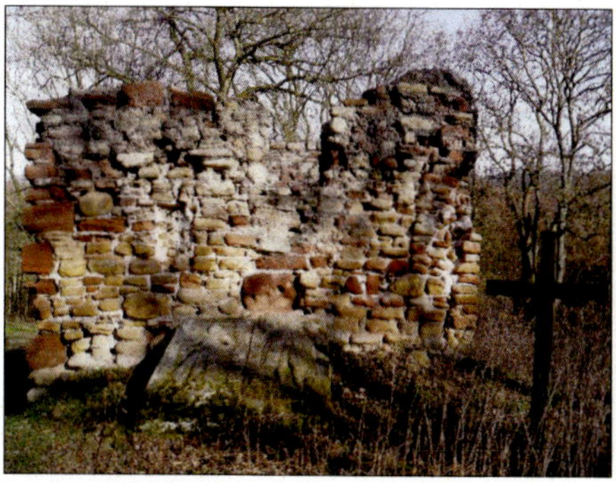

Ruine Allerburg.

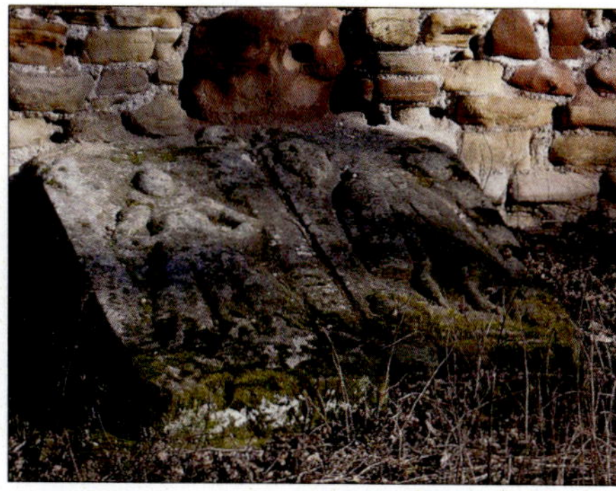

Grabplatten an der Kirchenruine.

Unweit des Ortes - im Zuge der Wanderung zur Ruine Allerburg - befindet sich die Wüstung „Kirchdorf". Einst Pfarrkirchdorf des Dekanats Bleicherode diente die Kirche den Herren der Allerburg als „Schlosskapelle" und später als letzte Ruhestätte. Das Dorf war 1804 längst verlassen, als die Kapelle noch gottesdienstlich genutzt wurde. Die noch heute vorhandenen Reste des Gotteshauses könnten – der Stil weist darauf hin – von der 1392 neu – bzw. umgebauten Kirche stammen.
Im Stadtarchiv Hannover wird das Dokument einer fürstlich Braunschweigischen Kommission aufbewahrt, in welchem über die Kirche zu lesen ist:
„Die Kirche ist gar schmal und eng und hat zur linken zwei kleine Fenster, auf der anderen Seite aber keine, dadurch das Licht in den Chor fällt. Zur linken der Kirche forne von der Kirchtür an bis hinten im Chor ist eine Empore von 18 Ständen für das Frauenzimmer an die Kirchmauer gebaut und unter derselben für die beiden Linien, Franz und Jobst, gleich abgetheilet, wie denn auch die Mannesstühle im Chor beiden Linien zuständig seien (zur linken Hand die Jobst'sche, zur rechten die Franz'sche, wie es bisher Brauch gewesen). Die Jobst'sche Linie hat anno 1625 zwei Epitaphien in und außer dem Chor zur rechten Seite angehangen." [39]
Auf der Informationstafel des Heimat- und Geschichtsvereins Amt Gerode/Gericht Allerburg und der evangelischen Kirchgemeinde Bockelnhagen/Weilrode/Silkerode ist vom ältesten steinernen Zeitzeugen der Umgebung zu lesen, welcher der noch vorhandene Grabstein des Heydenreich Rieme von 1300 sein soll, der sich an der

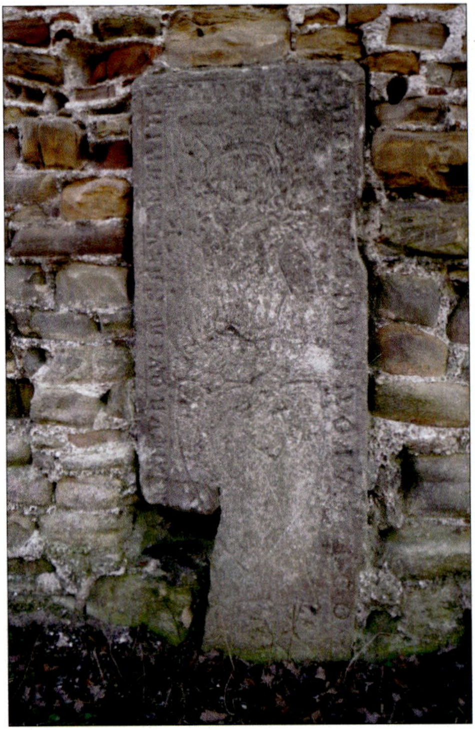

Grabstein an Mauer.

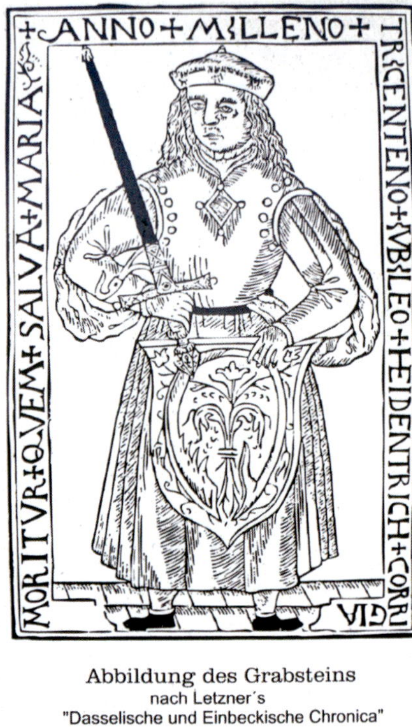

Illustration von der Erklärungstafel.

Nordseite der Turmruine befindet. Diese Annahme wird nach der „Dasselischen und Einbeckischen Chronika“ aus dem Jahr 1596 von Johannes Letzner zeitlich eingeordnet, untersucht und bestätigt.

Die Inschrift des Grabsteins lautet:

„Anno milleno tricenteno jubileo Heydenr(icus corrigia) moritur quem salva Maria.“

Übersetzung:

„Im Jubeljahr 1300 starb Heydenreich Rieme zu Ehren Mariens.“

In dieser Chronik ist außerdem zu lesen, dass Jost von Minnigerode 1539 den Stein *„dem Geschlecht hat erheben, reinigen und das Bild zusampt der Schrift durch einen Maler abreißen lassen.“*

Der Ritter Heydenricus aus dem Geschlecht der Riemen (lat.: corrigia) soll einer Sage nach schon zur Zeit Karl des Großen mit dem Allerbergischen begnadet gewesen sein und dasselbe Wappen geführt haben wie das Geschlecht, welches die allerbergische Gegend besiedelt und die Allerburg gebaut hat.

Die beiden anderen Grabsteine befinden sich an der Südseite der Turmruine und zeigen eine männliche und eine weibliche Person. Es wird davon ausgegangen, dass es sich um den zur Jobstlinie gehörenden Hans Daniel v. Minnigerode (verst. 1650) und die zur Franzlinie gehörige Hedwig Dorothea v. Minnigerode, geb. v. Bülow (verst. 1663) handelt. Hans Daniel wurde 1593 in Bockelnhagen geboren. Ihm ist es zu verdanken, dass der Grabstein von Heydenreich Rieme noch vorhanden ist.

Silkerode: Schäferdenkmal

Die Ortschaft Silkerode, zur Landgemeinde Sonnenstein gehörig, ist der am nördlichsten gelegene Ort des Eichsfelder Landkreises, gehört allerdings nicht zum historischen Eichsfeld.

Das so genannte „Schäferdenkmal" nördlich von Silkerode befindet sich unmittelbar an der Grenze zu Niedersachsen und erinnert an einen schweren Schicksalsschlag, der über das Dorf hereinbrach.

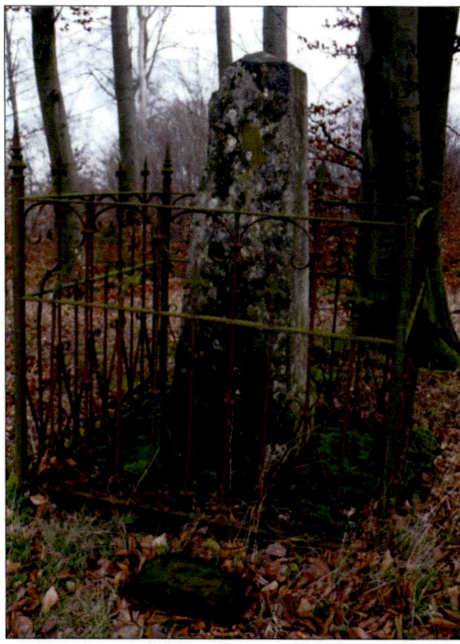

Schäferdenkmal.

Im September 1894 und Januar 1895 berichtete das evangelisch-lutherische Gemeindeblatt „Der Bote von der Allerburg" darüber.

Auf einer Informationstafel aus dem Jahr 2002 ist die erschütternde Geschichte nachzulesen. Es steht geschrieben:

„Am 26. April zog ein Gewitter über unser Dorf Silkerode. Es war nur leicht, um so mehr waren alle erschüttert, als plötzlich das Gerücht erscholl, zwei Personen seien vom Blitz erschlagen worden. Man wollte es erst nicht glauben, aber leider erwies sich die Kunde als richtig. Der Gutsinspektor Körber und die Ehefrau Lungershausen waren Opfer des Gewitters geworden. Körber war mit mehreren Personen im sogenannten „Spükeloche", an der Hohenstraße mit Kartoffelnpflanzen beschäftigt, als das Gewitter heraufzog. Die anderen hüllten sich in Säcke und kauerten sich nieder. Körber, der immer sehr ängstlich beim Gewitter war und sich gewöhnlich beim Ausbruch eines solchen nach Hause zu begeben pflegte, blieb diesmal aufrecht unter den Arbeitern stehen und warf noch in treuer Fürsorge einen Sack über seinen Hund. Da fuhr der Blitzschlag hernieder, der Körber auf den Rücken streckte, die Frau Lungershausen tötete, den Hund erschlug und die übrigen zum Teil betäubte.

Die Unglückskunde verbreitete sich rasch und in Haufen strömten die Leute aus dem Dorf herbei, unter ihnen der Gutsherr Freiherr Bernhard von Minnigerode und Herr Pastor Anger. Unter deren Leitung wurden sofort Wiederbelebungsversuche angestellt, die aber ohne Erfolg blieben. Die Frau Lungershausen ist am 28. April in Silkerode, Inspektor Körber am 29. in seinem Heimatort Edesheim bei Nordheim bestattet worden. Am Abend vorher fand im Herrenhause zu Silkerode durch den Ortspfarrer die feierliche Einsegnung der Leiche statt. Düsteres Tannengrün und von herrlichen Kränzen bedeckt, stand der Sarg in einem Zimmer des Erdgeschosses aufgebahrt. Teilnehmende drängten sich in dichten Scharen herein. Die Schulkinder sangen einige Strophen von dem wehmütigen Trostliede „Auferstehn". Dann folgte die liturgische Handlung des Geistlichen mit Gebet und Segen, und zum Schluß klangen wie aus weiter Ferne die getragenen Töne eines Trauerliedes, vom Männergesangsverein gesungen. Die Leiche wurde noch am Abend zu Wagen nach Edesheim gefahren, wohin sich am anderen Tage auch eine Anzahl hiesiger Herren begab, dem biederen Freunde die letzte Ehre zu erweisen.
Möge ihm die Erde leicht sein!
An der Stelle, wo Inspektor Körber und Frau Lungershausen vom Blitz erschlagen worden sind, steht jetzt ein einfacher, schlichter Gedenkstein, von einem eisernen Gitter umgeben. Freunde der Toten haben diesen Stein gesetzt."

Wachstedt: Steinbildnis innerhalb Burg Gleichenstein

Im östlichen Teil der Obereichsfeldes, auf einer schroffen Muschelkalkhochfläche thront die Burg Gleichenstein auf dem Schlossberg. Einst wurde sie Velseck oder auch Felseck genannt. Etwa 200 Jahre war die Anlage im Besitz der Grafen von Gleichenstein, einem thüringischen Grafengeschlecht, welches in der Region erstmals um 1050 auftrat. Die noch heute erhaltenen Gemäuer wurden nach dem 30-jährigen Krieg um 1845 erbaut. Ein interessantes Steinrelief befindet sich über dem inneren Burgtor des Gleichensteins. Das Bildnis zeigt den heiligen Martin und einen um ein Almosen flehenden Bettler. Darüber sind zwei Wappen zu erkennen. Links das Mainzer Rad und rechts ein quadriertes Schild mit dem Wappen des Erzbischofs Konrad III., der im Zuge seiner Aufenthalte auf dem Eichsfeld in den Jahren 1420, 1424 und 1433 in seiner Funktion als Erzbischof und Kurfürst von Mainz auch den Gleichenstein besucht haben soll.

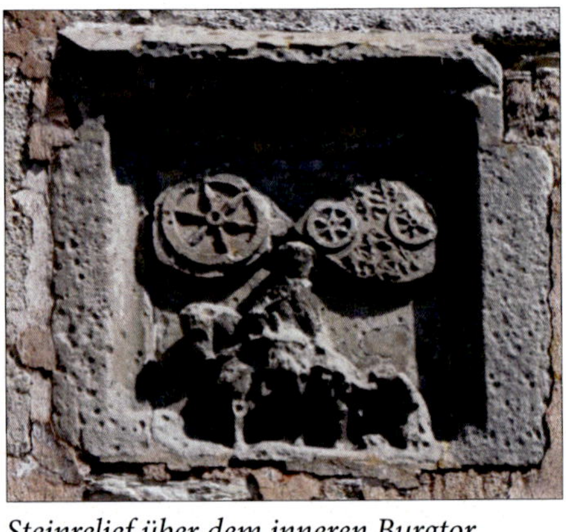

Steinrelief über dem inneren Burgtor.

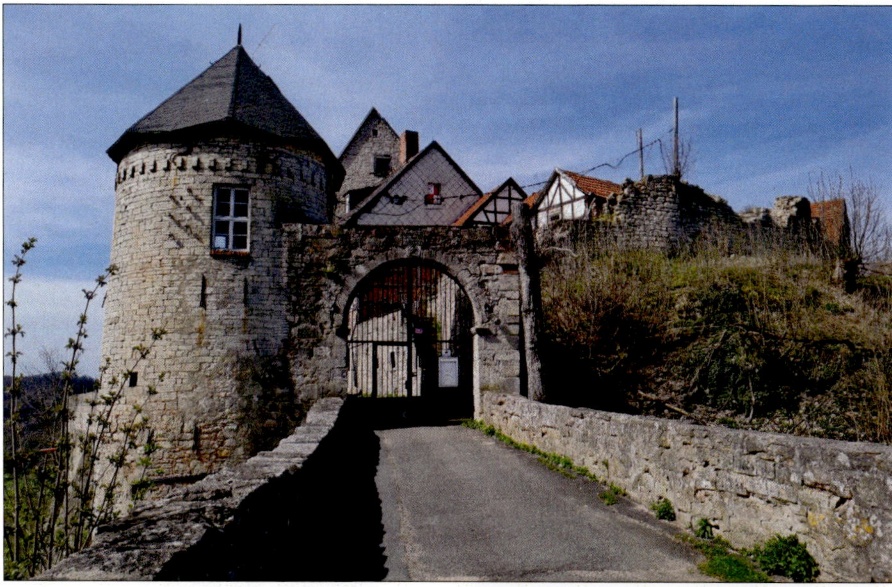

Ansicht der Burganlage Gleichenstein.

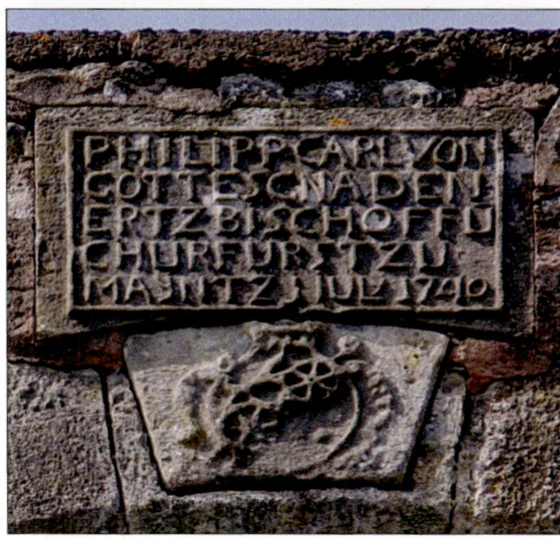

Inschrift im Stein über dem äußeren Torbogen.

In Erinnerung an besagte Aufenthalte wurde das Relief des Heiligen Martin – des Patrons des Erzstifts – gemeinsam mit dem Wappen des Erzbischofs und dem Mainzer Rad über dem inneren Portal angebracht.
Über dem äußeren Torbogen ist mittig in einen Stein der Satz:
„Philipp Carl von Gottes Gnaden Erzbischoff u. Churfürst zu Mayntz: 1. July 1740" eingemeißelt.
Von 1732 bis 1740 regierte Erzbischof Philipp Karl, Freiherr von Eltz. Er weilte nie im Eichsfeld. Seinen Neffen Hugo Franz Karl von Eltz-Kempenich allerdings ernannte er zum Statthalter des Eichsfeldes. Bis 1779 übte dieser sein Amt aus und ging als Wohltäter des Eichsfeldes in die Geschichte ein. 1739 leitete er den Wiederaufbau, als Heiligenstadt kurz vorher von einem riesigen Stadtbrand heimgesucht wurde. Der Neubau des Rathauses, des Jesuitenkollegs und Stadtschlosses gehen auf sein Engagement zurück. Es wird davon ausgegangen, dass er es war, der den Stein über dem Eingangsportal zu Ehren seines Onkels, der damals Eigentümer der Burganlage war, hat anbringen lassen. [40]

Westerwald

Die Herkunft der Bezeichnung „Eichsfelder Westerwald“ lässt zahlreiche Deutungen zu. Johann Wolf leitet ihn in seiner Publikation „Politische Geschichte des Eichsfeldes“ vom Westergowe (Westergau) her. Alois Höppner erachtet zwei Optionen als möglich. Zum einen legt er die Tatsache zugrunde, dass das Waldgebiet westlich des Steinerwaldes liegt und zum anderen aufgrund der zahlreich vorhandenen jungen Buchen, die Heister oder Hester genannt wurden. Daraus könnte Hesterwald bzw. Westerwald entstanden sein. Urkundlich belegt ist allerdings der Begriff „Wachstedter Wald“. Eine Urkunde aus dem Jahr 1384 bezeugt, dass Vögte und Burgmänner zu Gleichenstein dem Kloster Anrode einen Teil des „Wachstedter Waldes“ abtraten. Dies ist bei Johann Wolf im „Eichsfelder Urkundenbuch“ von 1819 zu lesen. Die Bezeichnung Westerwald wird wohl auf das Schriftsprachliche zurückgehen. Lautverschluckungen und Kürzungen könnten dazu geführt haben, dass aus Wachstedter Wald Westerwald wurde ist in Walter Prochaskas Publikation „Eichsfelder Jagd und Forsten in frühen Jahrhunderten“ nachzulesen.[41]

Zwei Gedenksteine seien erwähnt, die im Eichsfelder Westerwald befindlich sind. Zum einen ist dies der Geise-Gedenkstein, der im einstigen Wachstedter Forstrevier seinen Platz hat. Er befindet sich am Forstort „Dachslöcher“ in der unmittelbaren Nähe der Forststraße Kuhtrift. Der einfache Sandstein ist behauen und zeigt die Inschrift:

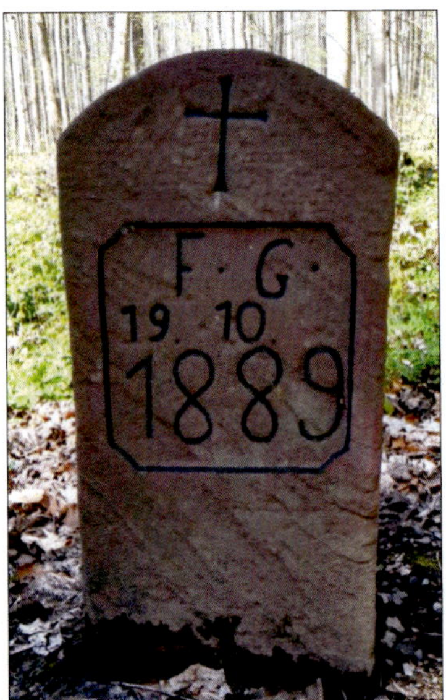

Geise-Gedenkstein. Das Datum bezieht sich auf das Jahr der Steinsetzung zum einjährigen Gedenken.

F. G. 19. 10. 1889

Die Stelle bezeichnet den Ort, an dem am 19. Oktober 1888 der Hegemeister (Im 19. und Anfang des 20. Jhd. wurden Personen, die mit dem Jagd- und Forstschutz betraut waren, so bezeichnet.) Friedrich Geise durch einen tragischen Jagdunfall zu Tode kam. Zum einjährigen Gedenken wurde der Stein gesetzt.

In der Publikation „Der Eichsfelder Westerwald“ von Eduard Fritze ist folgendes zum Geschehen zu lesen:

„Zu den wohl tragischsten Geschehen Wachstedter Forsthausbewohner zählte zweifellos der Tod des 32jährigen Försters Friedrich Geise. Unerwartet gnadenlos traf am 19. Oktober 1888 die Försterfamilie Geise dieser schwere Schicksalsschlag. Die Heiligenstädter Zeitung berichtet hierzu wie folgt:

Der amtierende Oberförster in Ershausen, Wilhelm Kickbusch, fertigte für die königliche Regierung in Erfurt einen Untersuchungsbericht. In diesem heißt es zum unmittelbaren Tatgeschehen u. a. wörtlich: ‚... Dem Studenten Hermann Lins wurde von dem Lehrling Arthur Kalbhenn eine abgespannte Doppelflinte zum Halten übergeben. Förster Geise und der Lehrling legten sich auf den Boden, um nach dem Hund zu horchen, der Student versuchte die Hähne zu spannen, dabei entlud sich der rechte Lauf des Perkussionsgewehres und Förster Geise erhielt auf ca. 5 Schritte Entfernung einen Schrotschuß in die Stirn und linke Schläfe, er verstarb nach einigen Stunden ...'.

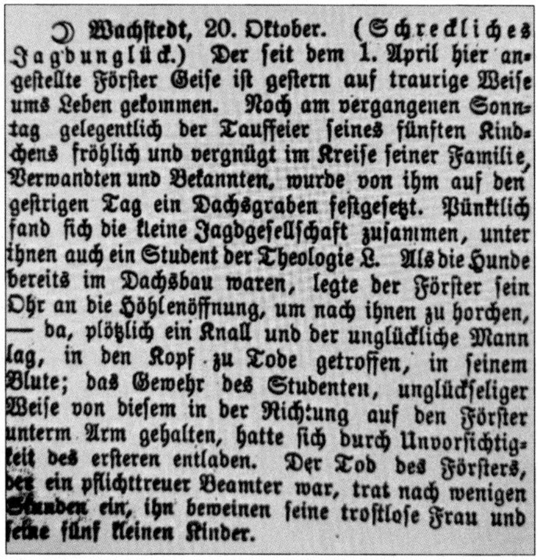

☽ Wachstedt, 20. Oktober. (Schreckliches Jagdunglück.) Der seit dem 1. April hier angestellte Förster Geise ist gestern auf traurige Weise ums Leben gekommen. Noch am vergangenen Sonntag gelegentlich der Tauffeier seines fünften Kindchens fröhlich und vergnügt im Kreise seiner Familie, Verwandten und Bekannten, wurde von ihm auf den gestrigen Tag ein Dachsgraben festgesetzt. Pünktlich fand sich die kleine Jagdgesellschaft zusammen, unter ihnen auch ein Student der Theologie L. Als die Hunde bereits im Dachsbau waren, legte der Förster sein Ohr an die Höhlenöffnung, um nach ihnen zu horchen, — da, plötzlich ein Knall und der unglückliche Mann lag, in den Kopf zu Tode getroffen, in seinem Blute; das Gewehr des Studenten, unglückseliger Weise von diesem in der Richtung auf den Förster unterm Arm gehalten, hatte sich durch Unvorsichtigkeit des ersteren entladen. Der Tod des Försters, der ein pflichttreuer Beamter war, trat nach wenigen Stunden ein, ihn beweinen seine trostlose Frau und seine fünf kleinen Kinder.

Abbildung Zeitungsausschnitt aus der Heiligenstädter Zeitung vom 20. Oktober 1888. (Quelle: „Der Eichsfelder Westerwald", 2007, Eduard Fritze)

Am 7. Dezember 1888 behandelte die Strafkammer in Heiligenstadt den tragischen Jagdunfall im Westerwald. Heiligenstädter Zeitung 8. Dezember 1888 wörtlich:
‚Heiligenstadt, 7. Dezember „Der unglückliche Schütze, Student der Theologie Hermann Lins aus Münster, der sich während der Ferien in seinem Heimatorte Wachstedt aufhielt und seine Tat tief bereute, wurde wegen fahrlässiger Tötung zu 3 Monaten Gefängnis bestraft.'
Tiefes Mitgefühl und große Anteilnahme erwiesen die Dorfbewohner der von unsagbarem Leid betroffenen Försterfamilie. Waren doch außer der Familie Geise noch weitere Wachstedter Familien durch die Beteiligung Angehöriger von diesem so grausamen Unfallgeschehen betroffen. Unsagbar hart hatte dieser Schicksalsschlag die Familie Geise gestört. Fünf Kinder hatten keinen Vater mehr und die junge Witwe trauerte sehr um ihren lieben stets fürsorglichen Ehemann. Der damalige Wachstedter Pfarrer, Dr. Hermann Iseke, trug als Todesursache in das Kirchenbuch ein: „in Folge einer bei der Jagd aus Fahrlässigkeit erhaltenen Verwundung."
Derselbe schrieb in die Kirchenchronik von Wachstedt unter dem Jahr 1888: ‚Am 19. Oktober erschoß der Student der theol. Hermann Lins den Förster Geise allhier aus Unvorsichtigkeit beim Dachssprengen. Er wurde zu 3 Monaten Gefängnis verurteilt.'"[42]

Der zweite Stein, der hier Erwähnung finden soll, ist der Schröter-Gedenkstein. Er ragt etwa 60 cm aus der Erde heraus und befindet sich zwischen dem „Alten Bartloffer Weg" und der Straße Wachstedt-Großbartloff etwa mittig im Forstrevier.

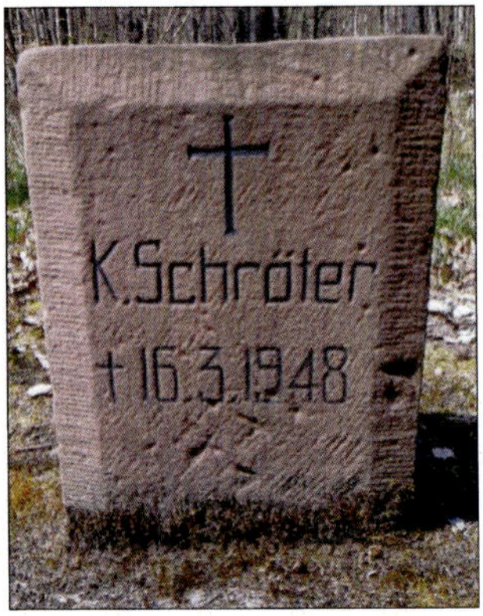

Schröter-Gedenkstein.

Der quaderförmige Sandstein zeigt sich behauen und trägt die Inschrift:

K. Schröter † 16. 3. 1948

Eduard Fritze schreibt zum Hergang folgendes:
„Der tödliche Arbeitsunfall ereignete sich beim Fällvorgang in einem etwa 120jährigen Buchenaltholz. Ein beiderseits gesplittertes Aststück von ca. 80 cm Länge aus dem Kronenbereich des fallenden Baumes traf den zurückweichenden Waldarbeiter Schröter in den Hinterkopf und verursachte einen Schädelbruch. Der Verunglückte starb nach etwa 10 Minuten.
Die Holzeinschlagarbeiten waren an diesem Tage durch starken Rauhreifbehang besonders erschwert. Dieser löste sich beim Fällen und nahm stellenweise jegliche Sicht. Schlagfeste Kopfbedeckung in Form von Schutzhelmen wurde damals noch nicht getragen. Auch Gedenksteine haben oft eine wechselvolle Geschichte. Dieser Gedenkstein wurde von Schröters Arbeitskollegen, den Waldarbeitern des Forstreviers Wachstedt, 1948 aufgestellt.
Die Wirbelsturmkatastrophe vom 29. Juli 1966 warf damals nahezu den gesamten Baumbestand dieser Abteilung zu Boden. Der Gedenkstein war hiervon auch betroffen. Er wurde umgedrückt und leicht beschädigt. Längere Zeit vom Schlagreisig völlig verdeckt, wurde er schließlich gefunden und 1972 wieder aufgestellt. Doch erst in den letzten Jahren fiel er wieder Holzeinschlags- oder Rückearbeiten zum Opfer. Zwischen Fichtenreisig am Boden liegend, bereitete das Wiederauffinden gewisse Schwierigkeiten. Heimatgeschichtlich verbundene Bürger stellten den Gedenkstein am 22. September 2005 wieder auf.“ [43]
Im Gebiet des Eichsfelder Westerwaldes existieren noch weitere Gedenk- und zahlreiche Grenzsteine. Einigen davon kommt sogar noch heute besitzabgrenzende Bedeutung zu. Mit der Thematik der Grenzsteine geht auch stets das Problem der illegalen Veränderung oder gar das Ausgraben und Stehlen dieser einher. Noch bis ins anfängliche 20. Jahrhundert legte man sogenannte „geheime Zeugen“ unter die Grenzsteine. Schon im 19. Jahrhundert wurde jedes staatliche Forstrevier vermessen und erhielt Grenzkarten, in welchen die vorhandenen Grenzsteine eingezeichnet waren. Mittels Grenzkontrollen wurden die Vollständigkeit in Abständen überprüft. Im Forstgebiet Westerwald wurde beispielsweise am 6. November 1990 eine Grenzsteinkontrolle durchgeführt. Diese erbrachte das Ergebnis, dass nahezu alle historischen Grenzsteine, die das Mainzer Rad zierte, verschwunden waren. Im Grenzbereich Westerwald – in der Gemarkung Küllstedt – fehlten sage und schreibe 24 von 41 Grenzsteinen. Nur 17 ohne Mainzer Rad konnten noch ausfindig gemacht werden.
Neben jedem der erklärten Steine befindet sich eine informative Erklärungstafel. Diese gehen auf ein Projekt der Arbeitsgemeinschaft Juniorranger aus dem Jahr 2018 zurück.

Der Heimatmaler Otto Thomasczek und sein Steinkreuzzyklus

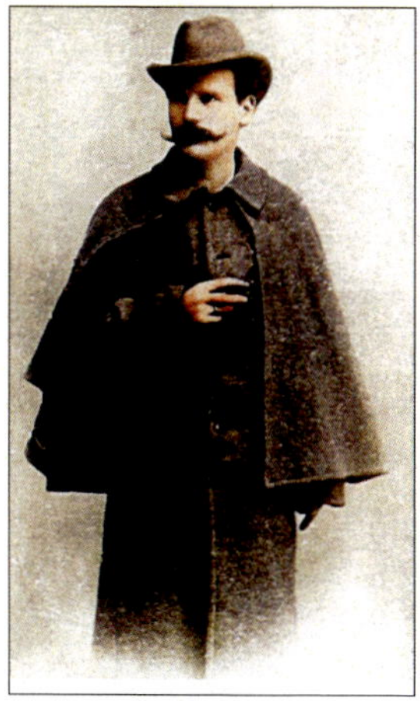

Porträt Otto Thomasczek. Sammlung und bearbeitet von Harald Rockstuhl

Otto Thomasczek wurde am 5. April 1854 im hessischen Kassel geboren. Nach Schule und Berufsausbildung war er acht Jahre als Kunstmaler in Kassel tätig. In der Folge verschlug es den Künstler nach Berlin und Neuendorf bei Potsdam. 1892 heiratete er Bertha Teubner. Die beiden bekamen die Töchter Charlotte und Dora. 1904 ging die Familie ins thüringische Mühlhausen und wohnte anfänglich in dem dreigeschossigen Eckhaus der Gierstraße 64. Im „Mühlhäuser Anzeiger" vom 21. Februar 1900 war zu lesen, Thomasczek habe mit *„kunstgeübter Hand die prächtigen Bühnendekorationen im renovierte Schauspielhaus geschaffen. Er habe nach der Natur eine Winterlandschaft von Popperode gemalt. Von dieser habe Tellgmann eine Reproduktion geschaffen, die, geschmackvoll gerahmt erworben werden konnte. Im Jahre 1900 wird erwähnt, Thomasczek habe für das Lustspiel „Im weißen Rößl" „eine vollständig neue Dekoration gemalt."* [44] In der „Mühlhäuser Zeitung" vom 29. November 1901 wird auf ein Thomas-Müntzer-Zimmer im damaligen auf dem Blobach befindlichen „Thüringer Hof" verwiesen. Dieses von Thomaszcek ausgemalte Zimmer sei, so die Mühlhäuser Zeitung, *„eine Sehenswürdigkeit"*. Der Künstler muss aufgrund dieser Tatsache, schon vor dem Umzug 1904 in der Stadt geweilt und gearbeitet haben. Schon im Frühjahr 1906 stellte Thomasczek Aquarelle und Zeichnungen aus. 1920 siedelte der Künstler nach Kassel über, wo er am 26. Januar 1923 verstarb. Thomasczek schuf eine Fülle an Kunstwerken, die Stadt- und Landschaftsmotive der Region zeigen, wie die Stadtansicht von Heiligenstadt, die Burg Bodenstein, den Hülfensberg, das Schloss Bischofstein, das Kloster Zella oder das Klüschen Hagis, um nur eine Auswahl zu nennen. Bekannt ist auch die Serie um den Bau der heute stillgelegten Bahnlinie Mühlhausen-Treffurt, die 1911 eröffnet wurde.

Otto Thomasczek zeichnete fast alle alten Steinkreuze des Altkreises Mühlhausen und der Region. Er hielt außerdem Dörfer wie Volkenroda, Görmar, Niederdorla oder Dörna in seinen Werken fest. In Grabe schuf er 1908 die acht großformatige Gemälde umfassende Deckenmalerei für den Saal des heutigen Bürgerhauses – damals Gemeindeschenke. Sie zeigen Motive des dörflichen Lebens damaliger Zeit. Auch das Eichsfeld hielt Thomasczek in zahlreichen Werken fest. So beispielsweise die Burg Bodenstein, Teistungenburg, die Hülfensberge, die Keudelskuppe, das Schloss Bischofstein, die Hagemühle oder das Kloster Zella. Auch das Werratal wählte er als eines seiner Motive. In Sammlerkreisen wird die Zahl der Thomasczek-Kunstpostkarten mit Motiven aus Berlin, Potsdam, Mühlhausen und Umgebung, dem Eichsfeld und Kassel auf mindestens 350 geschätzt. [45]

Kreuz am Weg

Rudolf Baumbach (1878)

Am Wege steht gerichtet
Ein steinernes Todtenmal;
Der Regen hat vernichtet
Den Namen und die Zahl.

Doch weisse Winden woben
Ein Kränzlein um den Stein,
Das speist der Himmel droben
Mit Regen und Sonnenschein.

Hier ward, bedeckt mit Wunden,
Gefällt von Mörderhand,
Ein fremder Mann gefunden
Auf blutgetränktem Sand.

Mitleidige Menschen scharrten
In's Grab den kalten Leib,
Daheim vergeblich harrten
Des Todten Mutter und Weib.

Leis weinte die Mutter, die alte,
Laut jammerten Weib und Kind.
Ihr Klageruf verhallte,
Doch hat ihn gehört der Wind.

Von einer weissen Winde,
Im Gärtlein stil gereift,
Hat leise er und linde
Ein Saamenkorn gestreift.

Das trug er auf dem Flügel
Rasch über Strom und Land
Und legt' es auf dem Hügel
Des Todten in den Sand.

Der Saame ist aufgegangen,
Die Winde klomm zur Höh',
Sie hält das Kreuz umfangen
Und ruft zum Himmel Weh. [46]

Steinkreuze, Rechtsmale und Grenzsteine im Eichsfeld
Rechtsmale und Dreiherrensteine im Landgrabengebiet [1980]

von Vinzenz Hoppe

„Zur Zeit Karls des Großen war das Reich noch in Gaue eingeteilt, die von den so genannten Gaugrafen als den damals zuständigen Beamten verwaltet wurden. Nach und nach erfolgte der Übergang zum erblichen Grafentum. Daraus entstanden dann schließlich die Dynastien. So entstanden in den einstmals geschlossenen Territorien überall Enklaven von kleinräumigen Herrschaftsbezirken. Dazu gehörten auch die Klosterbesitzungen, die sich durch Schenkungen, Erwerbungen und Rodungen gebildet haben.

Es gab aber im Frühmittelalter noch keine Markierung der Besitzgrenzen, auf die aber jeder Kleinherrscher bedacht war. Die Bevölkerungsdichte war damals noch recht gering, und es stand genügend Land zur Bebauung zur Verfügung. Abgrenzungen wurden lediglich gebildet durch Wege, Straßen, Gräben und Waldränder, oder man kennzeichnete Bäume und einzelne Marksteine.

Im 14. und 15. Jahrhundert kam es daher vielfach zu Grenzstreitigkeiten. Man bewachte mit Argusaugen seinen Besitz, ja man versuchte ihn aus purer Habgier noch zu erweitern. Langwierige Fehden entstanden. Das führte zu der Notwendigkeit, ganze Gebiete zu »versteinen«, d. h. durch Grenzsteine kenntlich zu machen. Anfangs benutzte man dazu nur einfache Steinfindlinge vom Acker. Später ging man dazu über, diese mit Jahreszahlen und Wappen zu versehen. Hinsichtlich der Datierung ist festzustellen, daß im 13. und 14. Jahrhundert nur römische Zahlen eingehauen wurden, und erst seit der zweiten Hälfte des 15. Jahrhunderts lateinische und gotische Zahlen nachweisbar sind. Das Setzen und Ausmessen der Steine erfolgte nur von Amts wegen. Laut urkundlichem Nachweis erhielt der Beamte dafür 3 Albus. Damals war noch ein Mangel an Landmessern vorhanden, und so suchte man sich dafür Leute, die des Schreibens kundig waren.

Wir finden solche Rechtsmale noch sehr häufig am alten Mühlhäuser Landgraben mit dem Wappen der ehemaligen freien Reichsstadt Mühlhausen (Mühlhaue) und dem Eichsfeld (Radwappen des Kurstaates Mainz) und die einheitliche Jahreszahl 1667 (Versteinungsjahr des Landgrabens). So ließ jeder kleine »Herr« von damals seine »Firma« in diese Steine einhauen.

Aber auch noch andere längliche Steine in Prismen-Form sind uns als regionalgeschichtliche Bodendenkmale erhalten geblieben, die Dreiherrensteine. Sie stehen an solchen Wald- und Straßenkreuzungen, wo die so genannten Gerechtigkeiten dreier Herren zusammengestoßen sind. Wir finden einen solchen noch an der ehemaligen Sollstedter Warte, die den ehemaligen reichsstädtischen Besitz berührte. Wie leicht konnten unter solchen Grenzumständen »nachbarliche Verwicklungen und Irrungen« eintreten, und der Chronist weiß aus dieser Zeit von vielen unliebsamen Querelen am Landgraben zu berichten. Doch davon wird später berichtet werden.

Vor einiger Zeit wurde ein weiterer Dreiherrenstein im westlichen Mühlhäuser Stadtwald oberhalb der Eigenrieder Burg an dem Weg, der in Richtung Wilhelmshütte und dem Forstdistrikt Hoherode führt, umgestürzt aufgefunden. Wahrscheinlich war das bei der Holzabfuhr geschehen. Schon früher hatte ihn der junge Forstmann Keuthan von der Eigenrieder Warte – überwuchert von Gras und Farnkrautbüscheln – erneut entdeckt. Dankenswerterweise ließ er ihn am Fundort wieder aufstellen. Der Dreikanter trägt auf der nach Westen gerichteten Seitenfläche wiederum die Mühlhaue, das Wahr- und Hoheitszeichen der Stadt Mühlhausen. Die nordöstliche Seitenfläche trägt die Schriftzeichen H.S.M. An der südöstlichen Kante ist ein Kreis und über ihm ein gleicharmiges, stehendes Kreuz eingehauen.
Was hat es nun mit diesem Stein für eine Bewandtnis? Die Waldungen zerfielen in der reichsstädtischen Zeit in solche, die schon frühzeitig in den Besitz der Stadt Mühlhausen gekommen waren, die sogenannten Ratshölzer (Wappen: Mühlhaue), in solche, die früher dem Deutschen Orden gehörten und anno 1599 in Stadtbesitz übergingen (Wappen: Kreis mit Kreuz) und in solche, die sich im Eigentum bestimmter Stiftungen befanden, die sogenannten Stiftswälder (Wappen: H.S.M.). Bei letzterem handelt es sich um das Mühlhäuser Stift St. Margareten, welches zu beiden Seiten des kleinen Steingrabens früher noch mehrere Waldungen hatte. Die Forschungsarbeit unserer Bodendenkmalpfleger bemüht sich um solche steinernen Zeugen der Regionalgeschichte. Wie verlautet, soll dieser Dreiherrenstein an der Eigenrieder St. Ulrichskirche aufgestellt werden, um ihn der Zukunft zu erhalten.

Stein und Symbolik sind unersetzbar – Mainzer Rad-Wappen sind noch häufig im Eichsfeld [1972, 1980, 1985] zu finden

Immer wieder stoßen Bodendenkmalpfleger in der Landschaft auf Beschädigungen oder gar Beseitigungen alter Grenzsteine, die uns mit ihrer Symbolik an die Kurmainzer Zeit unseres Heimatgebietes erinnern. Unwissenheit und oft auch Gedankenlosigkeit verursachen hier für die Regionalgeschichte nicht wiedergutzumachende Schäden. Blättern wir einmal in der Geschichte dieser Grenzsteine!
Der Kurstaat Mainz hatte erhebliche Besitzungen, u. a. auch in Oberhessen, Thüringen und dem Eichsfeld. Daher kommt es, daß uns im Eichsfeld noch heute auf Schritt und Tritt an alten Gebäuden, Torbögen, Wegezeichen und sogar in Hausfundamenten das Mainzer Radwappen begegnet. Am Eingang des Dorfes Struth von Kloster Zella her an der Lengenfelder Straße gewahrt das Auge im Unterschlag des Oppitz'schen Gehöftes ein recht guterhaltenes und schön ausgeprägtes Mainzer Wappen in Quadratform. Es trägt die Inschrift »Valten Gris – 1501« und im Übereck die beiden Wagenräder, die sich der im Jahr 1009 gewählte Mainzer Bischof Willigis (sein Vater war ein Wagnersmann) als Wappen erkor. Wie der Volksmund überlieferte, wollte er damit stets an seine handwerkliche und einfache Herkunft erinnert werden. Ursprünglich befand sich der Wappenstein im Wohnhausfundament des früheren Einwohners

Balthasar Köthe neben der Kirche, einem Nachfolger des Erbauers Valentin Gris. Zuletzt besaß es August Köthe. Als sein Wohnhaus bei der Dorfseparation einem Straßendurchbruch weichen mußte, ließ sein Verwandter B. Oppitz den Wappenstein in das Fundament seines Hauses einmauern.

Aber noch andere steinerne Zeugen der Mainzer Zeit sind vorhanden, ihr Standort ist der 26 Kilometer lange alte Mühlhäuser Landgraben vom Landgrabenbeginn (unweit des Hainich-Rennstieges hinter Eigenrieden) bis zum Landgrabenende beim Dörfchen Sollstedt.

Alte Niederschriften über den Landgraben besagen folgendes (Chronik der Stadt Mühlhausen, Band 3, S. 116): »Dies Jahr [1667] nach Ostern erhob sich ein Streit mit dem Kurfürsten von Mainz, dem Oberamtmann von Heiligenstadt und E. E. Rath [Ein Ehrbarer Rath] von Mühlhausen, der Landwehr halben, indem die Eichsfelder die Landwehr halb und mit der Stadt Mühlhausen gemein haben wollten, welches aber E. E. Rath nicht zugeben wollte, und sind die Abgesandten des Raths über 10 Tage in Erfurt beim Kurfürsten gewesen, haben auch ihre Sache ausgeführet«.

Daraufhin wurde der Landgraben von Hüpstedt bis zur Eigenrieder Warte versteinigt. Und zwar wurde an jedem Stein ein doppeltes Wappen, nämlich auf der Mühlhäuser Seite die Mühlhaue oder Mühlhaupt und auf der Eichsfelder Seite das Rad als kurmainzisches Wappen, eingehauen. Die Länge des Landgrabens maß man damals mit 6161 Ruten. Von der Diedorfer Länderei bis zur Hohen Warte (Sollstedter Landgrabenturm) war die Grenze durch 143 mit dem Kurmainzer und Mühlhäuser Wappen versehenen Steinen festgelegt, die mit wenigen Ausnahmen 40 Ruten voneinander standen.

Nach altem Brauch wurden die Steine auf eine Unterlage von Steinchen, Asche oder Kohlen gesetzt, um durch Nachgraben die Grenze feststellen zu können, falls die Steine aus irgendeinem Grund verschwinden sollten. Auch Tontäfelchen, 8 bis 10 Zentimeter lang und 3 bis 4 Zentimeter dick, mit eingebranntem Wappen und der Jahreszahl 1667, wurden untergelegt. Solche bewahrt heute noch das Mühlhäuser Stadtarchiv auf, und sie werden auch bei umliegenden Steinen ab und zu noch aufgefunden.

Bei der jetzigen Registrierung wurden insgesamt 134 Steine gezählt, die alle das besagte Wappenfeld auf beiden Seiten mit der Jahreszahl 1667 zeigen. In den über 300 Jahren sind doch einige dem Zahn der Zeit zum Opfer gefallen, und mehrere umliegende Steine wurden durch Bodendenkmalpfleger wieder aufgestellt.

Mit der Versteinigung dieser unnatürlichen Land- und Grenzwehr wurde zwar ein alter Rechtsstreit zwischen Mühlhausen und dem Eichsfeld beigelegt, aber die Drangsale für die Bewohner der Landgrabendörfer waren damit keineswegs aus der Welt geschafft. Die alljährliche Reinigung oder Landgrabenpflege mußte von den Dörfern in harter Fron bestritten werden, und dazu kamen noch materielle und geldliche Abgaben (das sogenannte Turmgeld).

Viel Unrecht, viel Auflehnung und Gewalt – auch so manches Sühnekreuz am Landgraben zeugt heute noch davon.

Über Steinkreuze im Eichsfeld - Sie geben uns noch heute manches Rätsel auf [um 1975]

Zu den geschützten, oberirdischen Bodendenkmälern unserer Heimat gehören die Steinkreuze, deren Vorhandensein mancherorts noch einiges Kopfzerbrechen bereitet. In der Tat ist das Steinkreuz-Problem vielschichtiger Natur. Im Eichsfeld deutete man früher ihre Existenz mit dem Hinweis, daß an diesen Stellen der heilige Bonifatius gepredigt haben soll. Diese Version hält allerdings einer näheren Untersuchung nicht stand.

In ganz Thüringen sind bis auf den heutigen Tag rund 500 dieser Zeugen aus der Vergangenheit erhalten geblieben. Im Kreis Worbis gibt es Steinkreuze in Küllstedt, Bischofferode, Effelder, Großbodungen, Holungen und Worbis. Meistens handelt es sich dabei um sogenannte Sühnekreuze, die als Buße für eine begangene Untat aufgestellt werden mußten. Sie stammen sehr wahrscheinlich aus einer Zeit, in der das germanische Recht noch nicht vom römischen verdrängt war.

Ein typisches Beispiel sind die drei Steinkreuze von Küllstedt, die im Schatten einer uralten Linde stehen. Die beiden noch gut erhaltenen Kreuze haben eine Höhe von 1,65 Meter bzw. 1,75 Meter, von dem dritten ist nur noch ein Stumpf mit einer Höhe von ca. 1,30 Meter übrig.

Alten Aufzeichnungen ist zu entnehmen, daß ein Godefriedus de Culstede - Sproß eines alten Küllstedter Geschlechts – im Jahr 1282 von Angehörigen der Mühlhäuser Patrizierfamilien von Güttingen, Theliomarie und von Dankoldesdorf erschlagen wurde, weil er ihnen als Vorsteher des Mühlhäuser Rates anscheinend zu mächtig geworden war. Langwierige Sühneverhandlungen fanden in der Folgezeit statt.

Interessant ist in diesem Zusammenhang auch der Hinweis, daß die beiden gut erhaltenen Steinkreuze nicht aus örtlichem Material gefertigt wurden. Vielleicht handelt es sich dabei um Travertingestein aus der Nähe Mühlhausens.

Im Gefolge eines Gefechtes zwischen Hanstein'schen Knappen und Mühlhäuser Bürgern bei Küllstedt im Jahr 1312 kam es ebenfalls zu Sühneverhandlungen, die das Aufstellen eines Sühnekreuzes vermuten lassen.

Es ist also sinnvoll, wenn man das Vorhandensein von Steinkreuzen im Zusammenhang mit der Ortsgeschichte zu klären versucht. Sicher wird die Geschichte eines jeden Steinkreuzes nicht bis ins letzte durch urkundliche Quellen belegt werden können, aber beharrliche Nachforschungen bringen uns näher an das Ziel.

Nach alter deutscher Rechtsauffassung hatte der Täter materielle Leistungen für die Hinterbliebenen des Ermordeten zu erbringen. Darüber hinaus verlangte die Kirche eine vorgeschriebene Sühne, da der Tote ohne Vorbereitung in die Ewigkeit eingegangen war. Der Täter hatte deshalb u. a. ein steinernes Kreuz setzen zu lassen, an dem jeder, der vorüberging, ein Gebet verrichten sollte.

Viele Steinkreuze sind aus Unkenntnis oder Pietätlosigkeit beseitigt worden. Mitunter begegnet man ihnen noch am Anger oder an alten Straßen. Diese Denkmale gilt es zu schützen und zu erhalten.

Steinkreuzrecherchen auf der Eichsfelder Höhe [um 1975]

Heinz Köber hat in seinen Beiträgen zur Geschichte der Stadt Erfurt bereits 1960 eine Broschüre herausgegeben mit dem Titel ‚Die alten Steinkreuze und Sühnesteine Thüringens'. In ihr gibt er die Zahl der in Thüringen vorhandenen Oberflächendenkmale mit ca. 520 an. Davon entfallen auf das Gebiet des Eichsfeldes (vorwiegend Kreis Worbis) 20 Mord- und Sühnekreuze und auf den Raum um Mühlhausen, Langensalza und der Eichsfelder Höhe insgesamt 51 Steinkreuze, darunter für Langensalza 14.

Uns interessiert auch das Steinmaterial, aus dem die Kreuze geformt sind. Während die Kreuze in den verschiedensten Stilformen überwiegend Sandsteinkreuze sind, sind die aus dem Naumburger, Mühlhäuser und Obereichsfelder Gebiet – gemäß ihrem Muschelkalk- und Travertin-Charakter – aus Muschelkalk gehauen. Dabei fallen die gotischen Kreuze auf der Eichsfelder Höhe und im Eichsfelder Südzipfel auf. Bei der früheren Eigenrieder Warte am alten Mühlhäuser Landgraben stehen auf engstem Flächenmaß gleich 6 Sühnekreuze (die beiden in der Diedorfer Angermauer mit einbezogen). Das ist insofern bemerkenswert, weil früher in der Nähe des Landgrabens und darüber hinaus im Vogteier Felde große Steinbrüche waren und zum Teil auch noch sind. Private Steinhauer schufen aus Muschelkalk Viehtränken und Futterkrippen, Fundamentsteine zum Häuserbau und nebenher auch Steinkreuze. »Am meisten werden die sehr harten Steine aus den Brüchen bei Struth und bei Oberdorla geschätzt«, so urteilte der Statistiker und Mühlhäuser Landrat Wintzingeroda-Knorr in seiner 1866 erschienenen Statistischen Übersicht des Kreises Mühlhausen (S. 6).

Zwischen Eigenrieden und Struth waren die Luhn'schen und Anhalt'schen Brüche in Betrieb, und außerdem gab es viele Steinmetzmeister in den beiden Höhendörfern. Aus einem dieser Brüche dürften die Muschelkalkkreuze gearbeitet sein. Ein Beispiel ist das Struther Angerkreuz (183 cm x 98 cm x 23 cm im Ausmaß). Es ist aus einem Steinblock fugenlos gehauen und stand früher an der Straßenecke in Richtung Kloster Zella. Jetzt ist es Wahrzeichen des Dorfangers. Seit Jahren werden diese wertvollen Oberflächendenkmale in Verbindung mit dem Weimarer Museum für Ur- und Frühgeschichte bestens betreut. Der Verfasser dieser Zeilen hat bereits 1959 am äußeren Landgraben zwischen Dietewegswiese und Eigenrieder Bruch ein wertvolles Malteserkreuz (79 cm x 60 cm) aufgefunden und an Ort und Stelle wieder aufgerichtet. Nach 15 Jahren hatten es Naturfrevler umgerissen. Von einer Struther POS-Jungtechnikergruppe wurde es erneut fest in der Erde verankert.

Die früher im Eichsfeld noch mehr vertretene Ansicht von »Bonifatiuskreuzen« ist in der neuzeitlichen Steinkreuzforschung auf Mord- und Sühnekreuze umgelegt worden. Die Entstehung der Kreuze als Sühnemaie und Seelgerät (zur Errettung der armen Seelen) fällt überwiegend bei der Forschung in allen Landesgebieten auf.

Die Köber'sche Übersicht zeigt, daß mehr als die Hälfte der Kreuze an den alten Handels- und Geleitstraßen errichtet wurden. Das schönste Kreuz, das wir weit und breit noch besitzen und genau datieren und belegen können, ist das Kreuz im Steiger bei Erfurt, dicht an der Landstraße zwischen Hubertus und Waldschlösschen, von Erfurt kommend rechter Hand, etwa 4 Meter von der Straße im Gebüsch.

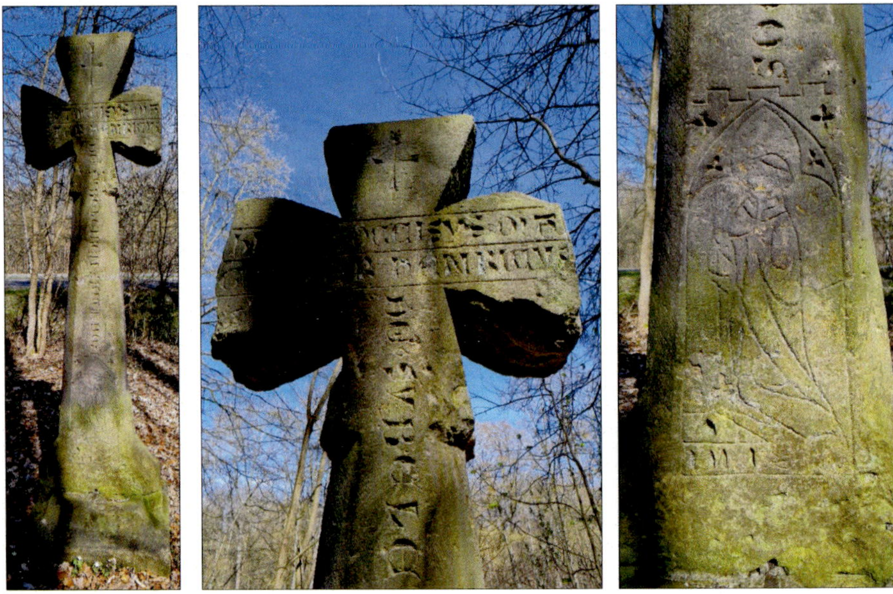

Steinkreuz im Steiger mit Details.

Mehr Schutz unseren Grenzmalen und Sühnekreuzen – Sie dienen heute der regionalen Heimatforschung [um 1970]

In seiner Broschüre ‚Die alten Steinkreuze und Sühnesteine Thüringens' hat Heinz Köber für ganz Thüringen etwa 520 Sühnekreuze und -steine festgestellt. Er schreibt dazu: »Mehrere Hundert sind schätzungsweise dem Verkehr, der Flurbereinigung oder dem Unverstand zum Opfer gefallen. An sie erinnern nur noch Urkunden und vor allem Flurnamen wie der Kreuzhagen, Am Kreuzberg, Am Kreuzweg, Am weißen Kreuz, Am Kreuzstein und andere«. Auch im Eichsfeld gibt es noch solche Flurbezeichnungen: Kreuzhagener Trift und Kreuzhof, um nur einige zu nennen.

Wenn nach dem Volksglauben des Eichsfeldes diese Steinkreuze vielfach als »Bonifatiuskreuze« bezeichnet wurden, so ist diese Annahme weder geschichtlich zu beweisen noch urkundlich zu belegen. Hier scheint eine uralte Volksüberlieferung die Wahrheit zu künden: Die Steinkreuze sind, wie es Franz Wilhelm in der Zeitschrift für Österreichische Volkskunde beweisen konnte, in ihrer überwiegenden Zahl als Sühnekreuze errichtet, zur teilweisen Sühnung eines begangenen Mordes oder Totschlages und zwar von dem Täter oder dessen Angehörigen nach einem mündlichen

oder schriftlichen Vergleich zwischen den Vertretern der beteiligten Parteien. Bei vielen Steinkreuzen konnte Wilhelm die Zeit ihrer Errichtung nachweisen. Sie entstammen vorwiegend der Zeit vor und nach dem Ausgang des Mittelalters, reichen aber noch bis ins 16. Jahrhundert hinein.
Als Sühnekreuze für begangene Untaten dürfen wir die Steinkreuze auffassen, und die Sagen des Volksmundes, die vom erschlagenen Baumeister, von der Ermordung des Sälzers und vom blutigen Zweikampf berichten, erzählen die Wahrheit.
Im Südzipfel des Eichsfeldes, im Raum Struth, Eigenrieden und Diedorf, haben noch 5 solcher Kreuze ihren Standort. Mit Ausnahme des kleineren Kreuzes am äußeren Landgraben zwischen Eigenrieden und Struth sind alle in gotischem Stil aus großen Muschelkalkfindlingen gehauen. Formschön sind die beiden großen Kreuze am Struther Dorfanger und an der Straßenkurve Eigenrieden-Katharinenberg. Auch in der Vogtei Dorla befinden sich noch einige schöne Kleinkreuze, vor allem in der Angermauer zu Niederdorla. Sie gleichen den Angerkreuzen in Diedorf. Es entstanden auch »Steinkreuznester«: Man setzte mehrere solcher Steinkreuze zusammen, meistens außerhalb des Dorfes oder an den Dorfeingang. Die Mehrzahl der »Steinkreuznester« verdankt ihre Entstehung wohl der Zeit der Separation (Flurbereinigung) des vorigen Jahrhunderts. Um die Flur zu räumen, ließen die Geometer die Kreuze an eine Stelle nahe am Dorf bringen, so wie z. B. im eichsfeldischen Höhendorf Küllstedt. Es handelt sich hierbei um besonders große, 1,75 Meter hohe Kreuze aus Kalkstein. Etwa 20 Kreuze und Kreuzstümpfe gibt es im gesamten Eichsfelder Gebiet. Von den mit der Zeit verschwundenen Kreuzen (etwas über 20 im thüringischen Raum) sind 2 gotische Kreuze aus der Angermauer in Bickenriede und ein kleineres Kreuz in der Küllstedter Antoniuskapelle zu nennen.
Besonders das Landgrabengebiet am Hainich und der Waldstreifen zwischen der früheren Eigenrieder Warte und dem Dorf Struth ist noch reich an alten Grenzmalen und Steinen, die uns noch an die Kurmainzer Zeit des Eichsfeldes erinnern. Von dem Eigenrieder Forsthaus bis zum alten Weg zu der früheren Eigenrieder Burg fand ich 7 solcher Grenzsteine mit tiefeingehauenem Wappen auf beiden Seiten. Zur Mühlhäuser Seite hin ist das alte Stadtwappen der ehedem freien Reichsstadt, eine Mühlhaue, und zur Eichsfelder Seite hin das Mainzer Rad eingehauen. Diese Sühnekreuze und Grenzsteine sind ein Teil unseres Volkslebens. Sie sind zugleich auch Denkmale kirchlicher und rechtlicher Anschauung vergangener Zeiten. Wir haben als Heimatfreunde die Pflicht, sie ständig zu überwachen, sie zu pflegen und der Zukunft zu erhalten.“ [47]

Steinkreuze im Eichsfeld

Bebendorf

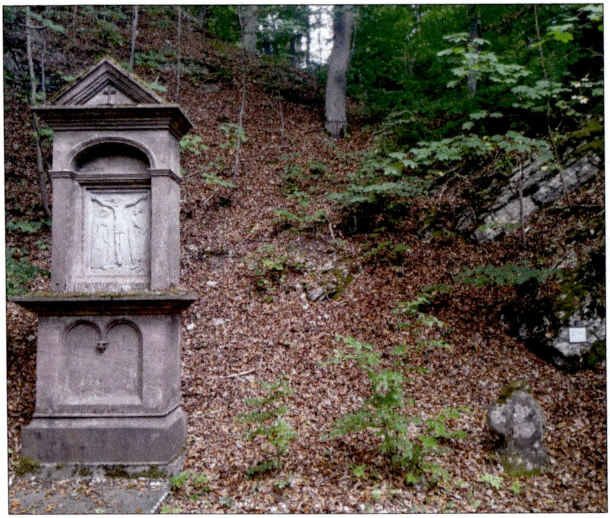
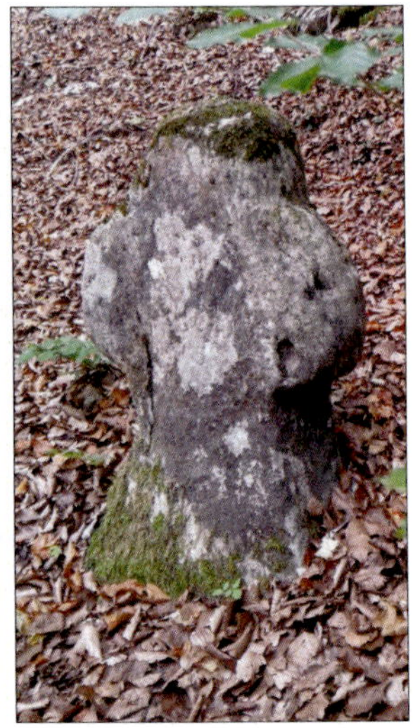

Kreuzwegstation unterhalb des Hülfensberges – rechts daneben kleines Bonifatiuskreuz.

In Bebendorf – einem Ortsteil von Geismar – steht etwa 600 m nördlich des Ortes und südöstlich unterhalb des Hülfensberges etwas am Hang befindlich ein steinernes 95 cm hohes Bonifatiuskreuz mit einer leichten Kleeblattkreuzform. Sein Schaft zeigt sich nach unten hin verbreitert. Das Kreuz ist am Scheitel seines Kopfes linear eingeritzt. Es ist gleichschenklig und zeigt am Kopf und am nördlichen Arm alte Abschläge.

Besonders im Eichsfeld sind Bonifatiuskreuze vermehrt anzutreffen. Leider sind nur noch sehr wenige dieser vorreformatorischen Glaubenszeugnisse erhalten. Sie standen und stehen für den Weg, den Bonifatius im Zuge seiner Bekehrung der Volksstämme nahm, die in dieser Region ansässig waren. Pfarrer Ludwig Osburg aus Bickenriede wollte einst anhand der Kreuze den Weg und die Orte festlegen, an denen Bonifatius gepredigt haben soll.

Mündliche Überlieferungen berichten, dass das Bebendorfer Sandsteinkreuz an eine fromme Wallfahrerin erinnern soll, die hier wohl plötzlich verstorben war. In alten Sagen ist von einem versteinerten Bösewicht zu lesen, der hier sein Unwesen getrieben haben soll.

Bickenriede (Lengefeld)

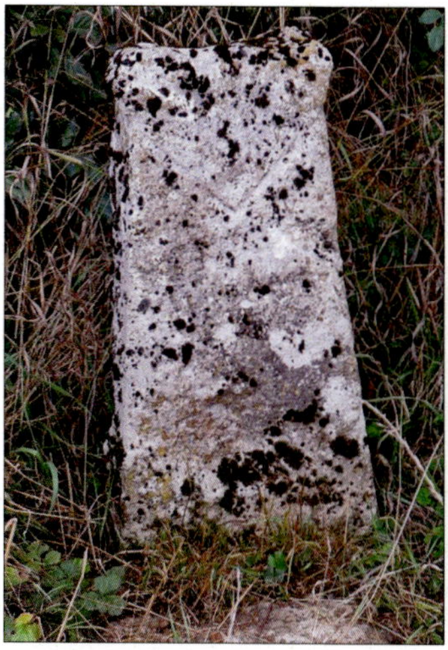
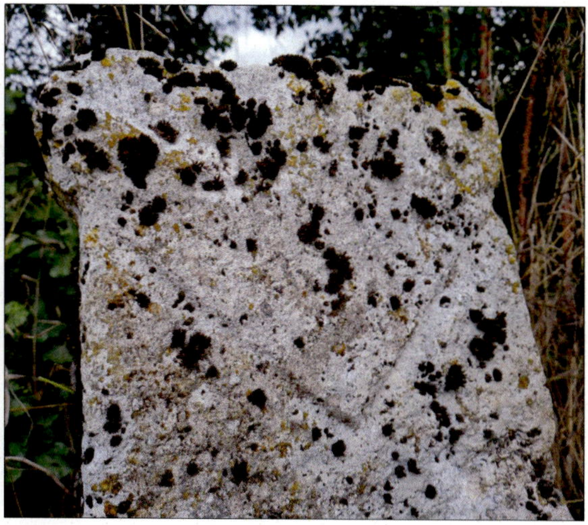

Steinkreuzrest an der Luhne mit Detail.

Ein interessanter Steinkreuzrest befindet sich etwa 1,2 Kilometer westsüdwestlich des Ortsrandes von Lengefeld und 100 Meter südlich der Landstraße Lengefeld-Bickenriede am südlichen Rand des Luhnegrabens, etwa 160 Meter nach dem Luhnewehr. Bis zum Dezember des Jahres 1979 befand er sich etwa 90 Meter südlich des heutigen Standortes im Verlauf der Gemarkungsgrenze genannter Ortschaften.

Der vierkantige Stumpf wies ursprünglich eine gotische Kreuzform auf, war seitlich nasenbesetzt und beidseitig mit Einritzungen des vierten Armes versehen. Im Zuge der Einebnung des Weges am vorherigen Standort wurde es durch den Mühlhäuser Kurt Koch umgesetzt.[48]

Der Kalkstein konnte im Jahr 2008 trotz intensiven Suchens in der angegebenen Umgebung nicht mehr gefunden werden. Seinerzeit wurde vermutet, dass er im Zuge von Uferbefestigungen der Luhne verbaut wurde.

Im April 2015 wurde der Steinkreuzstumpf im Zuge einer Kleindenkmalexkursion unterhalb des Landgrabens nahe des Wehrs auf der rechten Seite der Luhne nahe der Ackergrenze entdeckt, wo er sich noch heute befindet.

Eberhard Born berichtet in seiner Publikation „Steinerne Zeitzeugen der Geschichte“, dass der Stein ursprünglich auf der Höhe des „Eichel" (Flurbezeichnung) stand und von den Denkmalpflegern Kurt Koch und Eberhard Zimmermann in den 1970er Jahren an das südliche Ufer der Luhne („Wilder Graben“) auf dem Entenfleck versetzt wurde. Als Flurgrenze hat dieser Stein, wie auch die Fischsteine, keine Bedeutung. Was das eingeritzte „V“ bedeutet konnte nicht geklärt werden.

Bischofferode Steinkreuztrio

In der Ortsmitte (Straßengabelung zwischen Töpferei und Bergstraße) befindet sich südwestlich vor dem Gartenzaun des Grundstücks „Töpferei 1“, innerhalb einer kleinen Grünfläche ein sehenswertes Steinkreuztrio.
Das linke der drei Kreuze zeichnet sich durch seine auffallende Kleeblattform aus. Das mittlere und gleichzeitig größte der drei Kreuze ist in typischer Malteser-Kreuzform gefertigt. Der Schaft ist nach unten stark verbreitert und die Unterkanten der Arme befinden sich in unterschiedlicher Höhe am Schaft. Das rechte weist ebenfalls eine Malteser-Kreuzform auf, wobei sich hier die Oberkanten der Arme gerade zeigen und die Umrisskanten gerundet.

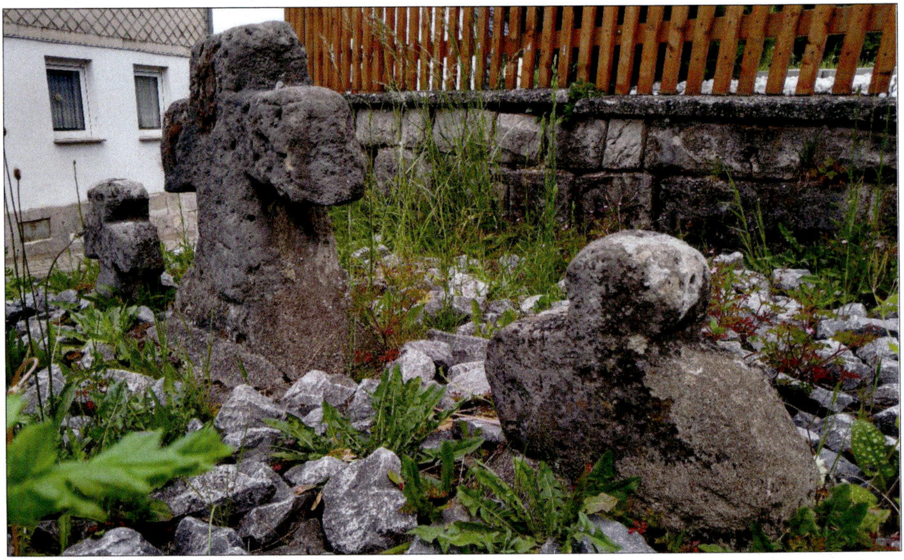

Steinkreuztrio Bischofferode, unten links nach rechts.

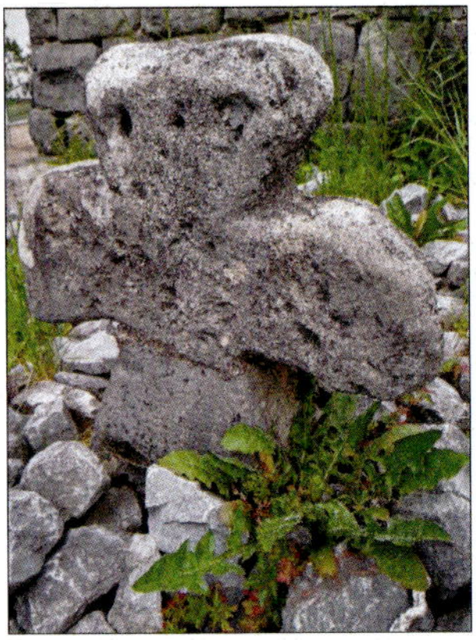

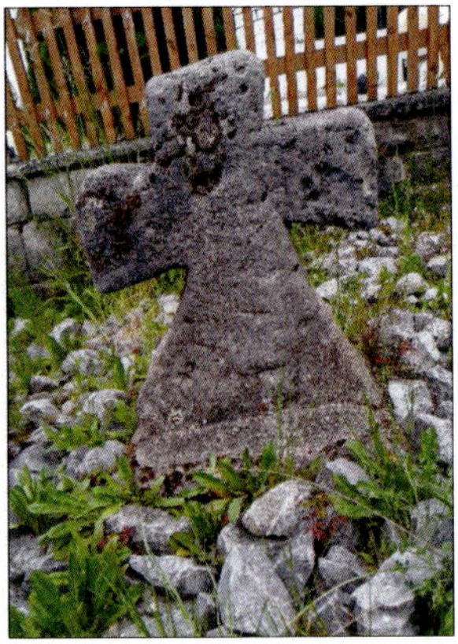

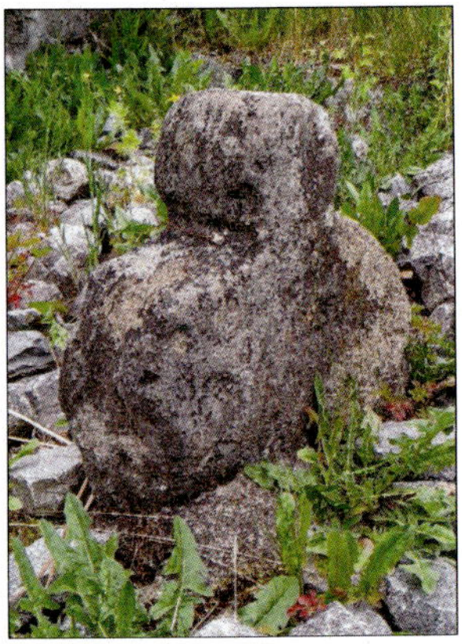

Effelder

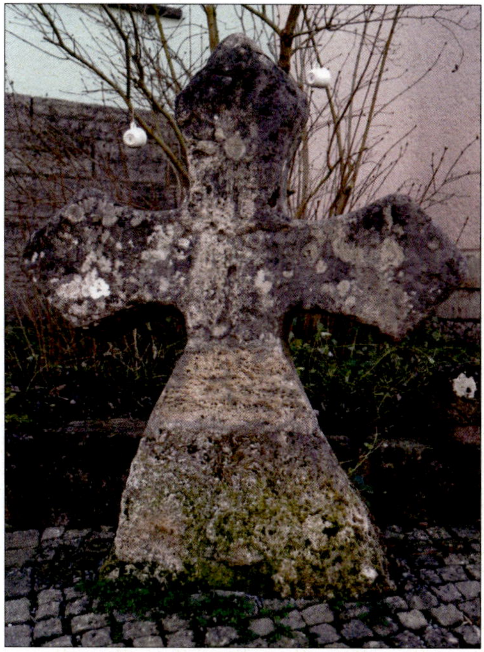

Steinkreuz auf dem Plan.

In der Ortsmitte auf dem Plan befindet sich ein 1618 errichtetes, seitlich mit Nasen besetztes 125 cm hohes gotisches Bonifatiuskreuz. Sein Schaft ist gegenüber dem vierten Arm beidseitig zurückgesetzt und nach unten stark verbreitert. Es war in der Vergangenheit zerbrochen und wurde restauriert. Das einfache lateinische Steinkreuz ist im Kreuzungsfeld an der Nordwestseite linear eingeritzt. Die Oberfläche des Kalksteins zeigt sich stark verwittert. Der Steintisch auf dem noch heute nachweisbaren alten Anger unterhalb des Gotteshauses der Gemeinde ist auf der Längsseite der Tischplatte mit dem Mainzer Rad und auf den beiden Seiten mit den Jahreszahlen 1968 und 1999 versehen. 1968 wurde der Angerstein neu gesetzt, 1999 wurde der Anger neu gestaltet und eine vier Meter hohe Linde gepflanzt.

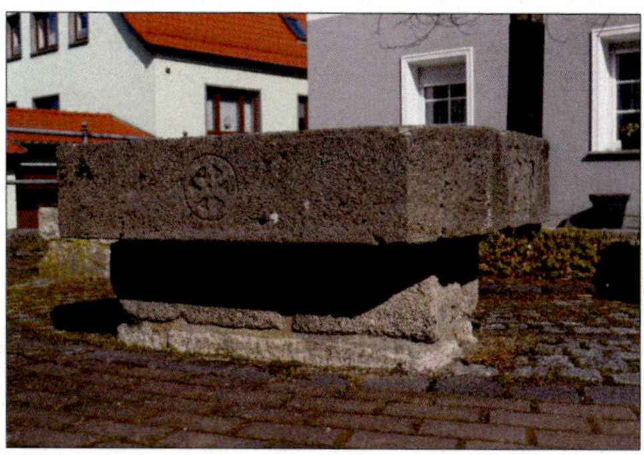

Anger mit Steintisch.

Seit Beginn des 16. Jahrhunderts stand die Untergerichtsbarkeit über Effelder dem Kloster Zella zu. Das Amt Gleichenstein war für Kriminaldelikte zuständig. Der so genannte neue Anger bei der Kirche, die ihren Standort am Rande der historischen Siedlung hat – und zwar auf dem höchsten Punkt des Ortes – lässt vermuten, dass das älteste Gotteshaus auf dem Dorfplatz errichtet worden war. Es war also nicht nötig, den einstigen Standort des Gotteshauses in den mittleren Dorfteil zu verlegen, da der historische Ortskern im oberen Teil Effelders nachweisbar ist.

In der Abhandlung „Die Geschichte einer Quelle (der Kellerborn in Effelder)" von Franz Huhnstock ist zum Anger von Effelder und dem dort befindlichen Kellerborn zu lesen …

„… Der Ort wuchs allmählich zu einem recht ansehnlichen Gemeinwesen an. Am „Plan" und an der „Langen Gasse" hatten die Blockhütten längst festgefügten Häusern Platz gemacht. Darunter waren schmucke Fachwerkbauten, sämtlich in fränkischer Bauart erstellt: alle mit der Giebelseite zur Straße, das feste Eichentor mit hohem Steinbogen überwölbt. Um diese Zeit nun muss es gewesen sein, dass einem Bewohner gestattet wurde, direkt über dem alten Dorfbrunnen ein Haus zu errichten, so dass der Born nun – wie ein Gefangener – rundum von Gemäuer eingeschlossen war und kein Sonnenstrahl mehr zu ihm fand. Nur eine Schöpfstelle hatte man freigelassen. Von da an wurde drum die einst so muntere Quelle nur noch der „Kellerborn" genannt.

Auch der weite Platz um den Dorfbrunnen hatte sich mählich verändert. Der heilige Eichbaum war verschwunden; ein Blitzstrahl hatte ihn in einer Wetternacht bis in die Wurzel zerspellt. Er war ohnehin nur noch ein Erinnerungsmal an vergangene Zeiten gewesen; denn die alten Götter – Wodan, Thor, Frija – waren aus dem Lande gewichen. Längst wurde eine neue Heilslehre den Menschen verkündet, und vom nahen Hügel grüßte schon seit langem der Turm eines Kirchleins mit seinem sieghaften Kreuz über Dächer und Baumwipfel zum Brunnen her. – Auf dem „Plan" umstanden nun im Halbkreis breitästige Linden den mächtigen „Angerstein". Zu diesem umhegten Platz kamen von Zeit zu Zeit die Männer des Ortes, dort ernste Beratung zu pflegen. Hier feierte auch die Dorfgemeinschaft ihre Volksfeste. Dabei ging es oftmals hoch her, und das Glucksen und Murmeln der nahen Quelle wurde dann tausendfach übertönt vom Pfeifen des Dudelsacks, dem Flöten der Schalmeien, dem Singen der Fiedeln und dem lauten „Juhuhen" einer fröhlichen Jugend.

Der alte Dorfbrunnen war tagsüber selten allein; es war dort immerwährendes Kommen und Gehen. Zumeist waren es Frauen und Mädchen, die zur Quelle kamen. Manche hatten es da nicht besonders eilig. Am kühlen Brunnen lässt sich's ja so traulich plaudern und schwätzen. Man konnte am Born immer Neues erfahren, insbesondere all das, was „das wechselnde Verhängnis" den Dorfbewohnern gerade zuteilte: Frohes und Ernstes, Heiteres und Beklagenswertes. Und so mühsam das Wasserholen auch sein mochte; es hatte auch seinen besonderen Reiz: „Man wurde dabei etwas gewahr". Weil nämlich – wie jederzeit und in allen Landen – die Frauen recht mitteilsam und wissbegierig sind, so wurde am Brunnen jegliches Ereignis gründlich besprochen, beraten und durchgehechelt. Daher kam's, dass bei weitausholendem, vertraulichem Gespräch manches Stündchen am alten Kellerborn vertan wurde. Und die schwere Wasserbütte schien leichter, und das harte Tragholz mit den gefüllten Eimern daran dünkte fast eine süße Last, wenn man mit interessanten Neuigkeiten davonschreiten konnte, um daheim und in der Nachbarschaft dieselben rasch zu verkünden. …" [49]

Das relativ junge Ortswappen Effelders aus dem Jahr 1993 zeigt ein Siegelmotiv, welches in das Jahr 1951 zurückgeht. Als zentraler Gegenstand ist das Wahrzeichen der Eichsfeldgemeinde – die Kirche Sankt Albanus – abgebildet. Das silberfarbene Sechsspeichenrad steht für jahrhundertelange Zugehörigkeit Effelders zu Kurmainz. Der Apfel weist auf den Ortsnamen hin. Etymologisch kann aus dem althochdeutschen Begriff „*apaldar*" für „*Apfelbaum*" Effelder hergeleitet werden. Effelder ist nicht nur in der Region, sondern auch darüber hinaus für seinen besonders eindrucksvollen Kirchenbau bekannt. Der dem heiligen Alban geweihte im Volksmund betitelte „Eichsfelder Dom" ist weithin sichtbar. Das Gebäude ist am höchsten Punkt der Gemeinde mit 497 Metern erbaut und daher die am höchsten gelegene Kirche des Eichsfeldes. Die dreischiffige Hallenkirche mit ihrem vorgezogenen Kreuzflügel geht auf den bekannten Kirchenbaumeister, den Franziskaner Paschalis Gratze, zurück. Der Turm ragt 56 Meter in die Höhe und das Kirchenschiff bietet 670 Christen Platz.

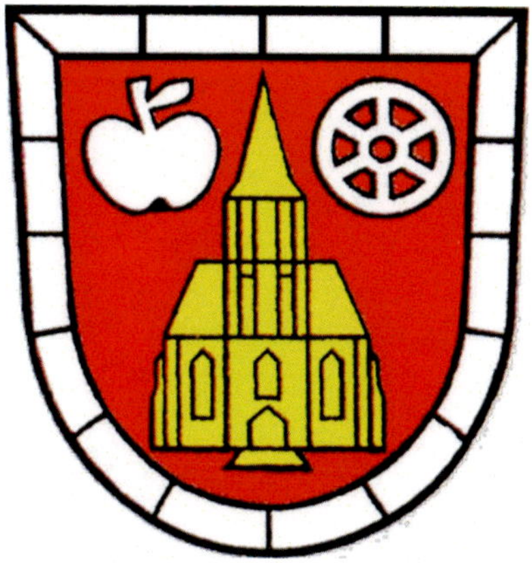

Ortswappen Effelder.[50]

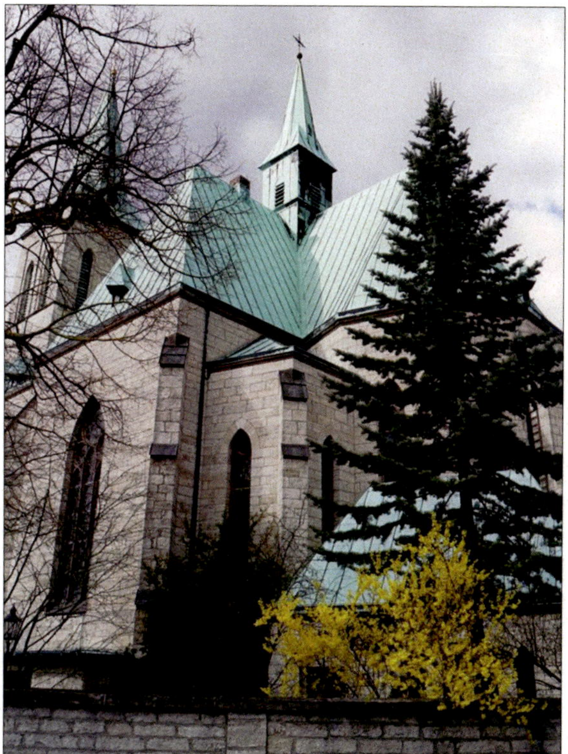

Eichsfelder Dom.

Großbodungen

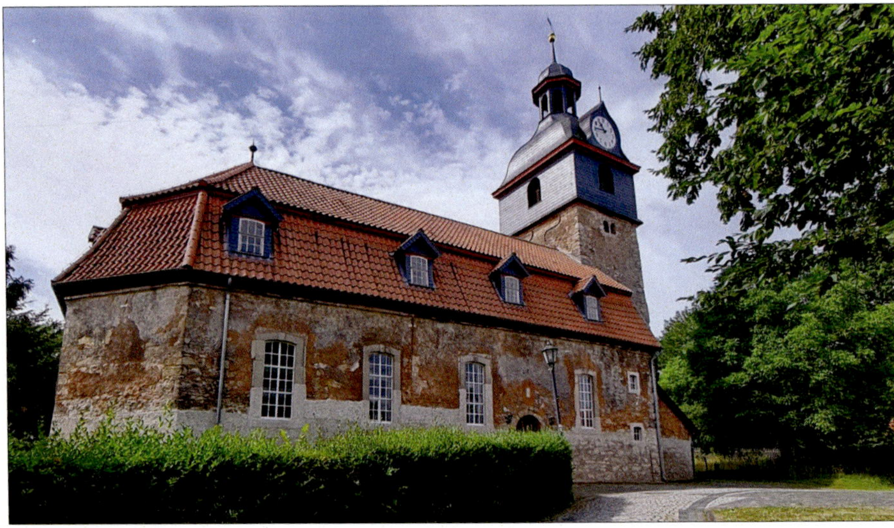

Evangelische Kirche Sankt Petri Großbodungen.

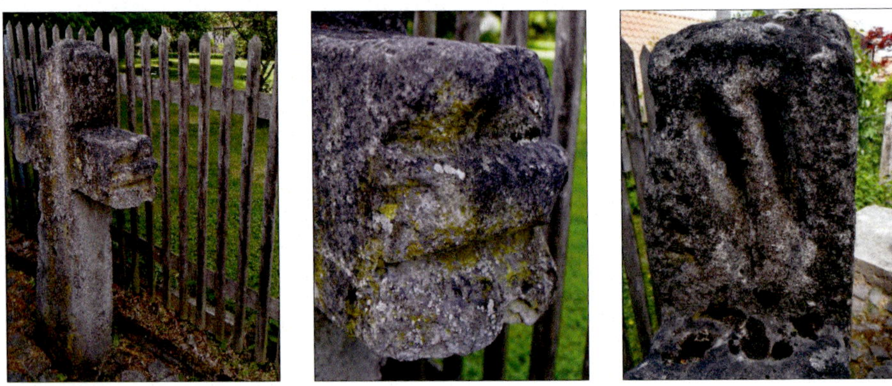

Steinkreuz mit Detail der Rillen beidseitig.

Ein imposantes leicht malteserkreuzförmiges Steinkreuz steht in der Ortsmitte von Großbodungen, 35 Meter nordöstlich der Kirche, am Gartenzaun eines Privatgrundstückes. Die Stirnflächen der Arme und Scheitel des Kopfes zeigen sich 3-fach geschwungen. An der Südwestseite, seitlich des Kopfes sind zwei tiefe Wetzrillen zu erkennen. Das Kreuz weist einzelne Abschläge auf, ist aber ansonsten gut erhalten.

Erwähnte rillenförmige Umfassung des Steinkreuzes ist wenig bekannt. Im Band 29 der „Deutschen Gaue“ ist darüber zu lesen: „*Als man die Wetzsteine noch nicht so häufig haben konnte und es auch noch keine Kunststeine gab, wurden die schartigen*

und abgewetzten Wetzsteine dort wieder eingeschliffen, daß sie wieder eine glatte Fläche bekamen.“ [51]
In alten freien Reichsstädten oder kleinen mittelalterlichen Orten sind mitunter auf den Verkleidungsquadern der Hauptausgänge aus Kirchen Kerben, Vertiefungen und Rundmarken zu erkennen, welchen im Mittelalter eine besondere Bedeutung zukam. Zweifelsfrei sind diese Kennzeichnungen künstlich entstanden. Sie gehen eventuell auf eine religiöse Bedeutung zurück und werden als „Wetzmarken oder -rillen“ bezeichnet.
Um besagte Wetzmarken ranken sich eine Reihe Sagen und Mysterien. Sie sollen möglicherweise bis vor dem Dreißigjährigen Krieg auf einen Weiheakt in der Kirche zurückgehen, der vor dem Ausmarsch der Zünfte aus der Stadt gegen einen Feind abgehalten wurde. Die Kämpfer versammelten sich in der Kirche. Nach Erteilung des priesterlichen Segens wetzten sie am Ausgang der Kirche ihre Schwerter und Hellebarden in den Rillen. Der Aberglaube besagte, dass dieses Vorgehen dafür sorgen würde, den Sieg davonzutragen und gesund wieder nach Hause zu kommen.

Sagen erzählen davon, dass verdammte arme Seelen nachts aus Verzweiflung an den Mauern der Kirchen kratzten, um hinein zu gelangen. Besagte Kerben sind auch an kyrillischen Kreuzen zu beobachten, welche zeitlich in die Einführung des Christentums bei den Slawen datiert werden müssen. Andeutungen dieser Rillen und Grübchen sollen auch als Ornamente an Kemenaten der neolithischen Ära dargestellt sein.[52]

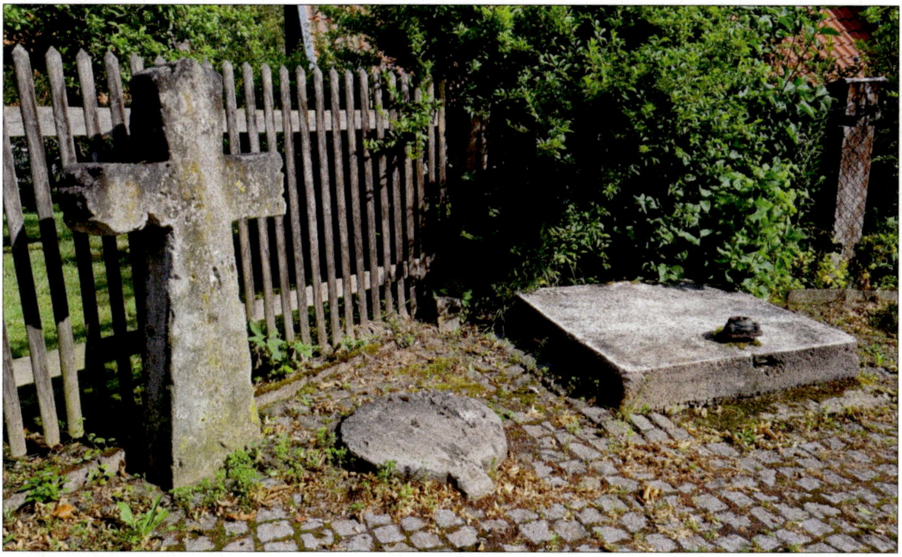

Sühnekreuz mit Opferstein und Bodenplatte des einstigen Brunnens, der vor Jahren abgetragen wurde.

Überlieferungen erzählen davon, dass Bonifatius an der Stelle gepredigt haben soll, an welcher der Stein ursprüglich seinen Platz hatte. Außerdem weiß man zu berichten, dass hier ein Jude erschlagen worden sein soll.
Bei einer Flurbereinigung im Jahr 1854 soll das Kreuz etwas unterhalb der Kirche gegenüber der alten Schule seinen Platz gefunden haben, wo es auch heute noch zu bewundern ist. Die unscheinbare flache runde Platte rechts neben dem Kreuz am Boden wurde ursprünglich neben einem Brunnen positioniert und als Rinnstein umfunktioniert, wie es auch in der Abhandlung Pfarrer Osburgs zu lesen ist. Dort benanntes Kreuz im Stein ist allerdings nicht mehr zu sehen. Es soll sich um einen Opferstein gehandelt haben, auf dem ein junges Pferd den Asen (nordische Bezeichnung germanischer Götter aus der Mythologie) geopfert wurde.
Ein Ausflug nach Großbodungen ist nicht nur wegen des Steinkreuzes interessant. Der historische Ortskern mit seinem Fachwerkensemble und der Burg ist ebenfalls sehenswert.

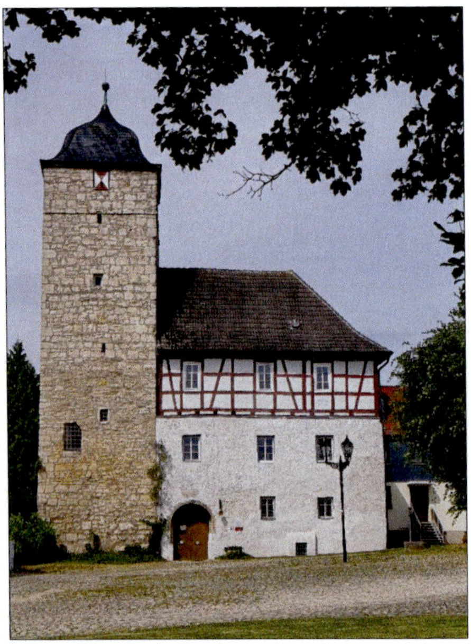

Burg Großbodungen.

Der Wartturm der einstigen Wasserburg ist das Wahrzeichen der Eichsfeldgemeinde. Das Gebäude wurde im 13. Jahrhundert von den Herren von Bodungen als Wehrburg erbaut. 1329 wurde der Turm um ein Wohnhaus aus Stein erweitert. 1417 gaben sie die Burg und den Besitz (das Lehen) auf. Neue Eigentümer waren die Grafen von Hohnstein aus dem Südharz. Diese wiederum verpachteten das Anwesen im 16. Jahrhundert an Hans Christoph von Berlepsch, der als Sohn des Hans Sittich von Berlepsch bekannt ist, welcher als Wartburghauptmann Martin Luther Zuflucht auf der Wartburg bot. Der Fachwerkinnenhof entstand in dieser Periode und ist auch heute noch so zu bewundern. Als schließlich 1593 das Geschlecht der Hohnsteins im Harz erlosch ging die Burg an die späteren Fürsten von Schwarzburg-Sondershausen über und diente zeitweise als Lager bzw. Verwaltung. Als der letzte regierende Fürst Günther von Schwarzburg-Rudolstadt-Sondershausen sein öffentliches Amt niederlegte ging die Burg 1920 in das Eigentum der Gemeinde über. Viele Jahre waren Schulräumlichkeiten darin untergebracht sowie eine Jugendherberge. Zeitweise wurde das Gemäuer auch als Wohnraum genutzt. Bis zur Wende verfiel die Burg und stand leer, bis die Gemeinde Großbodungen versuchte, die baufällige Immobilie zu veräußern. Das Ehepaar Raban Graf von Westphalen und Gerlinde Gräfin von Westphalen erwarben die Burg schließlich Mitte der 1990er Jahre und sanierten sie grundlegend. Sie wurden dafür 2012 mit dem Stiftungspreis der Deutschen Burgenvereinigung ausgezeichnet. Es fanden Ausstellungen sowie Vortrags- und Leseabende statt. Bis 2005 waren im Gewölbekeller eine Mineralien- und Fossilienausstellung sowie archäologische Fundstücke aus der Hasenburgregion zu sehen. Bis 2018 waren die Ausstellungen in der historische Kemenate, dem einstigen Wohnhaus der Schwarzburger Amtsleute untergebracht. Dieser eindrucksvolle Fachwerkbau aus dem Jahr 1663 ist aufgrund der Tatsache bekannt, dass hier der Schriftsteller Carl Duval wohnte, der 1845 das bekannte Standardwerk „Das Eichsfeld" herausbrachte.

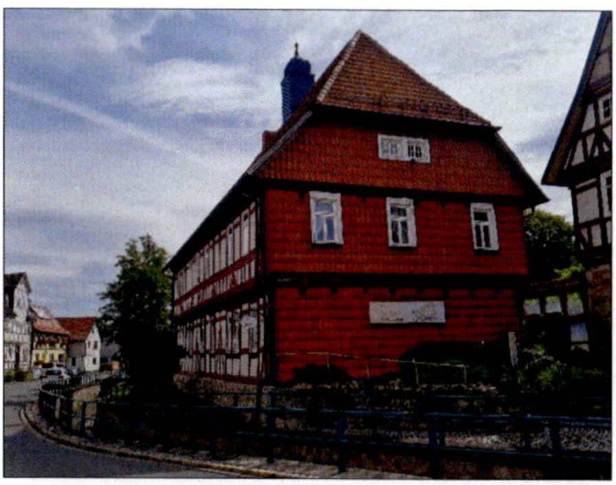

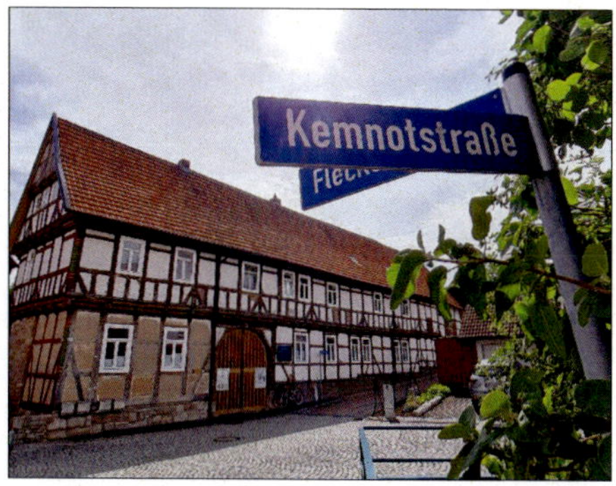

Kemenatenensemble im historischen Ortskern von Großbodungen.

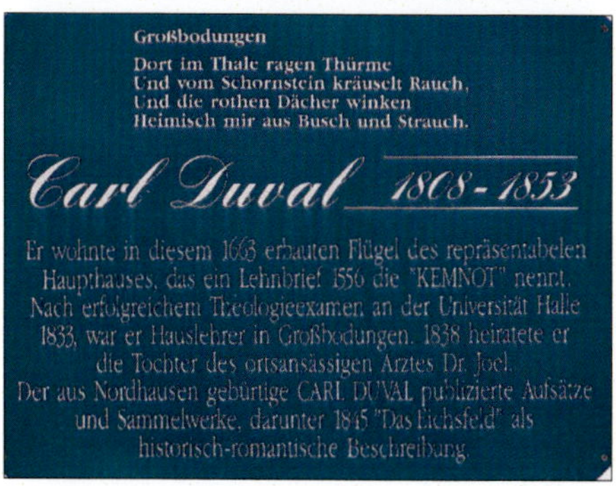

Erinnerungstafel am Haupthaus – dem Wohnhaus Carl Duvals.

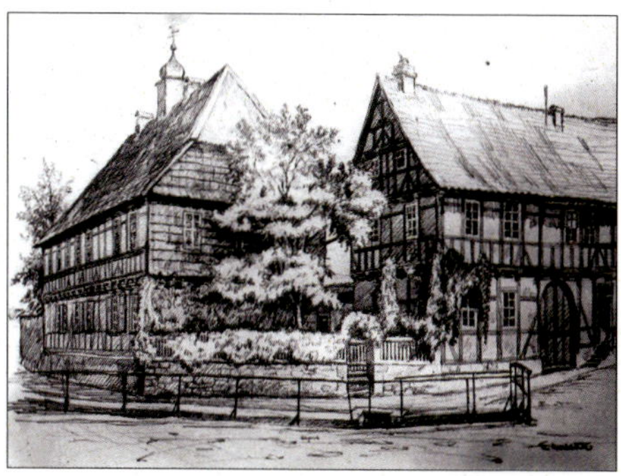

Historische Ansicht des Kemenaten-Ensembles. Ehemaliges Wohnhaus der Fürstlich-Schwarzburgischen Amtsleute.[50a]

Über dem Torbogen an der Westseite der Burg befindet sich der Rest eines interessanten historischen Steinreliefs.

ANNO dm 1329 in die Jacobi est fundata mai
zu deutsch:
Im Jahre 1329 am Tage Jacobi ist der Grundstein gelegt des Größeren Hauses Bodungen

Außerdem ist die Jahreszahl 1584 zu lesen.

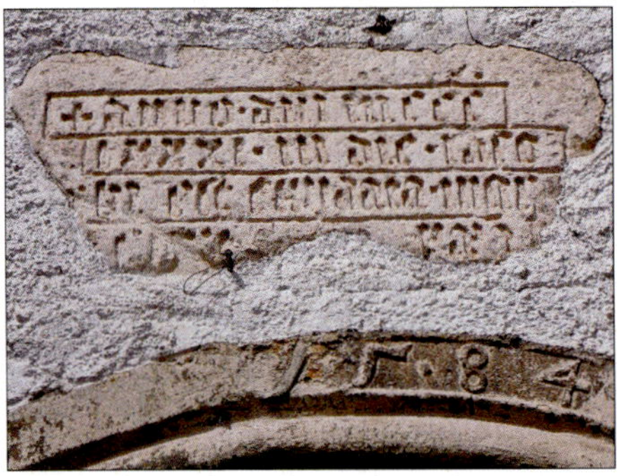

Steinrelief mit Jahreszahl über dem westseitigen Torbogen.

Vor der Gemeindeverwaltung fällt ein Grenzstein auf, der vorn das Mainzer Rad zeigt und auf der Rückseite den Halbmond aus dem Wappen des niedersächsischen Adelsgeschlechtes von Bodenhausen, die auch in der Grafschaft Hohnstein begütert waren.
Der Verlauf der historischen Grenze entsprach weitestgehend der heutigen Kreisgrenze zwischen dem Eichsfeld und dem Landkreis Nordhausen, der bis September 1945 zur Grafschaft

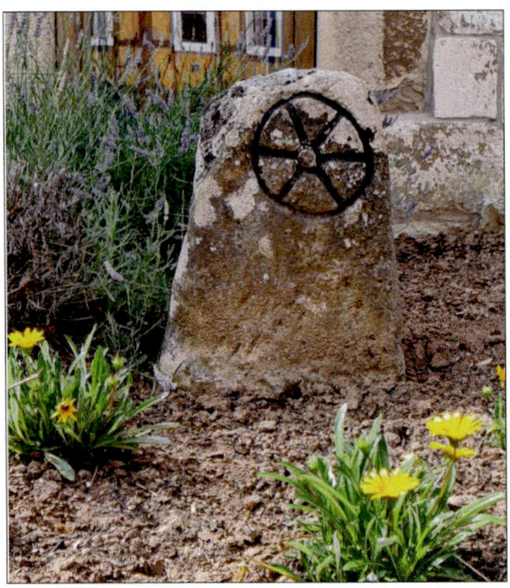

Vorderseite mit Mainzer Rad versehen.

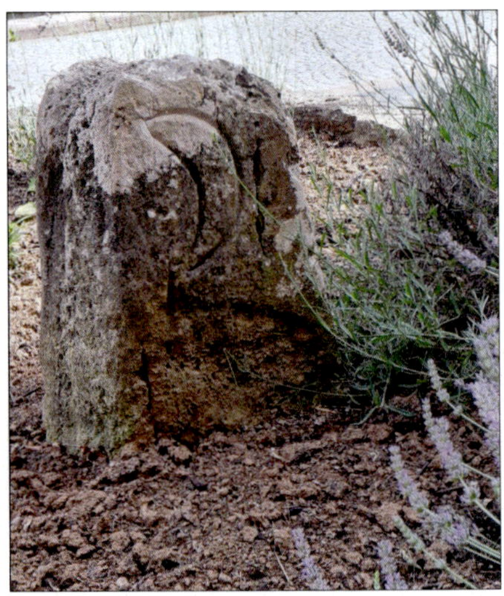

Rückseite mit Halbmond.

Hohnstein gehörte. Noch heute kann anhand der noch erhaltenen historischen Steine der einstige Grenzverlauf nachvollzogen werden.

Holungen (Landgemeinde Sonnenstein)

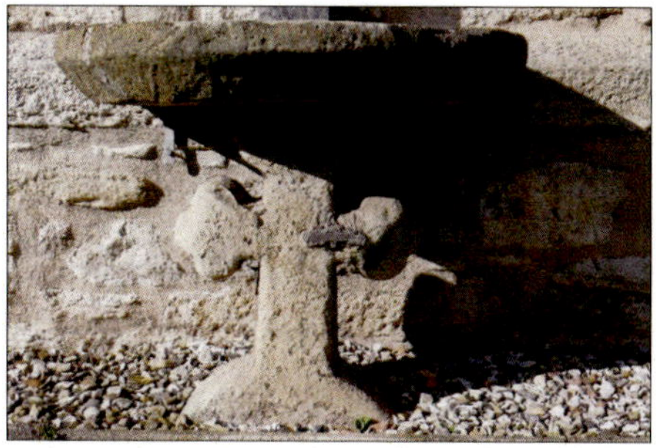

Steintisch mit Kreuz.

In der Ortsmitte, der untereichsfeldischen Gemeinde Holungen, südlich an der Kirche St. Johannes des Täufers, drei Meter westlich des Turmes, steht an der Kirchenmauer ein Steinkreuz, welches als Stütze für einen steinernen Altartisch dient, auf dem ein Holzkruzifix seinen Platz hat. Dieses Bonifatiuskreuz weist eine lateinische Kreuzform auf. Seine Arme enden dreifach geschwungen und ähneln einem Kleeblatt. Auffällig ist der breite scheibenförmige Fuß. Das Kreuz ragt 70 cm aus der Erde und ist aus Kalkstein gefertigt. Seine Form steht für die symbolische Darstellung des Christuskreuzes auf dem Hügel Golgatha. Die Dreifachschwingung der Enden symbolisiert die Dreifaltigkeit Gott Vater, Sohn Jesus Christus und Heiliger Geist. Das Kreuz kann aufgrund der dreipassverzierten Enden in die gotische Zeit vor 1500 eingeordnet werden. Der linke Arm ist durch eine Eisenklammerung gesichert. Im Buch „Holungen - ein Dorf und seine Geschichte“ ist zu lesen, dass das Kreuz zuerst an anderer Stelle bei der Kirche seinen Platz gehabt haben soll.

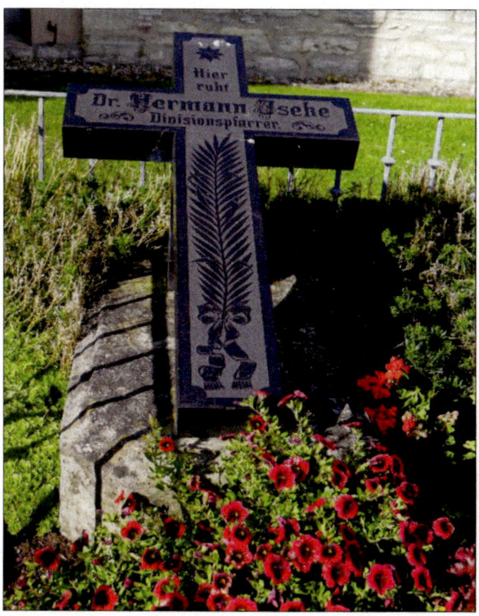

Grab des Heimatdichters Hermann Iseke.

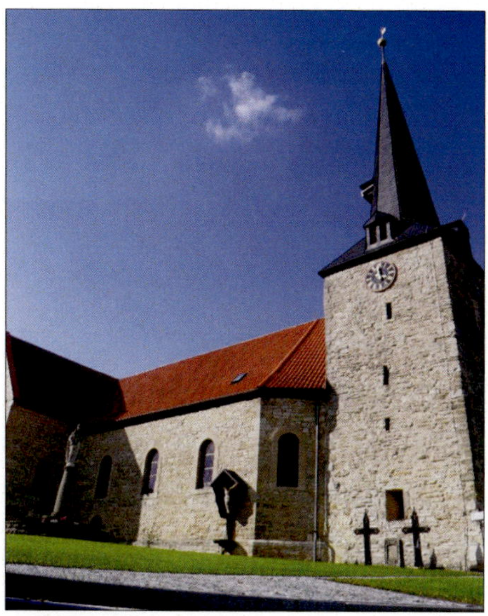

Katholische Pfarrkirche St. Johannes d. Täufer.

Eine Sage berichtet, dass unter dem Kreuz ein Erschlagener begraben liegen soll.

Auf dem Kirchhof liegt der bekannte Heimatdichter Hermann Iseke begraben, der weit über die Dorf- und Landesgrenzen hinaus bekannt ist.
Er wurde am 9. März 1856 in Holungen geboren und besuchte die Dorfschule. Lateinunterricht erhielt er vom damaligen Pfarrer Andreas Raabe, dem sogenannten „Eichsfelder Wunderkind".
Von 1867 bis 1873 besuchte Iseke die Gymnasien in Heiligenstadt und Mühlhausen. Er studierte anschließend Rechtswissenschaften an verschiedenen Universitäten. Als Referendar war er in Duderstadt und Bünzelsau tätig. Iseke studierte in der Folge Philosophie, Germanistik und Theologie. Im Sommer 1883 empfing er in Eichstädt die Priesterweihe und war anschließend als Kaplan in Dingelstädt und als Pfarrer in Wachstedt tätig. Seine Biografie erzählt weiter von der Tätigkeit als Militärpfarrer, von einer Strafexpedition nach China, von der Zeit in Singapur, Shanghai und Tientsin sowie in den USA, von wo er zurück ging in die Heimat. 1906 ging Iseke auf Expedition nach Deutsch/Südwestafrika. Gesundheitlich verkraftete er diese Zeit schlecht, sodass er am 14. Januar 1907 in Kalkfontein an Malaria verstarb. Im Sommer gleichen Jahres verbrachte man seinen Leichnam in die Heimat, um ihn auf dem Kirchhof, direkt neben seinem Geburtshaus, zu bestatten.
Sein umfangreiches dichterisches Schaffen brachte ihm den Titel „Dichter des Eichsfeldes" ein. Auf ihn geht u. a. der „Eichsfelder Sang" zurück.
Besucht man die Gemeinde Holungen, so ist unbedingt auch der Aufstieg zum Sonnenstein mit dem Skywalk empfehlenswert. Am Wanderparkplatz unterhalb des Plateaus führt ein beschilderter Wanderweg hinauf zum Skywalk, der weiterführt als Toprundweg zum Kloster Gerode und zurück. Ebenfalls ist es der insgesamt 280 Kilometer umfassende Eichsfeldwanderweg mit den Etappen 6 und 7, der durch die Gemeinde Sonnenstein führt und hinauf zur atemberaubenden Aussichtsplattform „Skywalk" auf dem 486 Meter hohen Felsplateau. Die Aussicht bis zum südlichen Harz, zum Ohmgebirge, Nordhausen, Kyffhäuser und der Goldenen Mark (Duderstadt) belohnt für den 500 Meter langen steilen Aufstieg zum Gipfel.

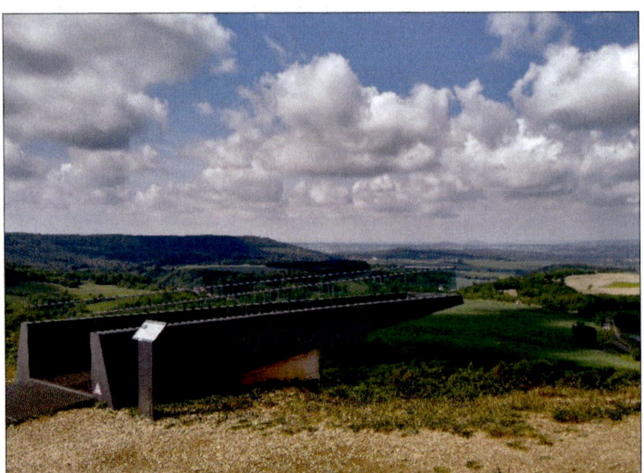

Skywalk auf dem Sonnenstein.

Es besteht auch die Möglichkeit, den einen Kilometer langen Weg über Trockengraswiesen zum Plateau zu wählen. Das Wahrzeichen des Berges, das zehn Meter hohe Friedenskreuz aus Stahl, wurde 1956 anlässlich des 100. Geburtstages Hermann Isekes errichtet. Es fügt sich gut ein in das Bild mit dem hölzernen Riesen, der über den Sonnenstein wachen soll und den 2017 errichteten Aussichtssteg, der vierzehn Meter über den Baumwipfeln und Felsklippen in den Himmel ragt und dessen Boden aus Sicherheitsglas gefertigt ist. Der Heimatdichter Karl Duval ging davon aus, dass sich auf der Höhe des Sonnensteins einst ein Opferort zu Ehren der Sonne befunden haben könnte. Forscher sehen hier eine frühgeschichtliche Wallanlage – die Urbenschanze.

Kirchgandern I und II

Kirchgandern hat gleich zwei interessante Steinkreuze zu bieten. Zum einen das „Bonifatiuskreuz" im südöstlichen Ortsteil am Dorfausgang nach Arenshausen auf einer Freifläche neben einem sehenswerten Steinaltar mit Holzkruzifix. Laut Heinrich Riebeling trägt dieses Flurstück den Namen „Am Bildstock".

Die auffällige Malteser-Kreuzform mit keilförmigem Schaft bietet bei genauer Betrachtung der unteren Winkel und ihrer scheibenförmigen Ausfüllung eine Besonderheit. Die oberen Winkel sind mit Dreieckstützen ausgefüllt. Daher ähnelt der untere Bereich des Kreuzes einer Scheibe. Der Durchmesser beträgt etwa 58 cm. Es wird davon ausgegangen, dass alle vier Kreuzsegmente ursprünglich einen Kreis bildeten. Bonifatius, so erzählt die Überlieferung, soll hier gepredigt haben.

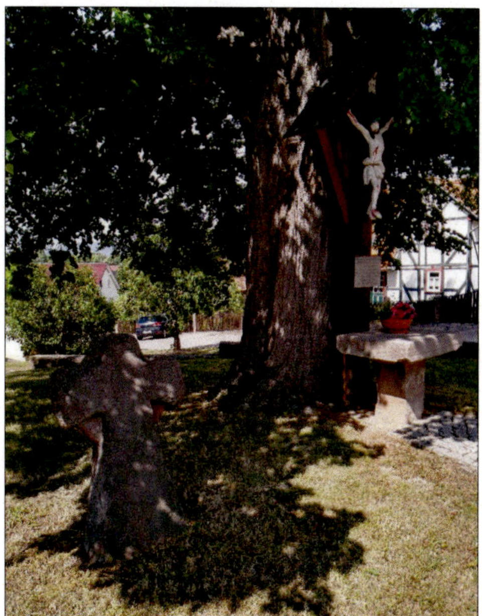

Bonifatiuskreuz mit Steinaltar und Holzkruzifix.

Das zweite Steinkreuz befand sich ursprünglich in der Ortsmitte, direkt an der Innenseite der östlichen Kirchhofmauer, 20 Meter südlich des Andachtskreuzes. Der Standort hat sich Mitte der 1980er Jahre geändert. Heute hat das Kreuz im östlichen Bereich des Kirchhofes der dem Heiligen Martin geweihten Kirche rechts des hinteren Eingangstürchens seinen Platz.

Bis um 1900 soll das Bonifatiuskreuz am südlichen Ortsrand von Arenshausen seinen Platz gehabt haben. Der Schaft des in lateinischer Form ausgeführten roten Sandsteinkreuzes ist nach unten verbreitert. Unten sind die Armkanten abgefasst und die Umrisskanten gerundet. Der nördliche Arm ist erheblich beschädigt. Weitere Abschläge sind an Kopf und südlichem Arm erkennbar. Sie könnten durch das Abziehen mittelalterlicher Hieb- oder Stichwaffen hervorgerufen worden sein.

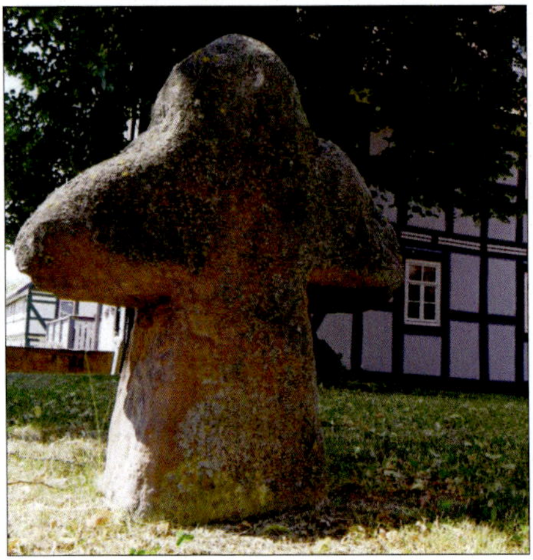

Kreuz im Kirchhof.

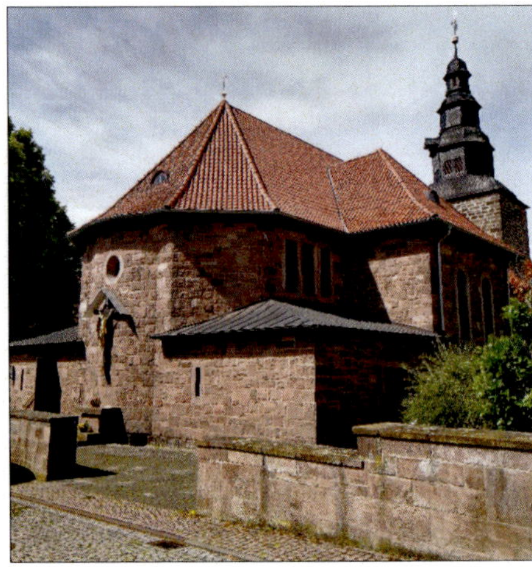

Katholische Pfarrkirche St. Martin.

Während eines Besuches von Kirchgandern ist der sieben Kilometer lange Weg der Geschichte sehr empfehlenswert. Er wurde von der örtlichen Kolpingjugend in den Jahren 2012/13 initiiert. Zeitzeugen wurden befragt und Schautafeln gestaltet, welche persönliche Geschichten von Menschen erzählen, die während der DDR-Zeit im Grenzgebiet lebten.

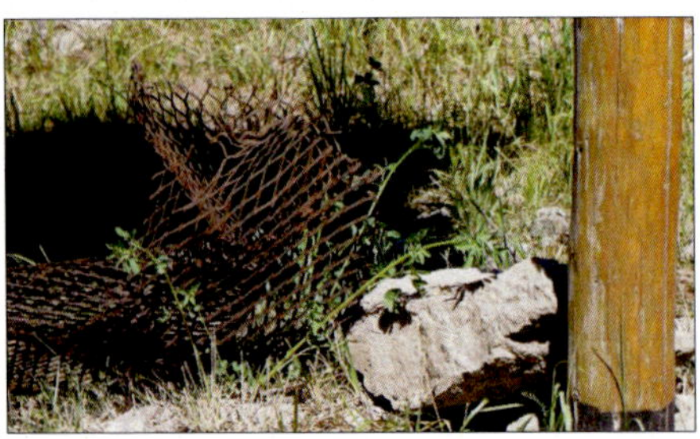

Grenzzaun: Relikt am Weg der Geschichte.

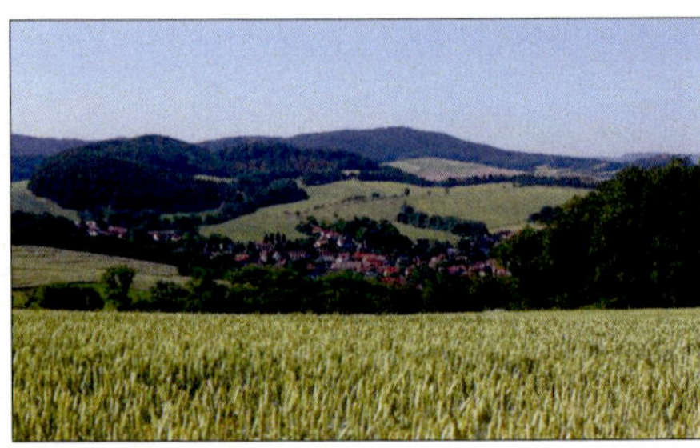

Blick auf Arenshausen mit Burg Hanstein.

Im Zuge dieser Wanderung kann ein Besuch des historischen Rittergutes Besenhausen in Betracht gezogen werden.

Das Gut gehört heute zum Ortsteil Niedergandern in der Gemeinde Friedland, Kreis Göttingen. Die ältesten Gebäudeteile stammen aus dem 16. Jahrhundert. Nach den Zerstörungen im 30-jährigen Krieg wurde Besenhausen in der Barockzeit wieder aufgebaut, wie die angebrachten Wappen von 1695 über der Tür am Herrenhaus und am Torhaus zeigen.

Das Rittergut steht unter Denkmalschutz. Das gesamte Anwesen befindet sich seit 700 Jahren in Familienbesitz. Schon Ende des ersten Jahrtausends siedelten sich hier Menschen an. Der Name geht auf „Haus des Bezo oder Biso“ zurück und steht für einen damals üblichen altsächsischen Vornamen. Der Grund und Boden war schon in der Vergangenheit streitbares Land und mit ständigen Grenzkonflikten behaftet. Heute sind es die Bundesländer Thüringen, Niedersachsen und Hessen, die hier angrenzen.

Besenhausen gehört historisch zum Eichsfeld, kam aber nach Kriegsende auf Grund einer Grenzverschiebung zu Niedersachsen. Der immerwährende Kampf zwischen den Ansprüchen verschiedener Mächte ist bezeichnend für die wechselvolle Geschichte des Gutes.

Durch aufkommende Feuerwaffen in den Armeen war die Sicherheit der Burgen nicht mehr gegeben, und so verließ auch der Besenhäuser Zweig der Hansteins die Burg und siedelte sich um 1540 auf ihrem Lehnssitz Besenhausen, den sie seit 1307 besaßen, an. Im Jahre 1896 starb der letzte Herr von Hanstein und das Gut, über Töchter weitervererbt, ist so noch heute in Familienbesitz.

Gegen Ende des Zweiten Weltkrieges besetzten US-amerikanische Militäreinheiten Gut Besenhausen. Die Demarkationslinie zwischen der Britischen und der Sowjetischen Besatzungsmacht verlief direkt durch das Gelände. Am 1. Juli 1945 rückten Sowjetsoldaten und Briten gleichzeitig ein. Der damalige Gutsherr von Wintzingerode-Knorr schaffte es, die sowjetische Militäradministration zu einem Tauschhandel zu überreden.

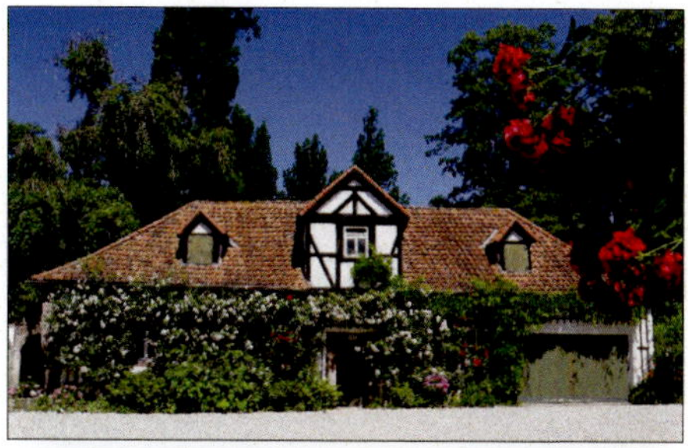

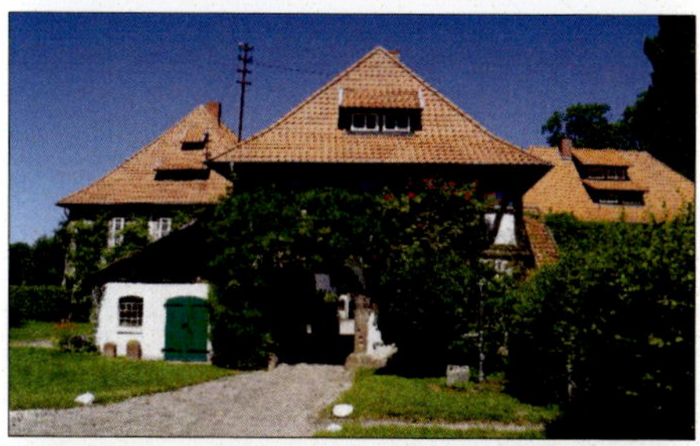

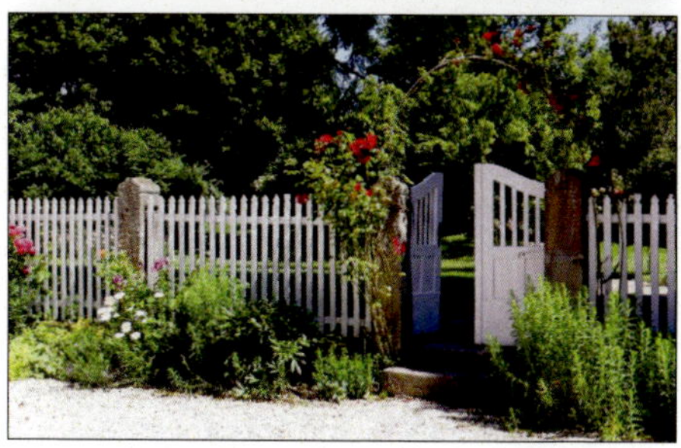

Impressionen aus dem Gut Besenhausen.

Die Grenze wurde kurzerhand um zweihundert Meter in Richtung Südosten auf die ursprüngliche Gutsgrenze verschoben – Gegenleistung war die Abgabe des gesamten Viehs sowie vieler Wirtschaftgüter als willkommene Nahrungshilfe für die Rote Armee. Diese, selten vorgekommene, Grenzverschiebung rettete den gesamten Baubestand, der sonst dem Todesstreifen geopfert worden wäre.
Im Jahr 1955 wurden Teile des Films „Rosen im Herbst“ nach Theodor Fontanes „Effi Briest“ mit Ruth Leuwerik und Bernhard Wicki in Besenhausen gedreht.
Nach Kriegsende passierten mehr als zwei Millionen Flüchtlinge nach ihrer Vertreibung aus den deutschen Ostgebieten auf ihrem Weg in das Lager Friedland die Grenze in Besenhausen. Später kamen auch entlassene deutsche Kriegsgefangene und Kindertransporte hinzu. Daran erinnern noch heute die alte Grenzbaracke und der Stein „Tor zur Freiheit 1945–1956“ oberhalb des Gutes.

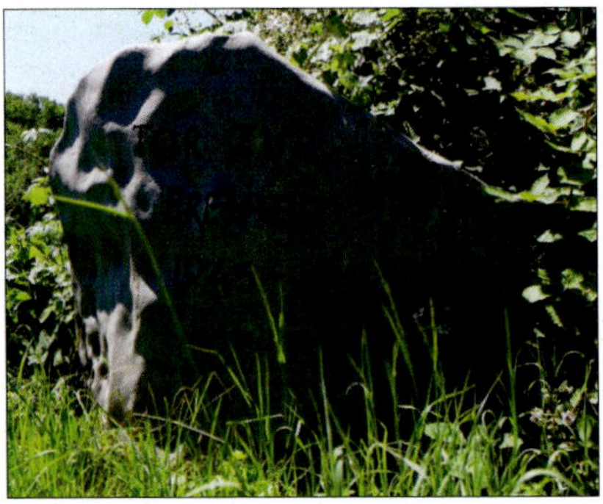

Gedenkstein "Tor zur Freiheit".

Das große Schild gleich daneben mit der Aufschrift „Hier waren Deutschland und Europa bis zum 18.9.1989 um 6 Uhr geteilt“ weist auf den Tag der friedlichen Wiedervereinigung hin.
Sehr interessant und geschichtsträchtig sind die beiden steinernen Zeitzeugen links des Eingangs am Torhaus. Der rechte der beiden Steinquader – ein Landesgrenzstein – zeigt auf der Eichsfelder Seite das Mainzer Rad. An den schmalen Seiten war die Jahreszahl 1743, bei späteren Steinen 1835 sowie eine durchlaufende Nummerierung angebracht. Nachdem 1802 das Eichsfeld preußisch wurde, ersetzte man die Steine nicht, sondern schlug das Mainzer Rad ab und brachte ein KP für Königreich Preußen an. Damals wurde die Landesgrenze zwischen dem fürstbischöflichen Eichsfeld und Hannover-Braunschweig nach ständigen Querelen, sogar bewaffneten Überfällen, zwischen den Ländern erstmalig versteint. Die andere Seite zeigt die vertikal dargestellte so genannte Wolfsangel, ein altes einem großen Z gleichendes Runenzeichen.

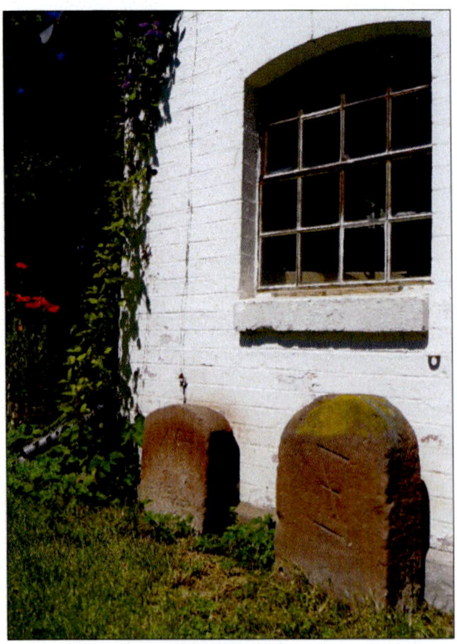

Grenzsteine am Torhaus.

Die Buchstabenkombination „VH“ auf dem linken der beiden Steine steht für „Von Hanstein“ als Familienzeichen der Hansteins bis 1896.[53]
Dem neugierigen Leser sei die Kirche Hottenrode mit dem angeschlossenen Friedhof ans Herz gelegt, auf dem zum Teil historische Grabmäler zu bewundern sind. 1000-jährige Grenzgeschichte war es, die diesen Ort zum Symbol für Glaubenstreue und bis zur Wende auch zu einem Zeichen für Freiheit hinter einer unüberwindbaren und unmenschlichen Grenzbefestigung werden ließ.
Das Kirchlein hat den Untergang des Dorfes Hottenrode als einzig erhaltenes Bauwerk überstanden. Am Dreiländereck befindlich war dieser Ort zu Zeiten der Gegenreformation auf dem Eichsfelde bedeutungsvoll. Im Inneren der Kapelle stehen beidseits des Altars sogenannte Priechen, die im Norddeutschen die vom allgemeinen Kirchengestühl abgesonderten Sitzplätze der Patronatsfamilien einer Kirchengemeinde bezeichnen. Die Eigentümer der Güter Besenhausen und Niedergandern üben noch heute gemeinsam das Patronat über die Kirche aus. Hinter dem Altar stehen zwei Leichensteine aus dem Jahr 1611 – beide Besenhäuser Hansteins darstellend. Der Friedhof dient den Bewohnern von Niedergandern, Besenhausen, aber auch anderen Menschen als Begräbnisplatz.

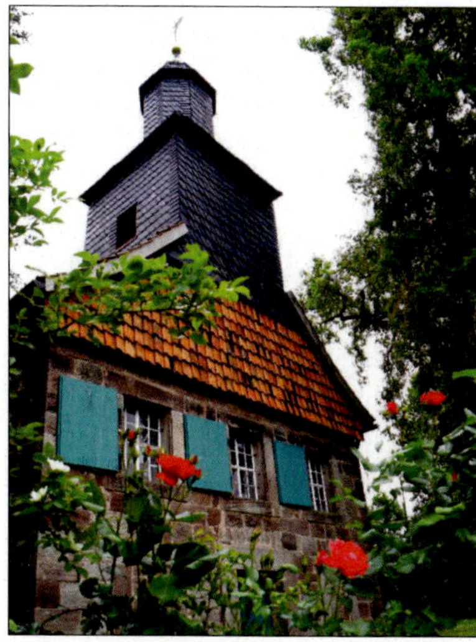

Kapelle Hottenrode.

Küllstedt

Das Küllstedter Denkmaltrio steht unweit eines Holzkruzifixes unter zwei alten Linden. Hinter den Kreuzen beginnt eine auffallende Kastanienallee. Bis 1852 befand sich hier der alte Küllstedter Friedhof. Das südöstliche der drei Steindenkmale, steht vom mittleren drei Meter entfernt. Es weist eine gotische Kreuzform auf, ist seitlich nasenbesetzt und besitzt an seinem vierten Arm südöstlich Einritzungen. Der Winkel ist leicht vertieft gerundet. Das Kreuz ist recht gut erhalten, weist lediglich oberflächliche Verwitterungserscheinungen auf.

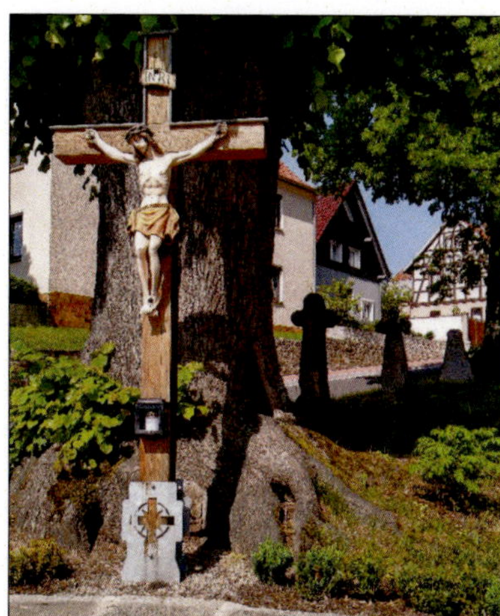

Küllstedter Steinkreuztrio.

Das mittlere Kreuz steht zum nordwestlichen ebenfalls in einem Abstand von drei Metern. Es weist auch die gotische Kreuzform auf und ist seitlich nasenbesetzt. Der Schaft ist gegenüber dem vierten Arm zurückgesetzt. Es sind einige unauffällige Abschläge erkennbar. Das Kreuz ist oberflächlich stark verwittert.

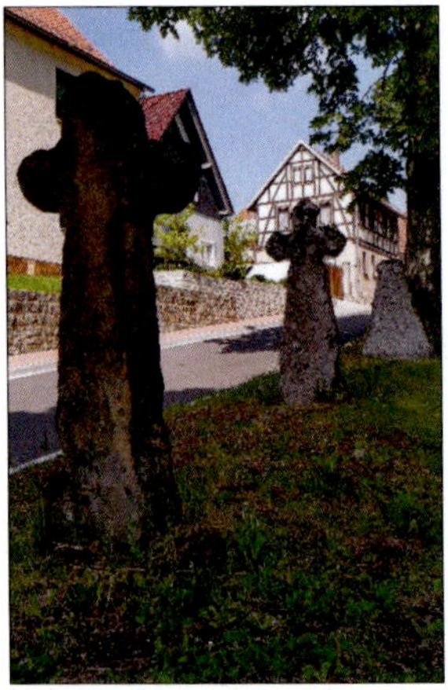

Links: Vorderes der drei Kreuze.

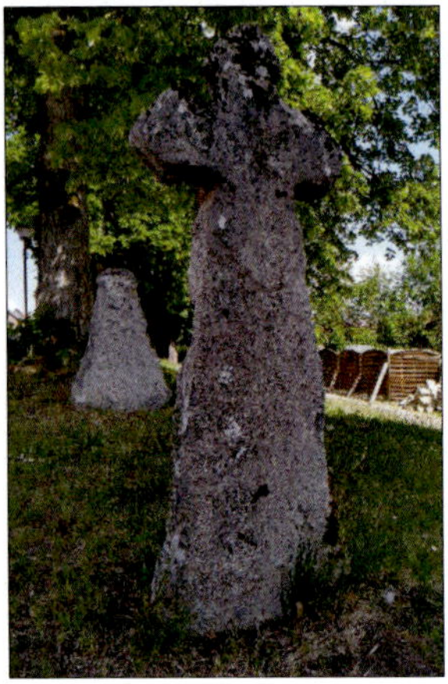

Mittleres Steinkreuz.

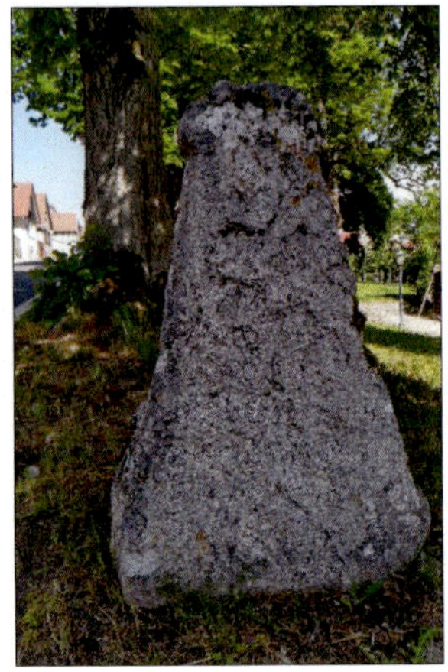

Hinteres Steinkreuz.

Auch beim dritten Steindenkmal handelt es sich um ein Kreuz, bei welchem allerdings schon seit alters her das Oberteil fehlt. Dieses nordwestliche der drei Kreuze zeigt sich ebenfalls verwittert. Zu sehen ist lediglich der vierkantige Stumpf des einstigen gotischen Steinkreuzes.

Besonderheit Steinkreuznest

Diese Gruppe von drei Steinkreuzen befindet sich im südöstlichen Teil des Ortes, 25 Meter nordwestlich der nach Struth führenden Straße etwas am Hang in der Straße „An der Trift" – auch als „Hoher Graben" bezeichnet.

Mehrere Steinkreuze bzw. Kreuzsteine, die an einem Ort beisammenstehen, werden als Steinkreuznester bezeichnet. Diese sind nach Bernhard Losch *(Quelle: Sühne und Gedenken. Steinkreuze in Baden-Württemberg, Kommissionsverlag Konrad Theiss, 1981)* vor allem im ländlich geprägten Raum vorzufinden, dort, wo es in der Neuzeit keine bis wenig Verdichtung von Siedlungen und Industrie gab, wie es in den Ballungsgebieten der Fall ist. Zahlreiche dieser Kulturdenkmale konnten so im Freiland erhalten bleiben. Das Steinkreuznest von Reicholzheim in Süddeutschland ist als das umfassendste Deutschlands und als möglicherweise sogar eines der größten weltweit bekannt. Es umfasst 14 Rotsandsteinkreuze. Eine regionale Sage berichtet, dass sich an diesem Ort 14 Burschen im Streit um ein Mädchen gegenseitig erschlagen haben sollen.

Etwa 6 km von Küllstedt entfernt zwischen Wachstedt und Martinfeld in einem idyllischen Waldtal am nördlichen Rand des Eichsfelder Westerwaldes befindet sich eine sagenumwobene Kapelle. Heute ist sie weithin als Klüschen Hagis bekannt und wird alljährlich zur Männerwallfahrt am Himmelfahrtstag zum Anziehungspunkt in der Region.

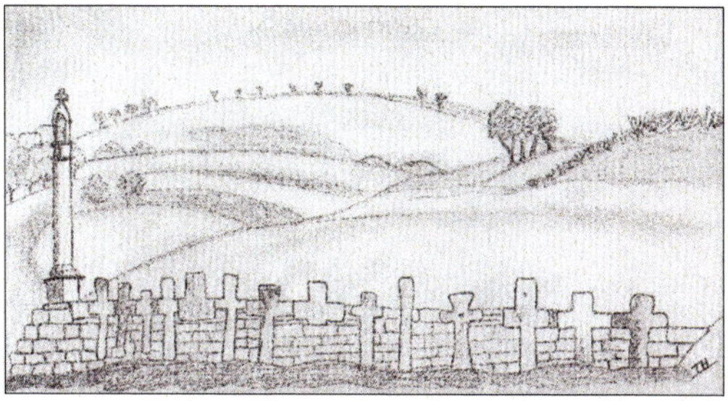

Illustration der 14 Steinkreuze von Reicholzheim. Zeichnung: Tina Heintze

In der Zeit von 1100 bis 1300 wurde das Klüschen Hagis als Dorfkirche der Gemeinde Neuenhagen unterhalb der Burg Gleichenstein erbaut. Im ausgehenden Mittelalter war der Ort nur noch eine Wüstung. Lediglich die Kirche sowie der Name „Hagen" blieben erhalten. Die Menschen pilgerten seit dem 16. Jahrhundert zu der Pietá (Vesperbild der trauernden Maria, die den Leichnam Christi im Schoß hält). Bald war das Gebäude zu klein, sodass es ab 1751 über 20 Jahre umgebaut und somit barockisiert wurde. Der ursprüngliche Name „Klus Hagis" bedeutet „kleine Klause des Hagens" und erinnert an die Eremitenklause, die von 1573 bis 1620 neben dem heutigen Gotteshaus stand, aber auch an den einstigen Ort Neuenhagen.
Eine Überlieferung berichtet, dass das Kirchlein aufgrund wundersamer Ereignisse im Jahr 1585 errichtet worden sein soll. Zwei Jahre vorher soll in der Nähe des heutigen Kirchengebäudes ein Marien-Gnadenbild am Ufer einer Quelle gefunden worden sein, welches sogleich in das Wachstedter Gotteshaus verbracht wurde. Das Bildnis wurde allerdings täglich wieder am Fundort entdeckt. Es wollte wohl nicht in der Wachstedter Kirche bleiben, sodass schließlich bei der Quelle ein Kirchlein errichtet wurde, in der

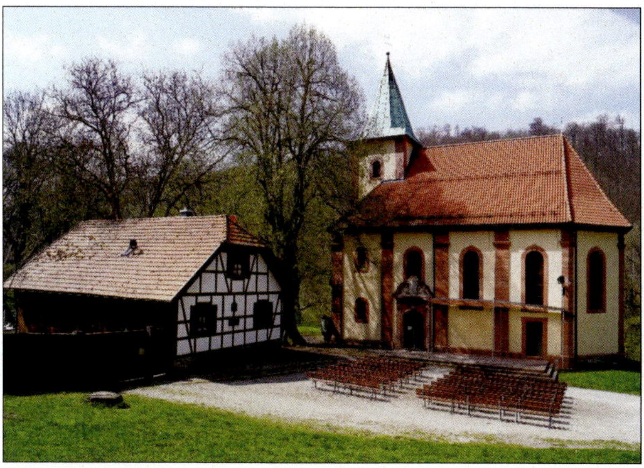

Klüschen Hagis.

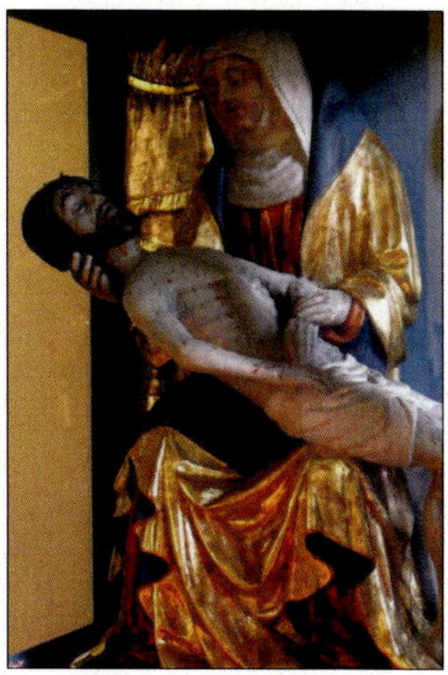

Pietá.

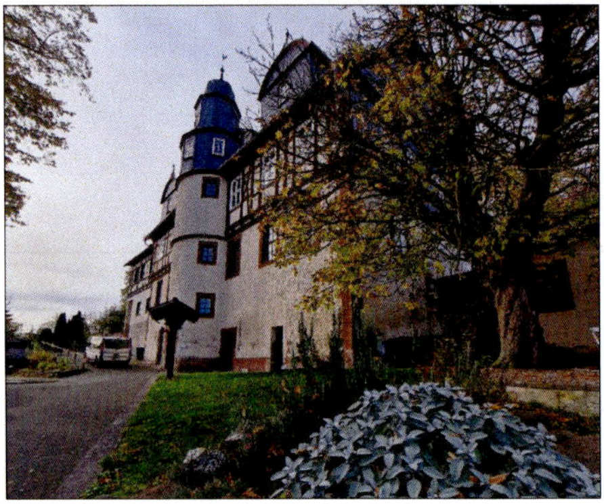

Schloss Martinfeld.

das Gnadenbild verblieb. Besagte Pietá – ein volkstümlich sakrales Kunstwerk – soll aus der Region stammen und um etwa 1400 entstanden sein.
Einen Abstecher wert ist außerdem das architektonisch interessante Martinfelder Schloss im Renaissancestil, welches in vier Autominuten vom Klüschen Hagis aus erreichbar ist. Das Gebäude steht aktuell als Tagungshaus sowie Selbstversorgerunterkunft zur Verfügung. Auch Feierlichkeiten können hier ausgerichtet werden.

Misserode-Lehna / OT von Schimberg

Jahrzehnte war es vergessen, bis es seit dem Jahr 1996 seinen neuen Platz am Sickeröder Berg 11 gefunden hat. Ursprünglich stand dieses steinerne Relikt am Winterberg Richtung Ershausen. Im dichten Unterholz eingesunken, war es kaum noch zu erkennen.

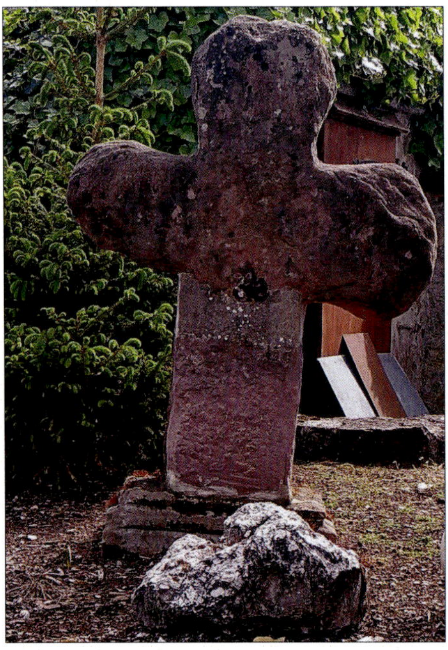

Vorderseite Steinkreuz Misserode-Lehna.

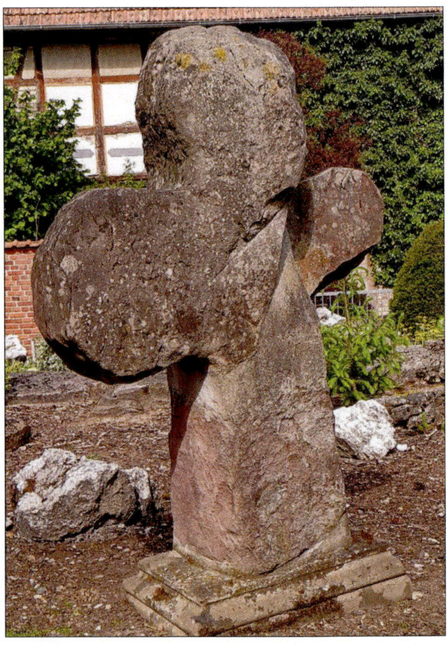

Rückseite.

Das als Bonifatius- oder auch Marterkreuz bezeichnete Steindenkmal steht auf einer Sockelplatte. Vermutlich wurde es einst durch einen Pflug stark in Mitleidenschaft gezogen. Es könnte dies im Zuge einer Flurbereinigung in den Nachkriegswirren passiert sein. Vielleicht hat man es mit einfachen Feldsteinen achtlos beiseite geworfen.
Die ortsansässige Familie Wilhelm Koch fand das Kreuz während eines Spaziergangs und ließ es liebevoll restaurieren. Die Familie hatte das Gebiet schon mehrfach abgesucht, war aber aufgrund der Standortbeschreibung nicht fündig geworden. Das Kreuz musste am alten Feldweg von Misserode nach Ershausen am Höhenrücken des Winterberges zu finden sein. Dieser allerdings war aufgeforstet worden und landschaftlich somit verändert. Den Feldweg gab es nicht mehr. Ein Steinhaufen am Waldrand unterhalb des Winterberges war es schließlich, der Wilhelm Koch fündig werden ließ. Ein gewölbter Sandstein ragte heraus. Koch vermutete darin einen Kreuzteil. Dass schließlich das komplette Kreuz gefunden wurde gleicht einem Wunder. Es war zwar sehr stark beschädigt, dennoch, Wilhelm Koch und seine Tochter Sabine holten es mit einem Multicar auf ihren Hof. Schrittweise wurde es gesäubert und vor dem Verfall bewahrt. Mit der beschädigten Seite setzte es die Familie auf einen Sockel aus Stein und verfugte die schadhafte Stelle. [54]
Es steht noch immer im Vorgarten der Familie – an einem würdigen Ort. Im Herbst 1996 meldeten die Kochs den Fund des Steinrelikts dem Arbeitskreis „Heimatgeschichte“ im Verein für Eichsfeldische Heimatkunde. Im darauffolgenden Frühjahr wurde es von Bärbel Koziol, aus Leinefelde fotografiert. Angaben zu Fundort und Datum wurden aufgenommen. Anhaltspunkte bezüglich der Geschichte des Kreuzes können lediglich den regionalen Sagen entnommen werden. Sie erzählen von einer tief in der Erde begrabenen Hexe, deren Seele allnächtlich um Mitternacht einen furchterregenden Spuk treibt. Die Menschen fürchten sich vor dieser bösen Gestalt. Niemand ging je im Dunkeln gern am Kreuz vorbei, diesem schaurigen Ort, man war froh, diesen meiden zu können.
Eine andere Sage weiß zu berichten, dass das Kreuz ein sogenanntes Marterkreuz sei, welches für einen erschlagenen Schäfer errichtet wurde, der im Streit mit einem Nachbarn hier sein Leben lassen musste.
Aufgrund der Theorie zur Bedeutung von Steinkreuzen, die der Bickenrieder Pfarrer Ludwig Osburg in den Jahren 1917/18 aufstellte, kann es sich auch um ein Bonifatiuskreuz handeln.

„Ein vergessenes Bonifatius- oder Marterkreuz!" Ein Beitrag mit dieser Überschrift war am 15. Mai 1930 im Eichsfelder Tageblatt zu lesen:

„Misserode: Herrlich ist es jetzt im schönen Maien, durch die grünende und blühende Flur, unseren Feldweg hinauf zu steigen nach dem kleinen Dörfchen Misserode. Und dann geht es steil hinan. Doch oben auf dem Höhenrücken, hinter dem Misserode liegt, erhebt sich kaum einige Schritte vom Weg ab, ein dunkles und graues Steinkreuz, kaum anderthalb Meter hoch. Wuchtig und gewaltig steht es hier im Kalksteinfelsen, als wäre es aus ihnen herausgemeißelt oder herausgewachsen. Vom Kreuz erzählt uns der Volksmund eine wunderliche Sage: Tief unten liege eine Hexe begraben und allnächtlich um die Mitternachtsstunde treibt die Seele der Unglücklichen ihren unheimlichen Spuk. In den Herzen der großen und kleinen Dorfbewohner von der Umgegend herrscht Furcht und Entsetzen vor dieser Bösen, denn zu später Stunde ist jeder, den der Weg am Kreuz vorbeiführt, froh, wenn er den schaurigen Ort hinter sich hat. Nach einer anderen Sage ist das Kreuz ein Marterkreuz für einen erschlagenen Schäfer, der im Streit mit einem Nachbarn hier das Leben lassen mußte. Wahrscheinlich aber ist es eines von den Bonifatiuskreuzen, die so häufig in unserer Gegend vorkommen".[55]

Rustenfelde

Die Hausecke der Hauptstraße 18 ziert ein unscheinbarer abgebrochener Steinkreuzrest, der als Bonifatiuskreuz/stein bzw. Schwedenstein bekannt ist. Die Draufsicht zeigt eine näpfchenförmige Vertiefung, welche als Abriebmal gedeutet werden kann. Die ursprüngliche lateinische Kreuzform ist aufgrund der Verstümmelung kaum noch erkennbar. Die Arme sind stark in Mitleidenschaft gezogen und beschädigt, was sicher auch auf den ungünstigen Standort zurückzuführen ist. Der Steinkreuzstumpf erinnert an den christlichen Glaubensboten und Missionar Bonifatius.

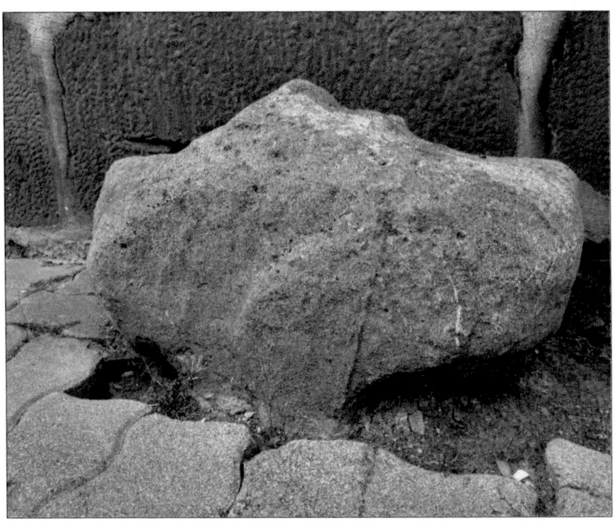

Steinkreuzrest an der Hausecke Hauptstraße 18.

Struth

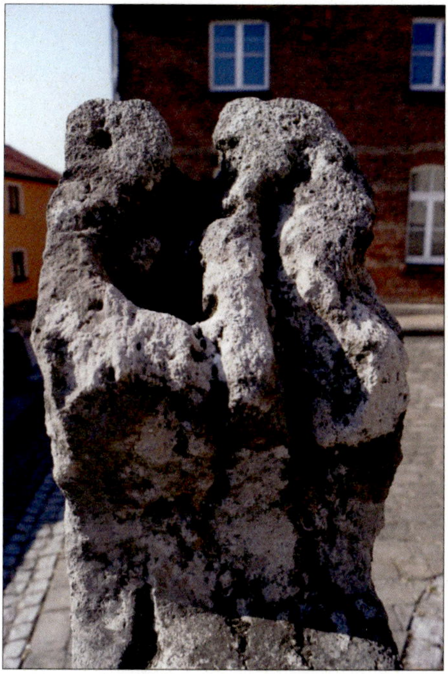

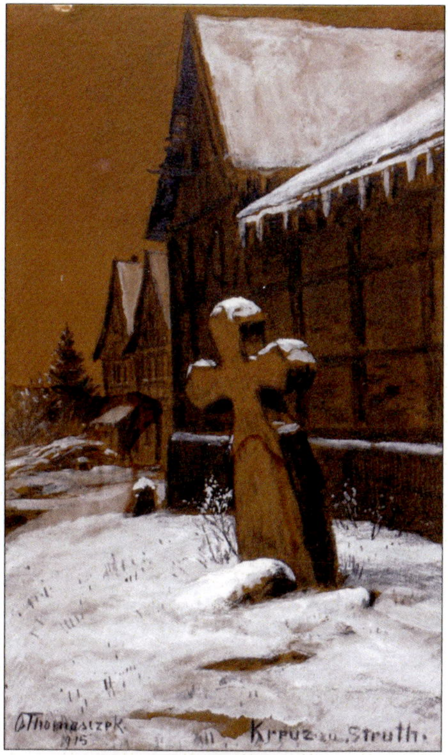

Steinkreuz und Bild rechts: Otto Thomasczek „Kreuz zu Struth", Bleistiftzeichnung, 1915, Inventarnummer Vlb 2046, Mühlhäuser Museen

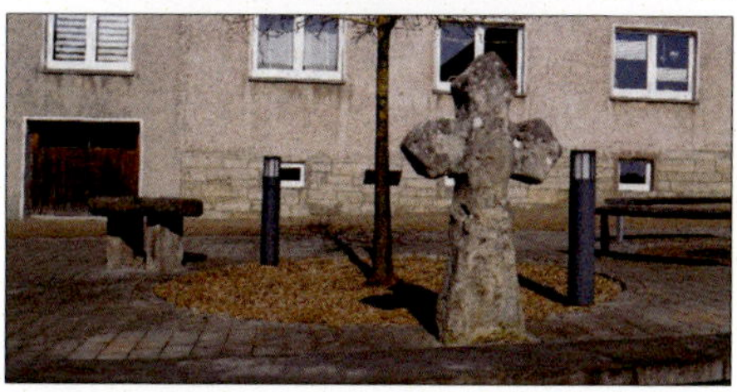

Anger Struth.

Das als Bonifatius- oder Angerkreuz betitelte Kalksteinkreuz zu Struth erreicht man über die Straße am Anger, der man etwa 100 Meter in südlicher Richtung folgen muss. Hier teilt sich die Straße. Am rechts abbiegenden Fahrweg steht rechterhand – einen Meter vom Bordstein entfernt – das Steinkreuz. Im Hintergrund befindet sich eine historische Angertischplatte. Otto Thomasczek beschäftigte sich während seiner künstlerischen Tätigkeit mit fast allen alten Steinkreuzen im Altkreis Mühlhausen und etliche in der Umgegend. Sein Steinkreuzzyklus ist bekannt. Zu diesem gehört auch die Illustration des Struther Angerkreuzes.

Vor der Separation stand das Kreuz an der Ecke der Lengenfelder Straße – also etwa 40 Meter weiter westlich. Es ist in gotischer Form gefertigt, seitlich nasenbesetzt und besitzt auf seiner Südostseite eine Einritzung des vierten Armes.

Struth – Kloster Zella

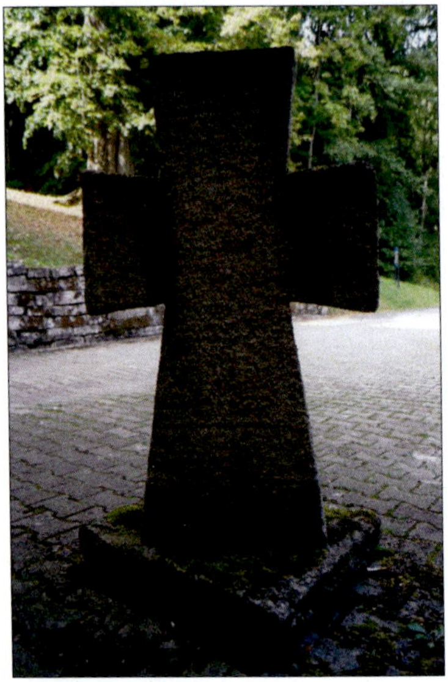

Kloster Zella Kreuz links des Eingangsportales.

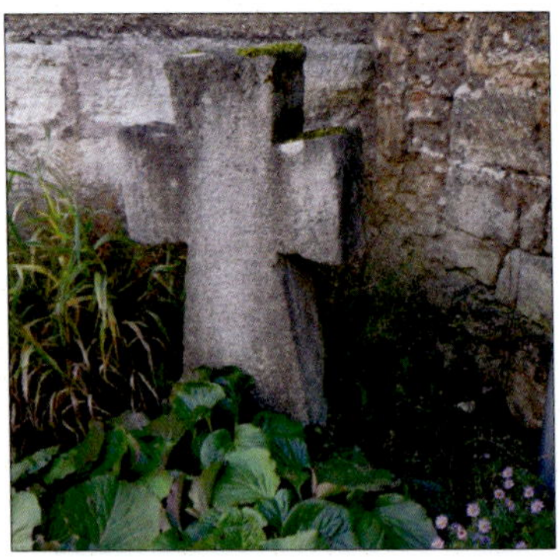

Steinkreuz neben der neoromanischen Chorapside.

Linksseitig neben der Toreinfahrt zum unter Denkmalschutz stehenden Areal hin steht das erste von zwei Steinkreuzen – es ist aus Zementguss gefertigt und etwas mehr als einen Meter hoch. Das Kreuz ist neuzeitlich in Maltheserform ausgeführt und zeichnet sich durch seine glatte Oberfläche aus.

Aufgestellt wurde es nach November 1945. 1810 wurde das einstige Benediktinerkloster säkularisiert (Nutzung kirchlichen Besitzes durch weltliche Amtsträger) und bis 1945 als landwirtschaftlicher Betrieb genutzt. Schrittweise wurde das Ensemble zum Alten- und Pflegeheim ausgebaut, als es an die evangelische Kirche überging. Zu diesem Zeitpunkt wurde auch die einstige Klosterkirche wieder genutzt. Aufgrund dieser Daten lässt sich die Aufstellung der beiden Kreuze zeitlich einordnen und erklären.

Nördlich neben der neoromanischen Chorapside befindet sich das zweite Kreuz gleicher Bauweise. Es ist etwa fünf Zentimeter kürzer als sein Bruder vor der Toreinfahrt.

Schon vor 1100 soll das Kloster als Doppelkloster für Männer und Frauen gegründet worden sein. Ursprünglich nannte man es nach der nahe des Klosters befindlichen Friedaquelle „Friedensspring". Am 15. September 1273 verkaufte Ritter Heinrich von Treffurt sein Dorf Struth – damals Reichsgut – für 24 Mark Silber an das Kloster Zella. Das klösterliche Leben ordnete sich nach der „Regula Benedicti". Das älteste noch vorhandene Dokument aus dem Jahr 1215 weist es nur noch als Frauenkloster aus. Hersfeld oder Fulda werden als zuständige Primarabteien vermutet. Die Pröpste allerdings kamen überwiegend aus dem Benediktinerkloster Gerode im Südharz.

Vom Bauernkrieg war das Kloster nur geringfügig in Mitleidenschaft gezogen worden. 1525 wurde es geplündert, aber nicht zerstört. Im Zuge der Reformation verließen sämtliche Konventualinnen (Angehörige eines Zweiges des Franziskanerordens) das Kloster. Zurück blieb nur die Priorin.

1622 bekam der Konvent des Klosters den Auftrag, ein Benediktinerinnen-Kloster in Fulda aufzubauen.
Zwischen 1632 und 1648 wurde das Kloster mehrfach zerstört und geplündert. Dorothea Schmidt (Äbtissin) errang während dieser Zeit hohes Ansehen. Sie schaffte es, die Menschen vor dem Verhungern zu retten, indem sie der Freigabe von Klostergütern und der Waldnutzung zustimmte. Außerdem stellte sie sich gegen den mächtigen Einfluss der Jesuiten und nahm mit dem Geröder Propst das Wiederbeleben der benediktinischen Tugend „Ora et labora" (beten und arbeiten) für das Klosterleben in Angriff.
1772 musste die Pfarrei Struth abgegeben werden. 1802 kam es aufgrund des Reichsdeputationshauptschlusses zum Ende des Klosters. Hohe Abgaben und das Verbot der Aufnahme neuer Novizinnen/Konventualinnen machten es dem Kloster unmöglich zu überleben. 1810 wurde schließlich die Auflösung des Klosters vollzogen. Grund und Boden von Zella sowie des Vorwerks Annaberg und der Klostermühle im Luttergrund gingen je zur Hälfte für 60.000 Taler an die Kaufleute Wilhelm Röbling sowie Ludwig Wilhelm und Christian Ascan Lutterodt aus Mühlhausen.
Die Kirche wurde schließlich als Stall und Wagenhalle genutzt. Vierzig Jahre später wurde auch die Eichsfelder Wallfahrt auf den Annaberg verhindert und die Wallfahrtskapelle abgerissen. Den Altar des Klosters baute man in der Heiligenstädter St. Ägidien-Kirche wieder auf. Kurz darauf übernahm die Familie Freiherr von Fries das Kloster. Sie ließen 1908 die Kirche wieder aufbauen und Turm sowie Apsis erneuern, nachdem es bei einem Brand stark in Mitleidenschaft gezogen worden war.

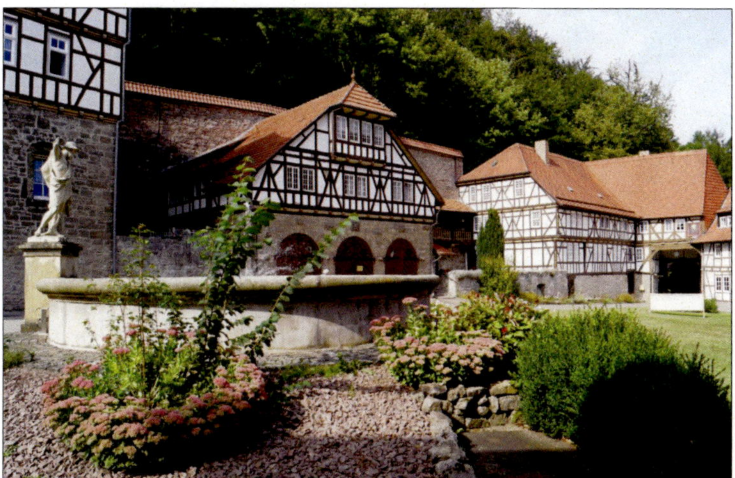

Klosterinnenhof mit historischem Wendelin-Brunnen.

Die Bodenreform im September 1945 war zuständig dafür, dass die Leitung des Klosters der Kirchenprovinz Sachsen urkundlich übergeben wurde. Ein Alten- und Rüstzeitheim sollte eingerichtet werden. Seit November 1949 werden in der Kirche wieder Gottesdienste zelebriert.
Nachdem schließlich die Aufräumungs- und Sanierungsarbeiten sommers 1949 abgeschlossen waren, konnte der Heimbetrieb aufgenommen werden.
Ab der Wende war das romanische Torhaus wieder für Besucher geöffnet.
Der Bereich des Klosterhofes besticht mit seinem hübschen Fachwerkensemble und den Grünanlagen. Die Architektur stammt vorwiegend aus dem Jahr 1603. Die einschiffige romanische Kirche ist Sankt Nikolaus geweiht. In ihr werden noch heute sowohl evangelische als auch katholische Gottesdienste gefeiert.
Nordwestlich der Kirche kann der historische Brunnen mit eindrucksvoller Gipsfigur bewundert werden, die den heiligen Wendelin darstellt. Der Heilige gehört zu den 14 Nothelfern und ist der Schutzpatron der Hirten und Herden. Seine Aufstellung kann also im Zusammenhang mit der landwirtschaftlichen Nutzung des Klosterareals zu sehen sein. Die Originalfigur ist ins ausgehende 19. Jahrhundert zu datieren. Das gesamte Ensemble zählt zu den größten erhaltenen Klosteranlagen Thüringens.
Vor Jahrhunderten wuchs im Klosterhof eine alte Linde, unter deren weit ausgebreitetem dichten Blätterdach die Klosterfrauen an heißen Sommertagen gern ruhten.
Um besagte Linde rankt sich eine Sage.
„In dem eine halbe Stunde von Zella gelegenen Klosterdorfe Struth lebte einst ein bäuerliches Ehepaar, das recht und schlecht seinem an Sorgen und Arbeiten so reichen Berufe nachging. Sieben Söhne nannten sie ihr eigen, lauter gesunde und kräftige Buben. Gar zu gern hätte die Frau auch ein Töchterchen besessen, und an den Sonntagnachmittagen lenkte sie mit Vorliebe ihre Schritte zu dem nahen Annaberg und empfahl vor dem Gnadenbild in der dortigen Wallfahrtskirche ihr Anliegen der Urahne des Herrn. Und ihr Lieblingswunsch sollte erfüllt werden. Es war einige Tage nach Johanni, also um die Zeit, wo die Gewitter gern am Himmel stehen. Die Luft war schwül. Eine finstere Wolkenwand stieg im Westen auf und bedeckte den ganzen Horizont. Der Donner fing an zu grollen und kam immer näher. Bald folgte Blitz auf Blitz und Schlag auf Schlag, und ein erquickender Regen strömte nieder. In die alte Linde auf dem Klosterhof in Zella hatte der Blitz eingeschlagen, es war jedoch ein kalter Schlag gewesen, der nur geringen Schaden angerichtet hatte. Während die Natur sich in großer Anstrengung befand, war in Struth besagten Eheleuten ein Töchterchen geboren worden. Es war ein ganz liebes Ding, und die sieben Brüder drängten sich hinzu, und jeder wollte das Kleine zuerst auf die Arme nehmen. Die Mutter war voller Freude, doch diese war gemischt von leiser Wehmut. Der Bäuerin war der alte Volksglaube bekannt, der besagt, dass derjenige, welcher während eines Gewitters geboren wird, auch durch ein Gewitter sein Leben verliert. Das Mädchen wuchs heran.

Echte Frömmigkeit war ihm sozusagen angeboren, und gern besuchte sie das Gotteshaus.
Als es in die Schule kam, war es klüger als alle Mitschülerinnen. Freundlich und liebevoll gegen jedermann, war sie beliebt im ganzen Dorfe, und die Leute nannten es nur das „Engelchen". Auch im nahen Kloster Zella war es gern gesehen, wenn es dort eine Besorgung zu machen hatte, und der Oberin drängte sich immer der Gedanke auf: die gäbe eine gute Nonne. Und wirklich, als das Mädchen herangewachsen war, erschien die Mutter eines Tages im Kloster und teilte den Nonnen mit, dass es der Herzenswunsch ihrer Tochter sei, im Kloster den Schleier nehmen zu dürfen. Mit Freuden wurde der Wunsch gewährt. Nachdem die Probezeit vorbei war, erfolgte der Tag der feierlichen Einkleidung, wobei die Klosterkirche von den Bewohnern Struths überfüllt war. Die Nonne erhielt den Klosternamen Angela. Es vergingen Jahre. Dann starb die Äbtissin in Zella. Sie war eine energische Frau gewesen und hatte das Kloster zu Blüte gebracht. Niemand bedauerte ihren Heimgang mehr als Schwester Angela, der sich die Verstorbene immer als eine gütige Mutter erzeigt hatte. Einige Zeit nach der Beerdigung schritt der Konvent unter dem Vorsitz des Abtes von Gerode zu einer Neuwahl, aus der trotz ihrer Jugend Schwester Angela als Äbtissin hervorging. Die neue Oberin waltete voll Milde und Freundlichkeit ihres Amtes, und die Nonnen taten, was sie ihr an den Augen absehen konnten. Unerschöpflich war sie im Wohltun gegen die Armen, und die Leute in den Klosterdörfern nannten sie den „Klosterengel".
Doch lange sollte die junge Oberin ihr Amt nicht verwalten. Sie war, wie die Leute sagten, zu gut für diese Welt. Gott wollte sie in seiner Weisheit bewahren vor den Schicksalsschlägen, die in der Folgezeit über das Kloster hereinbrechen sollten. Es war wieder Ende Juli. Beängstigend war die Schwüle die über der Natur lag. Da zog von mehreren Seiten schweres Gewitter herauf, zuletzt auch noch eins vom „Hl. Grabe" in Diedorf her – und diese sind in jener Gegend besonders gefürchtet. Sie hängen gefahrdrohend und schreckenerregend über dem Tal, in dem Zella liegt. So auch diesmal. Die Blitze zuckten und der Donner krachte so fürchterlich, dass Menschen und Tiere erbebten. Zwei Tage und zwei Nächte schon hatte das furchterregende Naturspiel gedauert. Die Äbtissin vom Kloster Zella kannte den Volksglauben und wusste, was ihr noch bevorstand. Da das Unwetter nicht weichen wollte, bereitete sie sich auf den Tod vor und empfing das hl. Abendmahl. Dann begab sie sich unter die alte Linde auf dem Klosterhof und nahm auf der Steinbank Platz. Zwei Nonnen, die nicht von ihr lassen wollten, hatten sie begleitet. Die drei beteten gemeinsam den Rosenkranz und empfahlen sich der göttlichen Vorsehung. Plötzlich zuckte der Blitz grell auf; zu gleicher Zeit erfolgte ein so furchtbarer Schlag, dass das Kloster in seinen Grundfesten zu erzittern schien. Die Linde lag gespalten am Boden. Die Äbtissin aber war eingegangen in jene Welt, für die sie gelebt hatte. Die beiden anderen Nonnen waren mit bloßen Schrecken davongekommen. Dann strahlte die Sonne wieder in zauberhafter Schönheit über Kloster Zella und ließ nicht ahnen, welches Trauerspiel sich noch vor kurzem dort abgespielt hatte. Die zertrümmerte Linde wurde später entfernt und an ihrer Stelle ein steinernes Kruzifix gesetzt." [56]

Worbis

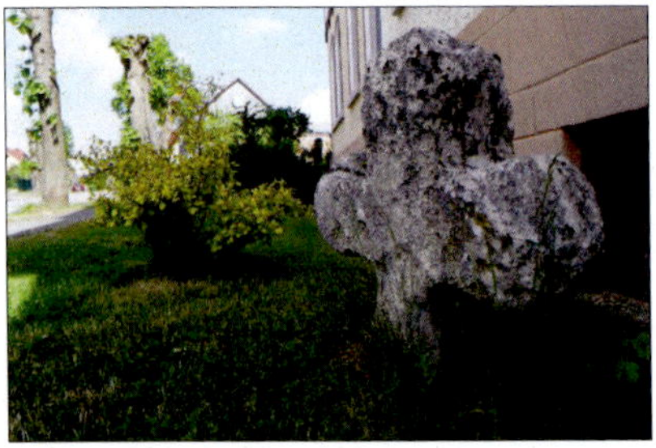

Sühnekreuz vor Haus Duderstädter Straße 1.

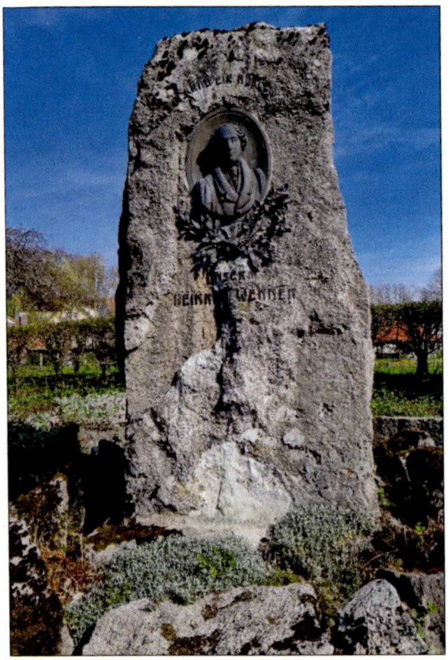

Gedenkstein für Heinrich Werner.

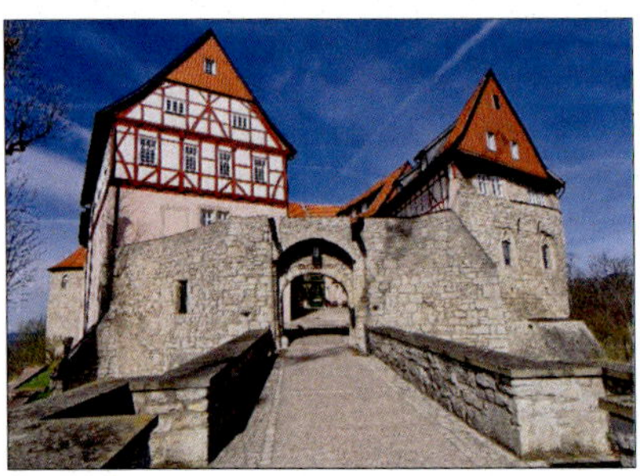

Burg Bodenstein.

Am Abzweig der Ohmbergstraße vor dem Haus Duderstädter Straße 1 steht ein Sühnekreuz auf einer Rasenfläche. Das Kalksteinkreuz weist eine gotische Kreuzform auf und ist seitlich nasenbesetzt. Es ist durch eine starke oberflächliche Verwitterung gekennzeichnet.

Der Sage nach soll es sich bei diesem Kreuz um einen Gedenkstein für einen Heerführer aus dem Sieben- oder Dreißigjährigen Krieg handeln. So ist es innerhalb einer Untersuchung von Heinrich-Maria Waldmann aus dem Jahr 1857 nachzulesen. Worbis ist nicht nur als Stadt ansich sehenswert, auch die unweit befindliche Burg Bodenstein, zur gleichnamigen Gemeinde gehörig, ist einen Besuch wert. Das Objekt wird aktuell als evangelische Familienerholungs- und Begegnungsstätte genutzt. Die Burg ist mehr als 900 Jahre alt und gilt als die am besten erhaltene Burg des Eichsfeldes. Von Worbis gelangt man über verschiedene Wanderwege zur Burganlage. Die Ortschaft Kirchohmfeld nahe Bodenstein ist bekannt durch die Tatsache, dass hier Heinrich Werner, der Komponist der Melodie zu Johann Wolfgang Goethes „Heideröslein", im Jahr 1800 das Licht der Welt erblickte.

Dreißig Jahre später wurde Freiherr Wilhelm Georg Karl Levin von Wintzingeroda-Knorr im Gutshaus Adelsborn bei Kirchohmfeld geboren, der später Bertha von Hanstein-Besenhausen heiratete. Sein bekanntes Werk „Die Wüstungen des Eichsfeldes" gehört zu den Klassikern der Regionalliteratur der Eichsfeldregion. Ebenfalls ein Erlebnis ist

der Besuch des alternativen Bärenparks, dessen Wurzeln auf eine 1955 in Kallmerode eröffnete Tierstation zurückgehen.
Auch die 10 Kilometer entfernte Wallfahrtskapelle Etzelsbach, die Papst Benedikt XVI. im Jahr 2011 besuchte, ist einen Abstecher wert. Sie befindet sich zwischen den Orten Steinbach und Hundeshagen.
Ein Gotteshaus existierte wohl schon im 15. Jahrhundert in der Flur Etzelsbach. Der Ort kann auf eine lange Wallfahrtstradion zurückblicken. Die Pferdewallfahrt beispielsweise ist über die Grenzen des Eichsfeldes hinaus bekannt. Kirchlichen Überlieferungen zufolge soll ein Bauer beim Pflügen das Gnadenbild gefunden haben, nachdem Etzelsbach nur noch eine Wüstung war. Er ließ es wieder aufstellen. Jahre später wütete in Wingerode eine Pferdeseuche. Pfarrer Johannes Simerodt erinnerte sich an den einstigen Wallfahrsort in der Nachbarschaft. Er schickte die Bauern mit ihren Tieren nach Etzelsbach, und die Tiere wurden gesund. Die Kunde von diesem „Wunder" verbreitete sich schnell. Seit dieser Zeit führen die Bauern ihre Pferde zur Kapelle, wie dies auch noch heute der Fall ist.
Das neugotische Gotteshaus, wie wir es heute besuchen können, wurde 1897/98 errichtet. Paschalis Gratze – der auch Baumeister der Gotteshäuser auf dem Kerbschen Berg und Hülfensberg war – und Fritz Cordier entwarfen das Gebäude.

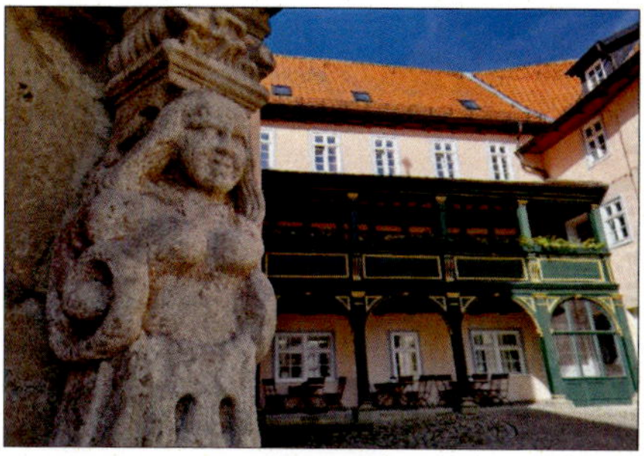
Innenhof der Burganlage.

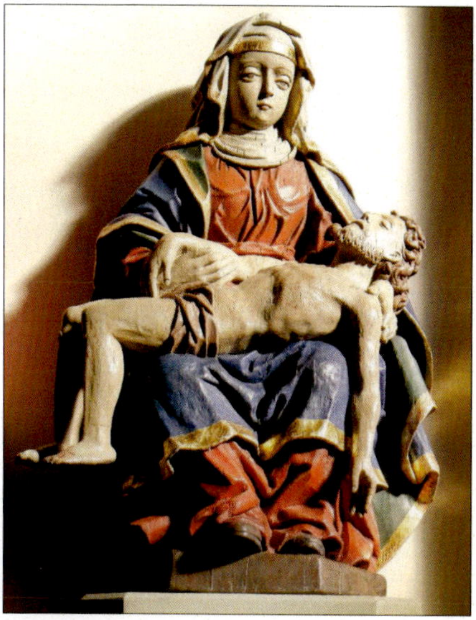
Gnadenbild von Etzelsbach.

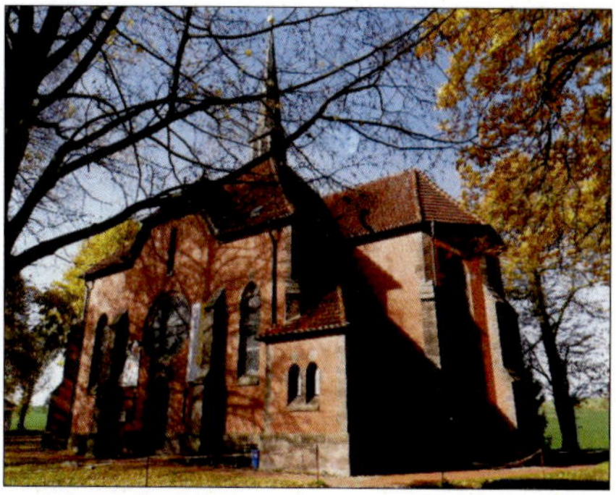
Etzelsbach.

Das Kreuz am Wege

Gottlob Adolf Ernst von Nostitz und Jänkendorf (1796)

Seid willkommen meinem Saitenspiele
ihr der Christusliebe Hochgefühl!
ich verfolg euch bis zur ersten Spur!
frei will ich, wie ichs empfinde, reden,
über Weih' und Mönschstonsur.

Ich gesteh's: ein einfach Kreuz, am Wege
hingestellt, hat manch Gefühl mir rege
angefacht und glühend eingehaucht!
Ich gesteh's: ich achte, liebe, schätze
jene Sitte, die nach dem Gesetze
uns'er Kirche, – nimmer taugt

Jedes Kreuz, wär's auch von rohen Händen
die, gewohnt, nur Farbe anzuwenden,
den Geschmak entadeln, schlecht geschnitzt,
ist doch werth mir, denn es gleicht dem frommen
Mann, der für uns in die Welt gekommen,
– für Jahrtausende genüzt!

Ihm, der selbst so gern auf freien Höhen
rund dem Volk gepredigt, und auf Seen,
einst entschlief, nicht achtend der Gefahr
und der Wellen stürmendes Getöse; –
Ihm, der doch ein Bild von Gottesgröse,
und von Menschenmilde war!

Ihm, der zürnend eiteln Farisäern
Wahrheit lehrt', und um von seinen höheren
Geistesmühen menschlich auszuruhn,
im Kreise seiner Lieben weilte,
Kinder liebte, arme Kranke heilte
und umherging, wohlzuthun!

Ihm, den Hohen, den wir, glänzt auch nimmer,
er in ächter Gottheit Strahlenschimmer,
die so unverkennbar ihn umgab,
dennoch liebten! – weiht Ihm Kreuz und Halle
oder brecht, ihr Undankbaren! Alle
eure Monumente ab!

Und du, Kreuz am Wege, hauche glühe
Christuslieb mir oft noch ein! Ich ziehe
vor dir ehrerbietig meinen Hut!
Dein erinnern stärk mir das Feuer
seinen Lehren, einem Vorbild treuer
romm gleich Ihm zu sein und gut! [57]

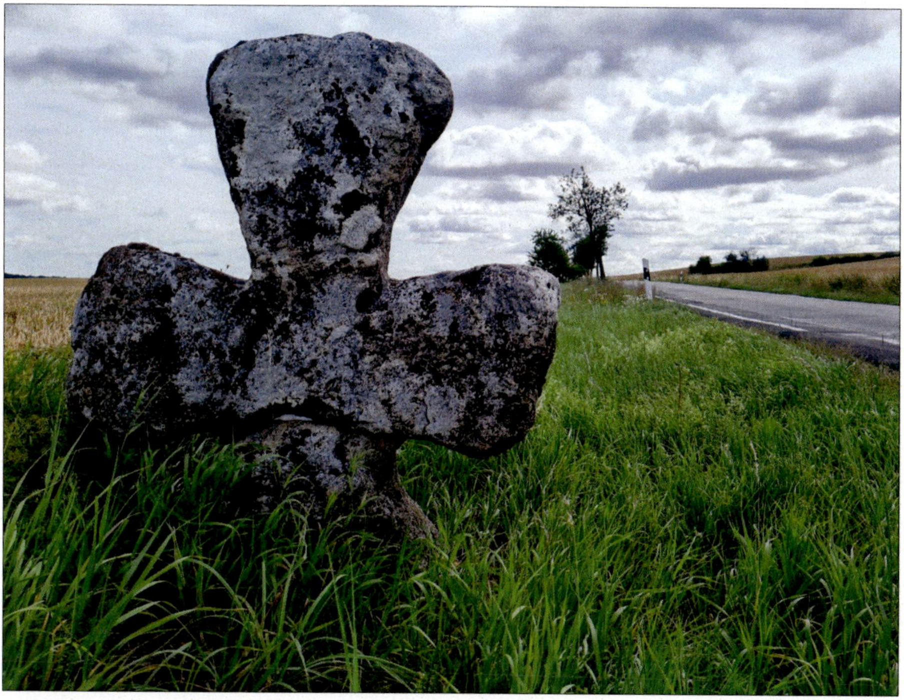

„Türkenkreuz" 600 Meter ostnordöstlich der Gemeinde Kraja im Kreis Nordhausen, am nördlichen Rand der Landstraße nach Lipprechterode im Knick der Straße befindlich.

Brückenstein Lindewerra

Nicht nur für die Bürger Lindewerras – des Stockmacherdorfes Deutschlands – ist die Werrabrücke von ganz besonderer Bedeutung. Auch verband sie ab dem Jahr ihrer Fertigstellung (1901) die durch den Fluss getrennten Gemarkungsteile des Ortes. Die sechsbogige Sandsteinbrücke wurde von Bauern genutzt, die so zu ihren Feldern gelangten. Auch für die Stockmacher war die Brücke zum Nachbarort Oberrieden im Hessischen und der wichtigen Bahnstation von großem Nutzen. Wanderer konnten von der Burg Hanstein kommend, über die Teufelskanzel und Lindewerra über die Brücke zur hessischen Burg Ludwigstein gelangen.

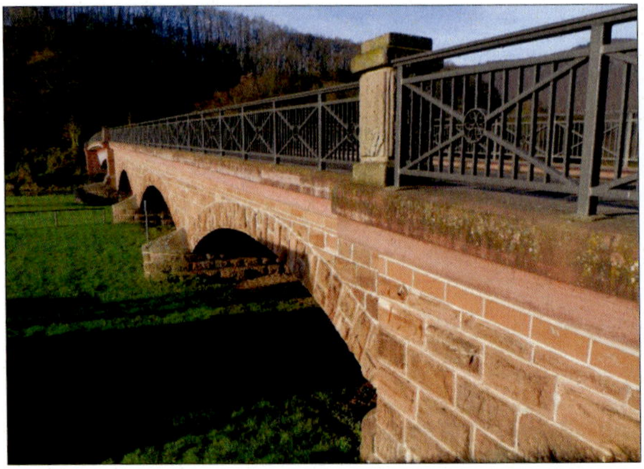

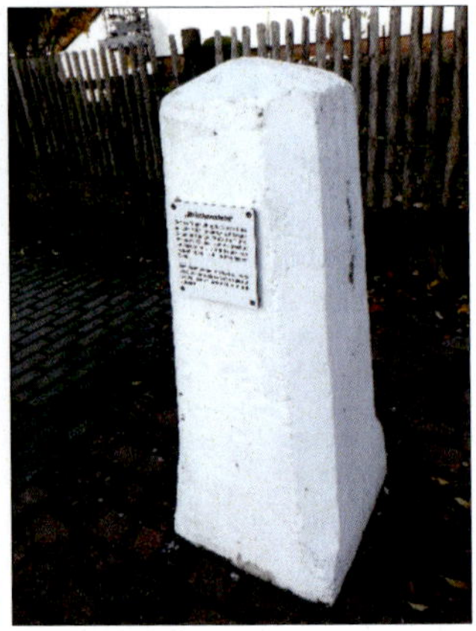

Brückenstein und Brücke seitliche Ansicht.

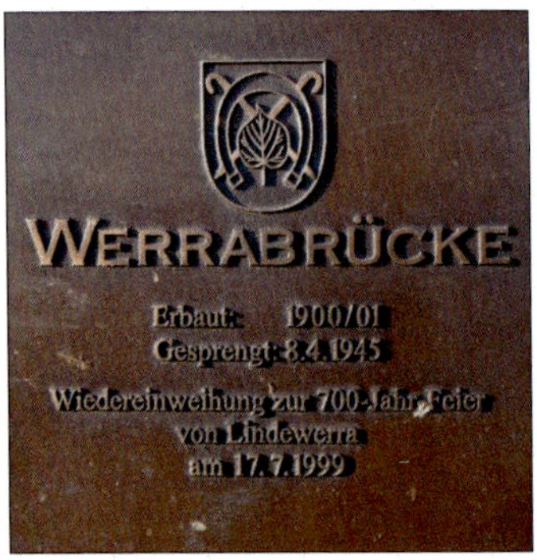

Tafel an der Brücke.

Schon Theodor Storm schwärmte einst von diesem Landstrich. Er blickte 1856 von der Teufelskanzel mit folgenden Worten ins Eichsfeld:
„Ich weiß nicht, dass ich schon jemals von der zauberhaften Schönheit eines Erdfleckens so innerlichst berührt worden wäre“. [58]
Besagte Brücke war mit zwölf sogenannten Brückensteinen – einer Art Abgrenzungs- bzw. Straßenbegrenzungsstein versehen. Zwei davon konnten geborgen werden und wurden als historisches Zeichen an der „Straße zur Einheit“ aufgestellt.
An dem Obelisken ist eine Tafel angebracht auf der zu lesen ist: *„Seit der Fertigstellung der Werrabrücke im Jahr 1901 markierten auf beiden Seiten der heutigen Straße zur Einheit insgesamt 12 dieser kleinen Obelisken im Abstand von je fünf Metern den Flussübergang auf eichsfeldischer Seite. Der Heimatverein Lindewerra regte 2012 an, den einzigen noch erhaltenen Brückenstein an diesem Standort aufzustellen.“*
Als Besonderheit und Alleinstellungsmerkmal sei erwähnt, dass die Straße, die zur Werrabrücke führt „Straße zur Einheit“ heißt – und das schon seit 1954, zu einer Zeit, als der Brückenübergang streng kontrolliert wurde und der Kontakt zum Westen unterbrochen war. Dieser Name ist einzigartig, alle anderen Einheitsstraßen nennen sich „Straße der Einheit“.
Manifestiert sollte sie werden, die Hoffnung auf eine Beseitigung der Grenze, „für die Einheit des Vaterlandes und für den Frieden“, so hieß es. Initiator für diesen richtungsweisenden Namen war der damalige Schulleiter Lindewerras Erhard von Rüden.

Grenzsteine

Zahlreiche Grenzsteine sind noch immer in unserer Region in der Flur zu finden. Sie zeugen von den einstigen Herrschaftsgebieten und sind oftmals mit dem Mainzer Rad verziert. Einführend in das Kapitel beschäftigen wir uns also mit der Geschichte des Mainzer Rades.

Das Mainzer Rad

Das Mainzer Rad als ein Symbol innerhalb der Heraldik der Stadt Mainz im Bundesland Rheinland-Pfalz ist ein Wappenbild mit Eigennamen. Es zeigt ein sechsspeichiges silbernes Rad auf rotem Grund. Im Wappen der Stadt wird heute im Gegensatz zum früheren Kurstaat ein doppeltes mit einem Kreuz verbundenes Rad genutzt. Zahlreiche Steinmetzarbeiten – wie historische Grenzsteine oder mittelalterliche Siegel tragen das Mainzer Rad in sich.

Betrachtet man die Entstehung des Mainzer Rades, so konnte diese bisher noch nicht eindeutig geklärt werden.

Das Mainzer Wappen, ist als Doppelrad auf Münzen des Erzbischofs Siegfried III. von Eppstein (1230–1249) nachgewiesen.[59] Damals war Mainz der Mittelpunkt des Rheinischen Städtebundes. Ab dem 14. Jahrhundert wurde das Mainzer Rad mit besagtem Kreuz zu einem Doppelrad vereinigt. Zwei Jahrhunderte vergingen, bis es zur Schrägrechtsstellung und farblichen Änderung in ein silbernes Rad im roten Feld kam. Als ab dem 14. Jahrhundert die Stadt Worbis zum Erzbistum Mainz gehörte, änderten sich nach der Verleihung durch Erzbischof Daniel Brendel von Homburg 1576 Siegel und Wappen, welches heute noch das Rad zeigt.

Zahlreiche Sagen um die Geschichte des Mainzer Rades sind im Umlauf. Sie beinhalten Theorien, die mehr oder weniger einer möglichen Wahrheit gleichkommen.

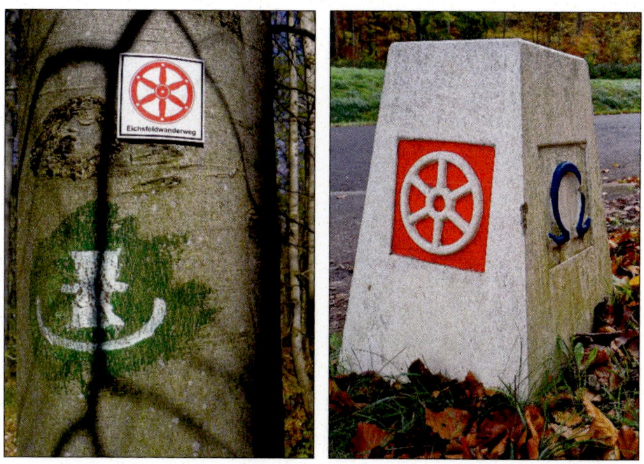

Das Mainzer Rad als Wegesymbol des Eichsfeldwanderweges am Landgraben (darunter die Mühlhaue) und als Wegesymbol für den Eichsfelder Abschnitt des Jakobusweges am Aufgang zur Zwergenhöhle bei Heiligenstadt – wobei das „Ω“ für Ziel steht.

Das Mainzer Rad im Wappen der Südeichsfeldgemeinde Heyerode

Auch im Wappen der Südeichsfeldgemeinde Heyerode hat das Mainzer Rad seinen Platz. Das Wappen ist recht jung, aber mit historischen Wurzeln behaftet.
Seit 3. Februar 1994 darf es mit ministerieller Genehmigung als heraldische Grundelemente das Mainzer Rad, das Mühleisen (Mühlhaue)[*] und einc ausgerissene, schwarzbewurzelte Eiche zeigen. Das silberne Mühleisen der einstigen Reichsstadt Mühlhausen ist im oberen linken Feld abgebildet. Es sagt aus, dass Heyerode bereits seit über 185 Jahren zum Landkreis Mühlhausen gehört.

[*] *Als Mühleisen wird das wesentliche Bauteil beim Mahlgang einer Mühle bezeichnet. Es hat die Funktion einer Welle, die den drehenden Läuferstein trägt, den Stein sowohl vertikal als auch radial in Position hält und das Drehmoment auf den Läufer überträgt. In der Heraldik ist das Mühleisen eine gewöhnliche Figurdarstellung, die in verschiedenen Formen präsentiert wird. Ein Mühleisen sollte unbedingt mittig eine viereckige Durchbohrung aufweisen und stets mit „Armen" bzw. „Enden" ausgestattet sein. Im Mühlhäuser Wappen ist das Mühleisen im Schildfuß befindlich.*

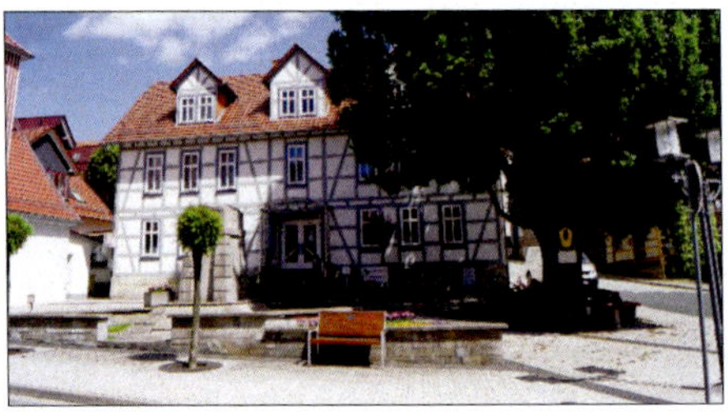

Gemeindeverwaltung Heyerode mit Baumdenkmal.

Links unten ist – ebenfalls auf rotem Untergrund – das silberne sechsspeichige Mainzer Rad zu sehen. Es steht symbolhaft für die einstige Einbindung des Eichsfeldes in das Erzbistum Mainz. Es gibt hier verschiedene Deutungen, die vom militärischen Symbol über das Christogramm bis zum Wagenrad gehen. Die rechte Seite des Wappens zeigt auf weißem Untergrund die grüne, spanische Stieleiche, ein Wahrzeichen der Eichsfeldgemeinde und die darunter befindliche Sitzbank. Im Gemeindesiegel wird sie schon seit Jahrzehnten genutzt. Ewald Heerda, der Heiligenstädter Naturforscher, hatte das vor dem Gebäude der Heyeröder Gemeindeverwaltung stehende Baumdenkmal 2004 mit einer Informationstafel versehen. Er hatte eine Methode zur Altersbestimmung von Bäumen entwickelt und konnte daher genanntes Exemplar als eines der mit um 245 Jahren ältesten und prächtigsten dieser Art im Eichsfeld benennen. Ein umfangreicher Schriftwechsel mit dem Thüringer Innenministerium bzw. dem Landesverwaltungsamt war vonnöten, um das Wappen zur Genehmigung zu bringen, da Wappen strengen heraldischen Vorschriften unterliegen. Gestaltet hatte das Wappen der Maler und Grafiker Karl-Heinz Vogeley.

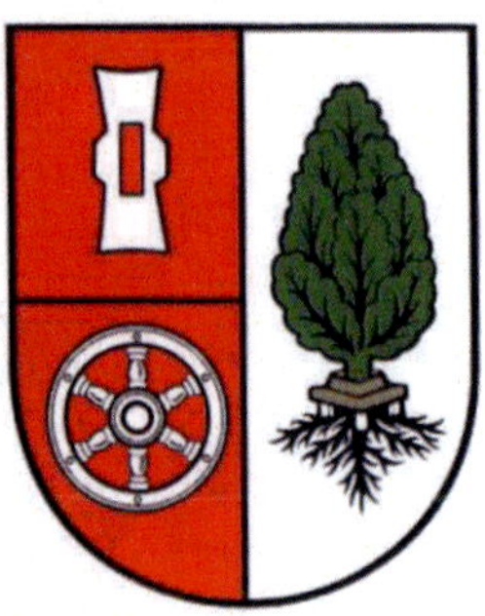

Wappen der Südeichsfeldgemeinde Heyerode.
Quelle: Andreas Henning, Gemeinde Südeichsfeld

Willegis Sage

Einer Überlieferung zufolge soll das Mainzer Rad auf den Bischof Willigis (mitunter auch als Willegis bezeichnet) zurück gehen, der im Jahr 975 zum Erzbischof von Mainz gewählt wurde. Er soll Sohn eines Wagners* gewesen sein.[59] (*Eine Wagnerei – auch Stellmacherei genannt – ist ein Handwerk bei dem Räder, Wagen und landwirtschaftliche Geräte aus Holz herstellt werden. Dieser Handwerksberuf wird regional unterschiedlich bezeichnet. Stellmacher nennt man ihn im Norden und Wagner im Süden.)*

Um seine einfache Herkunft zu betonen, soll Willigis das Rad, eines der wichtigsten Erzeugnisse des Wagnerberufes, als Wappenzeichen ausgewählt haben. Dies ist allerdings nach wissenschaftlicher Forschung nicht haltbar, da es Wappen erst seit dem 12. Jahrhundert gibt.

Eine durch die Sagensammlung der Brüder Grimm spätmittelalterliche Überlieferung ist noch heute beliebt und bekannt:

„Im Jahre 1009 wurde Willegis, ein frommer und gelehrter Mann, zum Bischof von Mainz gewählt; er war aber von geringer, armer Herkunft und sein Vater ein Wagnersmann gewesen. Des haßten ihn die adligen Turmherren und Stiftsgenossen, nahmen Kreide und maleten ihm verdrießweise Räder an die Wände und Türen seines Schlosses; gedachten ihm damit eine Schmach zu tun. Als der fromme Bischof ihren Spott vernahm, da hieß er einen Maler rufen; dem befahl er, mit guter Farbe in alle seine Gemächer weiße Räder in rote Felder zu malen, und ließ dazusetzen einen Reim, der sagte: »Willegis, Willegis, denk, woher du kommen sis.« Daher rührt, daß seit der Zeit alle Bischöfe zu Mainz weiße Räder im roten Schild führen. Andere fügen hinzu, Willegis habe, von Demütigkeit wegen, ein hölzernes Pflugrad stets an seiner Bettstätte hangen gehabt.“ [60]

Eine glaubwürdigere und nachvollziehbarere Theorie ist die, welche erzählt, dass das Rad aus den Fantasien des Propheten Ezechiel zum Gotteswagen stammt und sozusagen als Beigabe des heiligen Martin, des Patrons der Stadt und des Doms bezeichnet werden kann. Betrachtet man das Ratssiegel aus dem Jahr 1300, so ist der Heilige mit den beiden Rädern zu sehen. Außerdem ist interessant, dass die Mainzer Erzbischöfe im Mittelalter als *currum Dei* – übersetzt: Lenker des Gotteswagens, oder auch *currum ecclesiae Moguntinae aurigantes* – übersetzt: Lenker des Wagens der Mainzer Kirche – bezeichnet werden.[61]

Warum aber wurde das Rad als Wappen genutzt? Auf diese Frage antwortet die Forschung mit der Theorie vom Christusmonogramm. Es ist in einen Nimbuskreis eingefasst und ergab schließlich das Mainzer Rad. Für den Erzbischof und Kurfürsten der Stadt Mainz, der Reichskanzler und führender Kirchenfürst des Reiches war, galt es als selbstverständlich, das Rad im Wappen zu tragen.

Andere Annahmen gehen von dem Rad als Christusmonogramm XP (Chi-Rho) aus, welches Kaiser Konstantin als Banner nutzte. Außerdem wird das Symbol Mogon angenommen, eines keltischen Sonnengottes, von welchem sich „Mogontiacum“ – der römische Name der Stadt Mainz – herleiten lässt.

Bickenriede Fischerei-Grenzstein

Einen besonderen Grenzstein in der Region kann man am Ackerrand auf der Nordseite der Luhne ca. 50 Meter oberhalb des Wehrs in westlicher Richtung an einer starken Pappel entdecken. Er ragt etwa 64 Zentimeter aus der Erde, ist 34 Zentimeter breit und 21 Zentimeter tief. Auf der Rückseite ist noch schwach ein ausgehauener Fisch erkennbar.

Wer nach Informationen zu den sogenannten Fischerei-Grenzsteinen sucht wird in der Bickenrieder Chronik fündig. Hier ist zu lesen, dass es im 17. Jahrhundert einen Fischereistreit zwischen Lengefeld und Bickenriede (Kloster Anrode) gab. Um diesem Streit ein Ende zu machen, wurden 1668 Grenzsteine gesetzt, um festzulegen, wie weit die Bickenrieder bzw. Lengefelder in der Luhne fischen durften.

Auch Eberhard Born hat sich in seinem Buch „Steinerne Zeitzeugen der Geschichte" mit der Thematik beschäftigt. Auf den Seiten 32/33 ist folgendes zu lesen:

„Das Kloster Fulda war seit 897 im Besitz der Fischweide von Lengefeld. Die Mönche liebten die Fische, besonders zur Fastenzeit, wo sie ihnen ein willkommener Ersatz waren für das andere Fleisch, worauf sie nach kirchlicher Regel verzichten mussten.

Da das Dorf Lengefeld im 14. Jahrhundert zur freien Reichsstadt Mühlhausen kam, begehrte nun der Rat der Stadt den Ertrag der Lengefelder Fischweide in der Luhne.

Am 5. Juni 1520 belehnte der Abt von Fulda den Edelmann Johann von Entzenberg mit den Fuldaischen Lehenstücken in Lengefeld, und zu diesen gehörte auch die Fischweide in der Luhne. Am 15. Januar 1546 belehnte der Abt Philipp von Fulda Christoph von Hagen, der in Deuna (Dühna) seinen Sitz hatte, mit dem Lengefelder Lehen. Von Hagen war der Erbe seines Vetters Hanns von Entzenberg. Somit war der Herr Hagen auch Herr der Fischweide in Lengefeld geworden.

Am 22. März 1560 belehnt der Abt Wolfgang von Fulda den Mühlhäuser Rat mit dem Lehen zu Lengefeld, mit inbegriffen die Fischweide der Luhne. Von da ab erfolgte die Belehnung des Rates regelmäßig durch die Äbte bis zum Jahre 1790. Dabei wird regelmäßig auch die Fischweide aufgezählt. Der Mühlhäuser Rat war nun seit dem 01. 12. 1559 im Besitz der Fischweide. Der war jetzt darauf bedacht seine Fischweide von Lengefeld im Wasser der Luhne von der Landwehr bis an die Lengefelder Trift wieder den

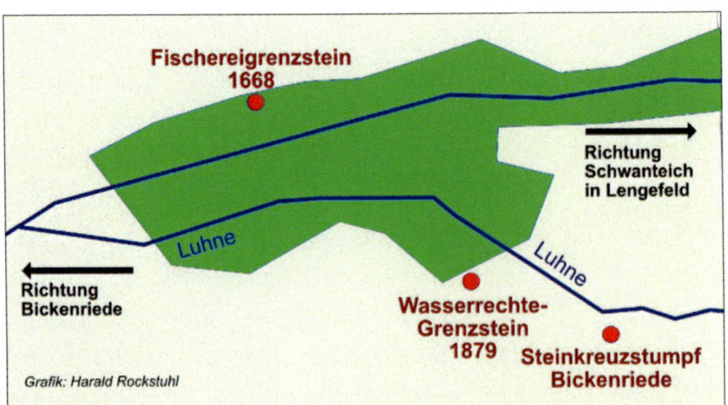

Drei besondere steinerne Denkmale. Zum mittlerem Grenzstein sind keine Informationen überliefert. Der rechte Steinkreuzstumpf ist im Kapitel Steinkreuze thematisiert. Grafik: Harald Rockstuhl

Lengefelder Bauern gegenüber in Geld und Ertrag umzusetzen; also von den Bauern für das Fischen in der Luhne eine Pacht zu erheben. Am Freitag vor Pfingsten im Jahre 1560 kamen daher Vertreter der Stadt Mühlhausen und Vertreter des Dorfes Lengefeld zusammen, um dieses Geschäft wegen der Lengefelder Fischweide zu regeln. Das Dorf Lengefeld soll zahlen 60 Gulden samt 14 Schillinge alljährlich zu Michaeli (27. Sept.)

Dieser Beschluss soll für alle Nachkommen oder Vormundschaft der Gemeinde Lengefeld gültig sein. Nach diesem Beschluss scheinen die Lengefelder unbeschränktes Fischrecht in der Luhne vom Landgraben ab zu besitzen. Allein damit waren die Bickenrieder nicht einverstanden.

Am 14. September 1563 wird ein Streit zwischen den Gemeinden Bickenriede und Lengefeld, des Fischwassers der Luhne betreffend vertragen [verhandelt] (Originalurkunde Nr. 748 Stadtarchiv Mühlhausen). Die Einwohner von Bickenriede behaupteten, dass sie von alters her das Recht hätten, in der „Luna“ von der Landwehr ab bis zu einem in den Lengefelder Feldmark stehenden Baum, dem Fischersbaum, zu fischen. Das wurde von den Lengefeldern bestritten. Die Bauern von Bickenriede gaben an, der Mühlhäuser Rat habe erst „in gar kurtzen Jahren von Christof von Hagen die Fischweide in der Luhne an sich gebracht und zu Lehen erlangt, aber weiter nit als an vermelten Baum“. Acker auf dem Entenflecke vor dem Fischersbaum nach der Landwehr zu zwei Steine gesetzt werden sollten. Diese sollten als Grenzsteine der strittigen Fischweide gelten, aber keine andere Bedeutung weiter haben. Franz Diem vermerkt in seiner Chronik von Lengefeld: „Den 01.07.1668 schreiben Bürgermeister und Rat von Mühlhausen dem Probst des Klosters Anrode Peter Hueff wegen eines Termins zwecks Teilnahme bei der Einsetzung der Fischsteine zu beiden Seiten der Luhne auf dem Entenfleck über Lengefeld“. Der Stein lks. der Luhne trägt auf der Vorderseite die Jahreszahl 1668 und auf der Rückseite ist ein aus dem Stein gehauener Fisch zu erkennen.“

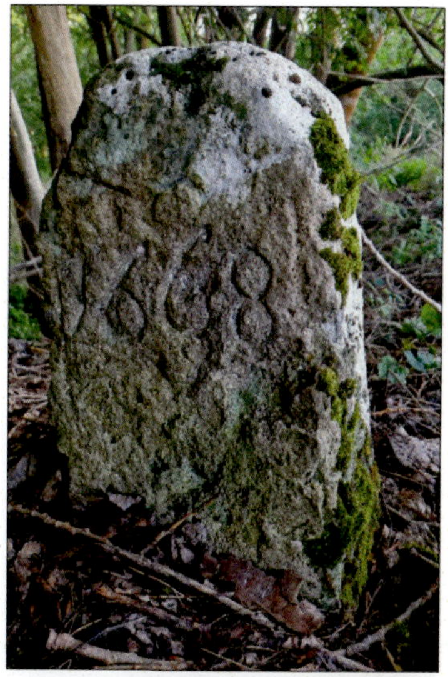

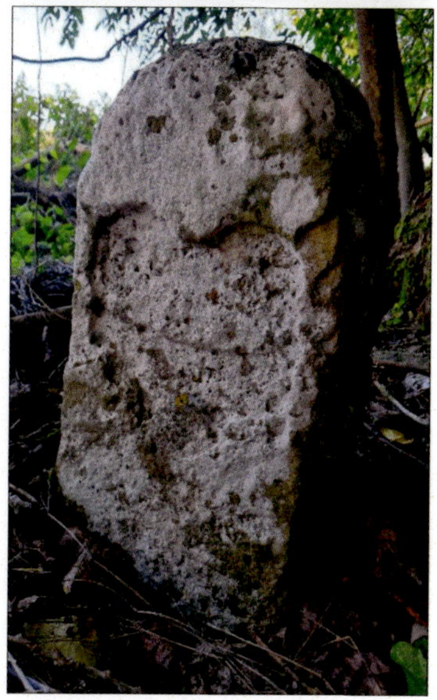

Bickenriede Fischerei-Grenzstein, Vorder- und Rückseite.

Diedorf
Vier Grenzsteine mit Mühlhaue und Mainzer Rad

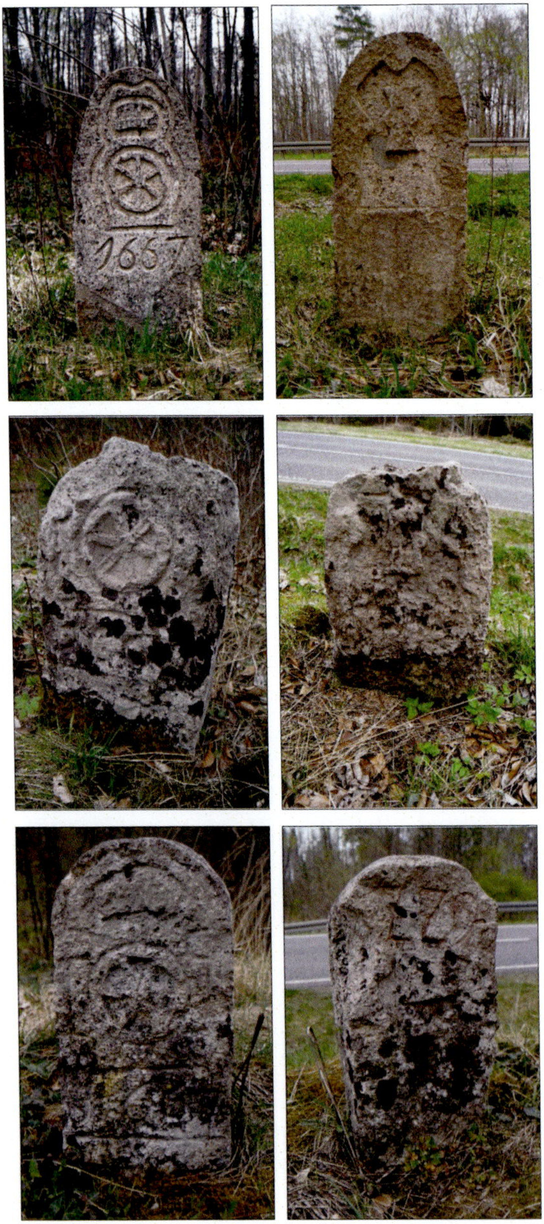

Jeweils Vorder- und Rückseite.

An der Bundesstraße 249 zwischen den Abzweigen Faulungen und Diedorf erstrahlen seit 2011 vier historische Grenzsteine in neuem Glanz. Sie wurden während Straßenbauarbeiten entdeckt und auf Engagement von Stephan Goldmann liebevoll saniert.

Mühlhaue und Mainzer Rad sind auf diesen originalen Landgrabensteinen zu sehen und symbolisieren die einstige Grenze zwischen zwei verfeindeten Regionen – zwischen dem Mühlhäuser Gebiet und dem Eichsfeld, das Jahrhunderte zum Kurfürsten-tum Mainz gehörte. Der aktuelle Standort ist allerdings nicht der originale.

In der Thüringer Allgemeinen war dazu am 3. August 2011 zu lesen:

„Als ein erster Stein plötzlich in der Baggerschaufel lag, seien die Bauleute sofort sensibilisiert worden, sagte Hubert Steinwachs vom Straßenbauamt Nordthüringen gestern auf Anfrage unserer Zeitung. Insgesamt habe man vier der im Erdreich verborgenen und teils von dichtem Wurzelwerk umschlossenen steinernen Zeitzeugen aus dem 17. Jahrhundert ausheben und sichern können. In Abstimmung mit der Unteren Denkmalpflege des Landkreises habe man den

ehrenamtlichen Bodendenkmalpfleger Stephan Goldmann und dessen Firma für die Sicherung der historischen Steine gewinnen können. Doch nicht nur das, denn das Diedorfer Unternehmen hat die Grenzsteine gesäubert, aufgearbeitet und wieder an ihren angestammten Plätzen aufgestellt. Sie wurden frisch gegründet und jeweils von etwa einem Quadratmeter Natursteinpflaster eingefasst. „Damit haben wir die wertvollen Grenzsteine der Nachwelt erhalten", würdigte Steinwachs die umsichtige Arbeit der Bauleute und das beispielhafte Engagement Goldmanns." [62]

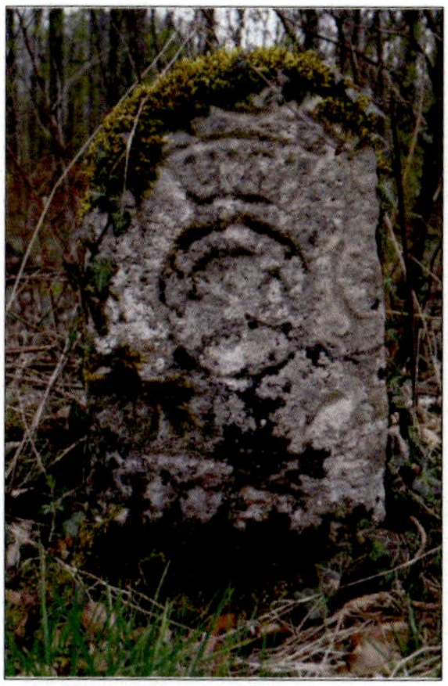

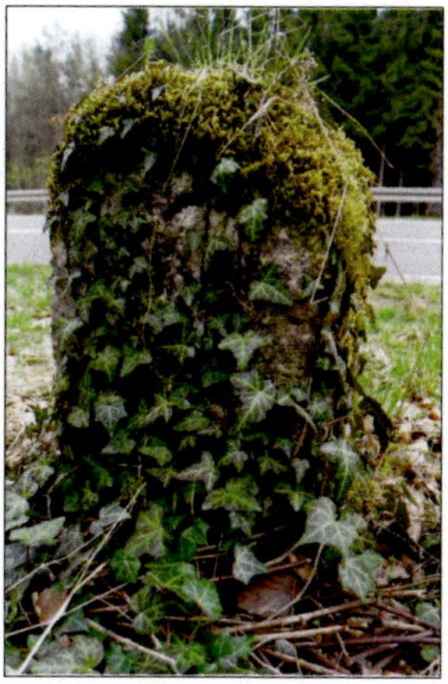

Vorder- und Rückseite.

Diedorf Grenzstein am Schanzenbaum auf dem Dörnerberg

Der Dörnerberg (478,1 m) zwischen den Ortschaften Heyerode im Osten, Diedorf im Norden und Schierschwende im Südwesten ist der südlichste Berg des Obereichsfeldes. Er gehört zur Falkener Platte und befindet sich am Übergang zum Hainich, dem oberen Eichsfeld und unteren Werrabergland. (*Der Begriff Falkener Platte bezeichnet den östlich der Werra und westlich des Hainichs gelegenen Teil der westlichen Muschelkalkumrahmung des Thüringer Beckens, der sich im Wartburg- und*

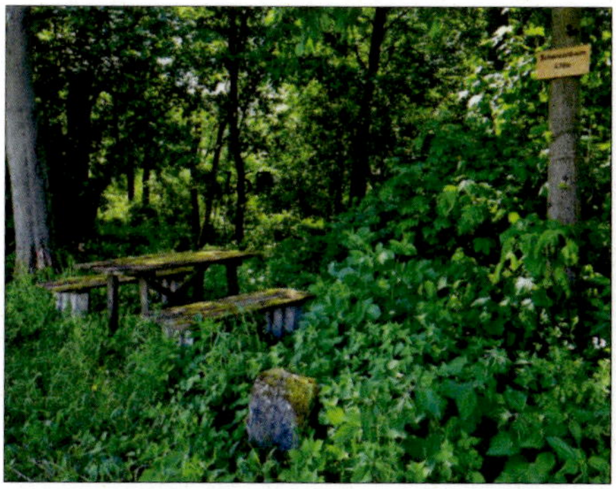

Umgebung Schanzenbaum und Sitzgruppe.

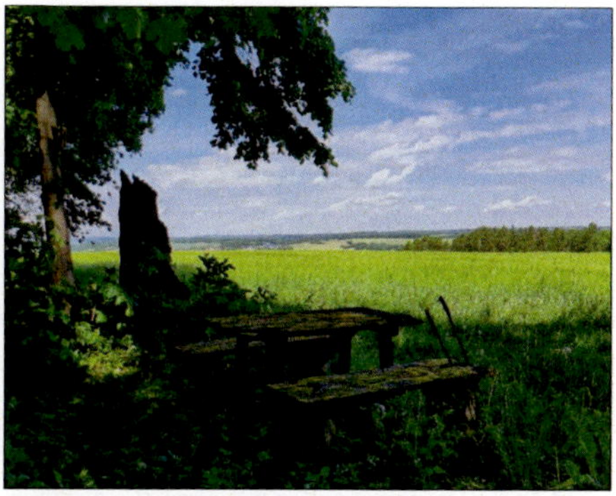

Blick vom Schanzenbaum Richtung Katharinenberg.

Unstrut-Hainich-Kreis ausbreitet.) Der Höhenzug im Bereich der Eichenberg-Gotha-Saalfelder Störungszone besteht vordringlich aus Muschelkalk. Er ist im Westen und Süden bewaldet und wird am nördlichen Abhang landwirtschaftlich genutzt. Halbtrockenrasen und Silberdistelvorkommen sind hier typisch. *(Die Eichenberg-Gotha-Saalfelder Störungszone ist eine geologische Störung, deren tektonisch [durch die Bewegung der Erdkruste] verursachte strukturelle Veränderung des Gesteinsverbandes sich vom hessischen Eichenberg südöstlich über Gotha durch Thüringen nach Saalfeld zieht.)*

Schon Ernst Mehler hat sich in seiner Chronik mit dem Dörnerberg beschäftigt. Im Kapitel um die älteste Besiedlung unserer Gegend stellt er die These auf, dass der Dörnerberg eine Wallburg war.

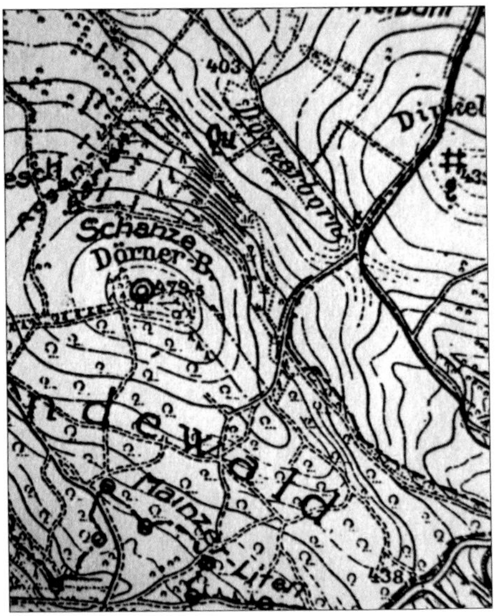

Historische Karte vom Dörnerberg und Umgebung.

„Wenn nun auf dem Dörnerberg eine Wallburg war, so müssen in erreichbarer Nähe Menschen seßhaft gewesen sein, denen sie Zufluchtstätte war. Falken und Hallungen scheinen mir zu weit abzuliegen; Scharfloh hat näher gelegenen Schlupfwinkel auf dem Karnberg. Meines Erachtens kann für die Wallburg auf dem Dörnerberg nur Diedorf in Frage kommen. Wohl mögen sich die Einwohner obengenannter und anderer Orte auf dem Dörnerberg zu gemeinsamem Götterkult zusammen gefunden haben; denn in friedlichen Zeiten spielte die Entfernung nicht so mit. Dr. Prof. Muchau schreibt in „Das 4000-jährige Alter des Volkes der Hermunduringer“ Seite 116 uff.:

‚ ... so kommt es uns sehr gelegen, daß in der bekannten Stelle des Hildebrandliedes (Vers 30) ‚Wettu irmingot‘ ... dieser Irmin got (d. h. allgemeiner Gott) als Schwurgott bezeichnet wird, d. h. zu dem germanischen Thing, der Volksversammlung, in engster Beziehung steht. Zu diesem ernsten Schwurgott paßt aber am besten der Donnerriese Thor (Thunar) ... Als Gewaltigen (im Gegensatz zu Wodan, dem Erreger der Winterstürme) vorzugseise in den Sommergewittern sich offenbarenden Gott verehren ihn besonders die Bauern und zwar der späteren Zeit. Ihm wurde der Donnerstag geweiht, weshalb dieser vor anderen zum Thingtage, d. h. zum Tage, an welchem sich die freie Volksgemeinde zur Beratung und Rechtsprechung versammelte, gewählt wurde. ... Ob nun bei solchen „Thing“ genannten Volksversammlungen die Stimme des Donners am Himmel mit besonderer Freude begrüßt und zu Weissagungen benutzt wurde, weiß ich nicht, doch ist es mir sehr wahrscheinlich; die Etrusker hatten

jedenfalls, wie aus einer Grabinschrift „fulguriator“ ersichtlich ist, solche Blitzpriester und sicherlich war der Donnerruf für die Erpressung eines Geständnisses sehr wertvoll.“ Es muß doch nun jeden, der unsere Tallandschaft kennt, stutzig machen, daß der dem Dörnerberg nördlich vorgelagerte niedrige Berg „Dinkelbühl“ heißt. Muß man nicht unwillkürlich an Berg des Donnar (Thor) und Thing = (Ding=)stätte (bühel!) denken! – Dieser, zwar etwas kühne Gedanke gewinnt noch mehr an Wahrscheinlichkeit, wenn man an den „Galgenrain“ erinnert, der etwa 1 Kilometer ostwärts liegt. – Bekanntlich wurde zu germanischer Zeit das Todesurteil meist mit der Gerte (Wiede) vollzogen, und zwar regelrecht abseits von der Gerichtsstätte, weil diese als heilig galt. Von dem „Thing“ oder „Thie“ wird die Siedlung in nächster Nähe den Namen Thie(Thio=)dorf erhalten haben, was wiederum zu der Annahme führt, daß der Ort damals schon bestanden haben muß. … [63]

Auch Prof. Dr. Paul Grimm und Dipl. Phil. Wolfgang Timpel haben sich mit dem Dörnerberg und speziell mit dem sogenannten „Schanzenbaum“ in ihrer Abhandlung „Die ur- und frühgeschichtlichen Befestigungen des Kreises Mühlhausen“ beschäftigt. Unter dem Ortsnamen Schierschwende werden die Begriffe „Auf der Schanze“, „Schanzenbaum“ und „Der Dörnerberg“ nördlich auf der Diedorfer Flur eingeordnet. Sie geben an:

„Im weiten Bogen verläuft von SO nach NW auf der Flurgrenze zwischen Schierschwende einerseits und Diedorf-Heyerode andererseits ein ganz flacher Langwall mit im NO vorgelegtem Graben. Daß dieser Wall als Landwehr einmal wichtig gewesen sein muß, zeigt die Darstellung der Stelle „Auf der Schanze“ als in sich geteilter Langstreifen von 67 m Breite.“ [64]

Sie kamen zu dem Ergebnis, dass Schierschwende Teil einer Landwehr war, die sich in südöstlicher Richtung mit den Flurnamen Höhrain und Langer Rain Richtung Hallungen erstreckte. Auf alten Karten ist dies noch ersichtlich.

Begibt sich der Wanderer zwischen Diedorf und Schierschwende zum Dörnerberg markiert ein recht unscheinbares Holzschild den höchsten Punkt – den Schanzenbaum. Das ursprüngliche Gehölz steht nicht mehr, an seiner Stelle wurde ein neuer Baum gepflanzt. Aber nicht nur der idyllische Ort an sich, sondern auch das Vorhandensein eines interessanten Grenzsteins ist zu bemerken.

Dieser steht mit seiner Einritzung für die Ganerbschaft Treffurt, als einem der einst kleinsten Territorien des Heiligen Römischen Reiches. Auch die Vogtei Dorla gehörte dazu. Von 1333 bis 1802 wurde sie als Ganerbschaft* gemeinschaftlich von der Landgrafschaft Hessen und dem Erzbistum Mainz verwaltet.

Als Ganerbschaft wird nach altdeutschem Erbrecht das gemeinsame Familienver-

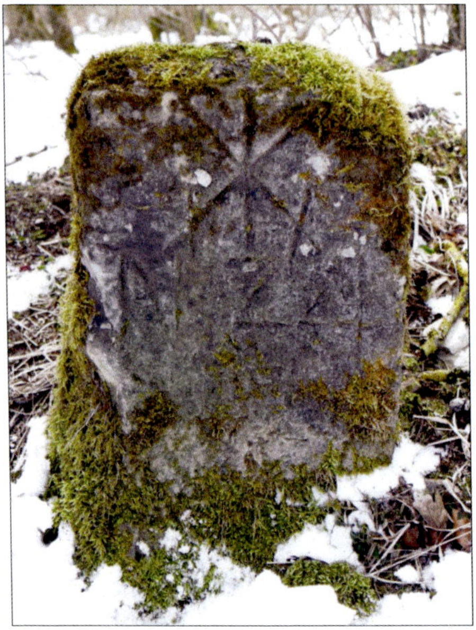

Grenzstein am Schanzenbaum mit Symbol der Ganerbschaft im Winter.

mögen – meist der Grundbesitz – bezeichnet, über den die jeweiligen Ganerben nur gemeinsam verfügen durften. Heute kommt dies einer Gesamthandsgemeinschaft gleich. Der Begriff kommt aus dem Mittelhochdeutschen.

Betrachtet man die geografische Lage genannter Ganerbschaft, so befindet sich diese zwischen der Landgrafschaft Hessen im Westen, dem einst zu Kurmainz gehörigen Eichsfeld im Norden, dem Amt Langensalza – zum Kurfürstentum Sachsen gehörig im Osten und schließlich den Herzogtümern Sachsen-Eisenach mit Amt Creuzburg und Sachsen-Gotha (Exklave Amt Haineck) im Süden.

Zur Ganerbschaft Treffurt zählten folgende Orte:

Treffurt mit der Burg Normannstein, Falken und Gut Taubental, Großburschla, Kleintöpfer mit dem Vorwerk Karnberg, Schierschwende mit Gut Schönberg, Schnellmannshausens unterer Ortsteil sowie Wendehausen mit dem Gut Scharfloh, wobei letztgenannter Ort dem Kurfürstentum Mainz zugesprochen wurde.

Heute gehört der größere Teil des Gebietes zur Stadt Treffurt im Wartburgkreis. Schierschwende und Wendehausen gehören zur Gemeinde Südeichsfeld – im Unstrut-Hainich-Kreis befindlich. Bis heute liegt die Westgrenze der einstigen Herrschaft Treffurt am Land Hessen. Zwischen den Jahren 1945 bis 1990 war es die innerdeutsche Grenze – wobei die Region im Sperrgebiet* der DDR lag.

* *„Sperrgebiet" bezogen auf die Gegebenheiten der DDR-Grenzhistorie bezeichnet den fünf Kilometer breiten Streifen, den die DDR-Führung im Mai 1952 entlang der innerdeutschen Grenze abriegelte. Das Betreten dieses Sperrgebietes bedurfte eines Passierscheins. „Politisch unzuverlässige Personen" – es waren Tausende – verloren ihre Heimat, weil man sie nicht in der Sperrzone wohnen ließ, sondern ihnen die Heimat nahm. Diese Zwangsumsiedlungen gingen als „Aktion Ungeziefer" bzw. „Aktion Kornblume" in die Geschichte ein.*

Die Siedlung Treffurt wurde erstmals 1104 urkundlich erwähnt. An der Kreuzung zweier wichtiger Handelsstraßen liegend führten drei Furten über die Werra. Daher kann vom Begriff „Driefurt" auf „Treffurt" abgeleitet werden.

Anfang des 14. Jahrhunderts waren Hermann IX. und Friedrich X. – die Herren von

Treffurt und versetzten die Territorien der angrenzenden Landgrafschaften mit ihren Plünderungen und Brandschatzungen in Angst und Schrecken. 1333 eroberten Landgraf Heinrich von Hessen, Kurfürst Matthes von Mainz und Landgraf Friedrich von Thüringen die Stadt Treffurt mit der darüber thronenden Burg Normannstein. Sie vertrieben die Raubritter und teilten deren Güter und Ländereien untereinander auf. Zur gemeinschaftlichen Verteidigung ihrer Güter gründeten sie die „Ganerbschaft Treffurt".

Im Landesarchiv Magdeburg – Außenstelle Wernigerode – wird die Urkunde des Burgfriedens aus dem Jahr 1333/36 aufbewahrt, in der die Aufteilung der Besitztümer festgehalten wurde.

Ländereien, die ganerbschaftlich verwaltet wurden, hatte man früh vermessen und auf Karten festgehalten, um Besitz- und Grenzstreitigkeiten entgegenzuwirken. Aus dem Jahr 1603 existiert eine Karte der Ganerbschaft Treffurt. Anfänglich hatten die drei Herren ihren Sitz in den Türmen der Burg, späterhin im Hessischen-, Kurmainzischen- und Sächsischen Hof in Treffurt.

Die Ganerbschaft Treffurt mit ihrem gleichberechtigten Dreiteilungsgrundsatz bildete bis zur kompletten Abtretung an das Königreich Westphalen im Jahr 1807 den räumlichen Bezugspunkt für die Einforderung landesherrlicher Abgaben und Frondienste für Heeresfolge, Rechtsprechung und Polizei.[65]

Das dreigeteilte Wappen der Ganerbschaft Treffurt zeigt das Mainzer Rad, die Sächsischen Schwerter und den Hessischen Löwen. Als zusammengefasstes Symbol ist das dreiherrschaftliche Hoheitszeichen der Ganerbschaft noch auf einigen Grenzsteinen zu finden, wie auch am Schanzenbaum und unweit davon.

Am Treffurter Rathaus kann man noch heute das farbige Wappen der Ganerbschaft sehen. Am Brunnen vor dem Rathaus zeigt es sich in Stein gehauen.

Im Forst um Diedorf und Schierschwende befinden sich weitere interessante

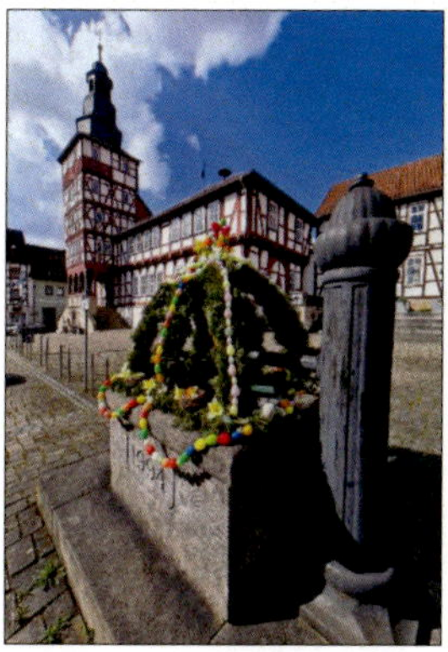

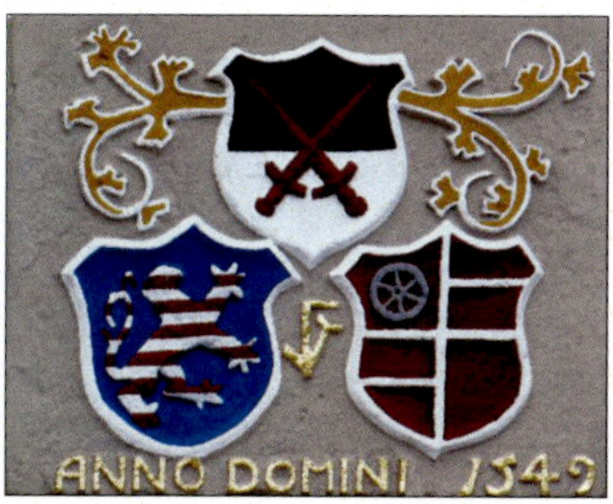

Mitte das Treffurter Wappen am historischen Rathaus und Brunnen sowie der Treffurter Osterbrunnen auf dem Marktplatz, im Hintergrund historisches Rathaus auf dem linken Bild.

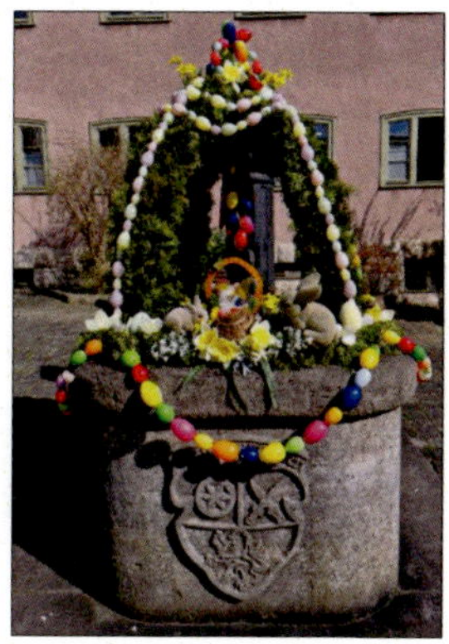

historische Grenzsteine. Bevor die Piuseiche erreicht wird, ist linkerhand im Unterholz ein steinerner Zeitzeuge zu sehen, den wegseits das Mainzer Rad ziert. Es zeigt außerdem das Stammwappen der Harstalls und das des Fürstbischofs von Fulda. Jedes bischöfliche Wappen besteht aus allgemeinen und persönlichen Elementen. Die Rückseite zeigt das Symbol für die Ganerbschaft Treffurt

Das Element „Mainzer Rad“ steht für Kurmainz. Das Wappen des Fürstbischofs von Fulda – ein schwarzes durchgehendes Kreuz - ist oben links im Grenzstein zu sehen, weil Diedorf zur Gerichtsbarkeit des Klosters Großburschla gehörte und dieses wiederum zum Fuldaer Kloster. Dieses Element erinnert an die Klostergründung durch den Heiligen Sturmius.

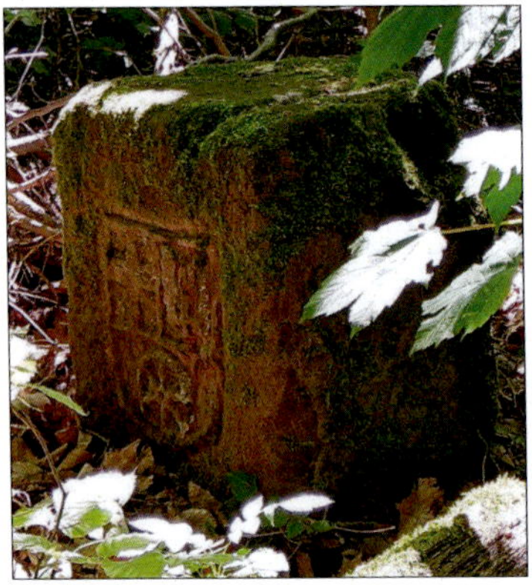

Interessanter Grenzstein mit Mainzer Rad, Stammwappen der Harstalls sowie Symbol der Ganerbschaft Treffurt.

Das Stammwappen der Familie von Harstall – ein Adlerflug mit zwei dazwischen befindlichen Flügeln und ein mit der Spitze nach oben gerichtetes Schwert mit Griff und Parierstange – die sich die Gerichtsbarkeit mit Fulda teilte – ist oben rechts zu erkennen.

Sehr schön zu sehen ist das Wappen mit Inschrift in der Fuldaer Altstadt am ehemaligen Waisenhaus. Dort ist zu lesen:

1897

„Dieses Waisenhaus vom Fürst Bischof Adalbert dem III aus freiherrlichem Geschlecht v. Harstall bezahlt. Wird unter dem Schatten seiner Fittichen wachsen.“

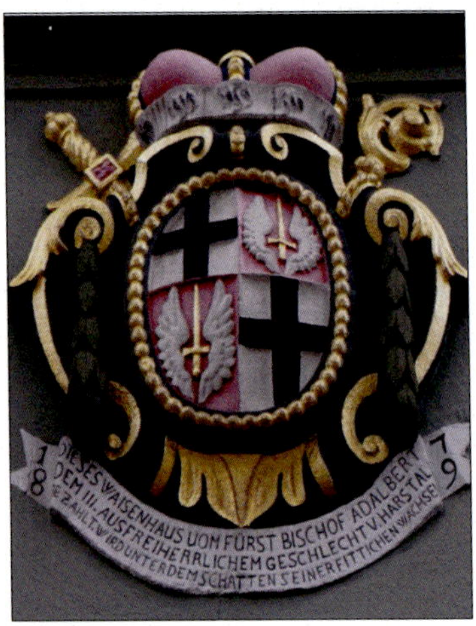

Wappen am ehemaligen Waisenhaus in Fulda.

Betrachtet man das Thüringische Harstallsche Wappen mit seinen oftmals ausgetauschten sich wandelnden Motiven Zepter oder Schwert aus heraldischer Sicht, so ist festzustellen, dass mitunter noch ein Laubkranz um die Spitze zu sehen war, was an der Abdeckung der Variationsbreite liegt. Das Wappen der Harstallschen Familie beinhaltet genau genommen vier verschiedene, sich allerdings ähnelnde Wappenbilder, die aus diesem Grund nicht eigenständig als Wappen akzeptiert wurden. Daher wurde von ihnen stets eine motivische Bandbreite genutzt.

Ein Motto der Harstallschen Familie, welches das

Motiv des Wappens erklärt, geht aus dem Kupferdruck einer hessichen Wappenrolle hervor, auf welcher zu lesen ist:

„Die Harstall aus adlicher Gab
Mit Flügeln führen ihren Stab.
Ein Lorbeerkranz darüber geht.
Vereine Hülf vor Gott besteht." [66]

Das Siegel des Berthold von Harstall von 1330 zeigt ein komplett anderes Motiv, bei dem der Schild gespalten - möglicherweise mit einem Stab- dargestellt ist und einen Ring zeigt, der mit Federn besetzt ist.

50 Jahre später ziert das Siegel des Heinrich von Harstall einen beiderseits geflügelten Stab. Weitere Veränderungen sind die Abtrennung der Flügel vom zentralen Stab, der mitunter auch als Schwert oder Zepter interpretiert wurde und u. U. mittels eines Laubkranzes vervollkommnet wurde.

Zu dieser Tatsache muss angemerkt werden, dass Adalbert von Harstall, 1737 in Treffurt geboren und 1814 in Fulda verstorben, als Adalbert III. der letzte Fürstbischof von Fulda war. Seine Amtszeit fiel in den Ausbruch der Französischen Revolution sowie den Wiener Kongress, es war eine Zeit des Umbruchs. Adalbert musste die Auflösung der geistlichen Fürstentümer erleben. Das Hochstift (Fürstentum) Fulda endete mit seiner Amtszeit im Jahr 1802. Adalbert von Harstall behielt allerdings die Bischofswürde bis zu seinem Tode. Das Fürstentum wurde auf Drängen Napoleons im Jahr 1803 säkularisiert und schließlich 1821 mit der Bulle Provida solersque neu umgeschrieben. Adalbert III. wurde in Front des Sturmiusaltars im Fuldaer Dom beigesetzt. Das Herz des letzten Fürstbischofs fand in einer Silberkapsel neben dem Bonifatiusgrab in dessen Gruft seine letzte Ruhe.
Gegenüber der Piuseiche befindet sich ein kleiner Grenzstein, auf dem das Mainzer

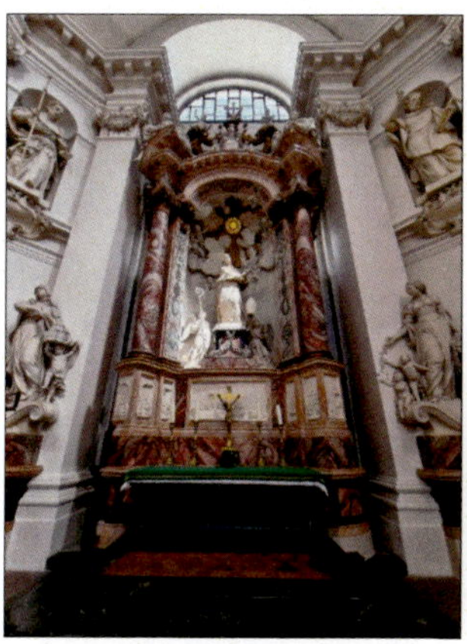

Gruft im Dom zu Fulda.

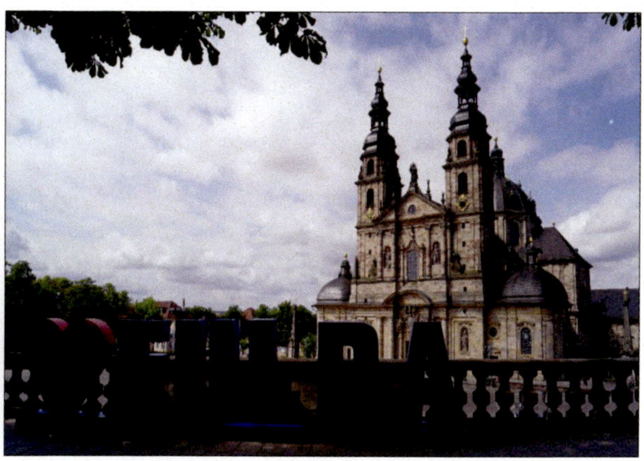

Fuldaer Dom.

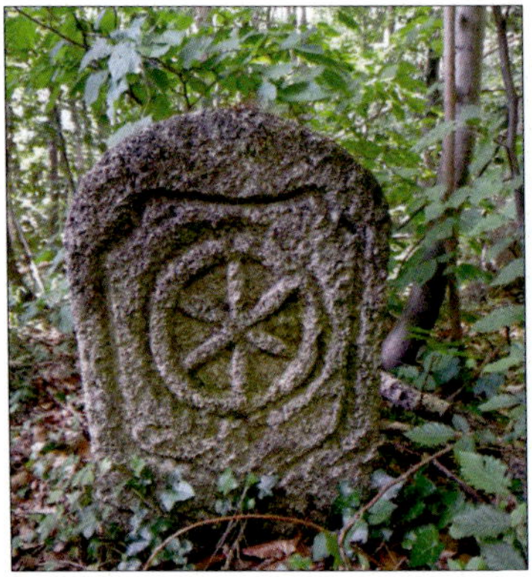

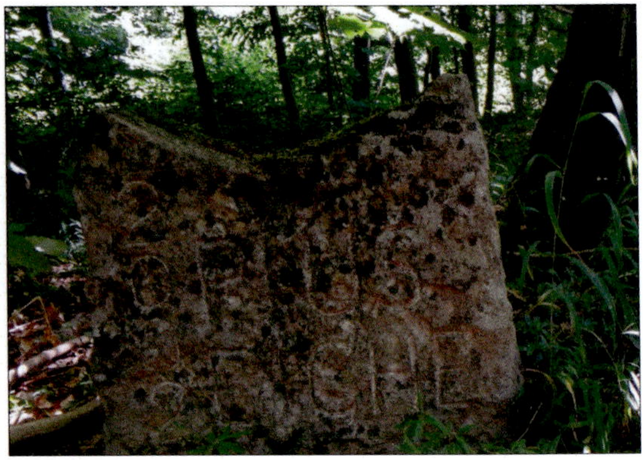

Grenzstein mit Mainzer Rad. *Piuseiche.*

Rad abgebildet ist. Zwischen Piuseiche und Abzweig Franzens Höhle steht ein weiterer kleiner unscheinbarer Grenzstein mit dem Mainzer Rad.

Ein besonderer Ort ist die „Franzens Höhle", eine verwaiste Steinhöhle mit Einritzungen. Sie war einst sommerlicher Unterschlupf des freiheitsliebenden Diedorfers Franz Peterseim, der am 11. Dezember 1898 geboren wurde und am 10. Juli 1982 in Mühlhausen verstarb. In den 1920er und 30er Jahren fuhr er mit seinem Fahrrad nach Italien und bis nach Jerusalem. In den 1950er Jahren schließlich baute er sich in seiner Heimat zwischen Diedorf, Schierschwende und Wendehausen besagte Felshöhle, die ihm im Sommer Wohnstatt war. Den Eingangsbereich seiner Höhle zieren noch heute wichtige Daten aus seinem Leben, die er in Stein gemeißelt hatte. Er benutzte oftmals Abkürzungen, wie „ZEAUFN" für: „zur Erinnerung an unsere Fahrt nach" Italien 1928. Auch andere Erinnerungen hielt er in Stein fest, wie das dankbare Andenken an seine Schwester Marga, die ihn im Lazarett gesund pflegte. Die letzten Lebensjahre verbrachte Franz Peterseim in einem Mühlhäuser Altersheim. Seine Freiheit ließ er sich nicht nehmen. Er flüchtete immer mal wieder, um Zeit in seiner Höhle zu verbringen.

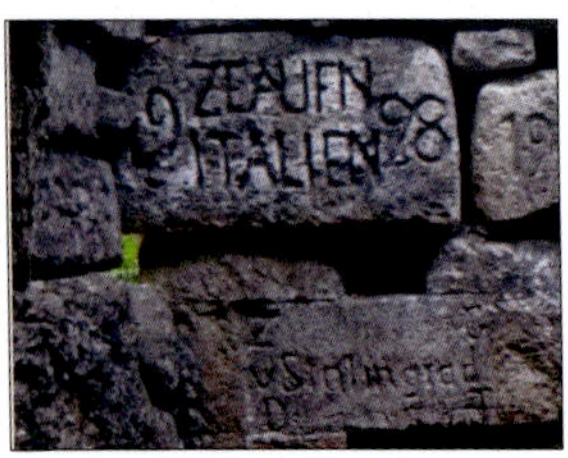

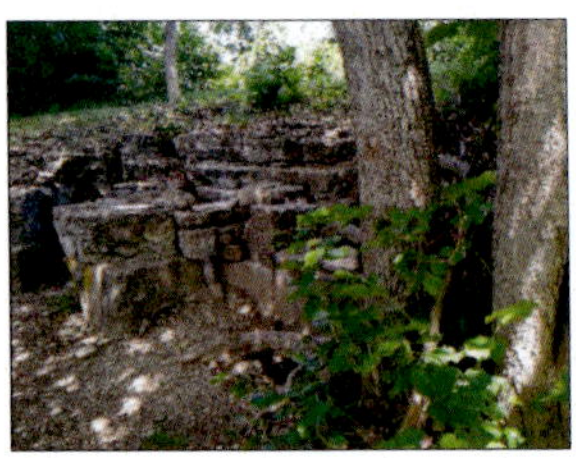

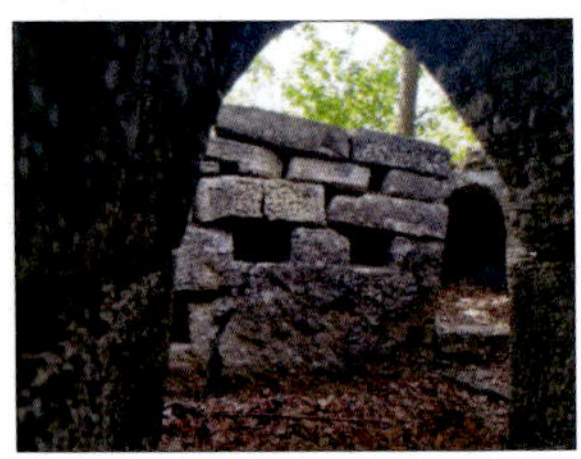

Impressionen von Franzens Höhle.

Döringsdorf

Lediglich eine Nachbildung, dennoch für den Erhalt der regionalen Grenzhistorie von wesentlicher Bedeutung ist der Grenzstein 102 an der hessisch-thüringischen Landesgrenze.

Am 29. April 2016 war dazu in der Thüringer Allgemeinen folgender Beitrag zu lesen:

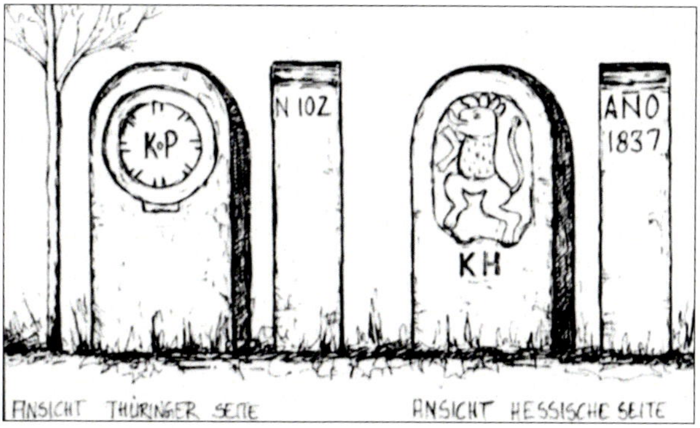

Zeichnung des 2003 verschwundenen Grenzsteins 102 von Anna Goldmann nach Unterlagen von Karlfritz Saalfeld (Eschwege). Quelle: Erklärungstafel vor Ort

„Rund um den Grenzstein 102 an der hessisch-thüringischen Landesgrenze ereigneten sich insbesondere zu Zeiten der deutschen Teilung viele tragische Schicksale. Dies waren gescheiterte oder in letzter Minute gelungene Fluchten über die Grenze von Ost nach West. Ab 1978 haben die DDR-Oberen dann den Abriss des unterhalb des historischen Grenzsteins gelegenen wertvollen Guts Keudelstein verfügt. Denn es sollte nicht zum Unterschlupf für Republikflüchtlinge werden. Der im Jahre 1837 errichtete Grenzstein 102 wurde in den Sommermonaten 2003 jedoch selber zum Opfer, als ihn Unbekannte gestohlen hatten.

Heimatfreunde, Denkmalpfleger und Historiker sind nach wie vor empört über den Verlust des Kulturdenkmals. Dem Verein für Eichsfeldische Heimatkunde (VEH) ist es nun gemeinsam mit engagierten Vereinsmitgliedern und Sponsoren gelungen, ein Replikat des besagten Grenzsteins zu schaffen und wieder an markanter Stelle aufzurichten. Dass es sich hier zwischen dem Wallfahrtsort Hülfensberg

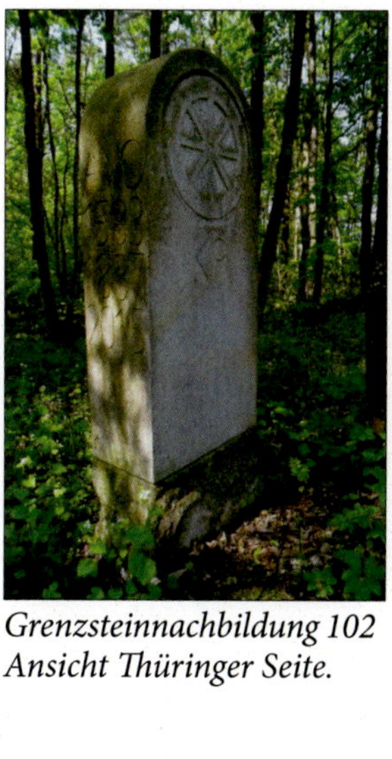

Grenzsteinnachbildung 102 Ansicht Thüringer Seite.

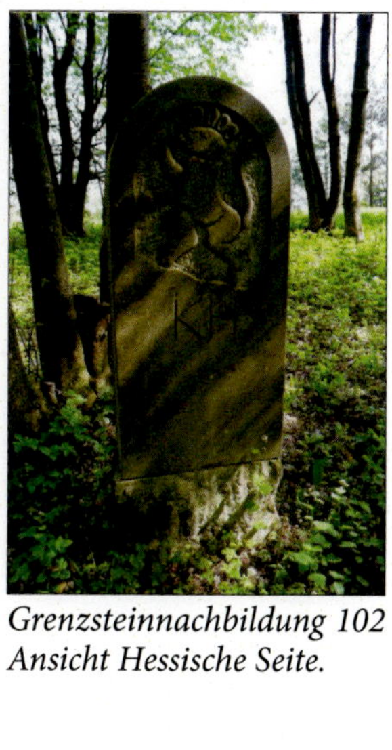

Grenzsteinnachbildung 102 Ansicht Hessische Seite.

und der Keudelskuppe um ein historisch interessantes Grenzgebiet handelt, verdeutlicht der VEH-Vorsitzende Peter Anhalt: „Die kurmainzische Herrschaft über das Eichsfeld befand sich bis ins 16. Jahrhundert hinein in einem Entwicklungsprozess, der erst am Ende des Reformationszeitalters zum Abschluss kam. Erst in dieser Zeit gab es verstärkte Bemühungen der Erzbischöfe, aus den einzelnen Mainzer Besitzungen und Rechten eine herrschaftlich-territoriale Einheit zu formen." So seien hier im südlichem Eichsfeld Mainzer Besitztümer mit der Landgrafschaft Hessen abzurunden gewesen. 1582 begannen Verhandlungen zum sogenannten Merlauer Vertrag. Während das Erzbistum auf seine Besitzungen in Nordhessen verzichtete, gab Hessen-Kassel seine Ansprüche im Eichsfeld auf. Darauf aufbauend schlossen Kurerzbischof Wolfgang von Dalberg und Landgraf Wilhelm IV. von Hessen-Kassel den Vertrag von Eschwege, erinnert Peter Anhalt. „Die neu festgelegte Grenze sollte mit 343 Steinen markiert werden. Einer dieser damals errichteten Grenzsteine war der spätere Grenzstein 102." Weil er sich an markanter Stelle befand, wurde er als Wappenstein ausgeführt. Die Nachbildung ist aus Seeberger Sandstein. Schließlich verweist Anhalt darauf, dass im Haus zum Güldenen Kreuz in Worbis eine Karte von 1582 aufbewahrt wird, die genau diesen Grenzverlauf kennzeichnet und die neuen Mainzer Besitzungen mit roter Farbe markiert. Die 1583 gezogene Grenzlinie wurde in der Folge des Zweiten Weltkrieges die Grenze zwischen den beiden deutschen Staaten. Der 1583 errichtete Grenzstein trug auf der Mainzer Seite das Mainzer Rad mit 8 Speichen, was ein häufiger Fehler von Steinmetzen war. Das Mainzer Rad hat aber nur sechs Speichen. Auf hessischer Seite befindet sich der Hessenlöwe. In preußischer Zeit wurden 1837 erneut Grenzsteine gesetzt. Als nun am Mittwoch Vermesser des Katasteramtes den exakten Standort des gestohlenen Grenzsteins ausfindig machen wollten, stießen sie auf den originalen Sockel des vor Jahren abgebrochenen und gestohlenen Grenzsteins von 1837 aus Wanfrieder Sandstein. Das von der Firma Alban Huschenbeth aus Mühlhausen geschaffene Replikat aus Seeberger Sandstein mit dem Grundmaß von 28 Zentimeter mal 56 Zentimeter passte exakt auf den historischen Sockel. Das Maß eines der wertvollsten Grenzsteine der Region hatte der inzwischen verstorbene Heimatforscher Karl-Fritz Saalfeld aus Eschwege dem Diedorfer Stephan Goldmann überliefert. Er und dessen Firma vollendeten nun das Werk und setzten den Grenzstein 102 an dessen einstigem Standort. Offiziell enthüllt wurde der erneuerte Grenzstein am 21. Mai 2016." [67]

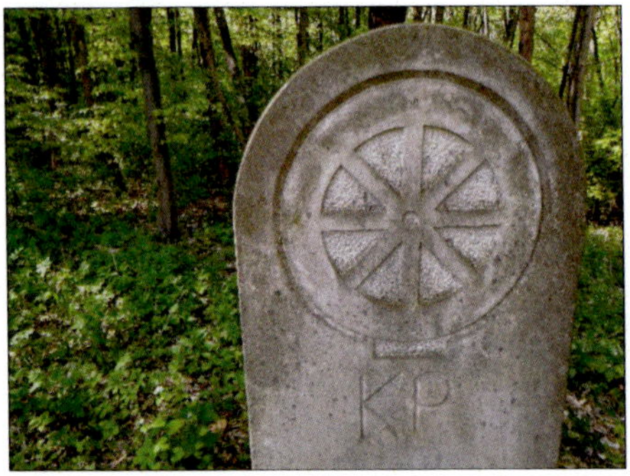

Grenzstein mit den fehlerhaften acht Speichen des Mainzer Rades auf der Thüringer Seite.

Heyerode Untermühle mit südlichstem Zipfel des Eichsfeldes

Seltene Grenzsteine mit dem Mainzer Rad nahe Heyerode im Bereich Untermühle

Fährt man ortsauswärts von Heyerode Richtung Hallungen, so sieht man rechterhand an der ehemaligen Landesgrenze einen markanten Grenz- und Wappenstein, den das Mainzer Rad schmückt.

Hunderte solcher Grenzsteine markieren die historische Grenze des Eichsfeldes. Am vermeintlich südlichsten Zipfel der Region bei Heyerode entdeckte Grenzsteinforscher Stephan Goldmann aus Diedorf drei der seltensten Steine, die mit dem Mainzer Rad versehen sind.

In einem Artikel der Thüringer Allgemeinen vom 17. September 2005 ist von Reiner Schmalzl von „Eichsfelder Raritäten" zu lesen. Der Journalist berichtet darin über besagte seltene Grenzsteine, die mit dem Mainzer Rad versehen sind und die Wirren der Jahrhunderte überdauert haben.

„*Fast völlig von Gras überwuchert und mit einer vielfarbigen Moosschicht überzogen, steht ein unscheinbarer Stein neben einem Weidezaun an der Gemarkungsgrenze zwischen Hallungen und Heyerode. Der verwitterte Kalkstein mit der Jahreszahl* 1784 *zeigt auf der einen Seite das sechsspeichige Mainzer Rad für die Zugehörigkeit des Eichsfeldes zum kirchlichen Kurfürstentum von Mainz und auf der Rückseite das sächsische Wappen mit der Raute*", ist in besagtem Zeitungsartikel zu lesen. Weiter informiert Reiner Schmalzl: „*…So handelt es sich bei diesem Exemplar um ein ganz seltenes Stück. Er ist einer von vermutlich nur drei erhaltenen wuchtigen Grenzsteinen, auf denen das Mainzer Rad nach der Eingliederung des Eichsfeldes zur Krone Preußens 1802 nicht entfernt wurde. Die Besonderheit liege darin, dass das Kürzel* „KP" *für Königreich Preußen über die alte Symbolik gesetzt wurde. Ein paar Eichsfeldtreue müssen es offenbar nicht übers Herz gebracht haben, ihr traditionelles Wappen zu zerstören, vermutet Stephan Goldmann. Zur hessischen Grenze hingegen sei von den Preußen das Mainzer Rad damals ganz konsequent aus den Grenzmarkierungen herausgeschlagen worden. Alle drei dieser unversehrt gebliebenen Steine aus der Epoche des Mainzer Kurfürstentums befinden sich übrigens an der Gemarkungsgrenze von Heyerode, die einst mit Nachbarorten den kleinsten Grenzabschnitt des Eichsfeldes zu Sachsen-Gotha darstellte. Nach dem abgeschlossenen Brückenneubau an Heyerodes Untermühle stößt einer dieser raren Exemplare jetzt besonders ins Blickfeld. …*"[68]

Dieser wuchtige Grenzstein ist einer der imposanten erhalten gebliebenen und wurde damals in ehrenamtlicher Arbeit von Manfred Hohlbein gesäubert und hinsichtlich der Hervorhebung der Konturen der Zahlen, Kürzel und Wappen bearbeitet. Seither erstrahlt er in neuem Glanz.

Stephan Goldmann ließ damals verlauten, dass es sich um einen bedeutenden Wappenstein handele, da dieser neben „Heigenrode" bereits auf einer historischen Grenzbegehungskarte zwischen der Landgrafschaft Hessen und Kurmainz aus dem Jahr 1583 eingezeichnet war.

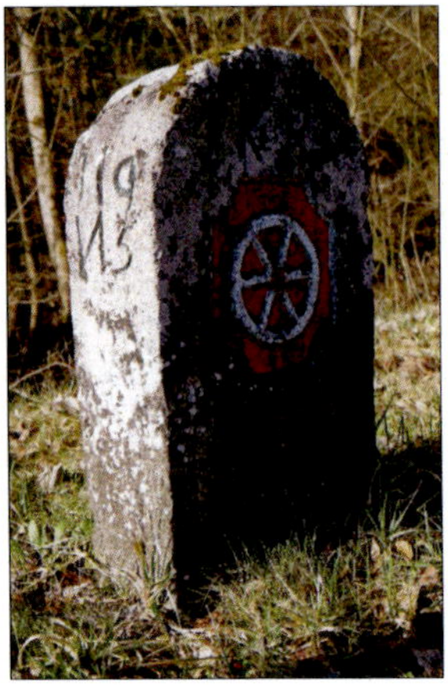

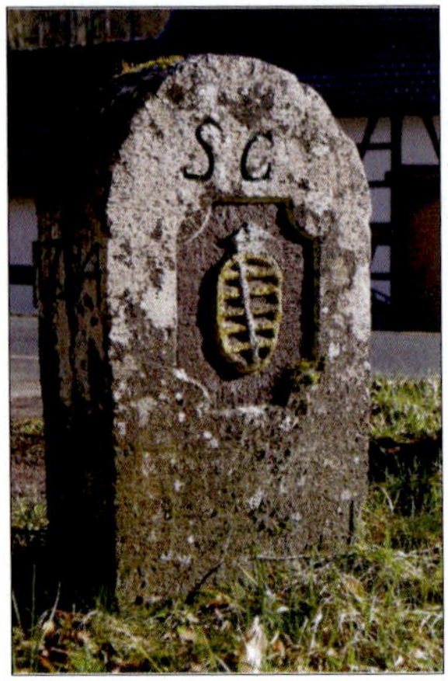

Grenzstein mit beiden Ansichten im Hintergrund die Untermühle.

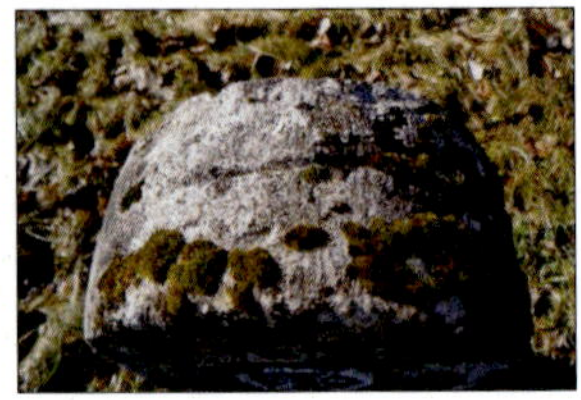

Grenzlinie auf dem bemoosten Stein.

Das Interesse war groß, als sich am 3. September 2021 mehr als 40 Grenzsteinwanderer auf den Weg machten, um im Zuge einer von der URANIA-Bildungsgesellschaft Eichsfeld organisierten Exkursion den südlichsten Punkt des Eichsfeldes zu erkunden. Die Annahme, dass der Grenzstein gegenüber der Untermühle den südlichsten Zipfel des Eichsfeldes markiert, konnte schnell widerlegt werden. Heimatkundler Stephan Goldmann aus Diedorf, der gemeinsam mit Organisator Karl-Josef Löffelholz die Exkursion leitete führte die Interessierten südöstlich der Untermühle in den Wald. Im Dickicht wurde ein imposantes Exemplar

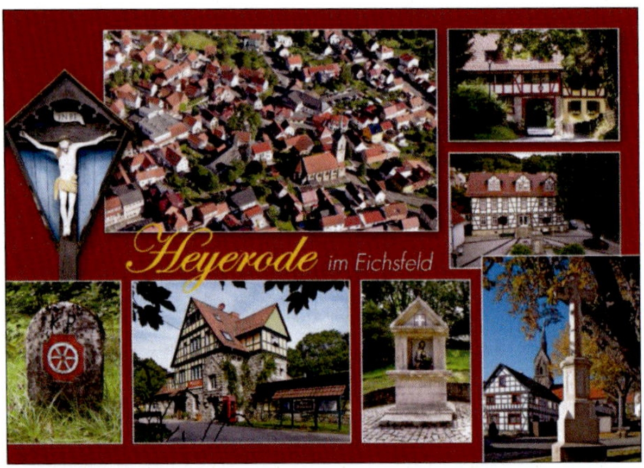

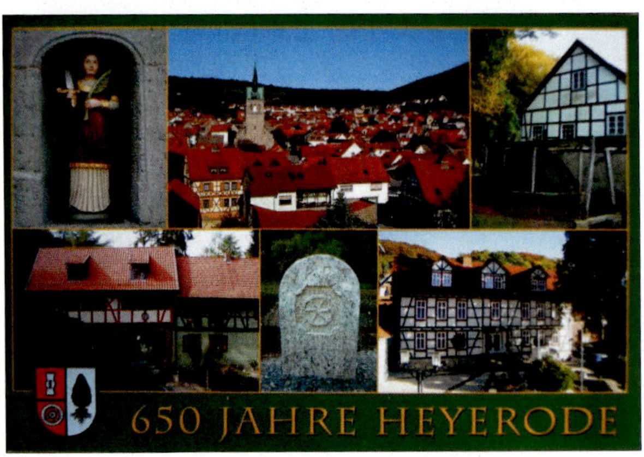

Zwei Ansichtskarten mit Grenzstein.
Sammlung: Rainer Schmalzl

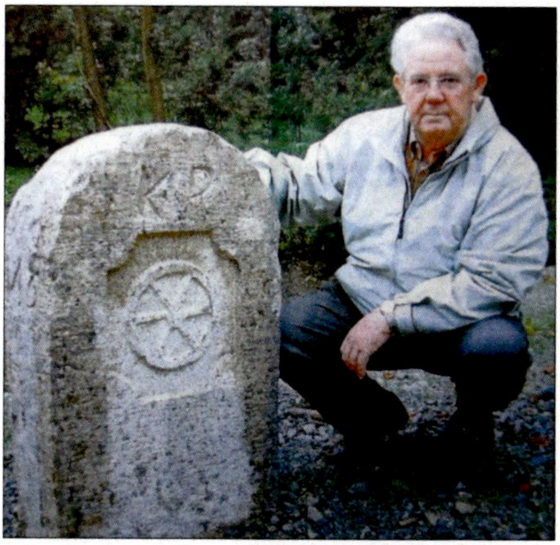

Manfred Hohlbein (†) beim Wappenstein an der Untermühle.
Quelle: Rainer Schmalzl / Thüriner Allgemeine

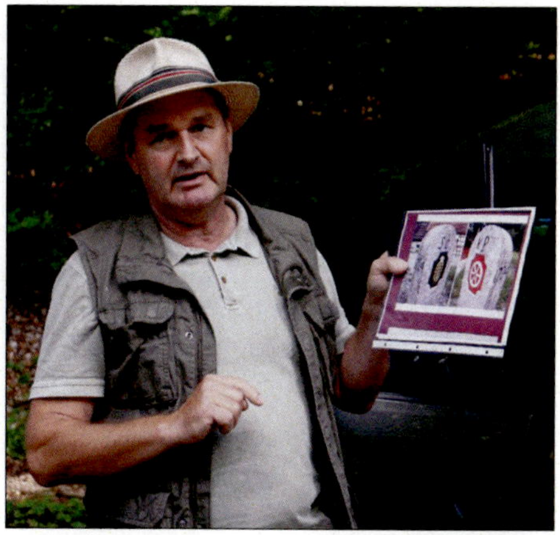

Stephan Goldmann mit Bildern zu den beiden Seiten des Grenzsteins an der Untermühle.

der noch verbliebenen Grenzsteine aus dem Jahr 1784 entdeckt – aus der Zeit, als die Grenzlinie zwischen dem Fürstentum Sachsen-Gotha-Coburg und dem mainzischen Kurfürstentum Eichsfeld markiert worden war.

Auffällig und als eine Besonderheit zu betrachten ist das Faktum, dass in den Jahren 1802 und 1816 – mit dem Wechsel zu Preußen – die Wappen, welche sächsische Schwerter bzw. Rauten sowie das Mainzer Rad abbildeten, erhalten blieben.

Damals wurde das Eichsfeld dem Königreich Preußen angegliedert. Die Regierung veranlasste, das kurmainzische Rad auf den Grenzsteinen zu entfernen. Stephan Goldmann wusste zu berichten, dass es Steinmetze gab, die sich widersetzt hatten, die es nicht übers Herz brachten, das Wappen herauszuschlagen. Es wurden daher die Initialen „SG“ für Herzogtum Sachsen-Gotha und „KP“ für Königreich Preußen eingemeißelt.

Dieser Bereich der Grenzlinie mit seinen lediglich 1,2 Kilometern ist als die kürzeste Grenzlinie des Eichsfeldes zu einem angrenzenden Staat damaliger Zeit bekannt. Heute bildet sie die Grenze zwischen dem Wartburgkreis und dem Eichsfeld.

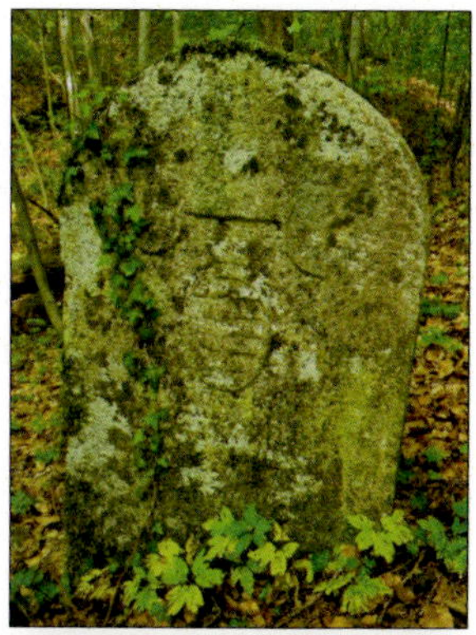

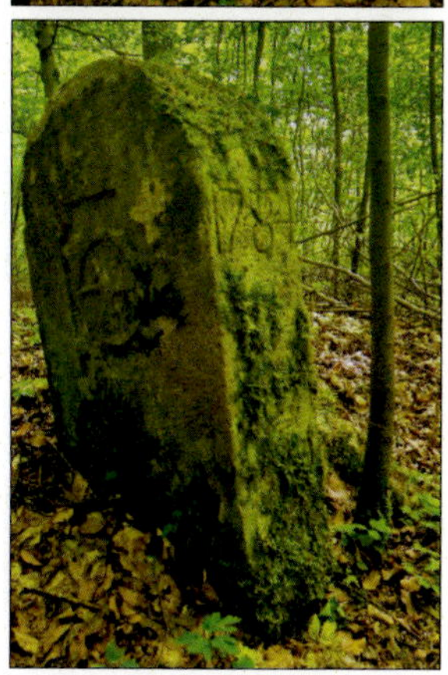

Grenzstein hinter der Untermühle Vorder- und Rückseite.

Dem südlichsten Zipfel des Eichsfeldes auf der Spur, zog es die Grenzwanderer weiter südwestlich auf den „Höhrain" zur Gemarkung Schierschwende, dort, wo die einstige Ganberbschaft Treffurt ihre Abgrenzung hat. Auch hier fand man einen Grenzstein vor, der allerdings ebenfalls nicht als südlichster Zipfel ausgemacht werden konnte. Endstation war schließlich die etwa 270 Jahre alte Linde an der Gemarkungsgrenze von Wendehausen nach Treffurt. Karl-Josef Löffelholz konnte diesen Ort anhand der Messung der Koordinaten unverkennbar als südlichsten Punkt des Eichsfeldes definieren. Wendehausen (wie auch Schierschwende) – nicht zum historischen Eichsfeld gehörig - aber bis 1802 zur einstigen Ganerbschaft Treffurt zählend, unterstand dem kurmainzischen Amt Treffurt und somit dem Eichsfelder Staat. Der Ort blieb katholisch. Zu je einem Drittel gehörte er dem Erzbischof von Mainz, den sächsischen Kurfürsten und den hessischen Landgrafen.

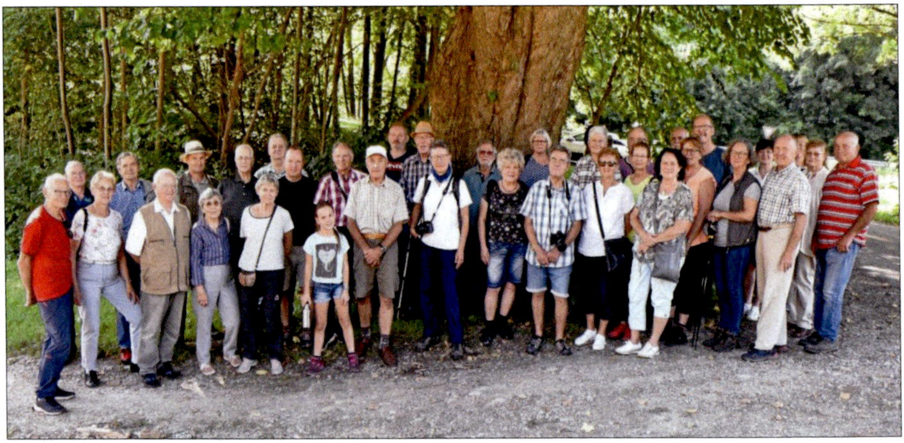

Gruppe der Grenzsteininteressierten, mittig erste Reihe Autorin Heidi Zengerling. Quelle: Reiner Schmalzl

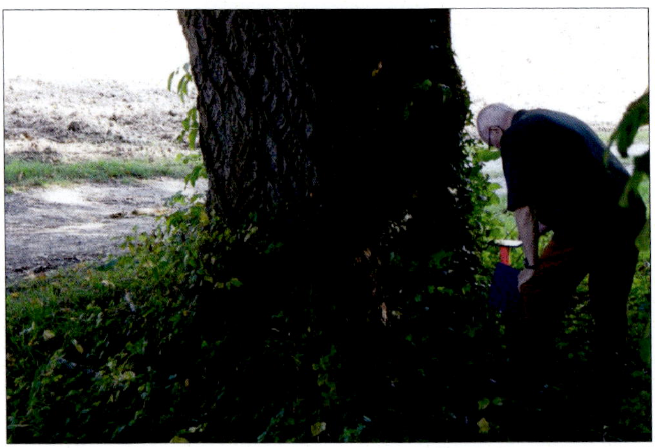

Linde Gemarkungsgrenze Wendehausen Richtung Treffurt mit Karl-Josef Löffelholz während der Vermessungsarbeiten.

Kella (Gobert)

Südwestlich der Gemeinde Kella auf dem knapp 500 Meter hohen Bergsporn Meinhard – dem südlichsten Ausläufer der Gobert – befindet sich die „Silberklippe". Dem Wanderer eröffnen sich hier nicht nur faszinierende Ausblicke über den Naturpark Eichsfeld-Hainich-Werratal mit der Burg Greifenstein oder dem Hülfensberg, sondern auch bis zu den Wanfrieder Werrahöhen. Die Silberklippe befindet sich in historisch interessantem Terrain an der ehemaligen Grenze zwischen Hessen und Thüringen. DDR-Grenzsäulen und historische Grenzsteine zeugen von der Grenzgeschichte dieser Region.

Die Grenzlinie startet mit Stein Nummer 1 in der Gemarkung Wanfried (Straße Wanfried-Mühlhausen) und endet am Hesselskopf (Gemarkung Allendorf) mit dem 438. Stein.

Komplett vorhanden sind die Steine Nummer 256 bis 330, die sich auf dem Teilstück der Grenzlinie Gemarkung Neuerode befinden. Im Jahr 1975 – als die Grenzfestlegung durch die gemeinsame Grenzkommission der BRD und der DDR erfolgte, wurden einige der historischen Steine beseitigt und durch Granitsteine mit der Beschriftung „DDR" ersetzt.

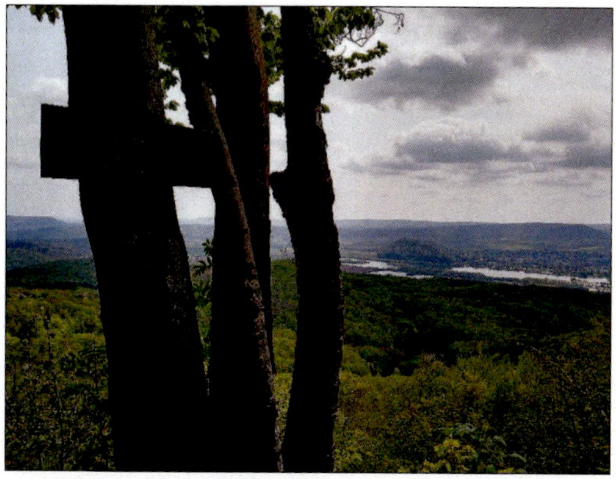

Aussicht von der Silberklippe.

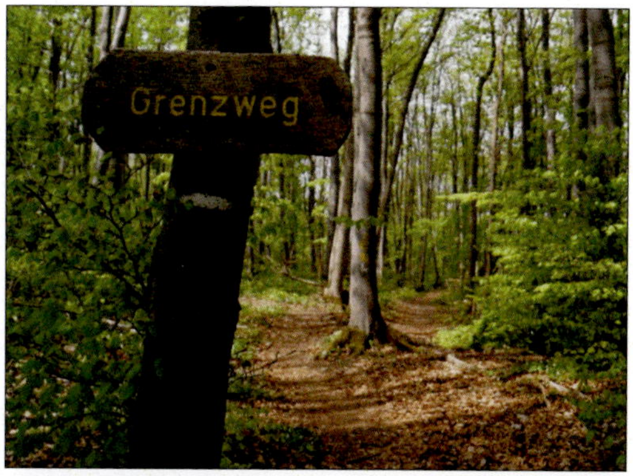

Idyllischer Grenzweg.

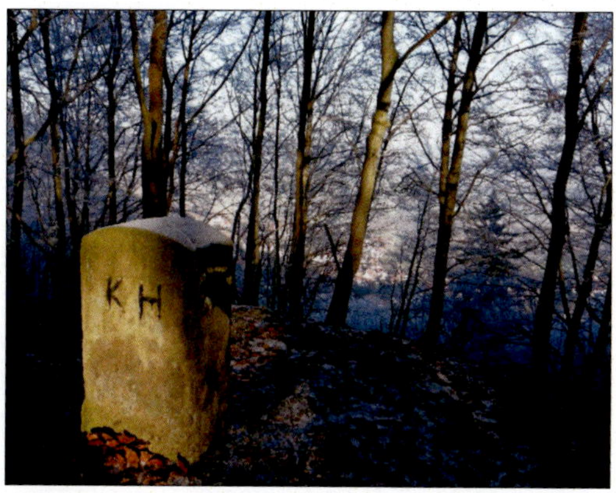

Grenzstein Nummer 238 mit Kella im Hintergrund.

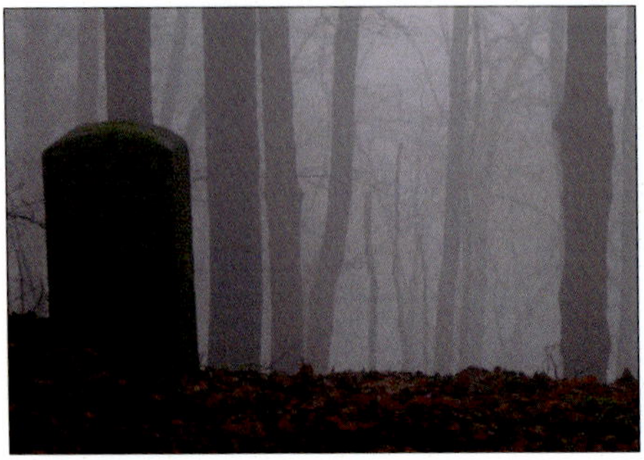

Grenzstein im Nebel.

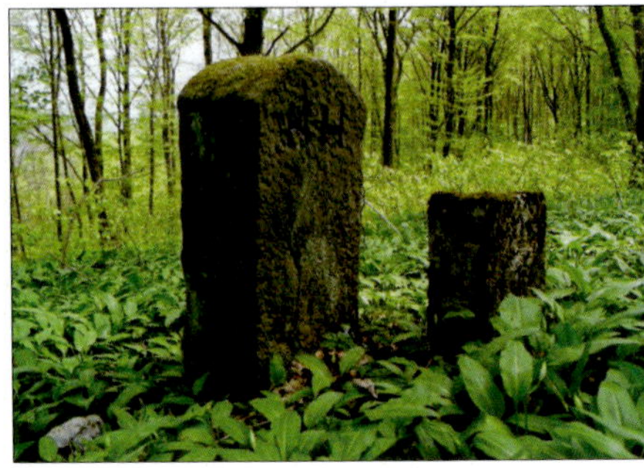

Grenzstein aus dem Jahr 1837.

Kunst an der Grenze
»Ferne sucht Nähe«

Die Grenze zwischen Kella im Eichsfeld und Meinhard-Braunrod in Hessen wurde am 27. Dezember 1989 geöffnet. Vom Ausgangspunkt besagter Wanderung zur Silberkuppe, dem Parkplatz Kella, hat der Wanderer eine faszinierende Sicht ins Eichsfeld.

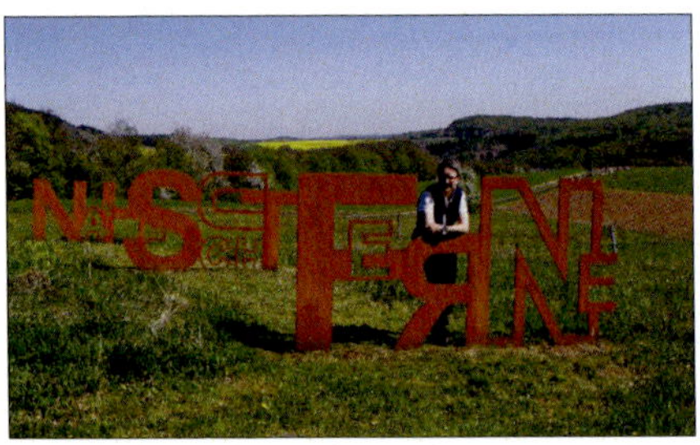

Kunstwerk "Ferne sucht Nähe".

Die Stahlbuchstaben ermöglichen die Verbindung von Text, unmittelbarer Landschaft und Weite. Der Künstler Hans Lambs aus Kallstadt sagt zu seinem Werk: *„Die Wiedervereinigung ist ein faszinierendes bildhauerisches Thema – spielen hier doch der Lauf der Dinge (unsere Geschichte), symbolträchtige Formen (die Grenze), die Landschaft (Geografie) und zudem solch gleichermaßen komplexe wie abstrakte Kontexte wie Politik, Psychologie und Seele die Hauptrollen in einem Drama mit Happyend. NäheSuchtFerne” oder FerneSuchtNähe” – wie auch immer – ob physikalisches Elementarteilchen oder getrennte Völker - es gibt Kräfte, die zuweilen weitaus stärker sind als wir uns vorstellen und erwarten.*

Die Sprachraumskulptur FERNE SUCHT NÄHE steht für solche Phänomene der sich bewegenden Pole.“ Die verschachtelte Typografie muss man sich visuell erst erarbeiten. „Ferne sucht Nähe“ drückt die Sehnsucht von gewaltsam getrennten Menschen aus, aber auch die eines ganzen Volkes, der Unnatürlichkeit zweier deutscher Staaten ein Ende zu bereiten. „Nähe sucht Ferne“ erinnert an die Forderungen eingesperrter Menschen nach Reisefreiheit, ein Motor der 89er Bewegung, die ganze Welt kennen lernen zu dürfen.[70]

Am 9. November 2012 enthüllte Lothar Quanz, Vizepräsident des Hessischen Landtags und Initiator von Kunst an der Grenze, das Kunstwerk.

Lengefeld (Mühlhäuser Landgraben)

Entlang des Mühlhäuser Landgrabens befinden sich neben den „einfachen“ Grenzsteinen solche, die mit der Mühlhaue und dem Mainzer Rad versehen sind – die also auf die Zugehörigkeit zum Territorium Mühlhausen und zum kurmainzischen Fürstentum, dem Eichsfeld, hinweisen.

Die Wallanlage Mühlhäuser Landgraben ist als Kulturdenkmal eingetragen und verläuft im Nordwesten Mühlhausens – der ehemaligen Freien Reichsstadt in Thüringen.

Er wurde etwa um das Jahr 1350 als Einfach- und Doppelgraben mit einem Knick angelegt und diente der Grenzbefestigung sowie dem Schutz des damaligen Königsgutsbesitzes. Mit ihm wollte man Mühlhausen vor möglichen Überfällen durch Raubritter aus Niedersachsen, Hessen und dem Eichsfeld sichern. Schlagbäume sicherten die Durchfahrten. Warten und Kirchtürme wurden zur Übermittlung von Signalen genutzt, die zwischen der Stadt und dem Landgraben ausgetauscht wurden.

Bis ins Jahr 1808 wurde die Anlage instand gehalten. Anschließend verwilderte das Territorium und entwickelte sich zu einem bis heute erhaltenen strukturreichen Hochwald, der aktuell aufgrund seines urwaldartigen Charakters ein beliebtes Ausflugs- und Wanderziel ist.

Mehrere umfangreiche Waldgebiete und die Tatsache eines vielfältigen Baumbestandes ließen das Terrain zu einer Biotopvernetzung werden. Einer dieser erwähnten steinernen Zeitzeugen ist der Zweiherrenstein mit Mühlhaue, Mainzer Rad und Jahreszahl 1667. Er ist am Doppelholz Fladenberg, Gemarkung Lengefeld und dem Appental, Gemarkung Bickenriede, in der Südhälfte dieses Abschnittes an der Westseite des Landgrabens befindlich.

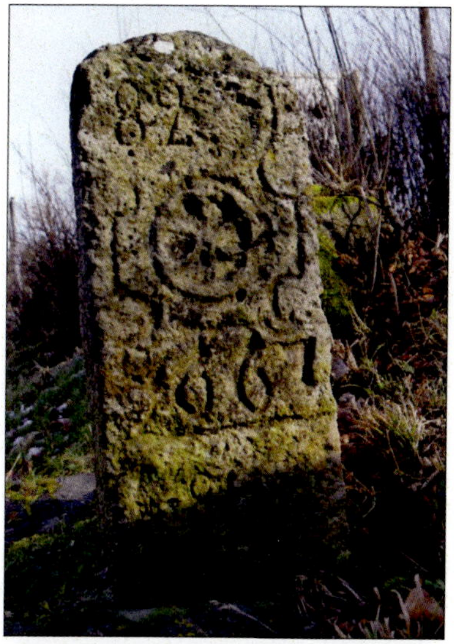

Grenzstein gegenüber der Eigenrieder Warte.

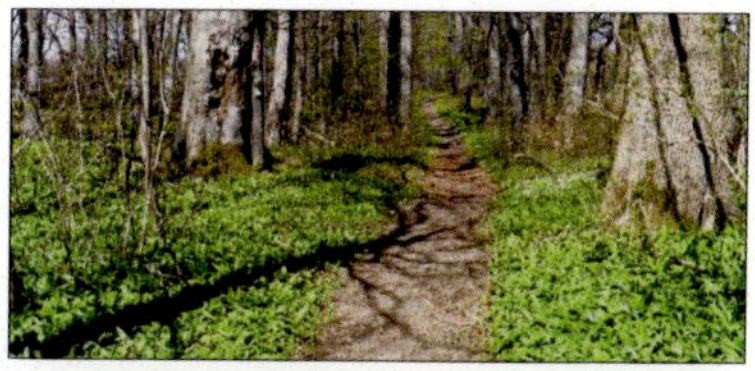

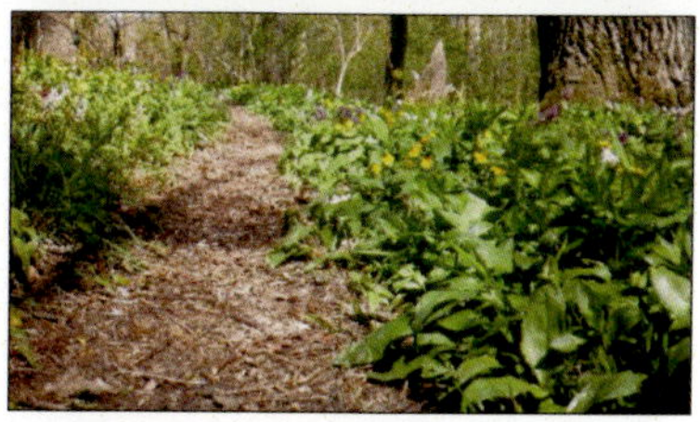

„Bärlauchteppich“ entlang des Landgrabens im Frühjahr.

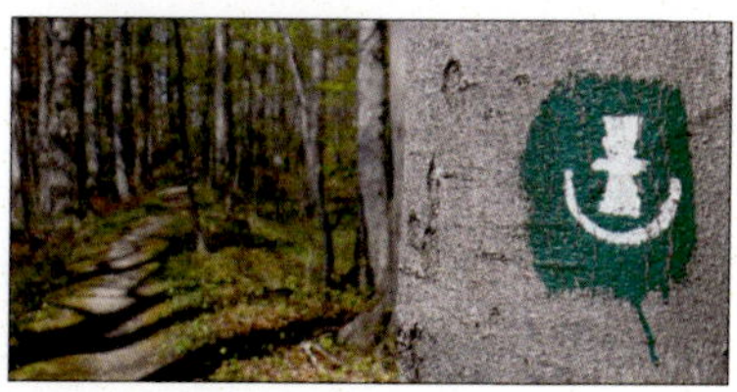

Wegsymbol Mühlhaue entlang des Landgrabens.

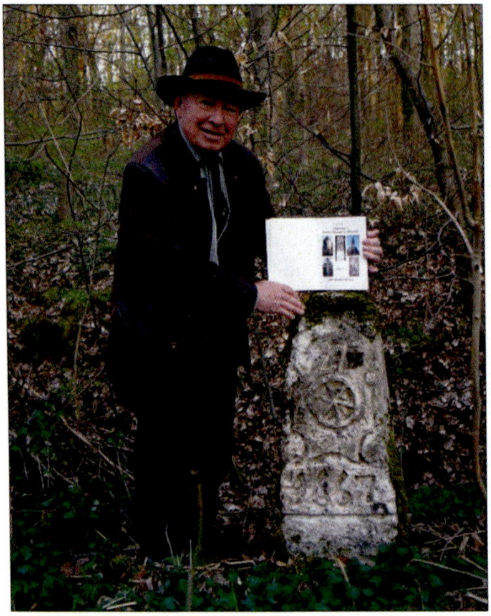

Autor und Heimatfreund Eberhard Born am Grenzstein Nummer 27.

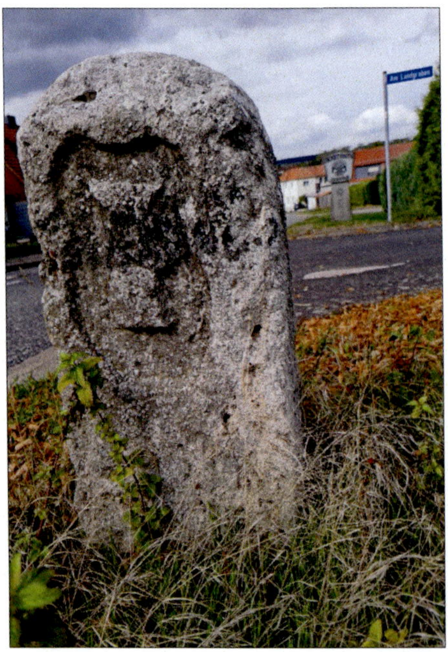

Bickenriede Ortseingang Grenzstein mit Mühlhaue und Mainzer Rad.

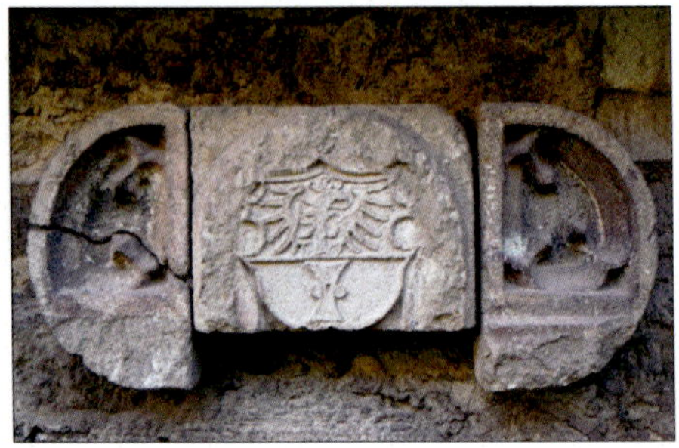

Mühlhaue im Lapidarium des Bauernkriegsmuseums Kornmarktkirche. Stein in der Mitte zeigt den Wappenstein mit Stadtwappen vom Hauptmannshof Mühlhausen aus der 1. Hälfte des 16. Jahrhunderts die beiden äußeren Steine sind gotische Maßwerkblenden vom Hauptmannshof Mühlhausen, um 1500.

Auf der Rückseite des Grenzsteins Nummer 27 ist die „Mühlhaue“ hervorgehoben, das Hoheitszeichen der Freien Reichsstadt Mühlhausen.

Besagtes Hoheitszeichen findet sich auch im Stadtwappen wider – zu sehen im Lapidarium des Bauernkriegsmuseums in der Kornmarktkirche im Wappenstein des Hauptmannshofes.

Es gibt weitere markante und teilweise gut erhaltene Grenzsteine entlang besagter Wallanlage. Diesen widmet sich Heimatforscher Eberhard Born in seiner Publikation mit dem Titel „Steinerne Zeitzeugen der Geschichte – eine Betrachtung der jahrhundertealten steinernen Zeitzeugen der Geschichte des Dorfes Lengefeld – vom Mittelalter bis heute“.

Bickenriede wurde mit dem 1. Januar 1997 Teil der damals neu gegründeten Einheitsgemeinde Anrode, welche sich zum 1. Januar 2023 auflöste. Damit ging

Bickenriede zur Stadt Dingelstädt und wechselte damit in den Landkreis Eichsfeld.

Von 1987 bis 1988 fertigte Dirk Röbke aus Görmar, seines Zeichens Diplomingenieur, im Auftrag des Rates des Kreises Mühlhausen ein Grenzsteinkataster vom Mühlhäuser Landgraben an. Dieses beinhaltet die Grenzsteine von Eigenrieden bis Sollstedt. Kenntlich gemacht wurde das Territorium Mühlhausens durch das Setzen der Grenzsteine in den Jahren 1667 bis 1669. Die Steine wurden an der Außenseite des Landgrabens gesetzt und kennzeichneten somit das Territorium der Freien Reichsstadt Mühlhausen. Mit dieser Setzung 1667 sollen es 143 Grenzsteine gewesen sein, die auf dem 26 Kilometer langen Landgraben standen und auf der Mühlhausen zugewandten Seite als Wappensymbol die „Mühlhaue“ zeigen und auf der dem Eichsfeld zugewandten das Mainzer Rad. Der Mainzer Erzbischof war seinerzeit Landesherr des Eichfeldes. Die Grenzsteine mit den beiden Wappen bezeichnet man daher als Zweiherrensteine. Sie stehen etwa im Abstand von 50 bis 200 Metern und tragen die Jahreszahl 1667.

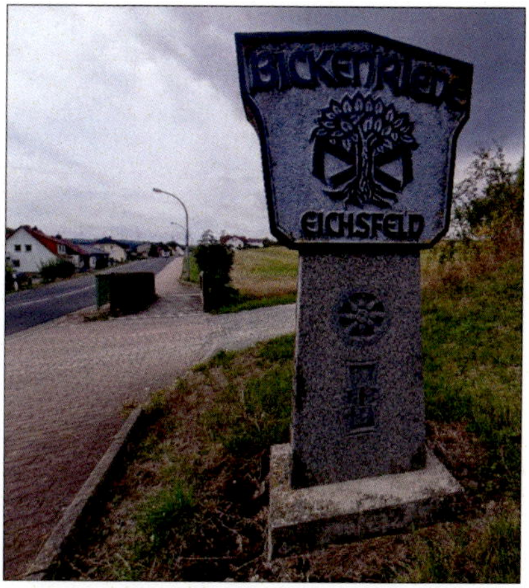

Neuzeitlicher Stein am Ortseingang von Bickenriede – seit 2023 dem Eichsfeld zugehörig.

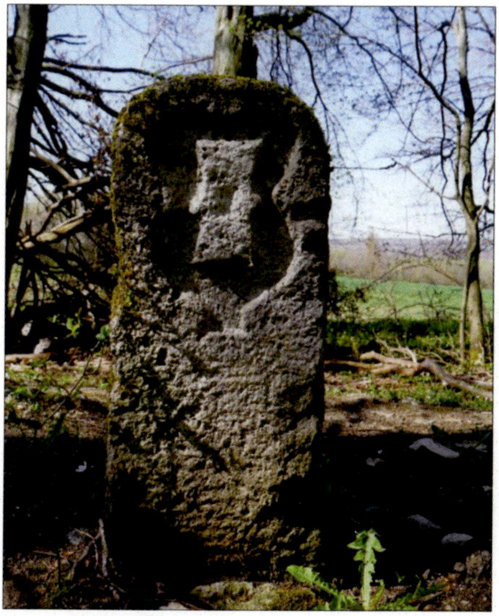

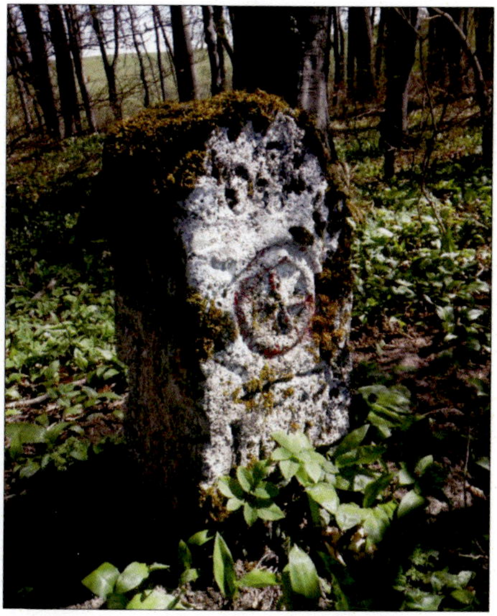

Sehr schön herausgearbeitete, gut erkennbare Mühlhaue und Mainzer Rad.

Die Zahl 1667 ist eingraviert, weil nach Ostern dieses Jahres ein Streit zwischen dem Kurfürsten von Mainz, dem Oberamtmann von Heiligenstadt und dem Ehrbaren Rath von Mühlhausen entbrannte.

An dieser Stelle seien noch einmal die Worte Vinzenz Hoppes genannt, die das Thema konkret aufgreifen:

„Dies Jahr [1667] nach Ostern erhob sich ein Streit mit dem Kurfürsten von Mainz, dem Oberamtmann von Heiligenstadt und dem E. E. Rath [Ein Ehrbarer Rath] von Mühlhausen, der Landwehr halben, in dem die Eichsfelder die Landwehr halb und mit der Stadt Mühlhausen gemein haben wollten, welches aber der E. Rath nicht zugeben wollte und sind die Abgesandten des Rathes über 10 Tage in Erfurt beim Kurfürsten gewesen.“ [71]

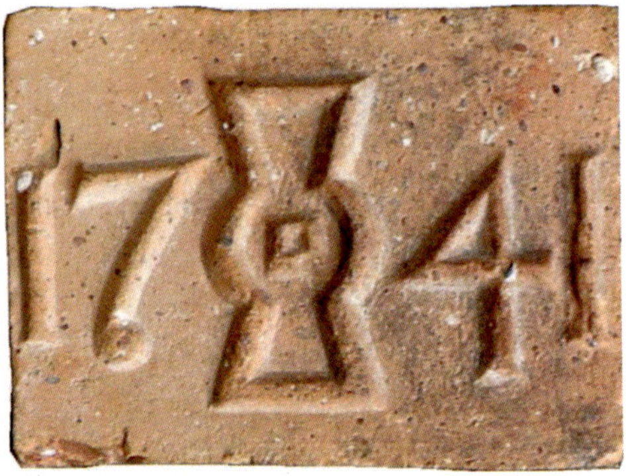

Steintäfelchen. (Archiv Bernd Mahr)

Aus diesem Grund wurde der Landgraben von Hüpstedt bis zur Eigenrieder Warte mit doppelt „bewappneten“ Grenzsteinen versehen. In den Mühlhäuser Chroniken wird die Steinsetzung mit „Versteinen“ der Mühlhäuser Grenze bezeichnet.

Unter jedem dieser Steine entlang des Landgrabens soll in die Erde ein Steintäfelchen – sogenannter stummer Zeuge – mit der Jahreszahl 1667 und der Mühlhaue gelegt worden sein, um bei einer eventuellen Beseitigung des Steins („Grenzfrevel“) noch immer den Grenzpunkt nachweisen zu können.

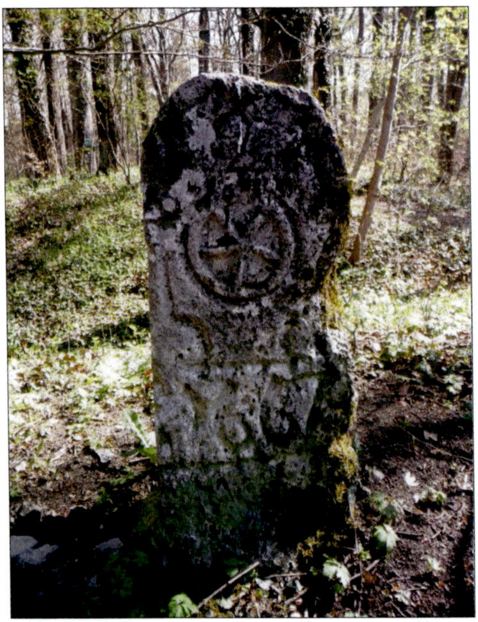

Grenzstein beim ehemaligen Ziegenturm (einziger Grenzstein am Landgraben mit 5-speichigem Mainzer Rad).

Um 1970 wurde im Zuge des Garagenbaus im hinteren Teil der Mühlhäuser Gartenstraße ein solches Täfelchen gefunden. 1923 konnte sogar auf dem Dachboden des Töpfermeisters Stallknecht in Mühlhausen am Petristeinweg 62 die

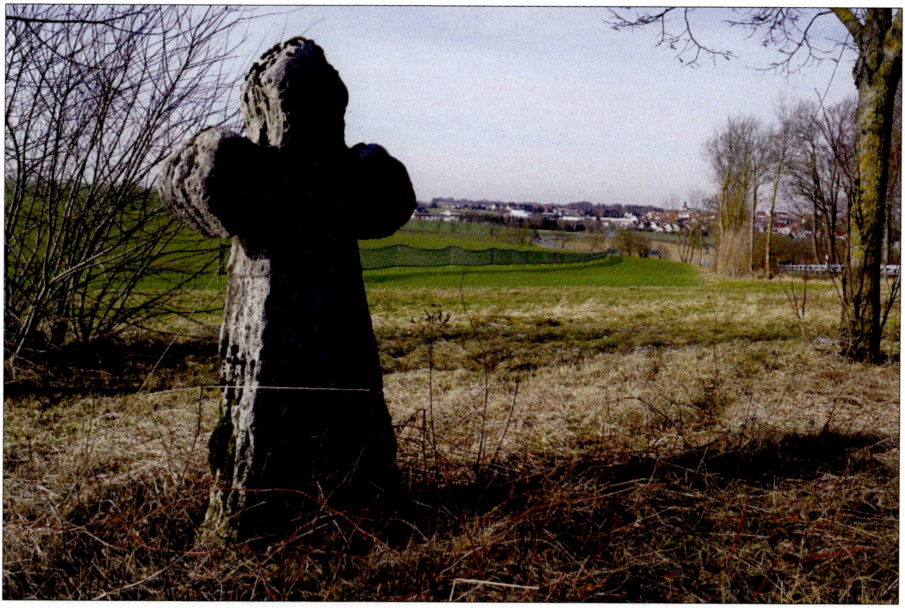

Foto des Kreuzes, im Hintergrund Struth.

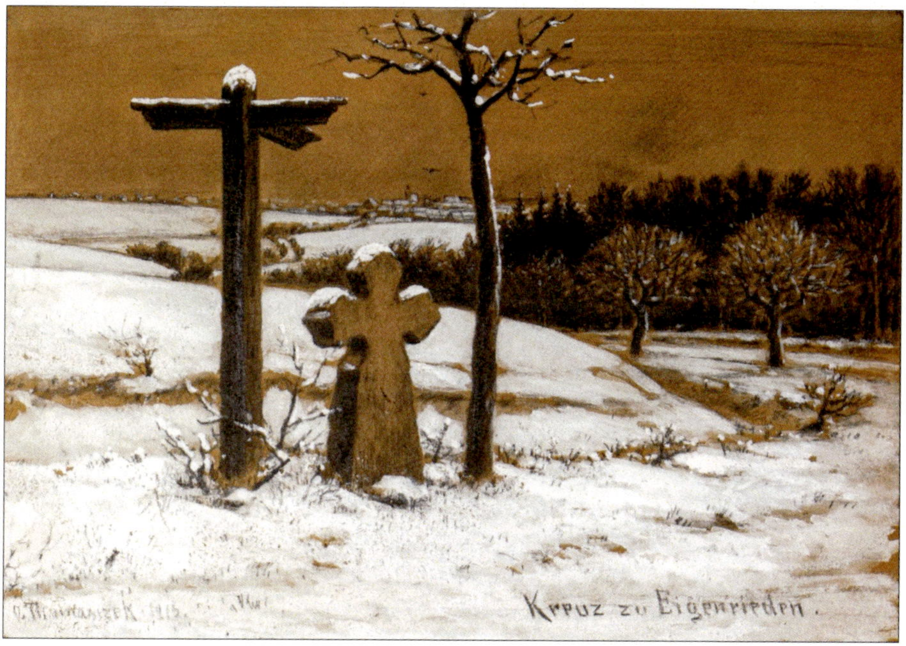

Otto Thomasczek „Kreuz zu Eigenrieden" Bleistiftzeichnung weiß gehöht, 1915, Inventarnummer Vlb 1819, Mühlhäuser Museen.

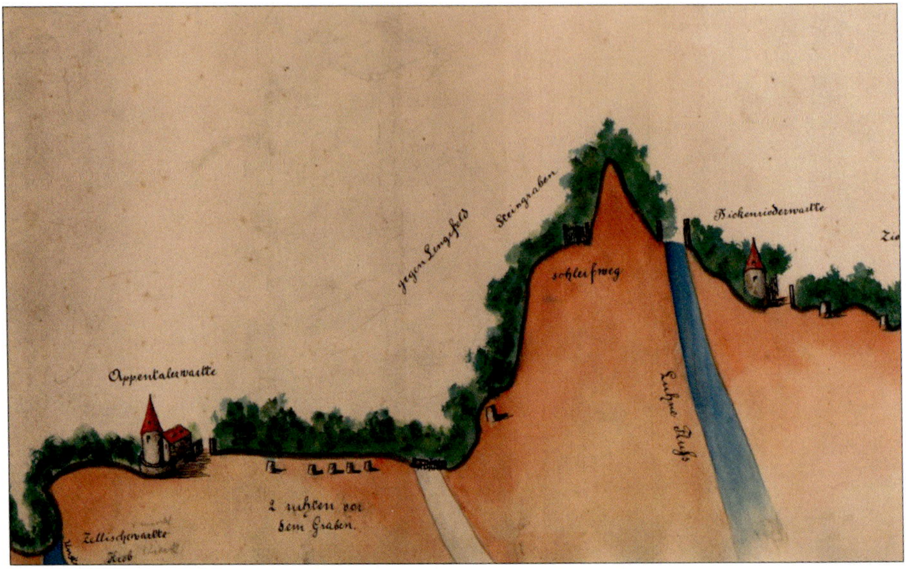

Die Eigenrieder Warte mit Mühlhäuser Landgraben: Reproduktion einer Zeichnung (um 1670). Quelle: Stadt Mühlhausen, 4221/4,2.
(Gesamtbild hier auf den Seiten 180 und 181)

Gipsform ausfindig gemacht werden, die einst zur Herstellung besagter Tontafeln diente.

Erwähnt sei ein besonderer Grenzstein, welcher beim ehemaligen Ziegenturm befindlich ist. Er ist der einzige entlang des Landgrabens, der mit einem fünfspeichigen Mainzer Rad versehen ist.

Auf einer historischen Karte aus der Zeit um 1670 sind zwei Steinkreuze vor der „Eiredder wartte" (Eigenrieder Warte) eingezeichnet. Eines davon ist bis heute erhalten und am westlichen Ortsrand an der Fernverkehrsstraße südlich der Abzweigung nach Struth zu bewundern. Es ist in der Region als Bonifatiuskreuz oder -stein bekannt. Auffällig sind beidseitige Einritzungen am vierten Arm. Die Entstehung wird aufgrund seiner gotischen Überformung zwischen 1400 und 1450 datiert.

Im Jahr 1998 wurde das Kreuz im Zuge fertig gestellter Straßenbauarbeiten an der B 249 auf Initiative des damaligen Straßenbauamtes Mühlhausen neu errichtet. Im Vorfeld stand es weniger exponiert am Straßengraben.

Eine Zeichnung des Eichsfelder Landschaftsmalers Otto Thomasczek aus dem Jahr 1913 half, den historischen Standort des Kreuzes auszumachen. Thomasczek zeichnete den Steinkreuzzyklus der Mühlhäuser Umgebung in den Jahren 1915 bis 1918.

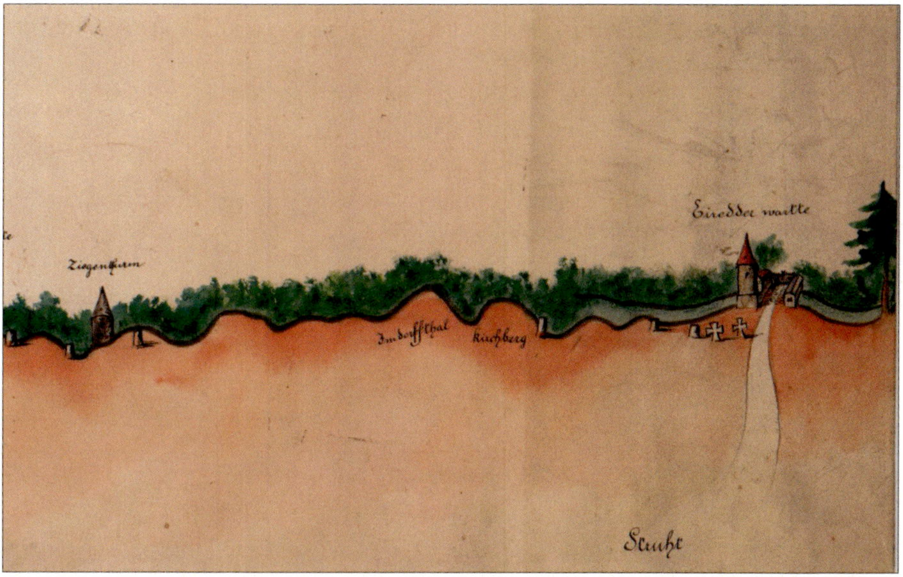

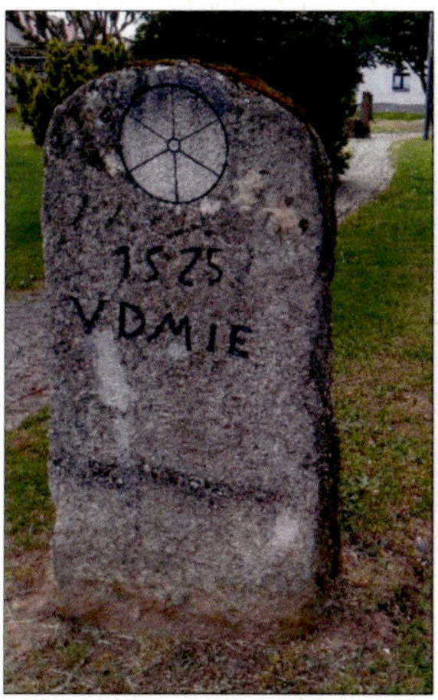

Historischer Grenzstein.

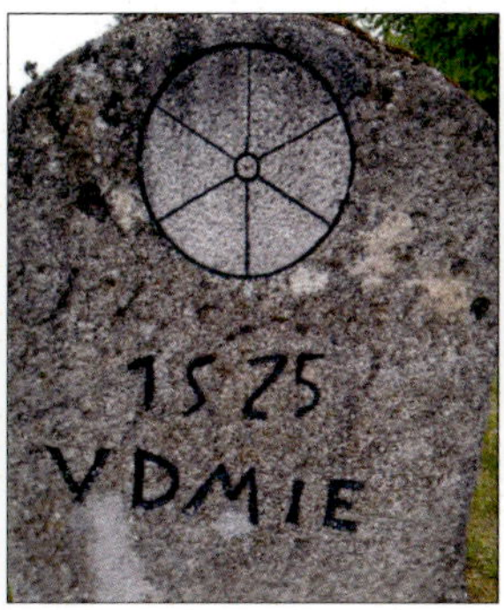

Inschrift im Stein.

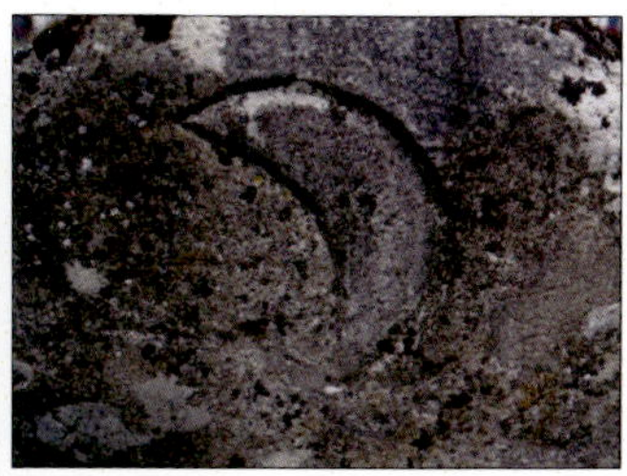

Mondsichel.

Neustadt Eichsfeld

Im Juni 2012 wurde in Neustadt (Eichsfeld) ein restaurierter historischer Grenzstein neu gesetzt, der im Vorfeld am Knickbach (Grenzbach) neben der Geleitstraße zwischen den Ortschaften Großbodungen (Grafschaft Hohnstein) und Neustadt/Eichsfeld (Kurfürstentum Mainz) seinen Standort hatte. Dieser besondere steinerne Zeitzeuge soll wohl einer der ältesten deutschen Grenzsteine dieser Art sein und wird in das 15. Jahrhundert datiert. Einst markierte er die Grenze zwischen der Grafschaft Hohenstein (Neustadt und Großbodungen) und dem Kurfürstentum Mainz.

Unter dem Mainzer Rad ist die Jahreszahl 1525 zu lesen sowie die seltene Inschrift

VDMIE

VERBUM DOMINI MANET IN ETERNUM

DAS WORT DES HERRN BLEIBT IN EWIGKEIT

(1 Petrus Brief, Kap. 1, Vers 25)

Da es sich bei diesen lateinischen Initialen um eine Losung aus der Zeit des Bauernkrieges handelt, muss diese Inschrift nachträglich eingefügt worden sein.

Die Rückseite ziert der Halbmond aus dem Wappen des niedersächsischen Adelsgeschlechts derer von Bodenhausen, die auch in der Grafschaft Hohenstein Güter besaßen.

Eine Tafel neben dem Kleindenkmal beinhaltet die Informationen sowie ein zeitgemäßes Gedicht, welches sich aus heutiger Sicht dem Thema „Grenzstein" nähert.

Der Grenzstein

(Susanne Wegmann)

Geheimnisvoll und schon uralt, versteckt im Busch, Geröll und Wald,
wie in der Erde eingemauert, hast du Jahrhunderte überdauert.
Wo war der Anfang, wo das Ende, wer schuf dich durch geschickte Hände
Und machte dich zum Wächter aus Stein rings um Besitz und Länderei'n?

Einst zogen sich steinerne Bänder entlang der Grenzen der Nachbarländer.
Du hast überlebt so manche Kriege, du warst erfolgreich bei jedem Siege,
hast deinen Standort treu gehalten, bist nie gewichen vor Gewalten
und stehst noch immer fest am Ort, ich wünschte, du bliebest ewig dort.
Wie viele wack're Grenzer aus Stein, möget ihr einst gewesen sein?

Bis heute trägst du deiner Herrschaft Zeichen als dientest noch immer du dergleichen.
Hat man dich gefürchtet, dir Achtung gezollt?
Hat man dich vergessen, dich dort nicht gewollt?
Hat Geschichte und Zeit dich zugedeckt?
Hat nie dein Anblick die Neugier erweckt?

Heute stellst du uns so viele Fragen und könntest uns doch so vieles sagen
aus deiner bewegten Vergangenheit, von unseren Ahnen zu deiner Zeit.

Längst ist ein Großteil von euch verschwunden, viele tragen traurige Wunden.
Achtlos entrissen dem sicheren Stand, verschleppt in unbekanntes Land.
Andere fanden zwischen Unrat und Dreck, ihr würdeloses letztes Versteck.

Die ihr noch da seid, steht fest für euch ein,
um unserer Nachwelt Zeugen zu sein.
Erzählt aus eurem langen Leben, in dem ihr alles habt gegeben.
Vielleicht gibt man ein kleines Stück an Sicherheit euch dann zurück. [72]

Weilrode

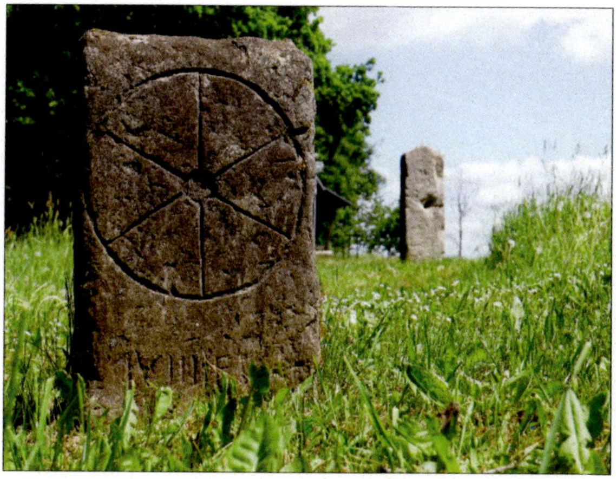

Beide Steine – im vorderen das Mainzer Rad erkennbar.

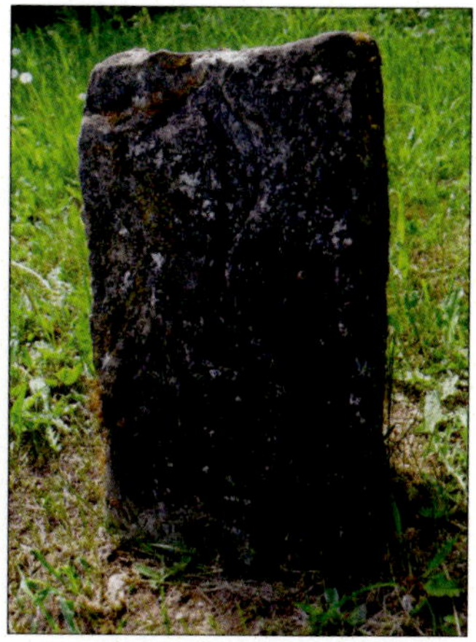

Angelhakendetail.

Die fünfte Etappe des Eichsfeldwanderweges führt vom Rothenberger Haus über Weilrode und den „Weißen Stein“ bis nach Werningerode (Steinrode). Am Hauptknotenpunkt der Fern- und Gebietswanderwege Thüringens, südlich der Ortschaft Weilrode, befinden sich zwei historisch interessante Steine. Der eine – genannt: Weißer Stein – zeigt auf der Vorderseite einen Angelhaken, der das Hoheitsgebiet der Angelhakensippe derer von Minnigerode bekundet. Unweit können noch heute die Reste der Allerburg, des einstigen Sitzes der von Minnigerode, besucht werden. (Informationen dazu im Kapitel: Silkerode: Ruine Kirchdorf)

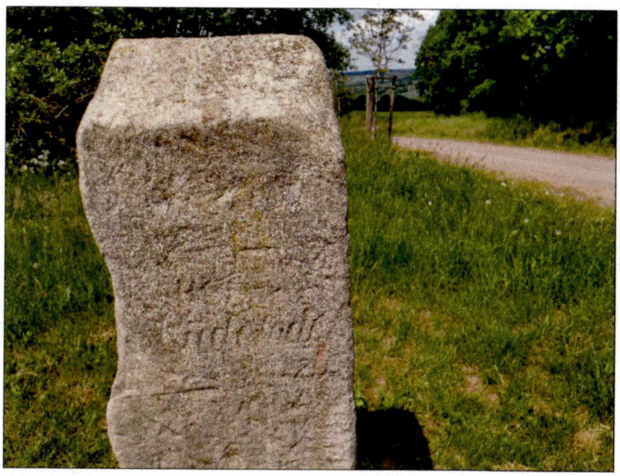

Stein mit Einritzungen.

Die Rückseite zeigt das Mainzer Rad, welches die Zugehörigkeit zum Kurfürstentum Mainz angibt. Auf dem wesentlich größeren, dem Weg näher befindlichen Stein, sind die Namen der Nachbarorte eingemeißelt. Sie sind allerdings kaum noch zu erkennen.

Wendehausen Blaue Lagune (Walsbachquelle)

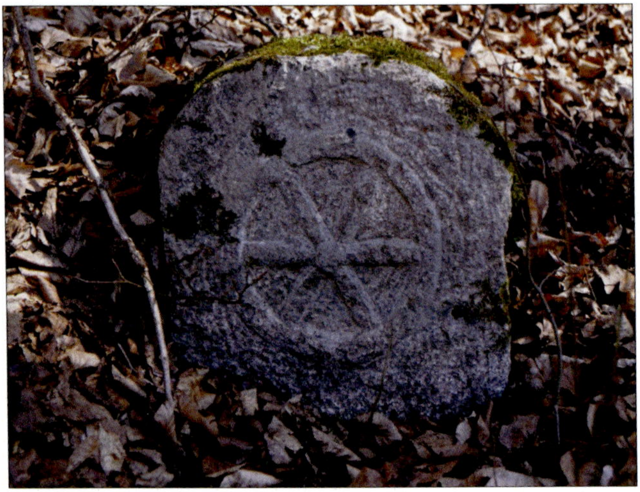

Mit dem Mainzer Rad verzierter Grenzstein.

Auf dem Weg zur Walsbachquelle – im Volksmund „Blaue Lagune“ genannt – findet man am Wegesrand von der Landesstraße 1019 kommend einen kleinen Grenzstein, in dem das Mainzer Rad eingearbeitet ist. Überhaupt sind im gesamten Bereich der Mainzer Köpfe noch heute mehrere dieser besonderen Grenzsteine zu bewundern.

Der Premiumweg P12 - von dem im Anhang berichtet wird – trägt seinen Namen von dem sich über dem Werratal aufsteigenden Höhenzügen – den „Mainzer Köpfen“. Dieses landschaftlich wundervolle Gebiet beherbergt noch heute zahlreiche steinerne Zeugen des einstigen Machtbereiches des Erzbistums Mainz. Mehrere Grenzsteine mit dem eingemeißelten „Mainzer Rad“ markierten einst den Grenzverlauf des Kurfürstentums Mainz, dem bis 1803 das südliche Eichsfeld unterstellt war.

Die Erhaltung dieser stummen Zeitzeugen geht u. a. auf das Engagement des ambitionierten Grenzsteinforschers Stephan Goldmann zurück, der sich um die Erhaltung besagter Grenzsteine verdient macht.

Ein Grenzstein, der ursprünglich zwischen Kurmainz und Hessen im Süden des Eichsfelds stand, ist heute im Lapidarium Willrode zu sehen. Der Stein trägt als Hoheitskennzeichen das „Mainzer Rad“. Er markierte die Grenze zwischen Wendehausen und Wanfried, welche nach 1945 die innerdeutsche Grenze zwischen der DDR und der BRD war. Die einstige steinerne Grenzmarke wurde aufgrund der gemeinsamen Grenzkommission durch offizielle Staatsgrenzsteine ersetzt.

Der Stein stand einst bei Wendehausen (Gemeinde Südeichsfeld) im heutigen Unstrut-Hainich-Kreis auf der Ländergrenze zwischen Thüringen und Hessen.

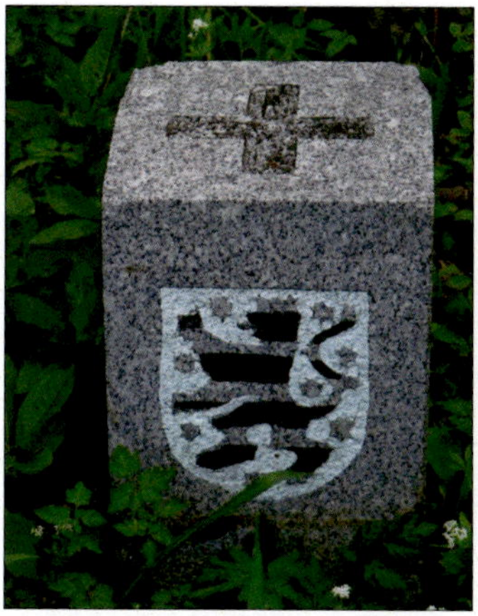

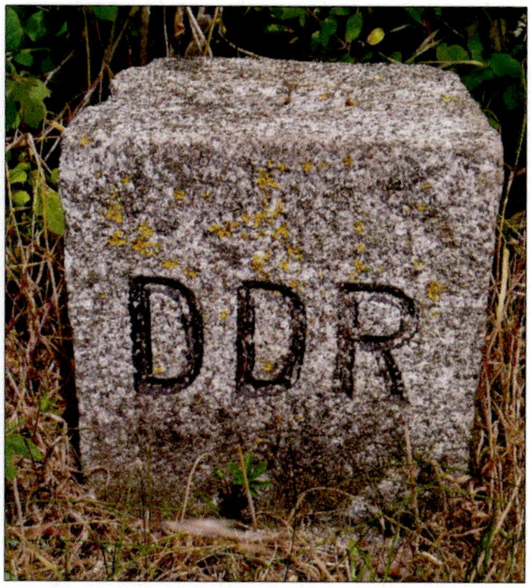

Offizielle Grenzsteine der Staatsgrenze.

„Schicksal“

„Die Steine, sie trotzten in all der langen Zeit
Dem Wind und Wetter, ergrauten in Ehren bis heut.
Die neue Zeit hat alte Grenzen weggenommen,
neue Zwecke haben die Steine nicht bekommen.
Still träumen sie durch kommende Stunden,
denn eines Tages sind auch sie verschwunden.[73]

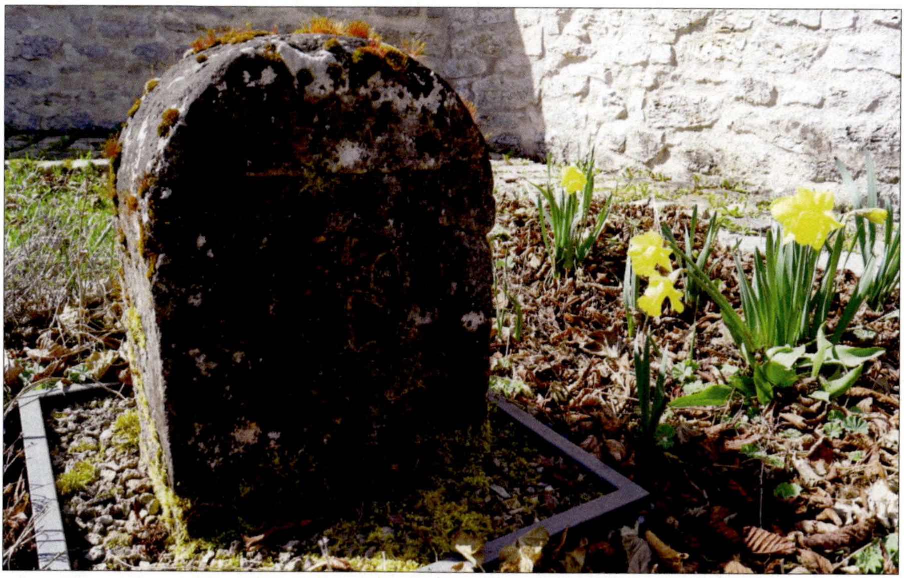

Willröder Grenzstein mit dem Mainzer Rad.

Auf steinernen Spuren durch die Natur (ausgesuchte Wandertipps)

Gobert

Eine Wanderung entlang der ehemaligen innerdeutschen Grenze bietet sich hier an. Sie ist als mittelschwer einzustufen. Highlights der Tour sind der Blitzstein und das Franzosengrab, aber auch ein Wegweiserstein sowie verschiedene atemberaubende Aussichten in das Umland. Der Blitzstein wurde zum Gedenken errichtet an den vom Blitz erschlagenen Christoph E. Bold aus dem nordhessischen Neuerode (heute Gemeinde Meinhard im Werra-Meißner Kreis).

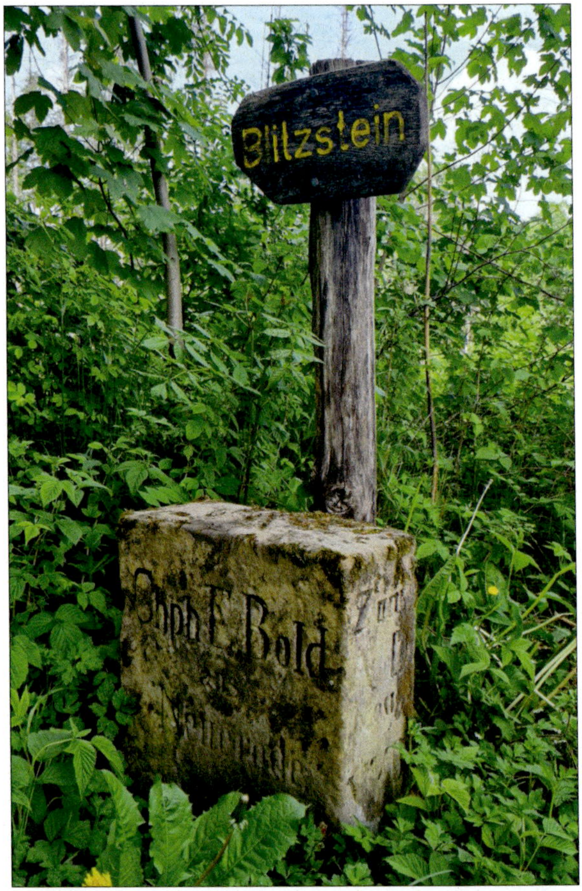

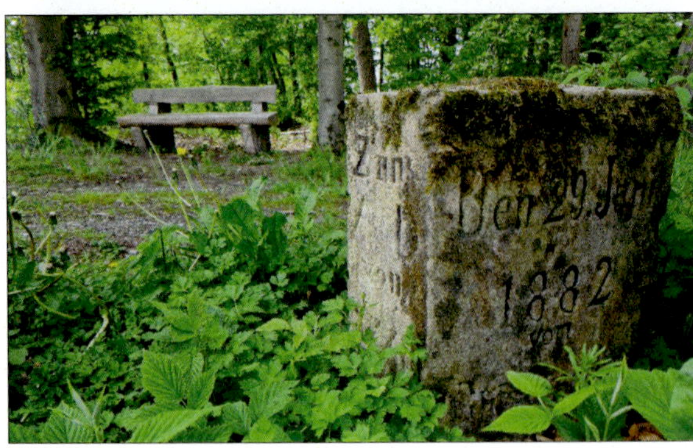

Beide Seiten des Blitzsteins.

York-Egbert König und Werner Simon (†) schrieben dazu folgenden Artikel:

„Nördlich von Neuerode, etwas westlich des Weges (ausgeschildert, Rundweg B), der vom Alten Steinbruch an der Willi-Schein-Hütte vorbei Richtung Salzfrau führt, steht ein kleiner, leicht verwitterter Gedenkstein, aus Sandstein, der 84 cm hoch, 44 cm breit und 20 cm stark ist. Die Buchstaben seiner Inschrift sind noch recht deutlich erkennbar:

Chph. E. Bold, alt 13 Jahr, aus Neuerode
Den 29. Juni 1882 vom Blitz erschlagen
Zum AD. von W. B.

Chph. E. Bold: Christoph Eduard Bold

AD: Andenken; Wilhelm Bold aus Grebendorf, Wagner und Wirt in Neuerode, Hausnr. 23, verh. seit 1865 mit Elisabeth Wilhelmine Engelhardt

Seit mehr als 100 Jahren also erinnert dieser sogenannte Blitzstein an ein tragisches Ereignis während eines schweren Unwetters, das damals in der lokalen Presse Berücksichtigung fand, indem das Eschweger Kreisblatt unter dem 1. Juli 1882 meldete:

‚Eschwege, 29. Juni

Heute bald nach Mittag entlud sich über unserer Stadt und Gemarkung ein fast zwei Stunden dauerndes schweres Unwetter, wie man es wohl seit vielen Jahren hier nicht mehr gesehen hat. Donner und Blitz, Regengüsse, mit Hagel vermischt, waren so heftig und massenhaft, daß Einen bange Sorge um die verderblichen Folgen beschleichen mußte ...

Eschwege, 30. Juni

Das gestrige entsetzliche Wetter hat leider auch ein Menschenleben gekostet. Der 13jährige Sohn des Wirts B. in Neuerode wurde auf der Gobert vom Blitz getroffen und getötet, während zwei in seiner Nähe befindliche Frauen nur kurze Zeit betäubt und die ihn begleitenden Knaben gar nicht berührt wurden.‘

Über die Umstände des Geschehens an jenem Freitag lassen sich wohl nur Vermutungen anstellen. Wahrscheinlich waren Frauen und Kinder unterwegs, um einer Gruppe Neueröder Männer, die in einem der Steinbrüche auf der Gobert arbeiteten, das Mittagessen zu bringen. Auf dem Plateau wurden sie von dem Wetter überrascht. Einer der auf das Muschelkalkmassiv treffenden Blitze tötete den jungen Bold. Die unmittelbar in seiner Nähe gehenden Frauen waren wie betäubt, kamen aber mit dem Schrecken davon. Die dort oben arbeitenden Männer mußten den auf so tragische Weise ums Leben gekommenen Jungen zurück ins Dorf tragen und den entsetzen Eltern seinen Leichnam übergeben. Am 1. Juli 1882 wurde Christoph Eduard Bold in Neuerode begraben. Wie es damals üblich war, legte man einen Totenkranz aus (Ø 75 cm), der noch heute in der Neueröder Kirche zu sehen ist. Er wird in einem verglasten, hölzernen Wandkästchen aufbewahrt, das 85 x 59 x 19 cm mißt. Die Glasscheibe trägt die goldbronzene Aufschrift „Ch.Edu.Bold, geb.d.29.Mai 1869, vom Blitz erschlagen d.

29. Juni 1882" Der aus Papier (weiße Blüten und Blätter mit einigen gewachsten, grünen Blättern) aus Draht gefertigte Kranz liegt über einem kleinen Polster, dessen papierener Überzug mit folgenden gedenkenden Zeilen versehen ist:

Zum Andenken
an
unseren am 29. Juni 1882 vom Blitz
erschlagenen
lieben Sohn
Christoph Eduard Bold

Dunkel Herr ist Dein Geschicke
das uns Menschen plötzlich trifft
Ernst ja sind die Augenblicke
Wenn im Donner, Gott, Du sprichst
Früh hast Du ja zu Dir genommen
unseren lieben theueren Sohn
oben in dem Reiche der Frommen
Möge er nun ferner woh' n
Er starb ja nicht in unseren Armen
nein, fern traf ihn des Blitzes Strahl
Drum, mit den Eltern hab Erbarmen
und führ ihn in den Himmelsaal
Oh, laß uns denken jene Worte
die einst Jesus leidend spricht
Als er ging zum Kreuzesorte
Weinet ja nicht über mich.
gewidmet von seinen lieben Eltern
Wilhelm
Bold und Frau Wilhelmine Bold
geb. Engelhardt ..." [74]

Am Wanderweg Neuerode-Salzfrau, etwa 400 Meter nördlich der Willi-Schein-Hütte ist der Cent- oder Franzosenstein – ein Grenzstein mit Erklärungstafel zu bewundern. Dieser Cent-Bilstein ist schon in der Grenzbeschreibung aus dem 15. Jahrhundert erwähnt. Größe und Ausführung entsprechen anderen noch vorhandenen Cent-Grenzsteinen.

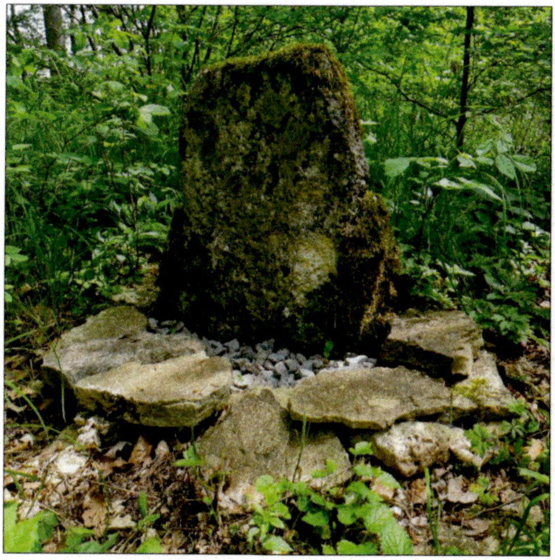

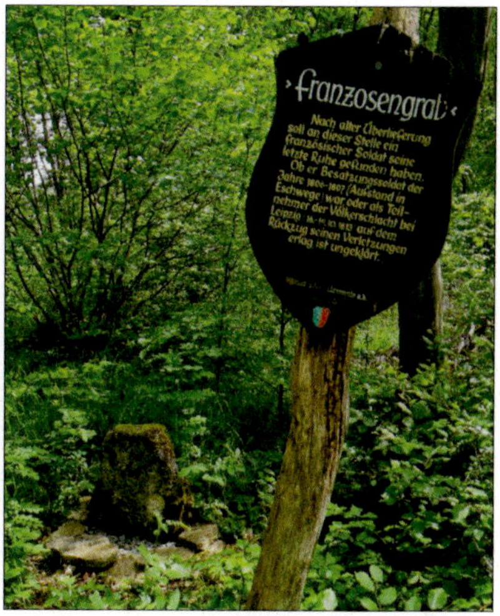

Franzosengrab mit Erklärungstafel.

Ein vierkantiger Wegweiserstein mit pyramidenförmigem Kopf befindet sich am Rand des Wanderweges – genau am oberen Ende des Langen Tales.

Die aufgemalte Beschriftung ist nicht mehr gut erkennbar.

Nordwestseite:
Silberklippe/Neuerode
Südwestseite:
Salzfrau/Pferdeloch/Wolfstisch/Schöne Aussicht/Bad Sooden-Allendorf/Altenstein/Fürstenhagen/Vatterode/Teufelskanzel/Hanstein/ Oberrieden/Werleshausen

Er wurde etwa um 1920 errichtet.

Einen Abstecher wert ist auch der Wolfstisch auf der Gobert. Es handelt sich dabei um einen Kultstein, der wahrscheinlich in keltisch/germanischer Zeit ein Opferstein war. Auf dem Sockel befindet sich eine unbehauene Steinplatte. Direkt am Tisch ist eine Buche emporgewachsen.

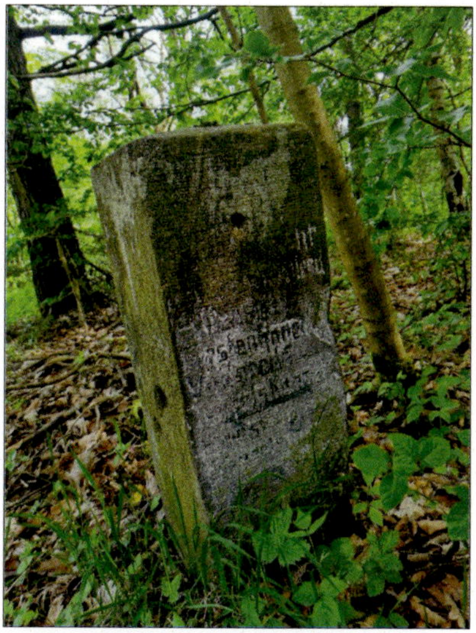

Wegweiserstein Südwestseite.

Als sogenannte Steinerne Tische werden durch Erosion geformte tischförmige Felsen bezeichnet, die aus Erosionsresten in Schichtgesteinen entstanden sind. Sie bestehen aus dem „*Bein*" und der darauf lagernden „*Tischplatte*". Diese ist aus widerständigerem Gestein, wohingegen sich das unterhalb gelagerte Schichtpaket stärker erodiert zeigt. Im Pfälzer Wald und im Fichtelgebirge gibt es weitere interessante Exemplare zu bewundern.

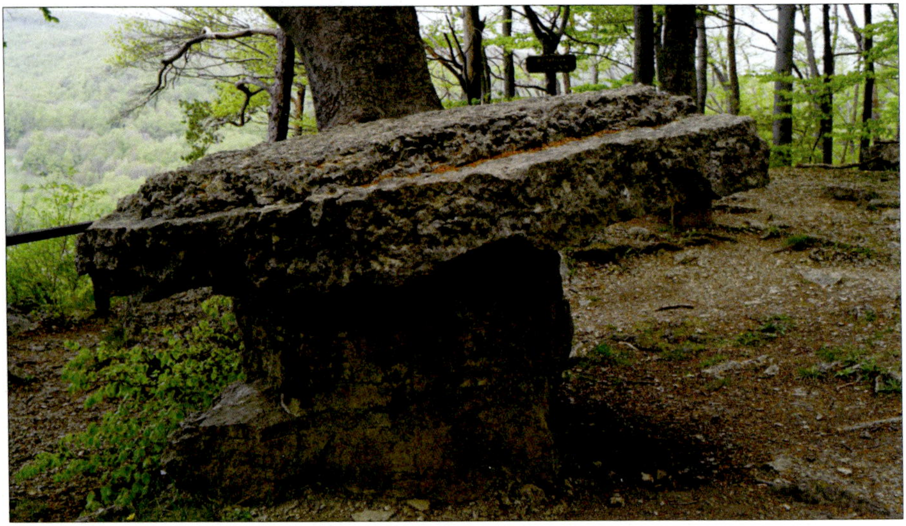

Wolfstisch.

Kreuzstieg Hülfensberg

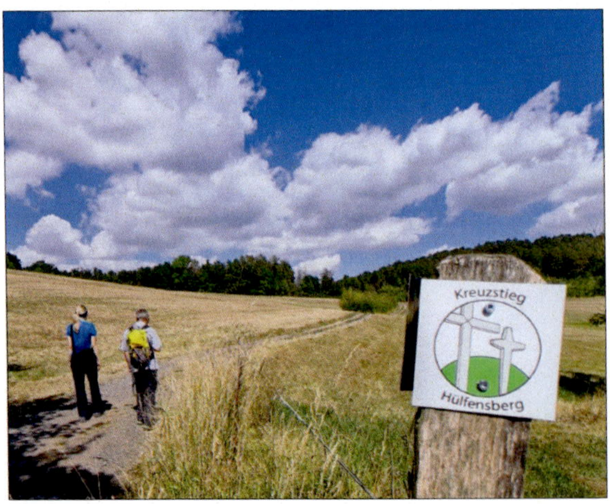

Wanderer auf dem Kreuzstieg unterwegs.

Im Sommer 2022 wurde der „Kreuzstieg Hülfensberg" unter dem Motto „Glaube trifft Natur" mit Ausgangspunkt Anger Geismar eröffnet, welcher von der Naturparkverwaltung Eichsfeld-Hainich-Werratal initiiert wurde.

An der Verweilstation am Sportplatz wurde ein Infopunkt eingerichtet. Der Wanderer kann hier Wissenswertes zum Naturpark und der Region erfahren. Es geht weiter durch den Tunnel der historischen Bahnstrecke Leinefelde-Treysa nach Döringsdorf. Ost und West waren unweit der Gemeinde von 1952 bis 1989 getrennt. Das Eichsfelder Kreuz und die Kapelle der Einheit erinnern heute an diese historisch einzigartige Zeit.

Über Bebendorf, einen idyllischen Ort mit Fachwerkhäusern und Bauerngärten gelangt der Wanderer durch dichte Buchenbewaldung steil ansteigend zum für die Region bedeutsamen Wallfahrtsort Hülfensberg, der als „Stuffenberg" schon im Spätmittelalter bekannt war und schließlich zum „St. Gehülfensberg" wurde. Franziskaner sind seit 1860 hier dokumentiert. Noch heute erfüllen die Ordensmänner diese Gnadenstätte mit seelsorgerischem Leben und lassen franziskanische Impulse lebendig werden. Mit knapp 450 Metern wird der

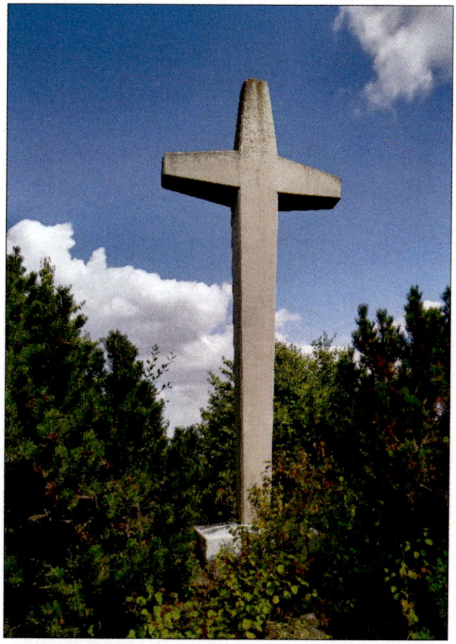

Das Eichsfelder Kreuz.

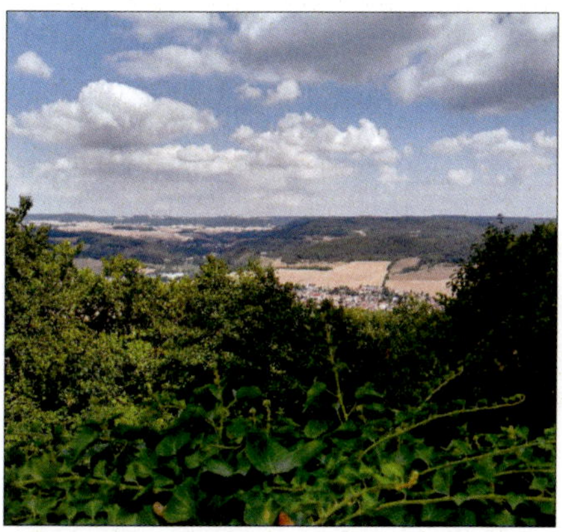

Blick ins Umland.

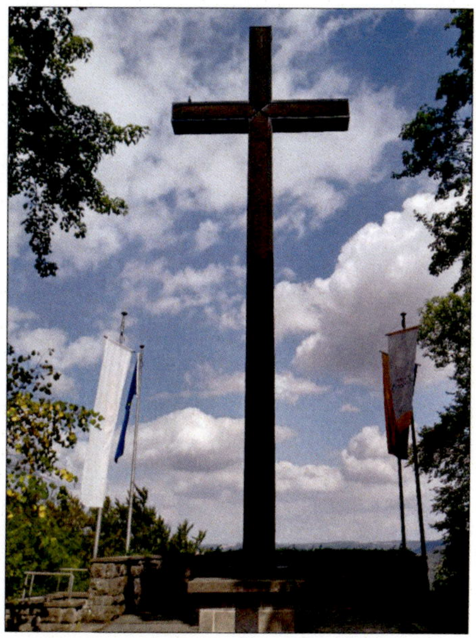

Konrad-Martin-Kreuz.

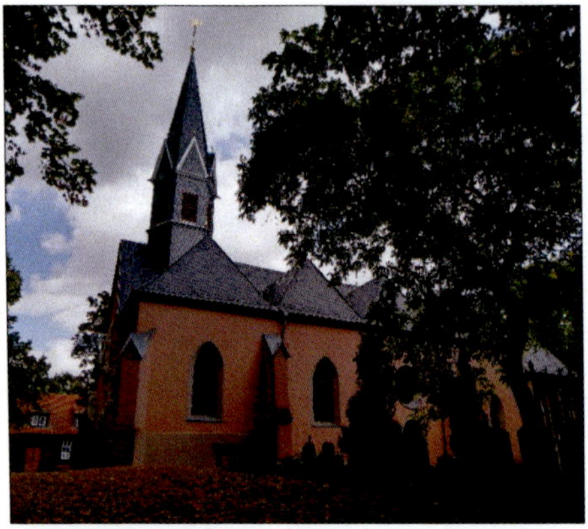

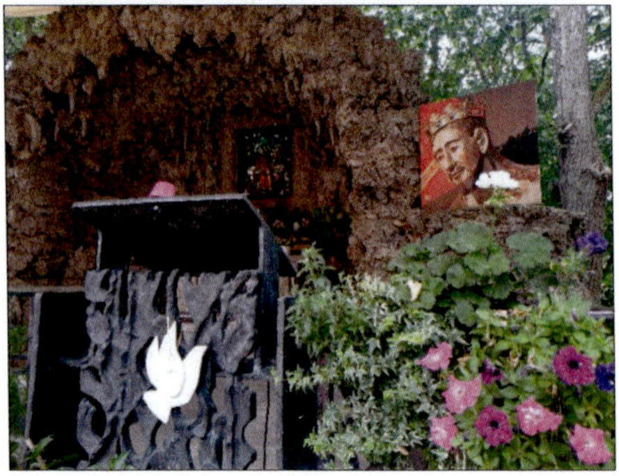

Hülfensbergimpressionen.

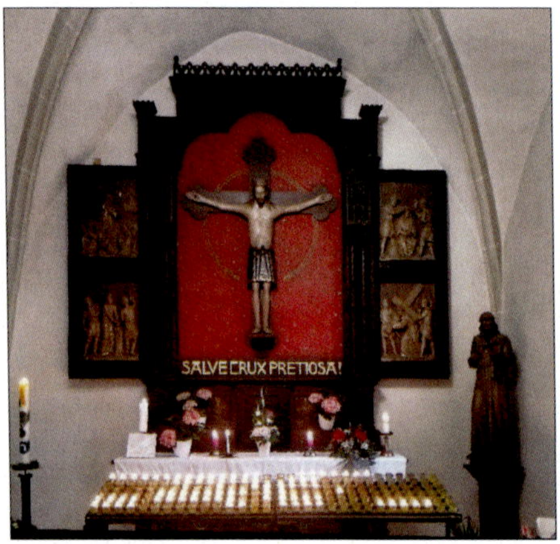

Hülfenskreuz.

Hülfensberg im südwestlichen Eichsfeld durch das Konrad-Martin-Kreuz weithin wahrge-nommen. Von diesem exponierten Punkt kann der Wanderer einen atemberaubenden Blick ins Umland genießen

Konrad Martin, einem Sohn der Gemeinde Geismar, ist das Kloster auf dem „Berg der heiligen Hülfe" zu verdanken. Erstmals wurde es 1351 in einer Papsturkunde erwähnt. Sechs Jahre später erhielten die Zisterzienserinnen des Klosters Anrode das Patronat vom Sankt-Martin-Stift in Heiligenstadt. Um 1890 wurde die Kirche nach Plänen des Franziskanerbruders Paschalis Gratze architektonisch verändert und erweitert.

Ziel zahlreicher Pilger ist das romanische Hülfenskreuz aus der Mitte des 12. Jahrhunderts. Es stellt Christus als gekrönten König und Sieger über den Tod dar. Die Bonifatiuskapelle wurde 1903 auf den Fundamenten der einstigen Fürstenkapelle errichtet.

Die letzte Etappe des „Kreuzstiegs" führt über den Prozessionsweg, der im Jahr 1895 durch die Franziskanermönche angelegt wurde, zurück nach Geismar. Man passiert auch das Friedenskreuz, welches sich an einer wundervollen Aussicht befindet. Am 12. Mai 1990 errichtet und von Franziskanerpater Meinolf Vogt und Pfarrer Norbert Barkowski (Effelder) geweiht war es dem Borsumer Landwirt Joseph Garbs als Stifter und Initiator eine Herzenssache, das eichene Friedenskreuz im Mittelpunkt des wiedervereinigten Deutschlands zu errichten. Die Schnitzereien, so steht es auf der Erklärungstafel neben dem Kreuz, die

1993 in Erinnerung an den plötzlichen Tod des Kreuzstifters aufgestellt wurde, sollen folgendes bedeuten:

A + Ω Vom Anfang bis zum Ende
Glaube - Liebe - Vertrauen ergibt den Frieden !

Die Rückseite des Kreuzes ziert ein eingeritzter Baum, in dem Vögel nisten und Eichkätzchen bauen. Dies soll mahnen: Erhalte die Schöpfung Gottes!

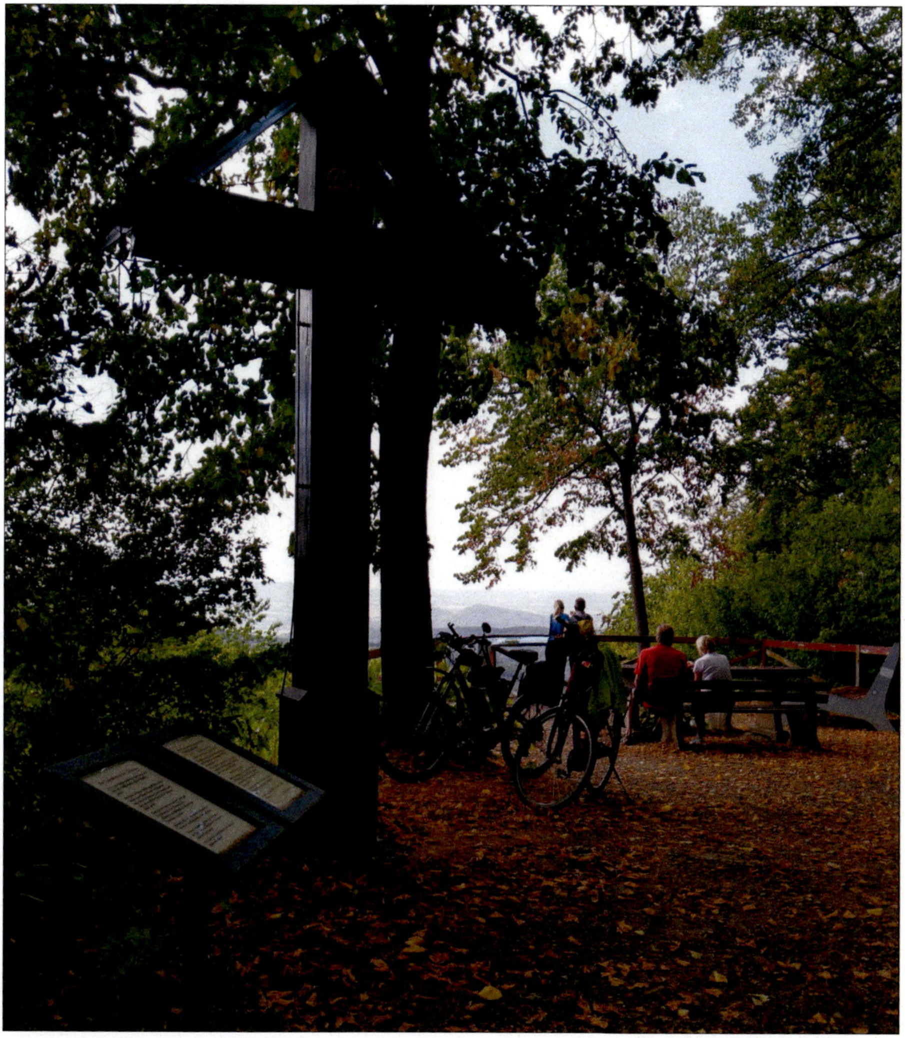

Friedenskreuz.

Premiumweg P12 Mainzer Köpfe

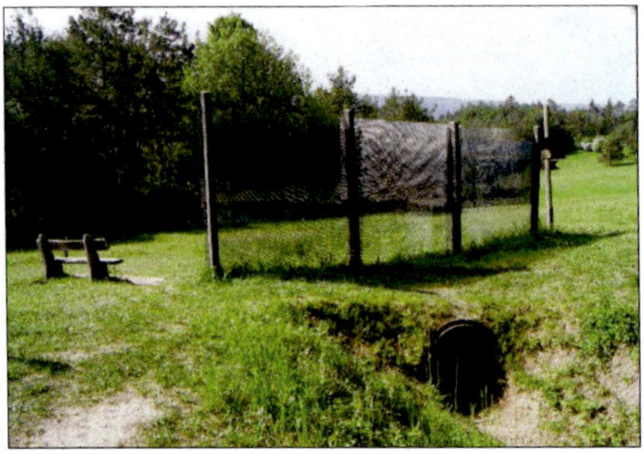

Agentenschleuse mit historischem Grenzzaun.

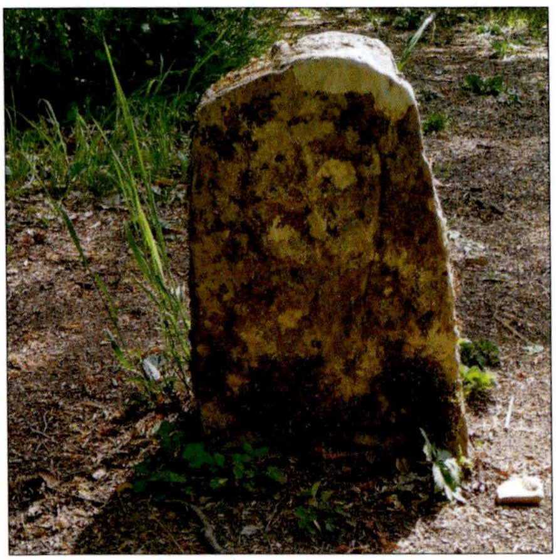

Grenzstein mit Mainzer Rad aus dem 15. Jahrhundert. Er steht am südlichen Grenzverlauf des Erzbistums Eichsfeld.

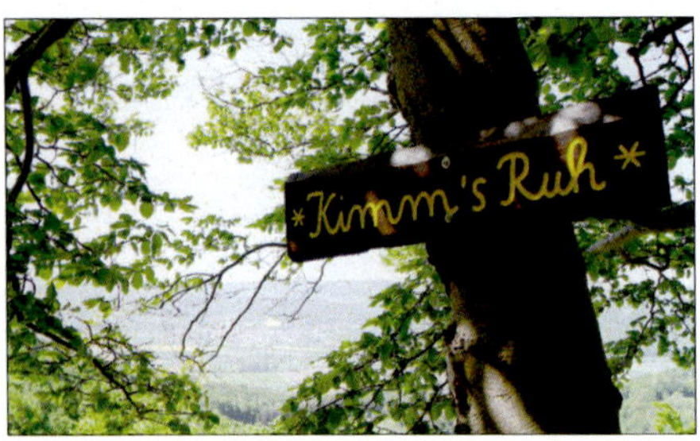

Kimm's Ruh.

Die mittelschwere knapp 10 Kilometer lange abwechslungsreiche Wanderung beinhaltet steile Anstiege und auch ebene Passagen.

Die Tour bietet natur- und kulturhistorische Szenarien und ein lebendiges abwechslungsreiches Relief aus Wald und offenen Feldflächen. Hat man den anfänglichen anspruchsvollen Aufstieg hinter sich gebracht, wird man mit grandiosen Ausblicken belohnt. Der Bereich der einstigen deutsch-deutschen Grenze mit Agentenschleuse, Plattenwegen und einem Grenzzaunfragment aus DDR-Zeiten lässt noch heute die damaligen Zeiten lebendig werden. Zahlreiche Grenzsteine mit eingemeißeltem Mainzer Rad zeugen vom einstigen Machtbereich des Erzbistums und Kurfürstentums Mainz. Heute markieren Sie den Grenzverlauf zum Eichsfeld.

Mit dem Erreichen des Aussichtspunkts „Kimm's Ruh" hat man den höchsten Punkt der Wanderung erreicht und wird mit einer herrlichen Aussicht auf Altenburschla und Großburschla belohnt.

Dreizehn Jahre war dieser Aussichtspunkt nur Insidern bekannt, bis er schließlich im April 2011 mit der Eröffnung des Premiumweges 12 in die Wanderkarte aufgenommen wurde und wachsende Beliebtheit erlangte. Der Name dieser atemberaubenden Aussicht geht auf den Altenburschlaer Heimatfreund Wolfgang Kimm zurück, dem der örtliche Heimatverein die Bank an der

Aussicht widmete. Kimm ging als junger Mann aus beruflichen Gründen ins Rheinland, kam aber zu jeder Gelegenheit in seine Heimat im Werratal zurück.

Weiterführend schlängelt sich der Weg durch idyllischen Mischwald, führt am Waldrand zum Blick auf Wanfried und schließlich zurück zum Ausgangspunkt Altenburschla. Das Gebiet Plesse-Konstein-Karnberg, durch welches der Premiumweg 12 teilweise führt, gehört zum Biotopverbund Nationales Naturmonument „Grünes Band Thüringen“ und zum europäischen Schutzgebietsnetz „Natura 2000“. Er berührt historisch wertvolle Orte zwischen Ost und West.

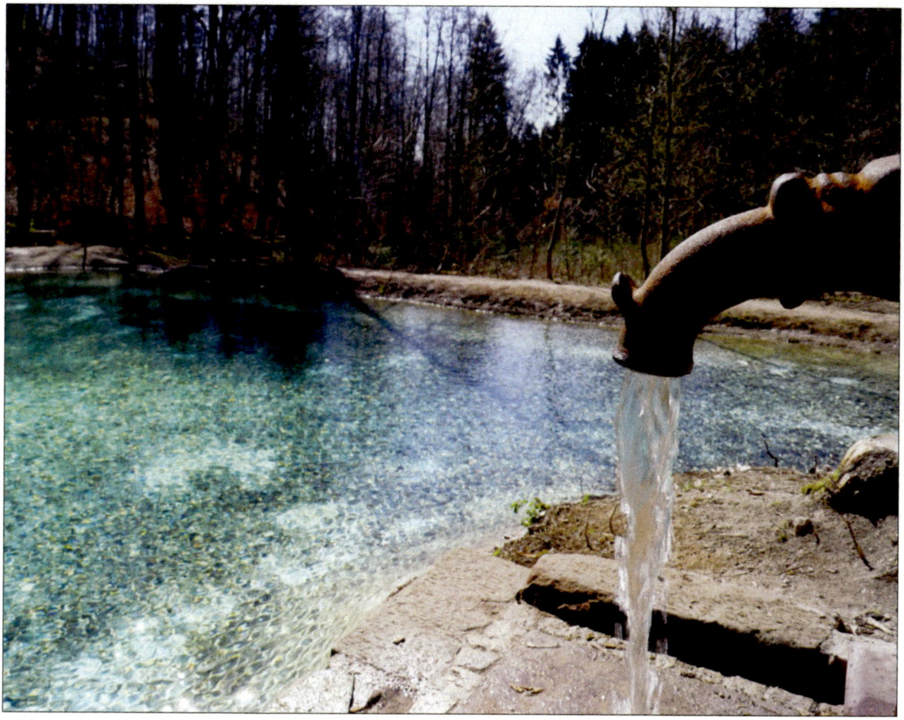

Blaue Lagune.

Ein Abstecher zur idyllischen Walsbachquelle mit Feuchtbiotop – im Volksmund aufgrund der Blaufärbung des Wassers „Blaue Lagune“ genannt, ist unbedingt empfehlenswert. Das kalkhaltige Gewässer wird über eine Zuleitung der Walsbachquelle gespeist. Das Kleinod befindet sich in einem Privatwald. Ein öffentlicher Weg führt direkt daran vorbei. Der Besitzer, hat dort einen sehr interessanten und hervorragend restaurierten Grenzstein mit eingemeißeltem hessischen Löwen und auf der gegenüberliegenden Seite dem Mainzer Rad aufgestellt.

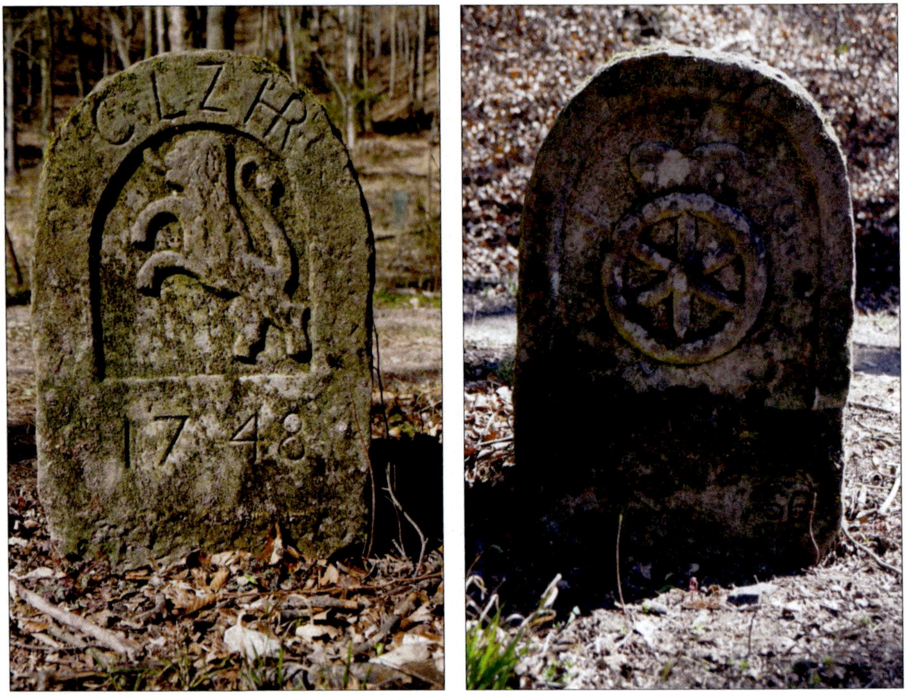

Grenzstein aus dem Jahr 1748 Mainzer Rad / Hessischer Löwe.

Der Löwe als Hoheitszeichen des Bundeslandes Hessen findet im Gesetz vom 4. August 1948 im Paragraph 1 folgendermaßen Erwähnung:
„Das Landeswappen zeigt im blauen Schilde einen neunmal silbern und rot geteilten steigenden Löwen mit goldenen Krallen"
Der Löwe gilt als das häufigste Wappenbild, aber wie hat er es in das hessische Wappen geschafft?
Bis 1247 ist Hessen lediglich der westliche Teil der Landgrafschaft Thüringen. Daher ist es auch nicht verwunderlich, dass der hessische Löwe der der Thüringer Landgrafen ist. Als die Thüringen Landgrafen ausgestorben waren, wurde er von beiden Grafschaften als Zeichen des Anspruchs auf die gesamte und ungeteilte ursprüngliche Landgrafschaft weitergenutzt. Im Reitersiegel des Landgrafs Ludwig III. von Thüringen ist 1182 erstmals ein Löwe im Schild zu sehen. Er war von jeher rot-weiß gestreift, was wohl ursprünglich auf den mainzischen Ursprung zurück geht, da die Thüringer Landgrafen Erzmarschälle des Erzbischofs von Mainz waren. Als sich dann Hessen und Thüringen trennten blieb der rot-weiße Löwe im blauen Schild Hessens Wappenbild. Erst einmal war die Anzahl der Teilungen unerheblich. Im 19. und 20. Jahrhundert erst wurde die Zahl der Teilungen amtlich festgelegt.

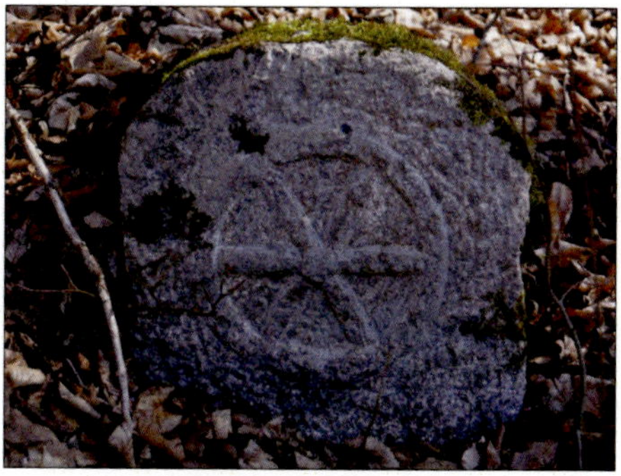

Grenzstein mit dem Mainzer Rad.

Im Zeichen des hessischen Löwen kann die Landesgeschichte erkannt werden. Das Wappen wird vom einst landgräflichen zum Landeswappen. Beide Hessen führen ihn auch nach dem Hessischen Bruderkrieg - nach der 1568er Landesteilung - weiter. Hessen-Darmstadt legte seinem Löwen 1808 sozusagen ein Schwert in die Pranke, der kurhessische hingegen führte nach der Annexion von 1866 nur noch ein Schattendasein im preußischen Wappen. 1920 nutzte schließlich der Volksstaat Hessen den hessischen Löwen ohne Krone und Schwert als Staatswappen. Gleiches galt für das Land Hessen im Jahr 1946.[75]

Bis zum Jahr der Grenzregulierung 1732 gehörte die Quelle zum Heldraer Wald in Hessen und wurde schließlich Thüringen zuerkannt. Vor Zeiten speiste der Walsbach sogar mehrere künstlich angelegte Seen.

Wanderung zur Klosterschranne beim Kloster Zella

„Wenn der heimatverbundene Wandersmann die herrliche Waldstraße im verborgenen Friedatal aus der Richtung Lengenfeld unterm Stein her benutzt, erblickt er zur rechten Hand der Landstraße eine Felsmasse in Form eines stumpfen Dreiecks. Das ist der Schrannefelsen oder nach dem gegenüberliegenden Kloster Zella auch „Klosterschranne“ genannt. Auffällig hebt sich das gelbe Felsmassiv von dem umrahmenden Hochwald ab.

Wir haben es hier mit einem der schönsten und seltensten Gebilde innerhalb der Südeichsfelder Muschelkalklandschaft zu tun. Auf einem guten, befahrbaren Waldweg

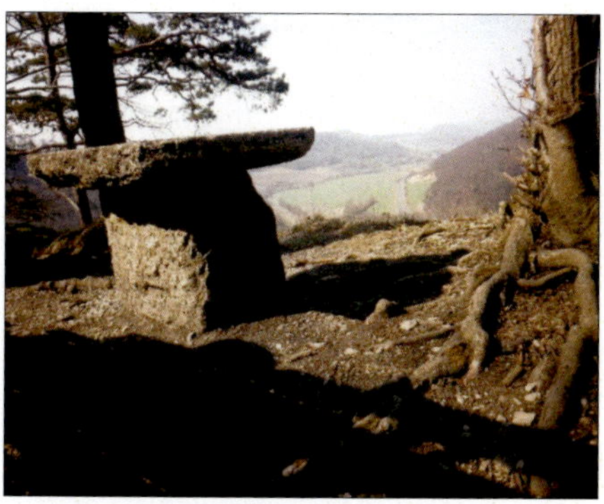

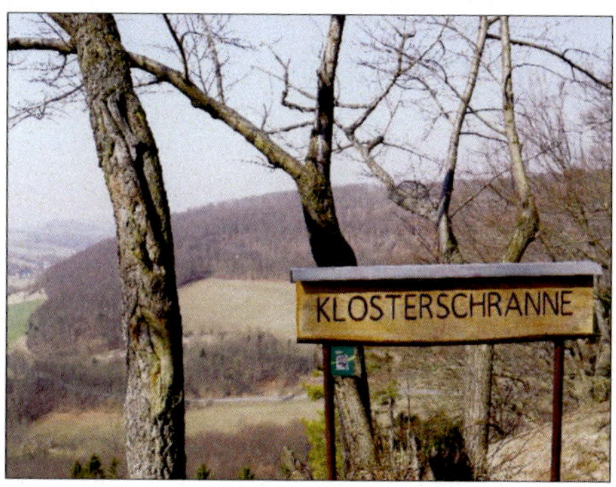

Aussichtspunkt Klosterschranne mit Steintisch. Im Hintergrund Lengenfeld/Stein.

erreicht man bald die Felspartie bis unmittelbar an ihrem Fuß. Ausgedehnte Geröllhalden und noch einzelne senkrecht stehende Felspartien bestätigen, dass es sich hierbei um einen Bergsturz handelt, wie wir ihn im Gebiet des Unteren Muschelkalkes in Thüringen und Hessen recht häufig vorfinden.

Unter den Schichten des Muschelkalkes liegt eine tonig-mergelige Schicht in roter Farbe, welche man „Röt" nennt. Diese Gesteinsart gehört bereits zum Buntsandstein. Während der Muschelkalk wasserdurchlässig ist, lässt diese rote Schicht keine Durchsickerung von Niederschlägen zu. Da sich das Wasser an der Grenze zwischen Röt und Muschelkalk staut, werden die Schichten weich und schlüpfrig. Die Mergelschichten des Röt verwittern leichter als die Schichten des Muschelkalkes. Es entstehen so oftmals Hohlkehlen unter dem Kalk, die Felspartien brechen ab, zersplittern in senkrechte Wände, und diese gleiten nun von Zeit zu Zeit auf den durchfeuchteten, schlüpfrigen Rötunterlagen ab, besonders dann, wenn die Schichten, wie an der Schranne, etwas nach vorn geneigt sind.

Stellt man sich diesen Vorgang nun großflächiger vor, so kann man ermessen, wie gewaltig der Abbröckelungs-Prozess gewesen sein muss, den der Schrannefelsen durchgemacht hat. Wir haben keinen Anhaltspunkt dafür, wann der Bergsturz an der Klosterschranne erfolgt ist. Der Sturz an der benachbarten Plesse soll 1640 erfolgt sein.

Auf dem Gebiet der Flora bieten sich dem Auge an der Klosterschranne wahre Raritäten. Nach Angaben des Faulunger Försters stehen im Gebiet der Schranne und des Faulunger Steins von 15.000 Eiben, die in Deutschland wild aufwachsen, hier noch circa 1.000 Exemplare. Eine besonders schöne Gruppe von 4 Eiben steht in tadelloser Ordnung dicht beisammen. Es kann nicht genug darauf hingewiesen werden, dass dieser Baum unter Naturschutz steht, und das Abpflücken von Zweigen strengstens untersagt ist. Schließlich wollen sich ja alle Heimatfreunde an dem immergrünen Taxus erfreuen, dem ein Alter von über 1.000 Jahre beigemessen wird.

An Geröllpflanzen sind hier noch Storchschnabelfarn, Waldrebe, Blaugras, Felsenbirne, Steinmispel, Laserkraut, Bibernelle und einige Orchideenarten zu finden. Aber noch viele Wunder der Flora wird das Auge des Botanikers hier feststellen.

Nun lockt es uns, einen Aufstieg auf das Plateau der Klosterschranne zu wagen. Wir wählen zum Aufstieg den Kleineren Schranneriss, den wir in lustiger Kletterpartie bald überwunden haben. Nun stehen wir hoch oben auf der Klosterschranne und erfreuen uns des einzigartigen Fernblicks. Im Hintergrund erhebt sich die bewaldete Kuppe des Hülfensberges, und dahinter grüßen die Hessengebirge. Drüben erhebt sich die Keudelsgruppe. Durch den farbigen Wiesengrund unten schlängelt sich ein silbernes Band, die Frieda, die der Werra zueilt.

Fast in der Mitte wird die Felspartie der Schranne von einer senkrechten Schlucht, dem Großen Schranneriss oder auch „Nonnenschiere" genannt, zerteilt. Wer in dieser Schlucht eine Kletterpartie wagen will, muss schon Mut haben.

Das Glöckchen der altehrwürdigen Klosterkirche Zella reißt uns aus unserer Betrachtung. Wir lassen unsere Gedanken nochmals rückwärts gleiten in jene fernen

Urzeiten, da der Fels unter uns weicher Meeresboden war, bis er, zu Stein geworden, vom Wasser in Berg und Tal zersägt wurde. Dann kamen die Menschen und legten Feld und Weide an, bauten menschliche Siedlungen, Burgen und Klöster. Auch sie sind wieder vergangen und zerfallen. Neue weltgeschichtliche Ereignisse sind gekommen, und andere Menschen erfreuen sich heute der Großtaten der Schöpfung. Jeder wird aber immer wieder von der Klosterschranne Ausschau halten ins grüne Land." [76]

Hat der Wanderer den Aussichtspunkt erreicht, eröffnet sich ihm ein atemberaubender Blick ins Land. Eine Informationstafel gibt Auskunft über eine Sage zur Schranne. Sie soll hier zu lesen sein …

„Wandert man von Lengenfeld u. Stein im schönen Tal der Frieda aufwärts nach Kloster Zella, so bemerkt man auf der rechten Seite einen hohen Felsabhang, in den sich eine breite und tiefe Furche eingegraben hat. Das ist die Klosterschranne. An diese knüpft sich folgende Sage:

In der Zeit der Reformation hatte das Kloster Zella eine noch jugendliche Äbtissin. Sie stammte aus einer angesehenen Familie und war von seltener Schönheit. Ein stattlicher Junker aus einer benachbarten reichen Adelsfamilie, der zum neuen Glauben übergetreten war, hatte ein Auge auf die Oberin geworfen und hielt eines Tages um ihre Hand an. Die Äbtissin wies ihn entrüstet ab und sprach: ‚Mein Gelübde ist mir heilig, und nie werde ich ihm untreu werden.' Der Junker musste unverrichteter Sache wieder abziehen. Seinen Plan aber gab er nicht auf.

Bald darauf ritt er abermals nach Zella. Es war zu einer Zeit, als der Klosterprobst verreist und die Knechte im Felde bei der Arbeit waren. Der Junker kam in Begleitung eines Reitknechtes. Während er das Nonnenhaus betrat, hielt der Knecht die beiden Pferde, zwei ausgesuchte feurige Tiere. Der Ritter wandte der Oberin gegenüber all seine Überredungskünste an, um dieselbe seiner Absicht willfährig zu machen. Allein die Äbtissin blieb bei ihrem entschiedenen Nein und ersuchte den Junker, das Kloster zu verlassen und es nicht wieder zu betreten. Da sprang der Ritter auf. Er umfasste die Nonne, trug die Widerstrebende auf den Hof und setzte sie auf das Pferd des Reitknechtes, das einen Damensattel trug. Die Äbtissin hatte aber die Geistesgegenwart nicht verloren, und da sie in ihrer Jugend das Reiten gelernt hatte, erfasste sie mit der einen Hand die Zügel und entriss mit der anderen dem Knechte die Reitpeitsche. Dann gab sie dem Pferde mit der Peitsche einen Hieb, worauf sie in vollem Galopp über den Klosterhof jagte und dann dem Walde zu. Der Ritter war fürs erste ganz überrascht. Dann schwang er sich auf sein Pferd und folgte der Fliehenden. Nun gab es einen Ritt auf Leben und Tod. Schon hörte die Äbtissin hinter sich das Schnauben des Pferdes ihres Verfolgers. Plötzlich sah sie einen gähnenden Abgrund vor sich und sie erschrak zutiefst. Aber sie wollte lieber in den Tod gehen, als in die Hände dieses Menschen zu fallen. Sie empfahl sich der Gnade Gottes und gab dem Pferde noch einen heftigen Peitschenschlag. Dieses tat einen gewaltigen Sprung und fuhr nieder in die am Fuße des Berges sich hinziehende Wiese. Da die Wiese sumpfig war, sank das Pferd tief ein. Dadurch aber wurde die Schwere des Falles gemindert, und die Oberin blieb unverletzt.

Anders war es dem Junker ergangen. Als er an den Abgrund kam, bäumte sich das Pferde hoch auf. Er jedoch gab ihm die Sporen. Es überschlug sich und rutschte, den Reiter unter sich, den Abhang hinunter. Das Felsgestein löste sich und rollte hinterher. Reiter und Pferd lagen zerschmettert in der Tiefe. In dem Gestein aber hatte sich eine tiefe Furche gebildet, die bis heute noch zu sehen ist und die Klosterschranne heißt.“

Der für das Territorium zwischen dem Kloster Zella und Faulungen an den Steilhängen typische uralte Eibenbestand – wie oben benannt – umfasst etwa 1800 Exemplare. Im gesamten Eichsfeld stehen schätzungsweise 13000 Eiben. Die umfangreichsten Bestände Deutschlands sind damit auf das kleine Eichsfeld konzentriert.

Im Zuge der mittelschweren Wanderung – ein Stück des mit dem Mainzer Rad gekennzeichneten Eichsfeldwanderweges – von Struth zur Klosterschranne ist ein Abstecher zur Erbbegräbnisstätte der Familie von Fries im Wald nahe des Klosterensembles unbedingt empfehlenswert.

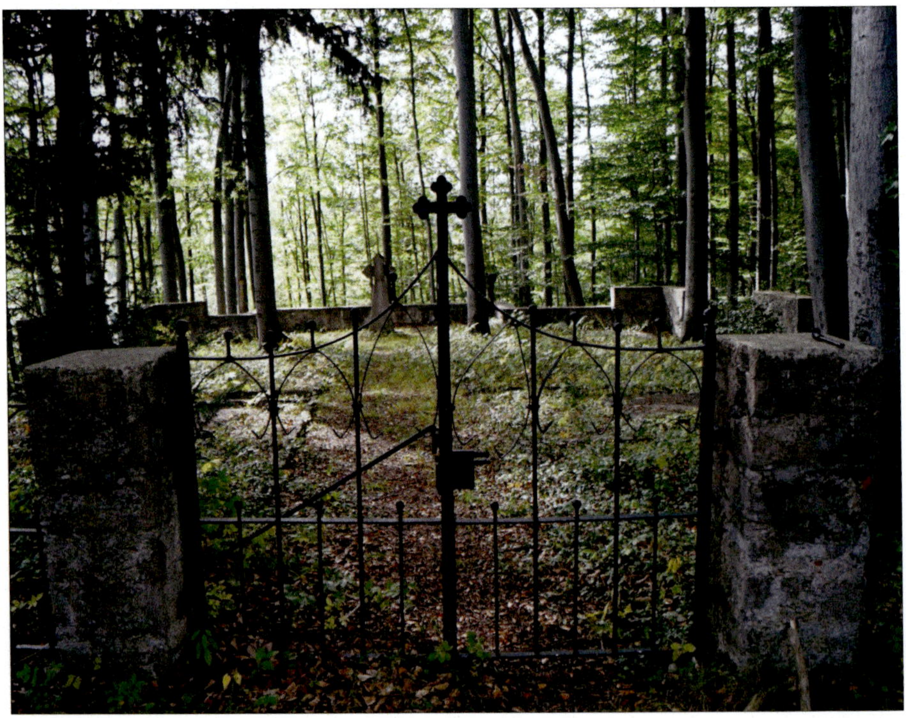

Erbbegräbnisstätte der Familie von Fries.

Ausflugstipps:

Lapidarium Willrode

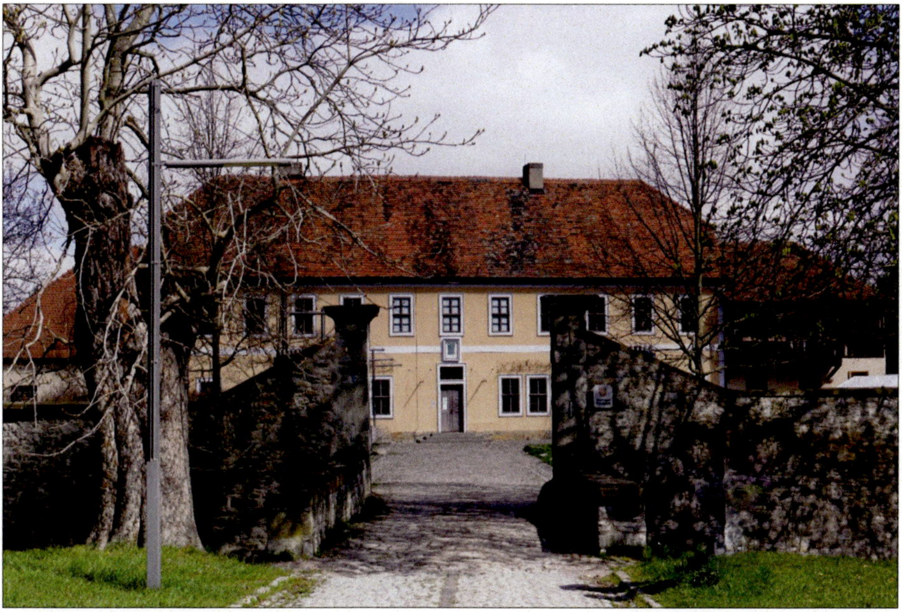

Forsthaus Willrode – Eingangsbereich zum Lapidarium.

Das Lapidarium Willrode, inmitten eines attraktiven Wandergebietes mit einem ausgebauten Waldwegenetz gelegen, beherbergt unter dem Motto „Spur der Steine – Bodendenkmale erzählen“ eine umfangreiche Sammlung historischer Grenz- und Gemarkungssteine als Denkmale für die historischen Staatsgebilde. Bis zum Jahr 1920 existierten auf thüringischem Territorium neun unabhängige Herrschaftsbereiche.

Die Ausstellung ermöglicht einen anschaulichen Einblick in die Historie des heutigen Freistaates Thüringen. Sie ist auf dem Gelände des historischen Forsthauses Willrode wenige Kilometer vom südöstlichen Stadtrand der thüringischen Landeshauptstadt angesiedelt. Seit 2009 können Interessierte auf der westlichen Hofseite des Grundstücks eine Ausstellung besuchen, welche Thüringer Grenz- und Gemarkungssteine zeigt. Aussteller ist der Landesverein Thüringen des DVW – Gesellschaft für Geodäsie, Geoinformation und Landmanagement. Gezeigt werden mehr als ein Dutzend Zeitzeugen thüringischer Kleinstaaterei, welche mit informativen Erläuterungstafeln versehen sind. Die Sammlung präsentiert Objekte der Außengrenzen historischer Hoheitsgebiete. Die jeweilige Herrschaft geht aus den Initialen am Kopf der Steine bzw. Wappen hervor.

Der Gebäudekomplex gehörte vom 13. bis zum 15. Jahrhundert zum Erfurter Neuwerkskloster, welches zum Schutz Mauer, Graben und Wall errichtete, wie es von Wasserburgen bekannt ist. Anschließend ging das Gut an das Erfurter Bürgergeschlecht von Willrode über und schließlich im Jahr 1574 an die Stadt Erfurt. 1664 war Mainz zuständig und von 1803 bis 1945 Preußen. Im 18. Jahrhundert diente Willrode u. a. als Jagdschloss. Daher ist es nicht verwunderlich, dass im Haupthaus ein prächtiger Jagdsaal mit Stuckdecke zu bewundern ist. Auf den Statthalter Carl Theodor von Dalberg geht der weitere Innenausbau ab dem Jahr 1772 zurück. Johann Wolfgang von Goethe soll hier zu Gast gewesen sein. 1992 gründete sich ein Förderverein, der sich in ehrenamtlicher Tätigkeit um die Erhaltung und den Wiederaufbau verdient gemacht hat. Aktuell ist auf dem Gelände das Thüringer Forstamt Erfurt-Willrode ansässig.

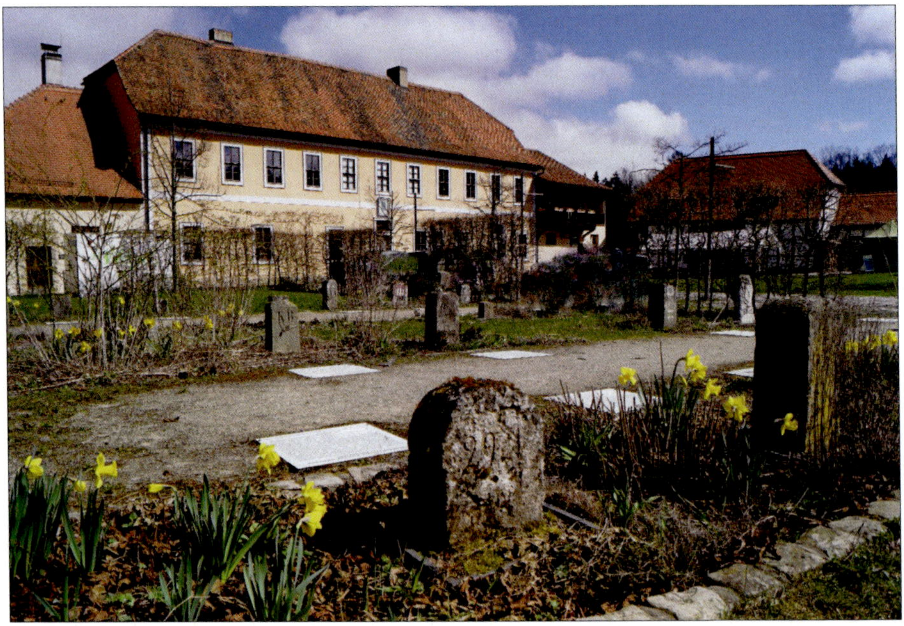

Das Lapidarium.

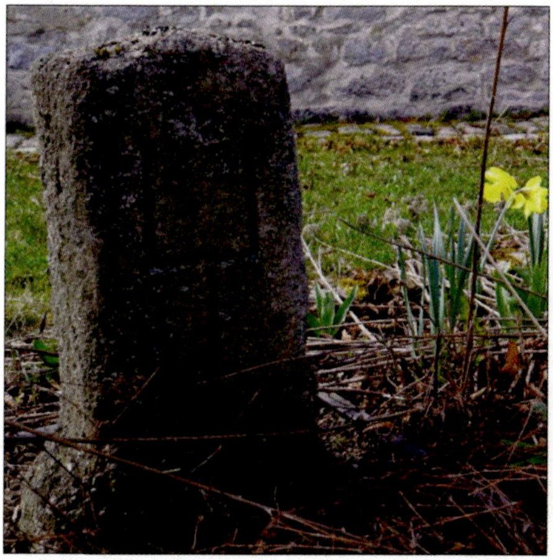

Grenzstein der Gemarkung Bad Frankenhausen im Fürstentum Schwarzburg-Rudolstadt am Kyffhäuser zu sehen ist das Hoheitszeichen dieses Herrschaftsgebietes - die „Schwarzburger Gabel“, welche ein Arbeitsgerät der Hütten- und Bergzunft des Mittelalters symbolisiert.

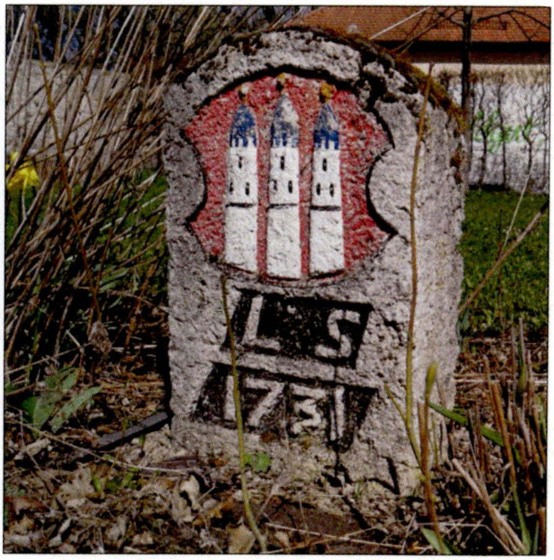

Grenzstein der Stadt Bad Langensalza.

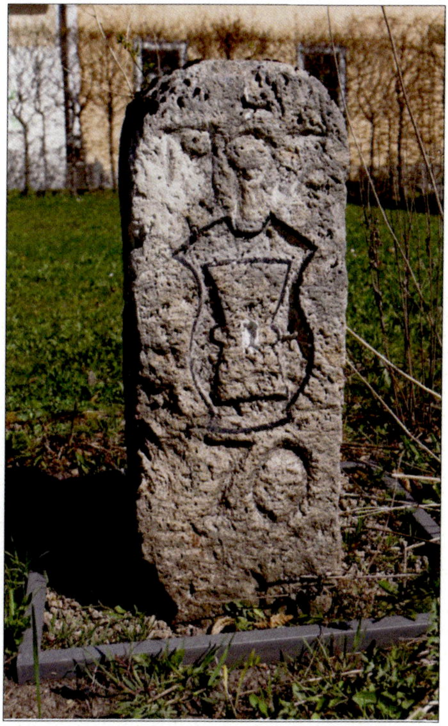

Grenzstein mit der typischen Mühlhaue (hier zwischen der freien Reichsstadt Mühlhausen und dem Herzogtum Sachsen-Gotha).

Privates Lapidarium mit Wandgemälde Westhausen

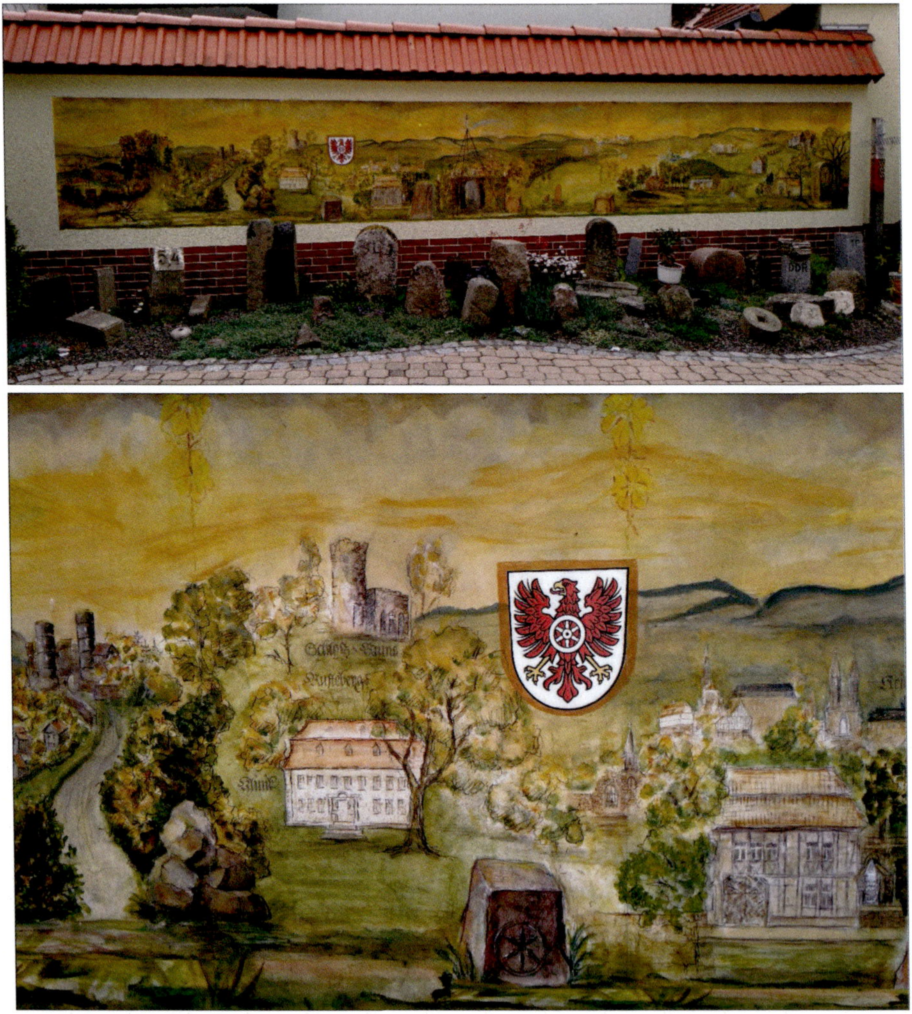

Wandbild und Detail aus diesem (Bereich unterhalb der Ruine Rusteberg) des privaten Lapidariums des Vermessungsbüros Ottmar Weinrich. Entworfen und ausgeführt im Jahr 2011 von Karl Josef Gerling (†), Grafikermeister, Heiligenstadt.

Ottmar Weinrich aus Bodenrode-Westhausen im Eichsfeld – seines Zeichens seit 30 Jahren öffentlich bestellter Vermessungsingenieur – interessiert sich berufsbedingt für Grenzen und damit zusammenhängend für Grenzsteine jedweder Art. Er hält Vorträge zur Thematik, hat sich ein umfangreiches Wissen zum Thema angeeignet und zahlreiches Material gesammelt. Grenzsteine, die ausgeackert oder bei Straßenbaumaßnahmen entfernt wurden, Steine aus der Separation sowie Bahn-

und Urvermessung hat er zusammengetragen und präsentiert diese nun in einem liebevoll hergerichteten Lapidarium, welches durch ein vier Meter langes und einen Meter hohes Wandaquarell des Heiligenstädter Grafikermeisters Karl-Josef Gerling eindrucksvoll dargeboten wird.
Weinrich berichtet auch von den sogenannten unterirdischen Sicherungen, wie man sie auch vom Mühlhäuser Landgraben kennt.

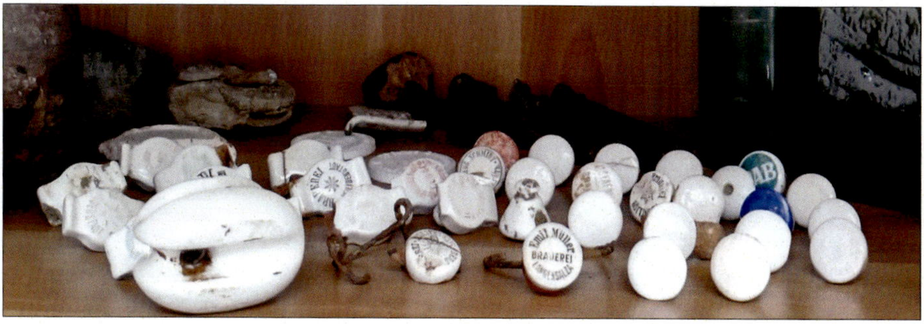

Unterirdische Sicherungen.

Der Vermessungsingenieur weiß eine historische Anekdote zu berichten, die das Sprichwort „Sich etwas hinter die Ohren schreiben" erklären könnte.
Früher ging man in Abständen in den Dörfern zu sogenannten Grenzbegehungen, bei denen auch der Pfarrer zugegen war. Mit dabei auch die Feldgeschworenen, welche für die Kennzeichnung von Grundstücksgrenzen und Flurstücken zuständig waren. Grenzsteine wurden höher oder tiefer gesetzt, beschädigte Vermessungspunkte wurde ersetzt. In Thüringen waren sie sogar noch bis 2014 tätig. Diese Hüter der Grenzen vermittelten in Grenzstreitigkeiten und arbeiteten mit den Vermessungsbeamten zusammen.
Wurde ein Grenzstein versetzt, hielt man ein Kind kopfüber in das Loch und verpasste ihm eine Ohrfeige. Auf diese Handlung könnte besagtes Sprichwort zurückgehen. Es wird außerdem angenommen, ist aber nicht belegt, dass die Markusprozession eventuell ihren Ursprung in der historischen Grenzbegehung haben könnte.
Ein mundartliches Gedicht des bekannten Rudolstädter Dialektdichters und Theologen Anton Sommer (hier in überarbeiteter Form von Wolfgang Oertel aus Saalfeld) beschäftigt sich mit dem sogenannten Flurzug.

Der Flurzug
(aus „Bilder und Klänge“ von Anton Sommer)
(1816–1888)

Die Kinder, die jetzt wachsen auf,
die werd`n wohl kaum, da wett´ ich drauf
´nen „Flurzug“ heute nennen;
Was aber eigentlich soll sei´
Wie´s hergegangen ist dabei
Das lern´ sie gar nicht kennen.

Wir hab´n die Sache mitgemacht
Drum hab´ ich so bei mir gedacht;
Das kannst du mal beschreiben,
wie es dabei gewesen is´
das wird wohl nachher ganz gewiss
auch im Gedächtnis bleiben.

Der Flurzug hat den Zweck gehatt´:
Die Grenze von der Flur zur Stadt
Sollt´ abgeschritten waren,
ob alles wirklich ordentlich,
ob auch kein Markstein fehlte nich´,
das wollten sie erfahren.

Die Bürger sollten Zeugen sei´
und sollten gleichwohl auch dabei
ihr Weichbild kennenlerne´,
sie kriegten nachher zum Pläsier
ein jeder auch ein paar Maß Bier,
drum taten sie es gerne.

Die Schulen hatten alle Frei,
die Kinder waren auch dabei,
die freuten sich gar sihre (sehr)
und sehnten lange sich danach,
da konnten sie den ganzen Tag
im Freien ´rumspaziere´.

Der Rudolstädter Flurzug war
ein jedes Mal das dritte Jahr,
wenn ich mich recht entsinne,
Walpurgis war der Tag dazu,
das war damals schon lange su
bekannt ´nem jeden Kinne (Kind)

Am Morgen schon um 6 Uhr früh,
da musst´ man sein Gewand anzieh´
Und auf den Weg sich mache´,
Dort bei der Brücke auf´m Damm,
da kam der ganze Schwarm zusamm´,
das war bekannte Sache.

Die Bürgermeister alle zwei,
der Syndikus und vielerlei,
die auf dem Rathaus sitzen,
die Feu´rwehrleut´, die Polizei,
die Schreiber, alles war dabei,
bis ´runter zum Flurschützen.

Und Bürgermänner, alt und jung,
die hatten sich mit eingefung´
von jedem Stand und Fache,
und weil´s auch recht fidel sollt´ sei´,
war´n die Hornisten auch dabei,
Musik gehört´ zur Sache.

Wenn´s auf dem Schlosse sieben schlug,
da setzte sich in Marsch der Zug,
voran die Musikaten;
da ging´s zuerst nach Cumbach zu,
bis wir – die Ratsherr´n wussten´s ju –
dort an der Grenze standen.

Sie schlugen eine Karte auf
da war die ganze Grenze drauf
rundum genau beschrieben;
und daraufhin ging´s weiter fort
und bald an dem, an jenem Ort
ward stehen auch geblieben.

Sobald man bei ´nem Markstein war,
da zupften sie die Jung´s am Haar
das sollt´s Gedächtnis stärken,
dass alle sich ein´ jeden Fleck,
wo sie ´nen Haarzug kriegten weg,
recht fest sich sollten merken.

Von Schillerhöh´ ging´s nach der Schnur
Bis an die Cathrinauer Flur
Nach Hasel nachher ´rüber
und immer an der Grenze rauf,
nun stiegen sie nach Debra ´nauf,
da musste man ja drüber.

Und immer höher ging´s hinan,
da kam man an´s Teichweid´sche ´ran
beim Malmtal wieder ´nunger;
wie nun Pflanzwirbach sich ließ seh´n,
da wollt´ es gar nicht recht mehr geh´n,
vor Durst und auch vor Hunger.

Da strömten sie zum Dorfe rein
und fielen gleich ins Wirtshaus ein,
der Mensch will ja auch leben;
da wurde aber aufgetischt,
und manchem auch, der hatte nischt,
dem ließen sie was geben.

Wir Kinder aber unterdass,
wir aßen ja ein jeder, was
er hatte in der „Ficke" (Tasche);
vielleicht ein Stückchen Wurst und Brut,
das schmeckte nur im Freien gut,
´s war rein im Augenblicke.

Nun, wie sie hatten ausgeruht,
ging´s weiter fort mit frischem Mut
durch Felder und durch Wiesen;
da wurden Witze und gemacht
und viel gegrölt und viel gelacht,
die Musikanten bliesen.

Nun ging´s quer durch den ganzen Hain
und bei der Mörl´schen (Mörla) Grenze rein
Und runter bis nach Schaale,
und noch die Volk´schter Flur (Volkstedt) zuletzt
da war der letzte Stein gesetzt,
dann kam man an die Saale.

So war die ganze Flur umgang´n,
und nun noch die Chaussee entlang
ging´s heimwärts mit Vergnügen;
am Schaalbach bei der Brücke salt (dort)
da machten sie noch einmal Halt
da war noch was zu kriegen.

Da brachten sie ein Säckchen ´raus
Und teilten die Biermarken aus,
da war der Zug zu Ende.
Der Bürgermeister feierlich
Bedankte bei den Bürgern sich
Und drückte noch die Hände.

Nun kamen wir, ´s war dämmerig,
ganz müde heim und hungerig,
und´s Essen tat ein´m schmecken,
und nachher schlief man in ein´m Satz
die ganze Nacht, so wie ein Ratz (Wiesel)
sie mussten früh ein´n wecken!

So ging´s sonst auf dem Flurzug har
wie noch die Sache Mode war,
jetzt hört man´n nicht mehr nennen;
da denkt jetzt niemand mehr daran,
die Kinder, die jetzt wachsen ´ran,
die lern´n davon nichts kennen. [77]

Literarische Quellen

Arbeitsgemeinschaft Historiker Treffurt „Sagen, Märchen und Geschichten aus und um Treffurt“, Eisenach, Druckerei Frisch

Bäuerle, Horst „Geheime Grenzsteinzeugen – Dokumentation der Vielfalt ...“ Berlin, DBB Verlag, 2011

Bienert, Thomas „Mittelalterliche Burgen in Thüringen“ Wartberg Verlag, Gudensberg-Gleichen, 2000

Born, Eberhard „Steinerne Zeitzeugen der Geschichte“, Scholle Heiligenstadt, 2019

Brand, Sabine, Frentzel, Herbert, Heiland, Helmut, Küntzel, Thomas, Taubel, Anni, „Marth am Rusteberg: Wandlungen eines kleinen Eichsfelder Höhendorfs“, Moritzberg Verlag, 2022

Bühring, Johannes, Kühler, Ewald „Geschichte des Eichsfelddorfes Effelder“, Mecke Druck und Verlag, Duderstadt, 1999

Bühring, Johannes „Rennsteigs steinerne Chronik“, Verlag des Rennsteigvereins, Zeitz 1929

Dittrich, Erika „Die katholischen Dorfkirchen des Eichsfeldes in kurmainzischer Zeit (1670–1802), Mecke Druck, 2001

Duval, Carl „Das Eichsfeld“, Sondershausen, 1845

Fleischmann, Wilhelm „Steinerne Zeugen der Vergangenheit im Kreis Bad Langensalza“, Polygrafische Werkstätten Langensalza, 1975

Förderkreis Hülfensberg Hrsg, „Der Eichsfelder Gehülfe – das romanische Gnadenbild auf dem Hülfensberg“, Mecke Druck, 2011

Fritze, Eduard, Görner, Gunter, „Chronik der Burg Gleichenstein im Eichsfeld“, Verlag Rockstuhl Verlag, Langensalza, 2020

Fritze, Eduard, Görner, Gunter, „Naturhistorische Chronik vom Gebiet zwischen Südharz, Eichsfeld, Unstrut, Hainich und Werra, Verlag Rockstuhl Verlag, Langensalza, 2017

Gemeinde Heyerode, Hrsg., „Heyerode 1356–2006“, 2005

Godehardt/Kahlmeyer, „Die schönsten Dorfanger des Eichfeldes“, Heiligenstadt, 1986

Görich, Nikolaus (Pfarrer) „Chronik des eichsfeldischen Dorfes Bickenriede“ Verlag Josef Heinevetter, Dingelstädt, 1934

Hertel, Ludwig, Bühring, Johannes „Der Rennsteig des Thüringer Waldes“, 3. Auflage, Verlag des Rennsteigvereins, Zeitz 1930

Heuckeroth, Erwin Das Rittergut Keudelstein im Eichsfeld/Thr. Die Geschichte eines Mainzer Lehngutes im thüringisch-hessischen Grenzbereich mit den Verbindungen zu Schwebda. Daten und Ereignisse von 1271 bis 2007. Meinhard-Schwebda, 2008, 142 Seiten

Kieserling, Pastor **„Die Geschichte Großbodungens vom Anfang bis 1816“**
Künzl, Barbara „Thüringer Steinkreuzsagen und Steingeschichten“, Jena, DominoPlan, 2015
Lämmerhirt, Rainer „Adelsfamilien, Burgen und Schlösser in der Hainichregion, Verlag Rockstuhl, Langensalza, 2013
Lämmerhirt, Rainer „Die Familie Harstall: Die Geschichte einer Adelsfamilie in Hessen und Thüringen“, Verlag Rockstuhl, Langensalza, 2017
Lämmerhirt, Rainer „Die Geschichte der Familie Harstall“, 1990
Lämmerhirt, Rainer „Adelsfamilien, Burgen und Schlösser in der Hainichregion“, Verlag Rockstuhl, 2013
Linge, Rudolf „Der Hahn auf dem Kirchturm“
Ortsgruppe des Kulturbundes, Lengenfeld/Stein „Die Sage vom Fräubchen von England“, 1987,
Eichsfeld Druck, Heiligenstadt
Reuter, Hans-Georg, Reuter Jürgen
„Geschichte der Häuser in Großbodungen“ 3. überarbeitete Fassung November 2011, Manuskript, Pastor Blau, 1918
Rockstuhl, Harald, Störzner, Frank, „Hainich Geschichtsbuch“, Verlag Rockstuhl, Langensalza, 1999
Rockstuhl, Harald, Störzner, Frank „Jagdhütte am Pfaffenrain – Craulaer Kreuz im Hainich“, Verlag Rockstuhl, Langensalza, 2021
Saalfeld, Karlfritz „Kleindenkmäler im Werra-Meißner-Kreis – eine erste Dokumentation von Karlfritz Saalfeld“, Selbstverlag des Werratalvereins Witzenhausen3.V., 1995
Simmerding, Franz X. „Grenzzeichen, Grenzsteinsetzer und Grenzfrevler“, Deutscher Verein für Vermessungswesen Landesverein Bayern, 1999
Störzner, Frank „Steinkreuze in Thüringen“. Katalog Bezirk Erfurt. (Weimarer Monographien zur Ur- und Frühgeschichte. Bd. 10). Weimar 1984.
Störzner, Frank „Geschichte(n) in Stein – volkstümliche Kleindenkmale an Thüringer Wanderwegen“, Ilmenau, Verlag Grünes Herz, 2001
Stude, Matthias „Das Zisterzienserinnenkloster Anrode und die Reformation im Jahre 1517“, Gemeinde Anrode, 2018
Stude, Matthias „Die Geschichte des Angers in Bickenriede und die Sanierung 2021“, 2021
Trappe, Wolfgang „Erzähltes Alt-Eichsfeld“, Mecke Druck, Duderstadt, 1991
Wucherpfennig, Gerold „Das Eichsfeld – Eine landeskundliche Bestandsaufnahme“, (Landschaften in Deutschland, Band 79)“, Köln, Böhlau Verlag, 2018

Internetquellen

https://www.abenteuerdeutschegeschichte.de/page-627903-439.html
https://www.alemannische-seiten.de/deutschland/freiburg_bischofskreuz-freiburg.php
http://www.berka-vor-dem-hainich.de/index.php?menuid=20
https://books.google.de/books?id=dLRCCQAAQBAJ&pg=PT155&lpg=PT155&dq=grenzstein+langensalza+t%C3%BCrme&source=bl&ots=xaU2_0Zq7Y&sig=ACfU3U3vnKx7Mm8NVW_qkukDoKhUnOhzNw&hl=de&sa=X&ved=2ahUKEwiKlcyigrv1AhXSUOUKHfxfBuwQ6AF6BAgVEAM#v=onepage&q=grenzstein%20langensalza%20t%C3%BCrme&f=false
https://www.burg-bodenstein.de/
http://www.burgruine-hanstein.de/
https://www.db-thueringen.de/servlets/MCRFileNodeServlet/dbt_derivate_00040659/TLDA_225289415_Befestigungen_M%C3%BChlhausen.pdf
https://www.db-thueringen.de/receive/dbt_mods_00022276
https://eichsfeld-archiv.de/
https://eichsfeld-archiv.de/dokument/Der_Frauenstein_in_der_Kirchenmauer_zu_Lengenfeld_unterm_Stein
https://eichsfeld-archiv.de/dokument/Die_alten_Steinkreuze_um_M%C3%BChlhausen_%281959%29
https://eichsfeld-archiv.de/dokument/Die_Sage_vom_Fr%C3%A4ubchen_von_England_%28Gedicht%29
https://www.gemeinde-sonnenstein.de/wandern
https://www.gemeinde-vogtei.de/verzeichnis/visitenkarte.php?mandat=193744
https://www.google.com/search?q=treffurt+steinkreuz&tbm=isch&ved=2ahUKEwjC_eXS_r31AhWOLOwKHdUTBT4Q2-cCegQIABAA&oq=treffurt+steinkreuz&gs_lcp=CgNpbWcQDDoFCAAQgAQ6BggAEAUQHjoGCAAQCBAeOgQIABAYUABY6AxgoBhoAHAAeACAAasBiAHvCZIBAzIuOZgBAKABAaoBC2d3cy13aXotaW1nwAEB&sclient=img&ei=SRvoYYK1C47ZsAfVp5TwAw&bih=741&biw=1536&client=firefox-b-d#imgrc=smSYl9eyhd95nM
https://www-huelfensberg-de/huelfensberg/geschichte
https://www.kloster-volkenroda.de/geschichte/
http://www.kreuzstein.eu/
https://www.kurier.de/inhalt.was-kreuze-und-martern-am-wegrand-erzaehlen.5196bcbf-48af-4cdf-be93-398088e7b3fa.html
https://www.leinefelde-worbis.de/Eichsfeldwanderweg
https://www.lg-suedeichsfeld.de/images/amtsblatt/2021/Amtsblatt%20Jahrgang%207%20Nr.11%20vom%2027.11.2021.pdf
https://lg-suedeichsfeld.de/images/amtsblatt/2021/Amtsblatt%20Jahrgang%207%20Nr.09%20vom%2025.09.2021.pdf

https://meinanzeiger.de/soemmerda/thueringen-zu-fuss-w-wie-weg-der-naturpfad-thiemsburg/
https://www.mihla.de/source/chronik/pdf/06_19%20Kammerforst%20Rundweg.pdfhttps://www.mihla.de/source/chronik/pdf/14%20Reckenbuehl-Runde.pdf
https://muehlhausen-tp-projekte.hpage.com/stadtbefestigungen-landgraben-und-warten.html
https://www.naturpark-ehw.de/aktiv-im-np/wanderwege.html
https://www.naturpark-harz.de/files/rvh/downloads/geopark_infotafeln/21_Grenzstein.pdf
https://www.outdooractive.com/de/poi/wartburg-hainich/denkmal-muehlhaeuser-loewe/55024437/
http://www.rennsteigverein.de/wilde_sau.html
http://www.suehnekreuz.de/
https://www.thueringer-allgemeine.de/leben/kirche/in-marth-steht-die-einzige-theresiengrotte-im-landkreis-eichsfeld-id220327611.html
https://www.thueringer-allgemeine.de/leben/vermischtes/entdeckungen-am-wegesrand-aeltestes-steinkreuz-im-hainich-id219128833.html
https://www.thueringer-allgemeine.de/leben/vermischtes/historische-grenzsteine-in-eigenrieden-liebevoll-saniert-id218258057.html
https://www.thueringenforst.de/fileadmin/user_upload/Bilder/Mediabox/1_9_FoAErfurtWillrode/Erfurt-Willrode-Grenzsteinlapidarium.pdf
http://geb.uni-giessen.de/geb/volltexte/2014/10614/pdf/NaGiHo_Bd_19_1950_59_70.pdf
www.veh-eichsfeld.de
https://www.vg-hanstein-rusteberg.de/tourismus/der-rusteberg
http://wendehausen.eu/FranzasHoehle.html
http://www.welt-der-wappen.de/Heraldik/Galerien/galerie752.htm
http://www.wikiwandcom/de/adalbert_von_harstall
https://de.wikipedia.org/wiki/Adalbert_von_Harstall
https://de.wikipedia.org/wiki/Datei:Grenzstein-Bad-Langensalza.JPG
https://de.wikipedia.org/wiki/Lapidarium_Willrode
https://de.wikipedia.org/wiki/Rittergut_Besenhausen
https://de.wikipedia.org/wiki/Johannes_Weinrich_(Volksk%C3%BCnstler)
https://de.wikipedia.org/wiki/Mallinden
https://zs.thulb.uni-jena.de/rsc/viewer/jportal_derivate_00281974/BS_Pflueger_167569287_8_1931_0071.tif?logicalDiv=jportal_jparticle_00923894
https://zs.thulb.uni-jena.de/rsc/viewer/jportal_derivate_00237548/Unser_Eichsfeld_129535990_1917_12_0138.tif?logicalDiv=jportal_jparticle_00334445

Zitatquellen

1 Löns, Hermann, „Mein blaues Buch", Musik: Brettschneider, Kurt in „Das Löns-Liederbuch (1920)

2 https://zs.thulb.unijena.de/rsc/viewer/jportal_derivate_00237548/Unser_Eichsfeld_129535990_1917_12_0128.tif

und: Hrsg.:Jaeger, Dr., Geh.-Studienrat, „Unser Eichsfeld - Zeitschrift des Vereins für Eichsfeldische Heimatkunde. XIII. Jahrgang. 3. u. 4. Vierteljahres-Heft, 1918

3 Heuckeroth, Erwin, „Eintausendzweihundert Jahre Schwebda - Daten und Ereignisse von 786 bis 1986"

4 „Grenzbeschreibung des Fraulauterischen-Schwarzenholzer Bannes von 1777" Original: Landesarchiv Saarbrücken (Nr. 22/4060)

5 peinliche Halsgerichtsordnung Kaiser Karls V. (1532)

6 Nassauischer Sagenborn, Heimatschollen-Verlag, Melsungen, 1924

7 http://www.suehnekreuz.de

8 https://eichsfeld-archiv.de/dokument/Die_alten_Steinkreuze_um_M%C3%BChlhausen_%281959%29

9 Thüringer Tageblatt, 1988, Ernst Beck, Heiligenstadt, Sammlung Guido Osburg, Burgwalde

9a Christina Grummt, Caspar David Friedrich, Die Zeichnungen - Das gesamte Werk, München 2011, Bd. 1, Kat. 518

10 Grummt Christina; Caspar David Friedrich. Die Zeichnungen; München: C H Beck, (2011)

11 Sagen, Märchen und Geschichten von Treffurt und Umgebung

12 Gustav Brugier, „Geschichte der Deutschen Literatur", Outlook Verlag, 2022

13 Mehler, Ernst, „Chronik von Diedorf", 1925

14 Mehler, Ernst, „Chronik von Diedorf", 1925

15 Lämmerhirt, Rainer, „Die Geschichte der Familie Harstall", 1990

15a Quelle: Gemeinde Südeichsfeld, Henning, Andreas, Bürgermeister

16 Thüringer Landesverwaltungsamt, Erfurt, 2. November 1993, Copyright Frank Jung, Graphik Design

17 Große-Brauckmann, Annemarie, Westerkappeln 1955, S. 2, Manuskript im Ortsarchiv Mihla

18 Lämmerhirt, Rainer, „Die Geschichte der Familie von Harstall", 1990

19 Backhaus, Jürgen , Thüringer Allgemeine, 24. April 2015

20 www.burgruine-hanstein.de/neidkopf

21 „Chronik Geisleden", Auflage 2022, Cordier Verlag, Heiligenstadt

22 Holbein, Ewald, „Chronist Dingelstädt"

22a Erstveröffentlichung im Buch „Der Kerbsche Berg", Undine Verlag, Wehnde, 2018

23 Lange, Bernhard, Ortschronist Kalteneber

24 Orts-Chronik Geisleden, nach archiv., liter. und anderen Quellen bearb. v. Hauptlehrer Wilhelm Diete und Chronistinnen der Gemeinde, Verlag Cordier, Heiligenstadt, 1924, S. 25, 310)
25 Schmalzl, Reiner, Thüringer Allgemeine, 18. August 2018
26 Kirchenchronik Kalteneber
27 Lange, Bernhard, Ortschronist Kalteneber
28 Lange, Bernhard, Ortschronist Kalteneber
29 Ortsarchiv Kalteneber
30 Menge, Josef, Lengenfelder Echo
31 Ortsgruppe des Kulturbundes Lengenfeld/Stein 1987, eichsfeldarchiv.de
32 Ortsgruppe des Kulturbundes Lengenfeld/Stein 1987, eichsfeldarchiv.de
33 Richwien, Joseph, Das Fräubchen von England
34 Duval, Carl, „Das Eichsfeld“
35 Köckritz, Monika, Thüringer Landeszeitung, Eichsfeld, 2001
36 Linge, Rudolf, „Der Hahn auf dem Kirchturm“
37, 38 Osburg, Guido, Ortschronist Burgwalde
39 Stadtarchiv Hannover
40 Fritze, Eduard, Görner Gunter, „Chronik der Burg Gleichenstein im Eichsfeld“, 2020, Verlag Rockstuhl
41 Prochaska, Walter, „Eichsfelder Jagd und Forsten in früheren Jahrhunderten“, Eichsfelder Heimathefte 1968/4, 231/32
42, 43 Fritze, Eduard „Der Eichsfelder Westerwald“, Verlag Rockstuhl, Bad Langensalza, 2007
44 „Mühlhäuser Anzeiger“ vom 21. Februar 1900
45 Fechner, Dieter, „Mühlhausen-Maler“, 2006, Rockstuhl Verlag
46 https://www.suehnekreuz.de
47 Hoppe, Vinzenz, „Heimat Eichsfeld Streifzüge durch die Geschichte und Volkskunde“, Duderstadt 2000
48 Störzner, Frank, 1984
49 Huhnstock, Franz, „Die Geschichte einer Quelle (der Kellerborn in Effelder)“
50 Ulle, Hartmut, Thüringer Wappenbuch, Herausgeber: Arbeitsgemeinschaft Genealogie Thüringen e.V.-Verein für Familien-, Wappen- und Heimatkunde
50a (Quelle: Erwin Hablick. Maler, 1950 verstorben - Zeichnung von Erwin Hablick, CC BY-SA 4.0, Juli 1949, ttps://commons.wikimedia.org/w/index.php?
51 Deutsche Gaue, Band 29 von 1928, S.18
52 Naeher, Julius, „Die Burgenkunde für das Südwestdeutsche Gebiet“. München 1901, S.200-203
53 Flechtner, Detlef, Besenhausen
54 Dorfchronik Misserode
55 Eichsfelder Tageblatt vom 15. Mai 1930
56 Wüstefeld, Karl, „Obereichsfeldischer Sagenschatz“, Heiligenstadt 1924

57 https:/suehnekreuz.de
58 https://www.naturpark-ehw.de/
59 Rabbow, Arnold und Gube, Dieter. "Blätter zum Land: Landeswappen Rheinland-Pfalz". Landesregierung Rheinland-Pfalz (1999)
60 Willigis. in: Meyers Konversations-Lexikon. 4. Auflage. Band 16, Verlag des Bibliographischen Instituts, Leipzig/Wien 1885–1892, S. 653)
61 Dobras, Wolfgang, „Willigis und das Mainzer Rad. Eine Sage und ihre Funktion im Wandel der Geschichte." In: Mainzer Zeitschrift, 106/107 (2011/12), S. 197–216, gaestefuehrungen-mainz.de (PDF)
62 Thüringer Allgemeine, 3. 8. 2011, Rainer Schmalzl
63 Mehler, Ernst, „Chronik von Diedorf", 1925
64 „Die ur- und frühgeschichtlichen Befestigungen des Kreises Mühlhausen", S. 62, 1972
65 Eichsfeld Jahrbuch 7, 1999, „Die Gründung der Ganerbschaft Treffurt", S. 106-122
66 Lämmerhirt, Rainer, „Die Familie von Harstall", Rockstuhl Verlag, 2017
67 Schmalzl, Reiner, Thüringer Allgemeine vom 29. April 2016
68 Schmalzl, Reiner, Thüringer Allgemeine, 17. September 2005
69 Schmalzl, Reiner, Thüringer Allgemeine, 17. September 2005
70 http://ars-natura-stiftung.de/index.php/de/kunstwerk/325?c=70&ts=26
71 Hoppe, Vinzenz, „Heimat Eichsfeld", Mecke-Verlag Duderstadt, 2000, S. 95
72 Neustadt/Eichsfeld, Informationstafel neben dem Grenzstein
73 Philippi, Nikolaus, „Grenzsteine in Deutschland", Verlag Rockstuhl, Bad Langensalza, 2010
74 Korn, Hans-Enno, Archivar und Heraldiker, Erklärungstafel im Heimatmuseum Schwebda
75 Das Werraland 42, Eschwege 1990, S. 65f. (hrsg. von der Hauptleitung des Werratalvereins 1883 e.V.) und Saalfeld, Karlfritz, Kleindenkmäler im Werra-Meißner-Kreis, Schriften des Werratalvereins Witzenhausen Heft 28, 1995, Selbstverlag des Werratalvereins Witzenhausen e. V.
76 Hoppe, Vinzenz, (1956)
77 DVW-Hessen-DVW-Thüringen-Mitteilungen, Heft 1/2009
78 Quellen: Chronik Ecklingerode und Eichsfelder Monatszeitschrift 9/1996
79 Quelle: Fotos René Sieber
80 Quelle: www.keudelstein.de
81 © HeimatStudio Medien-Dienste GbR

Ihr führt Krieg? Ihr fürchtet euch vor einem Nachbarn? So nehmt doch die Grenzsteine weg – so habt ihr keinen Nachbarn mehr. Aber ihr wollt den Krieg und deshalb setztet ihr die Grenzsteine.
(Friedrich Nitzsche)

Nachwort

Diese Publikation bietet nicht nur allgemeine und regionale Informationen zu Steinkreuzen, Grenzsteinen, steinernen Tischen und anderen steinernen Denkmalen, sondern thematisiert neben Gedichten, Sagen und Überlieferungen auch Sehenswertes der Region Eichsfeld. Der Autorin war es wichtig, den Inhalt informativ und kurzweilig zu gestalten – nicht nur Sachliches wiederzugeben und zusammenzufassen, sondern vielmehr ein anregend unterhaltsames Lesebuch zu schaffen, mittels welchem es dem geneigten Leser möglich gemacht wird, die Region mit ihrer wechselvollen Geschichte in Wort und Bild zu erleben.

Mein Dank gilt an dieser Stelle all jenen, die mir bei der Arbeit am Buch mit Rat und Tat zur Seite standen und die Herausgabe dieser Publikation unterstützt haben. Großer Dank gilt den Ortschronisten/innen, die mir mit Herzblut bei meinen Recherchen halfen. Ohne sie wäre die Fertigstellung meines Projekts nicht möglich gewesen. Außerdem danke ich ganz herzlich Herrn Harald Rockstuhl, der meiner Idee offen und interessiert gegenüberstand. Ganz herzlicher Dank gilt auch meiner Tochter Tina, die sich erneut bereit erklärt hat, die Texte mit einigen Illustrationen zu untermalen.

Ein herzliches Danke auch an meinen Mann Hartmut, der mir stets zur Seite steht, mich bei der Verwirklichung meiner literarischen Ideen unterstützt und mit mir auf Recherche geht.

Heyerode im Herbst 2023 *Heidi Zengerling*

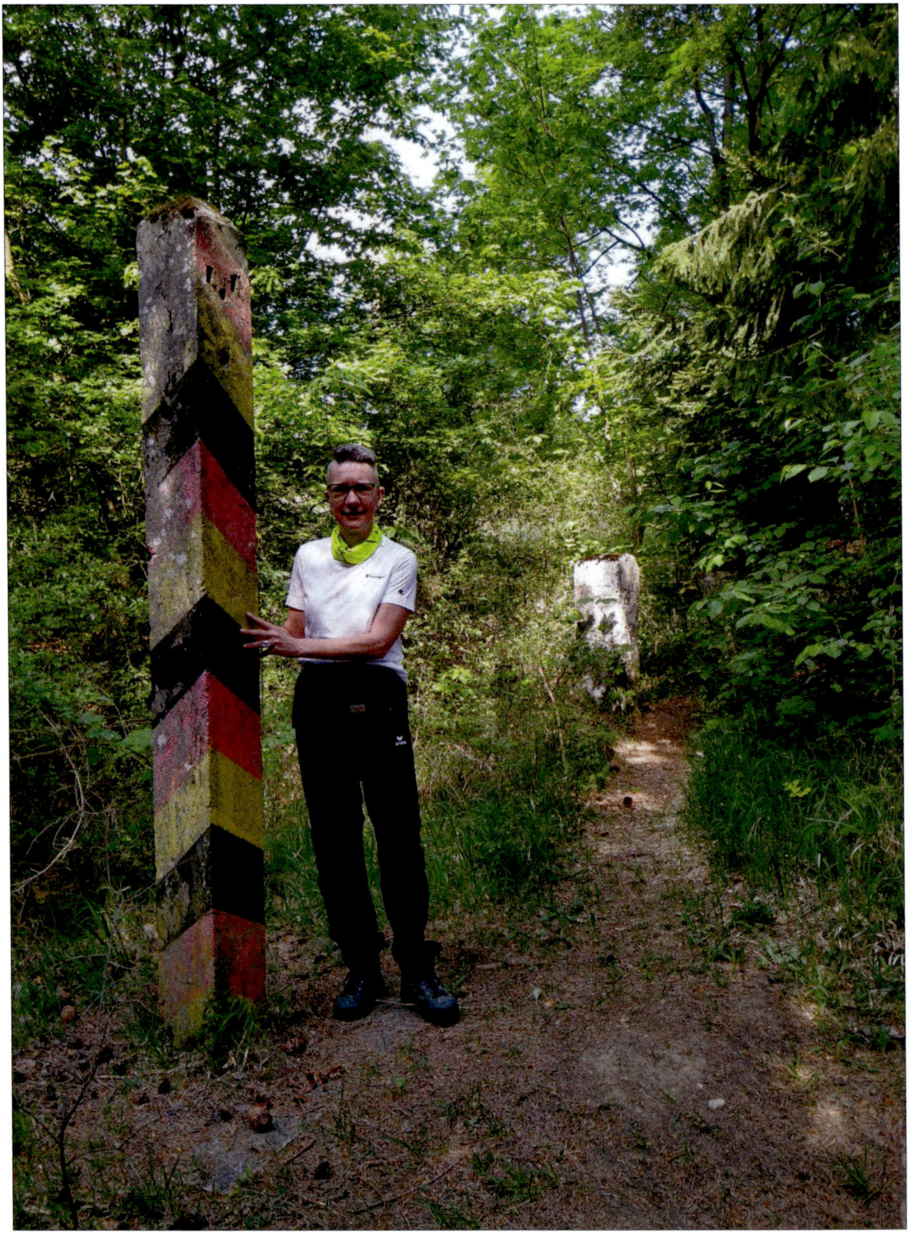

Autorin Heidi Zengerling an einem historischen Grenzpfahl im Zuge der P12-Wanderung.

Über die Autorin

Heidi Zengerling gehört zu den Stammgästen kultureller Veranstaltungen in Mühlhausen, Bad Langensalza, in der Hainichregion und im Eichsfeld. So gilt sie als fundierte Kennerin des hiesigen literarischen Geschehens.

Sie arbeitet im eigenen Schreibbüro, ist als Mitarbeiterin regionaler Zeitungen und ehrenamtlich in der örtlichen Bibliothek tätig. Der gelernten Sekretärin war das geschriebene Wort schon immer wichtig. Der Krimi „Die Rembrandt Radierungen" war ihre erste Veröffentlichung. Außerdem hat sie Geschichten und Beiträge zu verschiedenen Anthologien sowie Kinderbüchern beigetragen. Ihre Publikation „Schöne Frauen leben gefährlich" führte sie erstmals in das Genre des Sachbuches im Bereich Biografie. Mit Kalendern und Bildband hat sie sich den Traum erfüllt, als Fotografin tätig zu sein. Ihre letzte Publikation „Im Zeichen der Pest" entführt die Leser/innen zum Pestkreuz auf dem Dinkelbühl zwischen Heyerode und Diedorf. Die Autorin hat eine erwachsene Tochter und lebt mit Mann und Kater Garfield in der Gemeinde Heyerode in Thüringen unweit von Deutschlands Mittelpunkt.

Bibliografie/Bücherverzeichnis

2015	*Die Rembrandt Radierungen. Maike Bramows erster Fall, Verlag Hansanord*
2016	*Mörderisches Buffet (mit Autorengruppe), Undine Verlag*
2017	*Ein Strauß voller Poesie (mit Autorengruppe),Undine Verlag*
2018	*Gönn dir eine Pause (mit Autorengruppe),Undine Verlag*
2018	*Leckeres Eichsfeld (mit Autorengruppe),Undine Verlag*
2018	*Kinderbuch „Forest Fear" (mit Autorengruppe), Undine Verlag*
2019	*Der Kerbsche Berg ((als Fotografin)),Undine Verlag*
2019	*Schöne Frauen leben gefährlich, Verlag Michael Kirchschlager*
2019	*Kalender „Katzen" und „Kirchen Südeichsfeld"*
2020	*Kinderbuch „Frühlingsgeflüster" (mit Autorengruppe), Undine Verlag*
2020	*Sagenhafte Sagenwelt (mit Autorengruppe), Undine Verlag*
2021	*Wir Frauen.Unser Leben (mit Autorengruppe), Undine Verlag*
2021	*Im Zeichen der Pest: das Doppelkreuz auf dem Dinkelbühl zwischen Heyerode und Diedorf, Gantenkiel Verlag*
2022	*Engel (mit Autorengruppe), Undine Verlag*
2022	*Wie wäre es mit Mord? Kurzkrimis aus Thüringen. Autoren Sammelband (Mitglied einer Autorengruppe), THK-Verlag*

Gesamtausgabe in drei Bänden

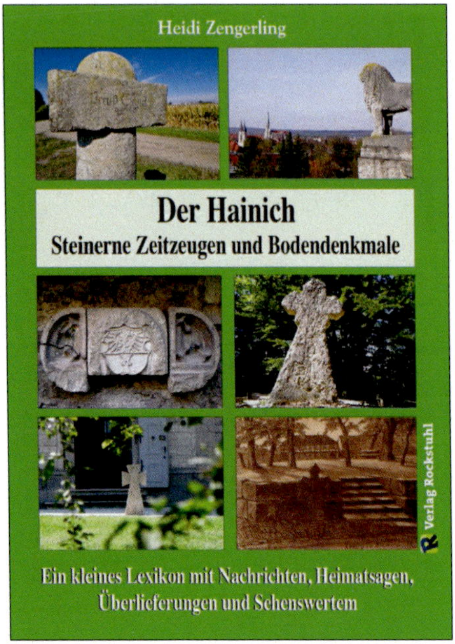

Band 2
ISBN 978-3-95966-708-1

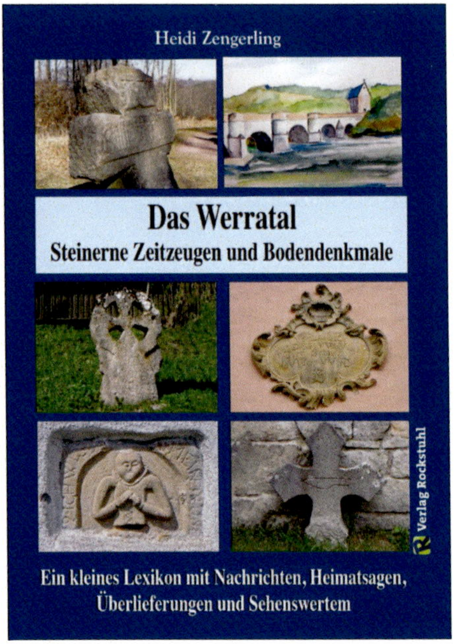

Band 3
ISBN 978-3-95966-709-8